大型螺旋隧道

智能开挖控制与施工通风关键技术

申玉生　汪碧云　席锦州　著
肖清华　王英学　刘禹阳

西南交通大学出版社
·成都·

内容简介

延崇高速是国内第一批绿色品质示范工程，河北省第一条采用螺旋隧道的高速公路，也是 2022 年北京冬奥会重大交通保障项目。其中金家庄特长螺旋隧道左幅全长 4 228 m，右幅全长 4 104 m，为当时世界第一特长螺旋隧道（已获吉尼斯世界纪录认证）。

本书在调研国内外相关研究成果的基础上，结合延崇高速公路金家庄螺旋隧道工程，系统介绍了特长螺旋隧道施工关键技术成果。本书的主要内容包括：大型螺旋隧道施工智能爆破及其超欠挖控制方法、复杂环境条件特长螺旋隧道开挖与风险控制技术、特长螺旋隧道机械化配套施工策略、复杂气候条件长大螺旋隧道施工多区段通风技术等。本书结构严谨、层次分明，深入浅出地展开阐述，注重基本理论的梳理，重点突破关键技术难题，并呈现了新颖的思考路径。全书贯穿创新精神，旨在帮助读者全方位掌握特长螺旋隧道智能施工控制与施工通风关键技术。

本书适合岩土工程、隧道及地下工程等相关领域的高校教师和研究生阅读，也可以供从事隧道工程施工与设计的技术人员及科研人员参考。

图书在版编目（CIP）数据

大型螺旋隧道智能开挖控制与施工通风关键技术 / 申玉生等著. -- 成都：西南交通大学出版社，2024.7.
ISBN 978-7-5643-9908-5

Ⅰ. U459.2

中国国家版本馆 CIP 数据核字第 2024Y8U375 号

Daxing Luoxuan Suidao Zhineng Kaiwa Kongzhi yu Shigong Tongfeng Guanjian Jishu
大型螺旋隧道智能开挖控制与施工通风关键技术

| 申玉生　汪碧云　席锦州 | 著 | 责任编辑 / 韩洪黎 |
| 肖清华　王英学　刘禹阳 | | 封面设计 / GT 工作室 |

西南交通大学出版社出版发行
（四川省成都市金牛区二环路北一段 111 号西南交通大学创新大厦 21 楼　610031）
营销部电话：028-87600564　028-87600533
网址：http://www.xnjdcbs.com
印刷：成都市新都华兴印务有限公司

成品尺寸　185 mm × 260 mm
印张　20.5　　字数　496 千
版次　2024 年 4 月第 1 版　　印次　2024 年 4 月第 1 次
书号　ISBN 978-7-5643-9908-5
定价　78.00 元

图书如有印装质量问题　本社负责退换
版权所有　盗版必究　举报电话：028-87600562

本书编写委员会

主　编　申玉生　汪碧云　席锦州
　　　　　肖清华　王英学　刘禹阳
主　审　鲁正伟
编　委：（按姓氏笔画排序）
　　　　　丁　猛　王　余　王朋乐　左孔海
　　　　　刘　君　孙浩程　杜江林　李小彤
　　　　　李　伟　李　坤　杨佳奇　张艺潇
　　　　　张浩楠　陈　刚　罗燕平　金相海
　　　　　钟泰枫　高　登　崔智昊　韩翔宇
　　　　　鲁正伟　曾　斌　蒲　彬

前 言 PREFACE

  随着交通强国战略的推进，复杂的地质条件和恶劣的自然条件给公路交通线路选修带来了严峻的挑战，因此，特殊环境下复杂曲线形、螺旋形隧道开始出现。螺旋隧道是在隧道建设受到地形条件限制时，通过展线来克服一定的高差，以满足山岭隧道线形需求而设计的特殊隧道工程。同时，随着施工技术水平的提高和隧道设计理论的进步，螺旋隧道在隧道建设中逐渐成为一种优选的施工方案，其价值也逐步发挥出来。

  由于受地形、经济等条件限制，螺旋隧道施工工法、线形指标、通风参数等较一般直线型、曲线型隧道均有较大区别。随着高速公路隧道修建向西部地区推进，隧址区地形起伏加剧，螺旋隧道甚至是特长螺旋隧道将大量出现，隧道内的施工及行车安全保障技术是当前面临的重要问题。本书依托延崇高速公路河北段（主线）金家庄特长螺旋隧道，开展了特长螺旋隧道施工与运营综合修建技术研究。希望通过本书的研究成果能够提升螺旋隧道施工技术水平，保障行车安全。

  延崇高速公路是 2022 年北京冬奥会期间北京市进入崇礼赛区的公路主通道，而金家庄特长隧道是连接延庆赛区与张家口赛区的控制性工程。该隧道位于赤城县炮梁乡，为分离式特长隧道，左幅全长 4 228 m，右幅全长 4 104 m，最大埋深约 314.5 m；设计半径为 860 m，通过螺旋展线实现延崇高速公路原地抬升了 112 m，当时为世界第一特长螺旋隧道（已获吉尼斯世界纪录认证）；设置斜井 1 座，长 740.95 m，车行通道 4 处，人行通道 15 处；设计行车速度为 100 km/h；隧址区围岩等级划分为 Ⅲ、Ⅳ、Ⅴ 级围岩，主要为海西期二长花岗岩，局部为第四系覆盖层；地下水主要为基岩裂隙水，局部以孔隙潜水为主，受地形及大气降水影响较大。

  本书根据延崇高速公路金家庄螺旋隧道工程特点，采用资料调研、理论分析、现场测试、数值模拟与模型试验相结合的方法，开展了复杂环境条件下特长螺旋隧道开挖控制综合修建技术研究，确定了强风化花岗长大螺旋隧道施工开挖与支护优化参数，提出了大坡度螺旋隧道施工安全风险评估方法及其控制技术措施。同时开展大型螺旋隧道施工智能爆破及其超欠挖控制技术研究，提出了长大螺旋隧道弱震动掘进控制爆破技术及其参数，建立了非对称轮廓双螺旋隧道爆破 AI 设计双模驱动模型及算法，开发了长大螺旋隧道爆破震动远程自动化监控管理系统。针对独头上升螺旋隧道与独头下降螺旋隧道，建立了螺旋隧道施工通风阻力系数计算模型，提出了独头螺旋隧道"分段接力风管压入式送风+射流风机引流排污"施工通风方案。以隧道开挖出渣施工机群、湿喷施工机群及二衬浇筑机群为脉络，提出了机群中机械设备性能与数量的配套关系，构建了机械化配套系统模型，开发了钻爆法隧道施工机械化配套软件。本书成果对国内其他类似螺旋隧道工程建设具有重要的参考价值及应用推广价值。

  本书共 11 章，由申玉生、汪碧云、席锦州、肖清华、王英学、刘禹阳著。主要分工如下：第 1 章由汪碧云、席锦州、罗燕平、李坤等撰写；第 2 章由肖清华、汪碧云、曾斌、陈刚等撰写；第 3 章由肖清华、韩翔宇、丁猛、崔智昊等撰写；第 4 章由肖清华、蒲彬、杜江林、席锦州等撰写；第 5 章由申玉生、李小彤、鲁正伟、高登等撰写；第 6 章由申玉生、杨佳奇、左孔海、刘君等撰写；第 7 章由刘禹阳、张浩楠、王余、王朋乐等撰写；第 8 章由刘禹阳、钟泰枫、张艺潇、李伟等撰写；第 9 章由王英学、孙浩程、曾斌等撰写；第 10 章由王英学、金相海、李坤、席锦州等撰写；第 11 章由王英学、汪碧云、罗燕平等撰写；全书由申玉生、汪碧云统编定稿。

  四川公路桥梁建设集团有限公司、西南交通大学、长安大学等单位对本书的撰写和出版给予了大力支持，在此表示特别感谢。西南交通大学张熙、王浩鲲、潘笑海、王岩岩、常铭宇、李驰、刘童、余嘉楷等研究生在专著整理、资料收集方面做了大量工作，在此一并表示感谢。

  由于时间仓促，作者水平和知识有限，书中难免有疏漏或不妥之处，敬请各位专家、学者批评斧正。

作 者

2024 年 4 月

目 录 CONTENTS

第1章 绪 论 ·· **001**

    1.1 概 述 ·· 001
    1.2 国内外螺旋隧道建设现状 ··· 002
    1.3 复杂环境螺旋隧道施工技术研究现状 ······························ 004
    1.4 金家庄特长螺旋隧道工程 ··· 011
    1.5 本书主要解决问题 ·· 016

第2章 螺旋隧道非对称轮廓光面爆破关键参数及其确定方法 ···· **017**

    2.1 螺旋隧道爆破循环进尺的确定 ······································ 017
    2.2 非对称螺旋隧道炮孔布置方法 ······································ 027
    2.3 非对称螺旋隧道爆破安全计算分析方法 ························· 028
    2.4 不同展线半径的双螺旋隧道振动分析 ···························· 030
    2.5 不同展线半径的双螺旋隧道振动衰减规律对比分析 ········· 044
    2.6 金家庄螺旋隧道施工爆破方案设计 ······························· 047
    2.7 本章小结 ··· 051

第3章 螺旋隧道爆破现场试验与超欠挖控制 ··························· **053**

    3.1 螺旋隧道爆破试验及其爆堆与块度分析 ························· 053
    3.2 螺旋隧道爆破试验及其超欠挖分析 ······························· 055
    3.3 围岩洞段爆破现场试验与振动测试 ······························· 058
    3.4 本章小结 ··· 069

第4章 螺旋隧道爆破振动效应及其控制方法 ··························· **070**

    4.1 螺旋隧道空间关系与振动控制标准 ······························· 070
    4.2 基于现场实测爆破振动效应及其安全判定 ····················· 071

4.3　新型螺旋隧道爆破智能化设计方法 ……………………… 073
　　4.4　本章小结 …………………………………………………… 075

第 5 章　强风化花岗岩地层隧道施工开挖及其受力特性研究 ……**076**
　　5.1　软弱破碎围岩隧道施工方法比选 …………………………… 076
　　5.2　软弱破碎围岩隧道围岩支护参数优化 ……………………… 082
　　5.3　隧道洞口施工力学特性及其安全稳定性分析 ……………… 089
　　5.4　长大隧道空间交叉结构施工工艺分析 ……………………… 101
　　5.5　强风化花岗岩螺旋隧道施工测试与分析 …………………… 115
　　5.6　本章小结 …………………………………………………… 136

第 6 章　基于概率神经网络隧道施工风险评估系统及其应用研究 ……**137**
　　6.1　公路隧道施工专项风险指标评价体系 ……………………… 137
　　6.2　风险评估方法选择 ………………………………………… 142
　　6.3　风险概率评估模块基本理论及介绍 ………………………… 143
　　6.4　风险因素权重计算模块基本理论及介绍 …………………… 151
　　6.5　金家庄隧道工程典型区段施工风险评估 …………………… 156
　　6.6　本章小结 …………………………………………………… 168

第 7 章　特长螺旋隧道洞身开挖与支护机械化作业模式及特性 ……**169**
　　7.1　限制快速施工的重要因素节点 ……………………………… 169
　　7.2　隧道洞身开挖与支护机械化作业模式 ……………………… 176
　　7.3　隧道洞身开挖与支护机械的单机作业特性 ………………… 179
　　7.4　隧道洞身开挖与支护主要工序作业时间特征 ……………… 194
　　7.5　主要工序作业时间计算 ……………………………………… 198
　　7.6　本章小结 …………………………………………………… 199

第 8 章　特长螺旋隧道快速施工机械化配套 ……………………**200**
　　8.1　机械化施工机群组成 ………………………………………… 200
　　8.2　机械化施工机群基础配置 …………………………………… 200
　　8.3　隧道洞身开挖与支护机械化施工机群动态配置 …………… 205
　　8.4　隧道洞身开挖与支护机械化配套结果 ……………………… 211
　　8.5　现场机械化施工方案优化应用 ……………………………… 216
　　8.6　工序间作业衔接与协调优化 ………………………………… 217
　　8.7　钻爆法施工机械化配套分析软件 …………………………… 218

  8.8 本章小结 ……………………………………………………………… 223

第 9 章 隧道施工通风控制技术 ……………………………………… 225
  9.1 隧道施工通风控制标准 ………………………………………… 225
  9.2 隧道施工通风方式 ……………………………………………… 227
  9.3 隧道施工通风理论计算方法 …………………………………… 230
  9.4 本章小结 ………………………………………………………… 232

第 10 章 曲线隧道施工通风关键参数 ………………………………… 234
  10.1 隧道施工通风数值模拟基本理论 …………………………… 234
  10.2 曲线隧道洞内风流流场影响因素分析 ……………………… 236
  10.3 曲线隧道施工通风沿程阻力损失分析 ……………………… 246
  10.4 风仓隔板风道组合式通风阻力分析 ………………………… 255
  10.5 本章小结 ……………………………………………………… 266

第 11 章 金家庄特长隧道施工通风方案设计优化 …………………… 268
  11.1 金家庄隧道开挖概况 ………………………………………… 268
  11.2 既有通风方案分析 …………………………………………… 268
  11.3 斜井工区通风方案优化 ……………………………………… 276
  11.4 斜井工区隧道风仓+风管通风特性分析 …………………… 282
  11.5 斜井工区隧道风仓+风管通风模型试验 …………………… 287
  11.6 金家庄特长隧道斜井工区通风数值模拟 …………………… 292
  11.7 本章小结 ……………………………………………………… 311

参考文献 ……………………………………………………………………… 313

第 1 章 绪 论

1.1 概 述

随着经济的快速发展及国家对公路建设的大力推进，山岭隧道的建设越来越多。但是修建隧道面临着严酷的地质环境、恶劣的气候条件等难题，特别是一些隧道进出口高差较大或设计长度不能满足坡度上升的工程，修建难度较大。因此，为了解决因隧道进出口高差较大而带来的修建难题，相关人员提出了螺旋甚至双螺旋隧道的展线形式。

过去由于隧道设计理论、施工技术有限，国民经济水平不高，曲线形、螺旋形隧道的发展应用受到了制约，螺旋隧道很少被采用。随着经济发展和社会进步，施工技术水平不断提高，螺旋隧道开始增多。当直线展线无法避免控制点高差，或者采用直线展线将导致极高的成本时，螺旋隧道的线形条件就具备满足山岭隧道线形需求的优势，进而得到设计者的采纳和重视。同时，随着隧道设计理论的进步和施工技术水平的提高，螺旋隧道在隧道建设中逐渐成为一种好的建设方案，其价值也逐步发挥出来。

但长大螺旋隧道施工存在一系列技术难点：

（1）爆破质量难以控制。由于螺旋隧道在一个进尺内的隧道轮廓是弯曲的，并且地质条件、断面形式、隧道展线等不同于普通隧道，因此常规的隧道爆破设计不能很好地控制隧道爆破超欠挖等问题。

（2）隧道施工风险隐患多。在隧道情况特殊、爆破质量不能很好控制的前提下，易导致塌方事故，影响隧道施工质量，给施工人员带来安全隐患。

（3）隧道施工影响因素较多。螺旋隧道与普通隧道施工相比，施工周期长、流程复杂，所以螺旋隧道的施工更容易受到地质条件、天气等因素的影响。同时，由于螺旋隧道的特殊性，在施工过程中会使用到多种仪器设备，如果协调不到位将会影响项目的施工周期和成本。

（4）隧道施工质量要求高。与常规公路隧道的施工不同，螺旋隧道在施工期间由于进尺的特殊性，受围岩条件、水文地质环境的影响较大，在开挖时对隧道的扰动会产生质量问题，要进一步提升施工技术，保证隧道的质量。

（5）隐蔽工程多。由于螺旋隧道施工的各步骤环环相扣，有一些隐蔽工程不能提前知晓，所以在施工时具有突然性，难以及时制定应对措施，从而造成隧道的施工质量达不到预期效果。

到目前为止，国内外对于小半径螺旋隧道的研究主要集中在运营通风、火灾通风、照明、线形等方面，对特长螺旋隧道施工围岩稳定性、开挖方法、爆破控制、施工监测、风险评估等关键技术研究还比较少。本书主要探讨特长螺旋隧道施工控制及通风技术，通过动态监测、数值模拟等方法，深入分析长大螺旋隧道施工安全及通风控制策略，形成了公路螺旋隧道施工专项风险评估体系，总结了特长螺旋隧道的安全施工经验，可为同类长大螺旋隧道施工设计提供借鉴和参考。

1.2　国内外螺旋隧道建设现状

螺旋隧道是一种应对地形限制的隧道建设方式。当直线展线无法克服特定高差，或者采用直线展线将付出高昂的经济、安全和环境的代价时，通过在特定区段集中地降低或提高隧道高程，以适应前后有利地形条件，从而选择建设螺旋隧道。

世界上最早的螺旋隧道修建在加拿大西部的不列颠哥伦比亚省（图1-1），于1909年9月1日通车。这条路线需要2个隧道，原线施工长度6.6 km，坡度为4.5%，新建螺旋隧道长度13.2 km，坡度为2.2%，建造这2个隧道的劳动力大约为1 000人，成本大约是150万加元。原线铁路运行列车需要4台机车，载重量为710 t，新线铁路需2台机车，载重量可达980 t，曲率半径约为174.7 m，是北美坡度最陡、风景最优美的铁路线之一。由此可见，螺旋隧道带来了良好的经济效益和社会效益。

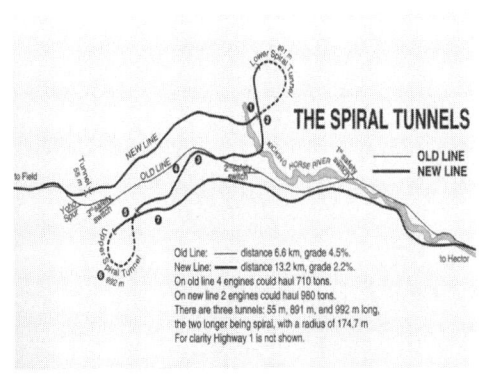

图1-1　加拿大螺旋隧道平面图

目前，国内建设了21座螺旋或大曲线隧道（表1-1）。

表 1-1 中国螺旋隧道一览

隧道名称	省份	隧道长度/m 左线	隧道长度/m 右线	最小曲线半径/m 左线	最小曲线半径/m 右线
梧桐山隧道	广东省	2 437	2 481	2 513	
大宝山隧道	广东省	1 585	1 565	2 200	2 200
韩口隧道	河南省	4 475	4 366	730	700
青山隧道	广东省	455	460	5 000	6 800
雪峰山隧道	湖南省	6 946	6 956	2 500	2 500
古丈 2 号隧道	湖南省	180		600	
南京长江隧道	江苏省	3 510		2 500	3 700
燕居岭隧道	浙江省	2 140	2 130	6 700	6 700
石狮隧道	江西省	690	690	1 500	1 500
南安 1 号隧道	安徽省	196		2 700	
青岭隧道	海南省	1 140	1 140	4 280	9 000
老店子 1 号隧道	云南省	1 204	1 128	312	254
新安螺旋隧道	云南省	1 456		220	
叙岭关隧道	四川省	3 975	4 025	1 100	1 100
狮子寨隧道	四川省	3 492	3 402	3 000	2 500
金竹山隧道	四川省	2 695	2 685	1 935	2 100
青龙山隧道	四川省	2 045	2 004	2 500	2 500
蓬岭隧道	四川省	2 015	2 010	1 200	1 191
干海子隧道	四川省	1 715	1 803	600	618
尖山坡隧道	四川省	1 300	1 280	2 500	2 500
汪家坪隧道	四川省	846	819	900	929
新华 2 号隧道	四川省	823	830	1 050	1 150

京昆高速公路泸沽至雅安段石棉铁寨子 1 号隧道（2 931 m）和干海子隧道（1 715 m）于 2009 年正式贯通（图 1-2）。为了避开季节性冰冻带和岩层断裂带等不良地质条件，克服 729 m 高差和 12.35 km 自然展线，干海子隧道采用了小半径双螺旋的设计，属于世界性的首创，为以后的隧道建设提供了开创性的范本。隧道的左线半径为 600 m，右线半径为 618 m，左线洞长 1 715 m，右线洞长 1 803 m，进出口的高差超过 70 m。

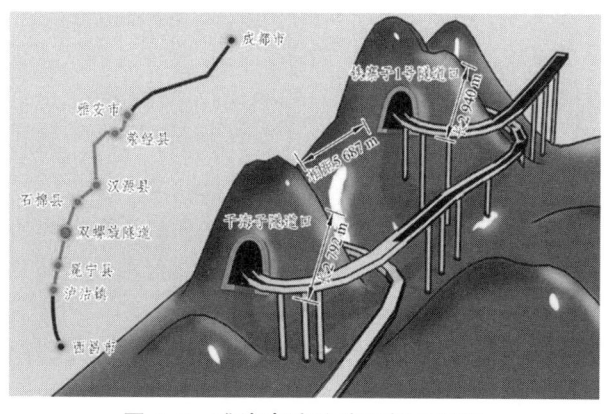

图 1-2 雅泸高速公路双螺旋隧道

云南水富至绥江的新安螺旋隧道（图 1-3）长 1 456 m，最大埋深为 239 m，进口和出口高差为 48 m，最小曲率半径为 220 m，最大曲率半径只有 270 m，开创了大高差小半径的先例。

图 1-3　新安螺旋隧道

这些螺旋形隧道和曲线形隧道的设计、施工、通车，标志着中国地下隧道工程已经开始从单一直线展线发展为更加复杂的螺旋形、曲线形，隧道的设计、施工、运营、管理皆得到了长足的发展，同时也为我国隧道及地下工程界提出了更多的挑战。

1.3　复杂环境螺旋隧道施工技术研究现状

1.3.1　隧道爆破技术研究现状与分析

隧道爆破技术的发展主要表现在以下几个方面：

1. 钻孔机械

1949 年后开工建设的成渝铁路、宝成铁路的许多隧道已经使用钻爆法进行开挖，刚开始的钻孔主要还是依靠人工钢钎打孔，后来引进了苏联的 OM506 型手风钻及轻型支架式风动凿岩机，由于其使用灵活、方便、安全并可满足大多数地质条件下钻孔的需要，至今仍被广泛使用。直到 20 世纪 60 年代成昆铁路建设时，通过大量引进国外新型施工机械及配套装备，我国隧道爆破技术才有较大的改进。

2. 爆破器材

最初使用苏联进口的泰安等黄色炸药，后来又逐渐推广应用以硝酸铵为主要成分的铵梯炸药，用导火索及火雷管起爆。1955 年以后改用硝化甘油炸药和二号岩石硝铵炸药，并使用合金钻头、风动凿岩机、电雷管，从而使钻爆效果有较大的提高，炮孔利用率由 50%～60% 提高到 80%～85%，对爆破器材的消耗和掘进 1 m 的耗时都有显著的降低，标志着隧道施工"由人力开挖过渡到小型机械施工"。近几十年来，我国在隧道爆破炸药技术方面已取得了显著的进展，从单一品种的 2 号岩石铵梯炸药，已逐步发展到水胶炸药、乳化炸药等品种。目前乳化炸药的进步已有逐步取代 2 号岩石铵梯炸药的趋势。

爆破器材和爆破方法的进步促进了隧道大断面或全断面开挖方法的普及应用，使隧道新奥法技术的发展成为可能。同时，炸药的品种也有一定发展，乳化炸药逐步得到推广应用。

到20世纪90年代，自西安安康铁路开始，光面爆破技术已趋成熟，并成为工程建设管理中的强制性考核项目。

3. 爆破技术

在布孔和掏槽方面，一般沿用矿山巷道掘进的经验采用斜孔掏槽，其形式有角锥中央掏槽、楔形掏槽、向上或向下掏槽和侧向掏槽等。

掏槽技术是隧道爆破的关键技术。20世纪60—70年代曾经使用的直眼掏槽，近年来已使用得较少。由于目前大多数隧道工程的一次爆破单循环进尺多在3～5 m以内，为了减小爆破抵抗线以保证掏槽爆破效果，所以基本上采用诸如复式楔形掏槽的斜眼掏槽类型。例如在东秦岭隧道施工中，改用斜眼掏槽后，炮眼数减少了30多个，炸药单耗由1.6 kg/m³降至0.8～0.9 kg/m³。

1985年和1986年我国先后攻克了隧道断层破碎带和断层大断面控制爆破技术，这使我国的隧道爆破技术更完善、更全面，达到当时的国际先进水平。

近年来，隧道和地下工程数量大幅度增加，对爆破技术提出了越来越高的要求。例如：在地表有各种建筑物的浅埋隧道，对地面的爆破振动控制要求很严格；在已有隧道附近进行隧道爆破施工时，要确保相邻隧道的安全等。同时，不断有如微振动等方面的爆破开挖隧道的新闻报道，但其理论机理、技术措施、施工工艺、爆破器材供应等方面，都还远不如光面爆破和预裂爆破技术成熟，还需要更多深入的研究。

多年来国内外的学者对光面爆破的研究数不胜数，在隧道与地下工程和其他工程方面积累了大量的光面爆破技术经验，但现阶段对光面爆破的机制研究仍然滞后于工程实践，光面爆破参数的选择大多还是依靠经验确定，在光面爆破控制管理方面还有待于进一步发展。

1.3.2 隧道施工力学特性及其支护参数分析

目前，国内外在公路隧道施工力学特性方面开展了大量科学研究，取得了一系列研究成果，并结合实际工程对隧道支护参数进行了优化分析。

董江桃基于重庆市渝中区大化路螺旋隧道这一工程背景，采用有限元方法对螺旋隧道的线形曲率、开挖方法、左右线工作面间距、施工监测等方面进行了详细的研究，对全断面法、台阶法及CD法（中隔壁法）施工下的围岩和初支结构的变形及受力进行了对比分析，结果表明CD法开挖时围岩及初支结构的变形略小。肖勇刚以厦门国际旅游码头的实际工程为依托，研究了V级围岩小半径大断面隧道的开挖方法，通过三维数值模拟发现中导坑法比CD法更利于隧道稳定。高峰对小半径浅埋螺旋连拱隧道的动态施工过程进行了三维数值模拟，从不同施工顺序、开挖步距等方面分析了开挖面空间效应、左右两洞的相互影响以及中隔墙的稳定性。

齐甦等研究了兰渝铁路两水隧道双层衬砌支护效果。通过对隧道支护应力实际测量数据的分析发现，由于双层衬砌的施作，隧道无论是设计参数还是支护效果均明显优于单层衬砌。胡小银等针对高地应力软岩隧道大跨连拱过渡段围岩稳定性的问题进行研究，提出了"延伸开挖，后期还原，刚柔并济，联合支护，双洞浇筑，整体衬砌"的施工工法以及"十字撑"的支护技术，这些技术工法对控制高地应力软岩隧道大跨连拱过渡段围岩稳定性效果最好。

许金华为解决软岩隧道台阶法施工会出现大变形破坏的问题，提出一种"导洞过渡法"的新型施工工法，其主要理念为通过先行导洞对主洞基底的加固以控制隧道洞周收敛变形。韩素文等通过对宝峰软岩隧道超前支护的研究，提出了超前注浆预衬砌支护的新型支护方案。对现场试验结果分析发现，采用此支护手段能有效控制隧道洞周变形以及掌子面前方围岩的先行位移，从而达到隧道施工安全的目的。

1.3.3 复杂条件下隧道施工安全风险控制技术研究

自20世纪50年代以来，针对隧道工程的风险分析及应用，国外学者进行了大量的研究，并取得了一定的成绩。但是大部分的研究仍是把理论和定性研究作为重点，定量的研究方法还很少见。

公路隧道在施工过程中常因各种不稳定的因素导致施工事故的发生，造成严重的人员伤亡和经济损失。如果能提前预测到公路隧道施工的风险事件，就能提前制订应对方案，减少施工事故的发生，这对保障施工人员的安全是十分重要的。国内一些学者对此建立了一些安全评估方法和模型，为保障安全施工提供了新的方向。

丁敏基于贝叶斯网络评估方法，对厦门地铁3号线过海通道采用盾构法施工进行了风险安全评估，提出了相应的风险控制措施。马强结合山岭隧道的特点，基于已有风险评价理论综合出模糊网络评价法模型并成功应用于龙头岭隧道工程。刘挺通过总结出的关于隧道施工过程的工程特点，基于模糊层次分析法和当量后果估计法，提出了公路隧道施工安全风险评估模型。

桂志敬等通过详细研究不同的评估方法以及风险评估理论在隧道施工安全中的适用性，将《公路桥梁和隧道工程施工安全风险评估指南（试行）》与国内外相关成果进行详细的对比研究分析，指出我国评估指南的不足之处，提出了相应的优化与修订建议。梁超以径向基神经网络为基础，对公路隧道施工进行风险评估，并以此方法为依据提出了特长公路隧道施工安全风险评估的相关流程。

王超以隧道工程的特点和隧道风险评估理论为研究对象，完善了模糊层次综合评估方法，指标权重采用模糊层次分析法来确定。岳诚东运用事故树理论，以隧道塌方统计资料为分析依据，通过对这些风险指标量化和调整，建立了隧道施工塌方风险评估体系。刘辉等运用预先危险性分析法和作业条件危险性评价法对公路隧道施工现场进行安全综合评价，建立了PHA-LEC-SCL评价体系。陈鑫以模糊层次分析法为理论依据，对高速公路隧道施工建设的风险展开了详细的调研，最终得出东岭隧道施工的风险因素，同时对安全风险事件的发生概率和出现事故可能导致的损失程度做出了评价。李鹏基于模糊神经网络评价体系，通过调研等工作对公路隧道洞口段的风险因素进行识别，建立了适用于公路隧道洞口段施工的风险评估模型。李想通过对高海拔公路隧道进行分析，总结相关案例以及对专家的咨询，整理出高海拔公路隧道的各项风险因素并建立了相应的评价体系。陈礼彪采用多种理论与实践相结合的方法，建立新的风险评价方法并验证了此方法的可行性。孙景来基于案例分析并结合专家调查法，提出一种模糊多态贝叶斯网络风险评价方法，并对渔寮隧道进行了坍塌风险总体评价。张庆峰以模糊网络分析理论为依据，采用三角模糊数确定权重，建立了公路隧道施工的风险评价模型，最后以雪峰山隧道为依托验证了其可靠性。阳逸勋以仰头山隧道为依托，参考以往工程案例，归纳出在隧道设计之初存在的潜在风险因素，并对其进行了评价。代世光基于灰色变权理论，建立了铁路隧道的灰色聚类评价模型并在五指山隧道成功运用。

综上所述，现阶段国内学者们对隧道施工安全评估的研究工作越来越重视，风险评估正逐渐成为保障隧道安全施工的重要参考依据。但目前的研究因其存在较强的主观性，导致最终的评判结果与实际相差甚大，且评估过程大多是通过描述进行的，评价方法及流程适用性低且烦琐复杂。

1.3.4 隧道机械化配套研究现状及分析

20 世纪 80 年代，许多大型施工机械开始应用于隧道施工现场，如三臂凿岩台车、盾构机等，标志着我国进入机械化施工阶段。随着理论、机械、技术的发展，隧道的建造也在不断发生着变化。传统的隧道建造方式已经不能满足安全、高效、节能、环保的绿色建造理念，而"工业化"是隧道建造未来的发展方向。

1980 年，我国第一条 10 km 以上的铁路隧道——衡广复线大瑶山隧道的修建，标志着我国山岭隧道修建技术步入第三阶段。之后经过 40 年的发展，我国在隧道机械化施工方面取得了长足进步，涌现出了一大批研究成果。

王梦恕依托大瑶山隧道中机械化施工的成功实践，总结了 20 世纪长大隧道大型机械化施工新技术。吴连雄等介绍了三臂凿岩台车与手持式风动凿岩机在施工质量、投资和施工进度等方面的优缺点，并提出了各自的适用范围。康宝生结合三臂凿岩台车在客运专线隧道工程中的使用情况，分析影响机械作业效率的因素，提出了相应的管理思路。徐稳超等以贵广铁路隧道机械化施工的资源配置情况为例，对双线铁路隧道机械化配套适用性进行研究，提出了隧道钻爆法施工中应优先推广湿喷机和沟槽台车的应用，在围岩情况良好的大断面隧道中逐步实现全面机械化配套。

Guo 等学者研制开发了一种多功能一体化隧道施工机械，该机械由吊车系统、输送机系统、钻机系统、开挖系统和履带行走系统五部分组成，可通过远程遥控对设备进行控制，从而进行隧道的超前支护与开挖作业。Yoon 等开发了一种散装乳化炸药装药系统，具有无线电遥控的枪头设备，该系统比传统的药筒装药方式有更好的安全性能、更高的爆破效率和更低的成本。杨健民在施工进度、施工质量、施工成本和环境等方面对比了大型机械化施工与传统人工钻爆法施工的区别，总结出了在大断面、长隧道、全断面开挖施工中，基于全电脑多臂凿岩台车与湿喷机组相结合的有着很大优势的开挖支护作业方式。

欧阳结新将隧道洞身开挖与支护施工机群分为三类，分别是隧道洞身开挖施工机群、隧道洞身初期支护机群和隧道洞身二次衬砌机群，并对各个机群中主要机械单机作业特性及工作特性进行了分析。赵东波依托安琶铁路甘姆奇克隧道工程，对隧道开挖、装运和支护等不同工序进行机械化施工设备配置，并对比了不同机械配置的工效差异。姜银周通过对比加强型机械化与普通型机械化施工管理及施工效果，得出加强型机械化施工管理及施工效果对于隧道安全快速高效施工具有重要意义。

理论上机械化配套施工自动化程度较高，在施工进度、施工质量和施工安全上都应该优于传统的人工钻爆法施工。但是在应用大型机械设备的过程中，隧道施工机械配置方面，没有很好的理论支撑，关于机械设备之间的配合，特别是多机种机群协同作业等问题没有进行深入研究，经常发生附属机械配置数量不足、管理不善等无法充分发挥机械作业效率的问题。为充分发挥机械化施工的优势，加快施工效率，部分学者对机械化施工方式及配套水平进行了相关研究，但是相关配套理论研究成果较少。

杨秦森教授采用排队论及优化方法对装载机与汽车机械匹配方式进行了研究，确定出了最佳的汽车数量与装载机斗容量之比。张志杰以装载机为流水作业的主体机械，按主体机械的生产率估算自卸汽车的配套数量。重庆交通大学的郭小宏教授运用网络计划技术、随机服务理论对路面施工机群配置、沥青混凝土路面的机械化施工多机种机群协同作业进行了深入研究，取得了重要的技术成果。李朋伟建立了以隧道施工进度、隧道施工质量、隧道施工成本、机械单机作业效率和机群协同运行状态等作为评价机械化施工机群作业模式的评价体系，并提出了机群施工静态配置和动态配置方法，用于指导隧道机械化施工作业。

目前，我国公路隧道机械化配套方面的研究正处于第三阶段，虽然通过对加强型机械化配套模式下的施工效果及施工管理的研究取得了一定的成果，但仍然存在一些问题：

（1）公路隧道大型机械化施工发展缓慢。由于以往在工程中应用三臂凿岩台车时对工程造价、施工管理水平、配套设备的要求较高，受经济发展水平与投资管理体制等大环境的影响，采用大型机械进行隧道修建的工程并不是很多，从而造成我国公路隧道施工大型机械化配套技术发展缓慢。另外，现行隧道施工行业规范多基于传统开挖方法进行具体规定，对施工空间参数规定与大型机械施工设备空间需求并不匹配，导致施工效率低下，施工效果不佳。

（2）多机种机械化作业模式理论体系有待完善。目前相关研究主要围绕三臂凿岩台车等开挖机械进行，对隧道多机种机械化配套模式的研究较少。在施工现场应用时，经常发生机械配置数量不足、配套水平低等无法充分发挥大型机械作业优势的问题。

对于普通型机械化配套来说，由于隧道工序主要按顺序进行，相互之间相对独立，不会产生影响，因此对于多机种机械化配套模式的研究应该分工序进行研究。在这些使用机械的施工工序中，研究附属机械与主导机械的配套模式，对充分发挥施工机械的作业效率、缩短工序作业时间具有重要意义，但目前这方面的研究较少，也没有具体的算例供相关人员参考。

1.3.5　螺旋隧道施工通风网络技术研究

国外在隧道施工通风领域的研究起步较早，早在20世纪20年代，部分国外学者就已经开始对隧道内的风流特性展开研究。再到20世纪50年代，通过对基本理论和模型试验的系统性研究，人们逐渐对隧道施工通风的特征有了深入的认识。Fuch运用气溶胶力学，对粉尘颗粒在气流中匀速、加速、直线以及曲线运动的规律进行了研究。Hall则对煤矿工作面的粉尘浓度和风速进行现场测试，获得了两者之间的相互关系，并且确定了最有利于粉尘排除的风流速度。

1973年，由英国流体力学研究学会带头组织并发起了首届国际交通通风和空气动力学研讨会（ISAVVT），会议中各国学者交流并分享了自己的最新研究成果，这次会议让隧道通风技术得以迅速发展。

日本学者在对关越隧道进行通风系统设计时，利用编译的一套程序对该隧道的通风进行了模拟，模拟结果验证了该通风方案的可靠性与可行性。

R.O.Carvel 等人通过理论分析的方法，研究了火灾情况下隧道形状以及通风状态对热释放率的影响，发现隧道形状对热释放率的影响效果远远小于隧道内的通风状态对其的影响。

英国学者 Fletcher、Kent、Apte 等人利用计算机程序模拟计算得到了隧道在不同断面尺寸和风速条件下的通风效率，并利用实验测试数据加以验证。

Brandeis 等人则建立了二维数值计算模型，对不同通风方案下发生火灾的情况进行了研究分析。

L.Gidhagen 等人通过建立三维隧道通风模型，对处于运营期的隧道内的风流场分布规律进行了研究。

Isidro 等人分别采用传统方法和数值模拟方法对比分析了不同隧道断面尺寸、不同风速和不同隧道表面特性下有害气体扩散规律，验证了数值模拟方法的可靠性。

Esther 等人利用用于模拟火灾的 FDS 软件对隧道内发生火灾的情况进行了计算分析，研究了多种火灾因素对隧道内风流场和温度场的影响。

Ashrafi 等人利用 FLUENT 软件对隧道中的 CO 扩散分布规律进行了模拟，并将数值模拟得到的结果与现场测试得到的数据进行对比，发现两种方法所得到的 CO 扩散规律基本一致。

Vidmar 利用计算流体力学软件对风机、风管进行了合理配置，同时对已有通风系统进行了优化，大大节省了投资成本。

20 世纪，我国隧道工程建设刚刚起步，对于隧道工程施工通风问题的重视程度不足，即便在隧道修建过程中将通风换气问题纳入考虑，通常也是通过修建竖井、横洞等辅助坑道进行自然通风。直到 1906 年，在修建京张铁路沿线上的长度为 1 091 m 的八达岭隧道时，才通过在竖井中安装鼓风机，利用铁管向隧道内部补给新鲜空气，这是我国隧道施工阶段机械通风技术的萌芽。直到 20 世纪 80 年代，位于京广线的大瑶山隧道采用了管道式通风，为我国隧道独头通风技术积累了宝贵经验，越来越多的学者开始对隧道施工通风问题进行深入研究。

昝军、刘祖德等人基于射流特征参数，通过理论推导和试验研究，分析了风管出口在不同直径和风速条件下的流场状态，得出了独头巷道受限贴附射流特征参数对流场分布状态有着较大影响的结论。

曹正卯通过理论分析、数值模拟和现场测试相结合的方法，得到了风管弯曲程度和初始风量对风管漏风率影响系数的计算公式。同时，通过现场测试获得了隔离风道的摩擦阻力系数和漏风率，利用数值模拟分析对风仓几何尺寸进行优化，并将其运用于长洪岭隧道，对既有通风方案进行了优化。

邢玉忠、侯水云等人在流体动力学的基础上，加入非线性渗流理论，建立了典型矿井条件下的风管漏风模型，得到了风管漏风分布规律。同时，通过建立符合实际情况下的风管漏风模型，得到了层流漏风风阻和风管风阻反演计算理论，验证了数值模拟结果的可靠性。

赵力、牛维乐等人通过搭建检测风管漏风率的实验平台，对处于不同压力状态下的风管进行了实验分析，获得了简单而又可行的检测风管漏风率的测量方法。

吴喆对弯曲状态下的柔性风管阻力损失进行了研究，分析得出柔性风管的局部阻力损失远大于刚性风管，通过数值计算得出管径大小对柔性风管的阻力损失影响较小，而入口速度和转角则会对其产生巨大影响，通过实验提出了柔性风管的局部阻力系数表，为柔性风管在工程中的应用提供了技术支持。

张恒对粗糙度在隧道施工通风过程中的影响进行了深入研究，提出了隧道壁面粗糙度的计算方法。通过建立三维数值模型，对锦屏引水、排水隧洞群通风进行模拟分析，证明了射流风机运用在洞群施工通风中的可行性，并进一步优化了风机在洞群中的布置形式。

李浩荡、张庆华等人以大柳塔煤矿为工程依托，针对掌子面需风量大、供风长度长等问题，对大断面、超长距离局部通风关键技术进行了研究分析，通过对局部通风机进行合理选型、有效降阻减漏和科学管理，使最大通风距离达到了 3 175 m，并为其他类似工程提供了借鉴意义。

陈海峰、李秀春等人对比分析了长洪岭隧道优化前后的通风方案，建议在斜井工区采用风仓式通风。同时，针对风仓长度、风仓中隔板长度和风机布置形式等多种影响因素，利用三维数值模拟软件对风仓形式进行了优化，大大提高了轴流风机效率。

豆小天、周永强和刘国平等人也对斜井工区采用风仓式通风方案进行了理论分析和数值计算，验证了风仓式接力式通风方案具有良好的可靠性、经济性，能够为快速高效施工提供重要保障。

危宁、李力等人通过对压入式、抽出式以及混合式通风方式的数值模拟计算，分析了各通风方式下炮烟的扩散规律和稀释效果，并利用工程实例加以验证。

耿伟、崔立志等人对隧道施工通风中风机的自动控制算法进行了大量研究，提出了全速通风、自动调节和低速运转阶段的三段式风机自动控制算法，并将该算法运用到了杭黄铁路天目山隧道施工当中。

王峰以干海子隧道和铁寨子 1 号隧道为背景，采用数值模拟、模型试验和现场测试相结合的方法，对影响曲线隧道运营通风的关键因素进行了深入研究。通过三维稳态数值计算，拟合得到曲线隧道沿程阻力系数的计算公式；采用动网格技术进行三维非稳态数值计算，得到交通风力随曲线半径的变化规律；通过现场实测和数值模拟，研究发现位于曲线隧道中的射流风机充分发展的距离为 90～120 m，在曲线隧道中应加大射流风机布置的纵向间距。

李志强、周建新等人依托干海子螺旋隧道实际工程，考虑螺旋隧道具有小半径曲率和连续上坡等特点，对该隧道施工通风的方案以及通风参数进行了理论性的研究分析，但未对螺旋隧道施工通风中与直线隧道的具体差异性做详细的研究与分析。

夏正年结合卧龙沟 1 号隧道，针对高寒高海拔螺旋隧道施工通风过程中存在的掌子面需风量大、纵向高差不利于排烟和平面曲线导致通风阻力和风量损失增大等一系列问题，提出了采用串联风机的形式以增大风压和利用射流风机引流来保障通风效果的措施。

李洲依托老店子 1 号螺旋隧道，通过对该隧道的施工通风方案进行比选，得到了通过内燃机总功率并考虑折减系数计算得到的需风量与实际情况最为接近，应作为风机选择的主要依据，提出了利用空气压缩机进行高压供风的想法。

虽然人们已经开始对隧道与地下工程的通风问题展开系统性的研究，但通风问题依然是阻碍隧道与地下工程建设发展的关键性技术问题，现阶段我国的隧道及地下工程施工通风技术依然较难满足隧道工程的建设需要，这也是导致部分隧道工程施工速度缓慢、工期延长的主要原因。目前我国对隧道与地下工程的通风研究主要针对的是直线隧道以及大曲率半径的曲线隧道，而对于小半径曲率的曲线隧道或螺旋隧道的研究少之又少。

1.4 金家庄特长螺旋隧道工程

1.4.1 工程概况

延庆至崇礼高速公路河北段是 2022 年北京与张家口联合举办冬奥会中连接延庆赛区与张家口赛区的主要公路通道。本工程便捷连接北京奥运村、延庆奥运分村和崇礼奥运分村，是冬奥会期间相关注册人员首选通道。金家庄特长隧道位于河北省赤城县炮梁乡砖楼村东、金家庄村西北方向，为分离式特长隧道，线型如图 1-4 所示。隧道左线桩号为 ZK80+398～ZK84+626，全长 4 228 m；右线桩号为 K80+386～K84+490，全长 4 104 m，隧道最大埋深约 314.5 m，布置斜井 1 道，长 740.95 m。隧道设计半径为 860 m，通过螺旋展线实现延崇高速公路原地抬升了 112 m，共设车行通道 4 道，人行通道 15 道。

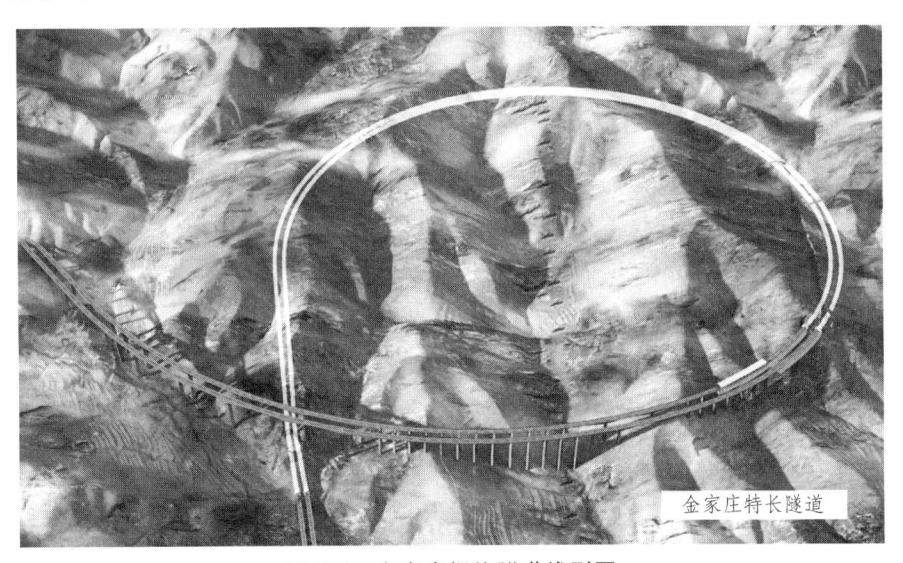

图 1-4 金家庄螺旋隧道线型图

隧道主要围岩等级为Ⅲ、Ⅳ和Ⅴ级，局部覆盖层及风化岩层，强风化岩体破碎，有线状或淋雨状出水。隧址区地层以二长花岗岩为主，二长花岗岩不含有害气体，未见区域性构造或大规模断层。金家庄隧道Ⅴ级围岩结构设计图如图 1-5 所示。

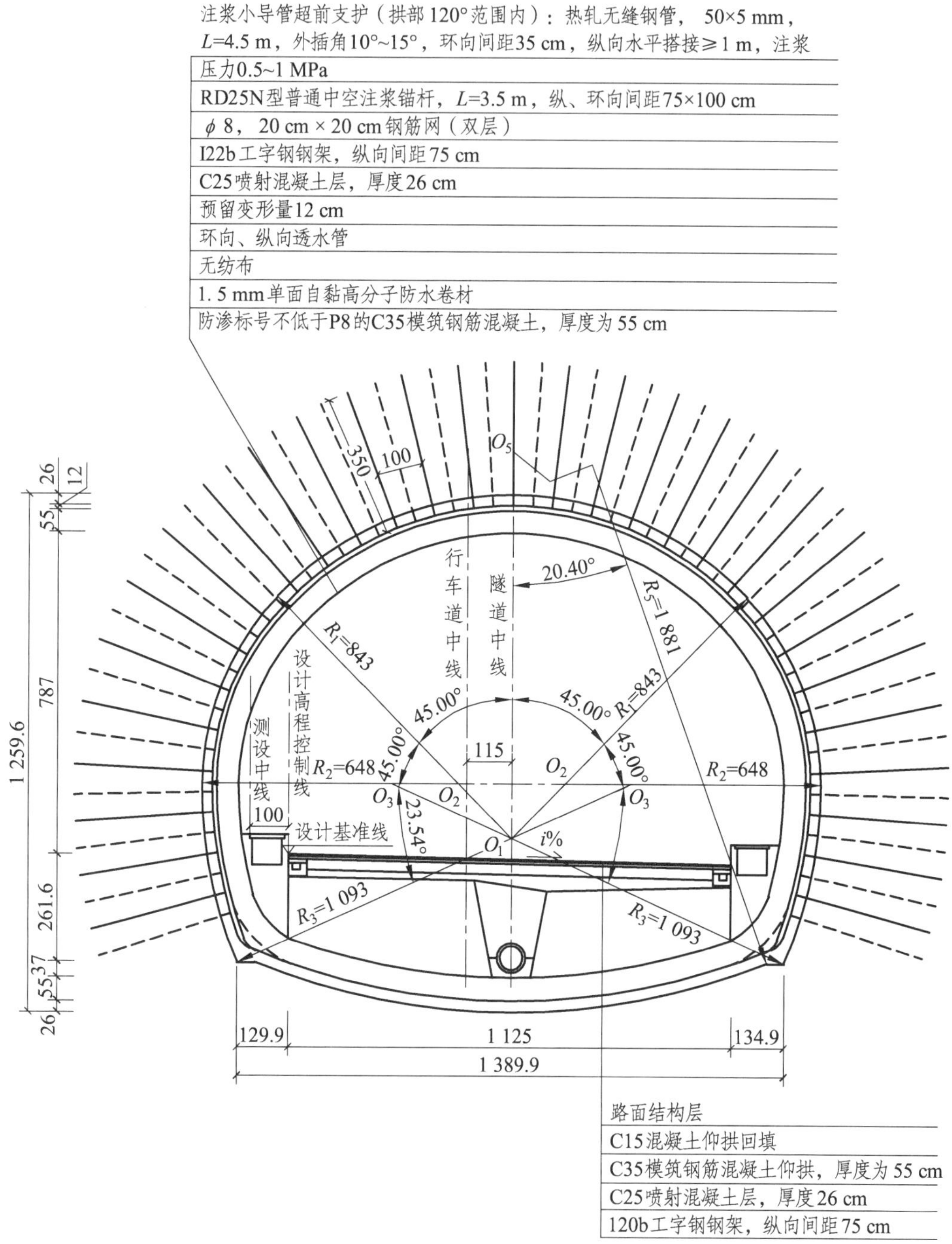

注浆小导管超前支护（拱部120°范围内）：热轧无缝钢管，50×5 mm，L=4.5 m，外插角10°～15°，环向间距35 cm，纵向水平搭接≥1 m，注浆压力0.5～1 MPa

RD25N型普通中空注浆锚杆，L=3.5 m，纵、环向间距75×100 cm

ϕ 8，20 cm × 20 cm钢筋网（双层）

I22b工字钢钢架，纵向间距75 cm

C25喷射混凝土层，厚度26 cm

预留变形量12 cm

环向、纵向透水管

无纺布

1.5 mm单面自黏高分子防水卷材

防渗标号不低于P8的C35模筑钢筋混凝土，厚度为55 cm

路面结构层
C15混凝土仰拱回填
C35模筑钢筋混凝土仰拱，厚度为55 cm
C25喷射混凝土层，厚度26 cm
I20b工字钢钢架，纵向间距75 cm

图 1-5　Ⅴ级围岩隧道结构横断面图（单位：cm）

隧道Ⅳ级围岩和Ⅴ级围岩深埋段采用两台阶预留核心土法进行施工。开挖过程采用光面爆破技术，整体施工控制技术较好。隧道结构横断面和开挖工法如图 1-6 和图 1-7 所示。

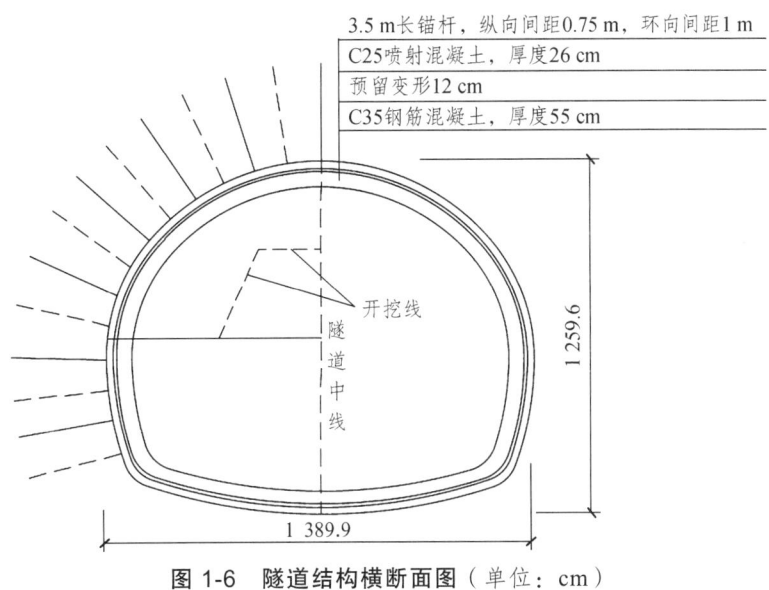

图 1-6 隧道结构横断面图（单位：cm）

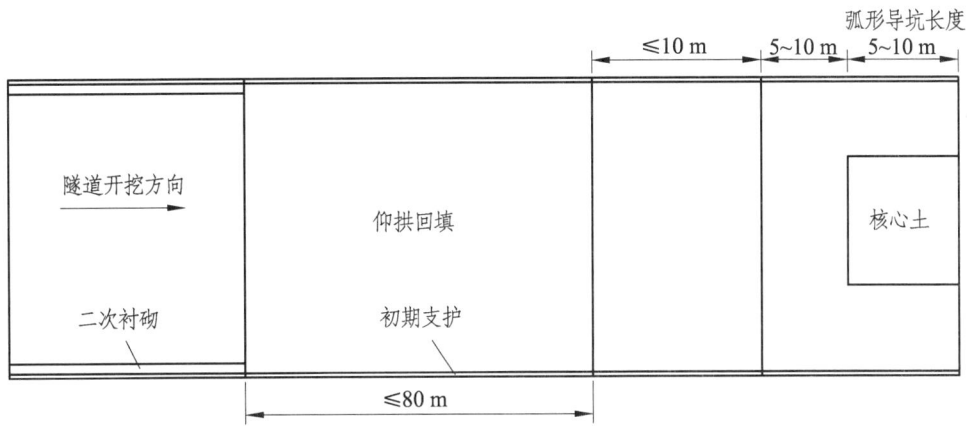

图 1-7 两台阶预留核心土法施工步序图

金家庄螺旋隧道穿越地质条件较为复杂，隧道围岩级别较多且主洞断面面积较大。因此，结合隧道围岩特点和设计要求，主洞开挖方法确定如表 1-2 所示。

表 1-2 隧道开挖方法

围岩级别	Ⅲ级	Ⅳ级	Ⅴ级
开挖方法	两台阶法	两台阶法	三台阶法

由表 1-2 中的开挖方法可知，后续爆破方法及参数将涉及三种不同围岩的两种开挖方法。

1.4.2 隧道工程地质与水文地质

1. 地形地貌

拟建金家庄特长隧道，地处冀北山区，属变质岩中山区，区内地形起伏较大，沟壑发育。

隧道区地表标高为 1 406～1 738 m，相对高差 332 m，入口端洞口坡度为 16°～24°，出口端洞口坡度为 26°～31°。

2. 气象条件

工程区域属大陆性季风气候中温带亚干旱区，四季分明。春季多风少雨雪，阳光明媚；夏季雨量大、次数多，空气清新湿润；秋季天空晴朗，温凉舒爽；冬季寒冷漫长，降雪量较少。全年日照时间长、温差大，风向以西北风和静风为主。年均降水量在 424 mm 左右，且分布不均，全年无霜期平均为 115.9 d。平均气温 5.5 ℃，年最高气温 39.4 ℃，最低气温-28.2 ℃，最大积雪深度 9 cm，最大冻土深度 162 cm，无霜期 145 d。

3. 工程地质条件

隧道区地层以海西期二长花岗岩为主，局部为第四系覆盖层。具体如下：海西期二长花岗岩，为海西晚期侵入，多呈中粗粒结构，局部石英含量高，见早期海西期侵入复合岩体，局部混合岩化强烈，整体属海西期多次侵入的二长杂岩体，该区基底为古老结晶的太古界回旋变质岩。

隧道路线经过区域内主要断裂有尚义-平泉深断裂、上黄旗-乌龙沟深断裂。尚义-平泉深断裂长约 450 km，距拟建隧道约 30 km，对隧道建设影响较小。上黄旗-乌龙沟深断裂长约 450 km，距拟建隧道约 30 km，对隧道建设影响较小。金家庄围岩级别统计情况见表 1-3。

表 1-3 围岩级别长度统计

名称		V 级		Ⅳ 级		Ⅲ 级		总计/m
		长度/m	占比/%	长度/m	占比/%	长度/m	占比/%	
金家庄隧道	左线	508	12	3 030	71.7	690	16.3	4 228
	右线	444	10.8	3 080	75.7	580	14.1	4 104

4. 水文地质条件

（1）地下水类型及赋存特征。

场区地貌单元为变质岩中山区，地下水主要为基岩裂隙水，局部为孔隙潜水，受地形及大气降水影响较大。孔隙潜水主要赋存于上覆粉土、碎石等松散土层及全、强风化岩体孔隙中，但由于覆土层分布于山体上部，地势相对较高，缺乏有利的富存条件；基岩裂隙水主要赋存于节理裂隙发育带中，岩体破碎，有连通性，水力联系密切，视为统一含水体；中～微风化完整基岩可视为稳定隔水层。

（2）地下水补给、径流、排泄条件。

地下水补给主要源自大气降水入渗。地下水径流主要受地形变化影响，隧址区地下水流动方向主要沿着山脊两侧，在节理发育区段或缺少对外连通区段常常为富水区，且初始水压较大，无统一的水力联系，多属紊流运动。地下水的排泄以泉水出露及人工开采为主。

（3）涌水量计算。

由于隧道无稳定潜水面，采用规范计算出的涌水量与实际涌水量会存在一定差异，建议对涌水量参照使用。

隧道为越岭隧道，根据隧道水文地质条件，采用《铁路工程水文地质勘察规范》（TB 10049—2014）附录 B.1.2 降水入渗法公式进行估算。

$$Q = 2.74 \times \alpha \times W \times A \tag{1-1}$$

式中：α ——降水入渗系数，根据《铁路工程水文地质勘察规范》确定，实际计算时对特殊界面（岩性接触带、破碎带等）取 2 ~ 3 倍；

W——年降水量，根据区域地质资料确定；

A——集水面积，根据隧道区实际地形地貌计算。

由于隧道无稳定潜水面，因此采用公式（1-1）计算出的涌水量与实际存在差异，建议对涌水量参照表 1-4 使用。

表 1-4 隧道涌水量计算表

里程段落	长度/m	地层情况	入渗系数	集水面积/km²	年降水量/mm	分段涌水量/(m³/d)	总涌水量/(m³/d)
K80+380 ~ K80+600	220	中风化二长花岗岩	0.17	0.10	424	19.7	810
K80+600 ~ K82+200	1 600	中风化二长花岗岩	0.12	1.16	424	161.7	
K82+200 ~ K82+800	600	中风化二长花岗岩	0.17	1.66	424	327.8	
K82+800 ~ K83+300	500	中风化二长花岗岩	0.12	0.50	424	69.7	
K83+300 ~ K84+480	1 180	中风化二长花岗岩	0.18	1.17	424	231.1	

结合钻孔、物探资料，考虑地形、地质构造及浅埋等因素，可能出现的最大涌水量取值为正常涌水量的 3.5 倍，故隧道的正常涌水量为 810 m³/d（双洞），可能出现最大涌水量为 2 430 m³/d（双洞）。

隧址区的地下水主要为基岩裂隙水，岩体含水量少，整体属于贫水区，从区域地质分析，场区为阴山南麓向冀北山区过渡区域，属坝上高原向坝下的过渡区域，整体汇水面积较大。本次勘察，钻孔内未见地下水。隧道洞口沟内可见泉水流出，隧道开挖过程中以滴水及线状出水为主，该区地下水类型主要为 HCO_3-Ca，矿化度为 192.38 mg/L，对混凝土结构及钢筋混凝土结构中钢筋具微腐蚀性，建议采取相应防护措施。

5. 隧道岩石力学参数

根据隧址区岩土体工程地质性状及特征，以《公路隧道设计规范 第一册 土建工程》（JTG 3370.1—2018）等有关规范为基本依据，参照工程区附近已（在）建的其他相关工程有关资料，采用工程地质类比法提出各级围岩分级标准及主要物理力学参数建议值，如表 1-5 所示。

表 1-5 隧道围岩主要物理力学参数建议值

岩石名称	风化状态	吸水率/%	天然密度/(g/cm³)	饱和抗压强度/MPa	弹性模量/(×10⁴ MPa)	泊松比
二长花岗岩	强	1.07	2.58	15	0.20	0.30
	中	1.00	2.63	45	0.25	0.25
	微	0.95	2.65	60	0.30	0.18

1.5 本书主要解决问题

依托金家庄双螺旋隧道工程,在深入分析既有文献的基础上,通过理论分析、现场试验和数值模拟等手段,总结延崇高速公路螺旋隧道施工关键技术成果,为同类螺旋隧道的设计与施工提供参考。本书主要解决的问题如下:

1. 复杂环境条件下特长螺旋隧道开挖控制综合修建技术研究

针对强风化花岗岩区段大坡率螺旋隧道施工难点,开展大型螺旋隧道施工智能爆破及其超欠挖控制技术研究,进行长大螺旋隧道弱震动掘进控制爆破技术及其参数优化,开发长大螺旋隧道爆破振动远程自动化监控管理系统;对螺旋隧道爆破施工超欠挖控制技术、超欠挖体积与设计开挖体积比参数进行优化分析,提出一套适用于长大螺旋隧道的施工爆破技术方案及控制超欠挖的技术体系。同时开展强风化花岗岩长大螺旋隧道施工开挖与支护参数优化分析,研究长大螺旋隧道空间交叉结构施工特征,对隧道施工安全进行风险评估,提出隧道施工安全控制技术措施,确保螺旋隧道安全顺利施工。

2. 复杂气候条件下长大螺旋隧道施工多区段通风技术研究

考虑螺旋隧道的结构特征与浮升力效应,建立螺旋隧道施工通风阻力系数计算模型;提出独头螺旋隧道"分段接力风管压入式送风+射流风机引流排污"施工通风方案,针对独头上升螺旋隧道与独头下降螺旋隧道特点,研究压入式风管分段长度与风机、风管设计参数,以及引流排污射流风机的布置方式;针对"斜井+上升独头螺旋隧道施工段+下降独头螺旋隧道施工段"施工方案,构建斜井辅助施工独头螺旋隧道施工通风系统,研究斜井送风设备的设计参数,以及斜井排风设备的设计参数,最后提出特长螺旋隧道多洞室施工的通风网络技术方案。

3. 特长螺旋隧道机械化配套及其快速智能施工技术

隧道机械化施工效率水平是制约长大隧道施工速度的关键因素,研究隧道开挖出渣施工机群、湿喷施工机群及二衬浇筑机群作业效率,分析影响施工作业时间的关键节点因素,提出机群中机械设备性能与数量的配套关系,构建机械化配套系统模型,开发钻爆法隧道施工机械化配套软件,在隧道机械化施工方面起到显著降本增效作用。

第 2 章 螺旋隧道非对称轮廓光面爆破关键参数及其确定方法

现场调查统计发现，由于螺旋隧道与常规隧道相比具有轮廓不对称的特点，因此其光面爆破效果非常不理想。光面爆破效果不仅与设计参数的合理性有关，而且与钻孔布置、施工质量紧密相关，而钻孔的布置、施工质量与施作空间关联性极强。为此，必须对螺旋隧道爆破参数（包括循环进尺、掏槽、辅助、掘进以及周边孔等参数）进行深入研究，据此提出一套新型螺旋隧道爆破参数确定及炮孔布置方法，为螺旋隧道非对称轮廓光面爆破控制施工提供理论支撑。在此，主要对最为关键的总体参数确定方法进行分析，其他不做赘述。

2.1 螺旋隧道爆破循环进尺的确定

确定非对称螺旋隧道循环进尺有两种方法，一是按常规技术结合围岩级别和隧道断面条件确定，二是结合非对称螺旋隧道的特殊性确定。两种方法确定后，比较选择出一种最为合理的循环进尺。鉴于实践证明了常规方法不满足螺旋隧道爆破质量控制要求，故对其不做过多说明，在此仅对第二种方法进行说明，也即从理论上先推导基于螺旋隧道展线半径等特殊条件与隧道最优进尺的关系。

2.1.1 螺旋隧道超欠挖理论分析

1. 螺旋隧道平面几何布置与钻孔方法

由于隧道特别是螺旋隧道的超欠挖控制非常困难，也是隧道开挖要关注的重点，所以在确定循环进尺时不能按照传统方法进行，必须充分考虑超欠挖的控制要求（比如不同围岩级别的控制标准 S）。为此，如果考虑在螺旋隧道中掘进一个循环，则可过掌子面的左右两侧与曲线半径相交点（交点应该在同一条半径上），沿洞轴线向掘进方向作曲线的切线。如此则能推导出外侧（远心侧）超欠挖值 S_w 和里侧（近心侧）超欠挖值 S_n，具体如图 2-1 所示。

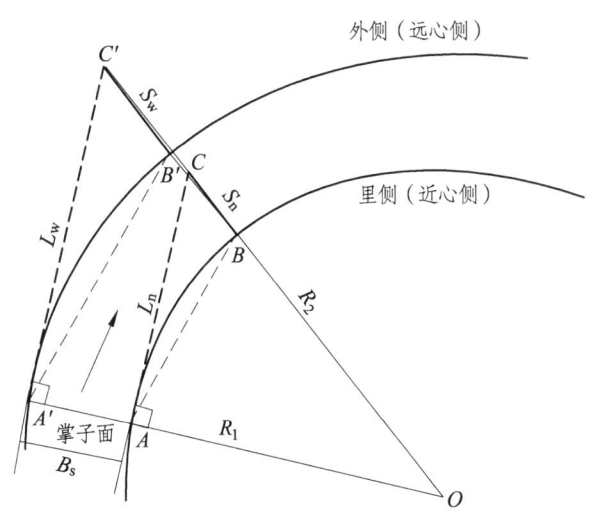

图 2-1 螺旋隧道掘进参数平面

结合图 2-1 中的各线条的关系可知：

（1）$OA = OB = R_1$，为螺旋展线圆心至隧道里侧（近心侧）的距离；

（2）$OA' = OB' = R_2$，为螺旋展线圆心至隧道外侧（远心侧）的距离；

（3）L_w 和 L_n 分别为外侧（远心侧）和里侧（近心侧）一个循环进尺；

（4）AC 和 $A'C'$ 是常规隧道钻孔轨迹，钻孔垂直掌子面（半径线），即为经过 A 和 A' 点的切线。

值得注意的是，由于钻孔空间影响，在实际操控中，外侧轮廓线还有一定的外插斜率或外插角度，其大小不会小于传统钻孔方法（因为外侧圆弧的影响）。因此，在周边孔的外插角调整时，需要考虑这个因素。

（1）AB 和 $A'B'$ 是螺旋隧道钻孔轨迹，钻孔不垂直掌子面（半径线），适当考虑了纠偏；

（2）S_w 和 S_n 分别为外侧（远心侧）和里侧（近心侧）的超欠挖；

（3）B_s 为隧道宽度。

2. 常规与非常规钻孔方法的比较

从图 2-1 中可以发现，两种钻孔轨迹具有以下特点：

（1）按常规掘进钻孔（红色线条）时，螺旋隧道容易出现外侧超挖 $S_w = B'C'$（绿色线条），里侧欠挖 $S_n = BC$（紫色线条）。

（2）按螺旋隧道纠偏掘进钻孔（蓝色线条）时，尽管可以控制螺旋隧道不出现系统性超挖，但会分别在中间位置外侧欠挖，里侧超挖，其中最中间位置最为严重。

因此，上述两种钻孔方法均不能满足螺旋隧道施工要求，都会出现不同程度的超欠挖，在此称其为系统性超欠挖。

基于此，必须对钻孔方法进行适当调整，外侧炮孔外插角适当调小，而里侧炮孔外插角适当调大，但究竟应该如何调整，需要经过理论分析才能确定。

3. 螺旋隧道系统性超欠挖分析

基于图 2-1 中的几何关系，理论上可分析出常规与非常规隧道钻孔的系统性超欠挖，但

第 2 章
螺旋隧道非对称轮廓光面爆破关键参数及其确定方法

具体看，一般表现为外侧轮廓线超挖而里侧轮廓线欠挖。

（1）螺旋隧道外侧轮廓线超欠挖分析。

由于外侧轮廓线圆弧影响，外侧轮廓线的超挖会包括三个方面，如图 2-2 所示。

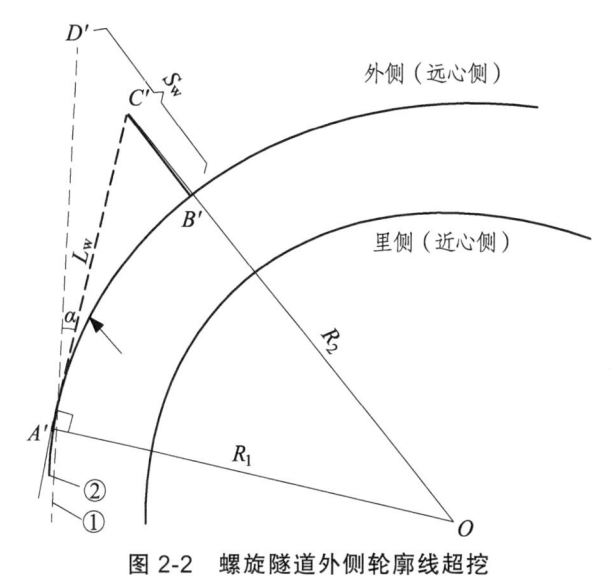

图 2-2　螺旋隧道外侧轮廓线超挖

一是，传统隧道钻周边孔时的外插角度（①）仍然存在，会产生超挖（$D'C'$）；

二是，因为圆弧的影响（②），更加恶化了钻孔空间，会导致钻周边孔时的外插角更大，从而产生更大超挖；

三是，圆弧的存在（③），会产生系统性超挖（$C'B'$）。

上述三个方面，会引起更加严重的超挖，其总和为 S_w。

（2）螺旋隧道里侧轮廓线超欠挖分析。

由于里侧轮廓线圆弧影响，里侧轮廓线的欠挖 S_n 如图 2-3 所示。

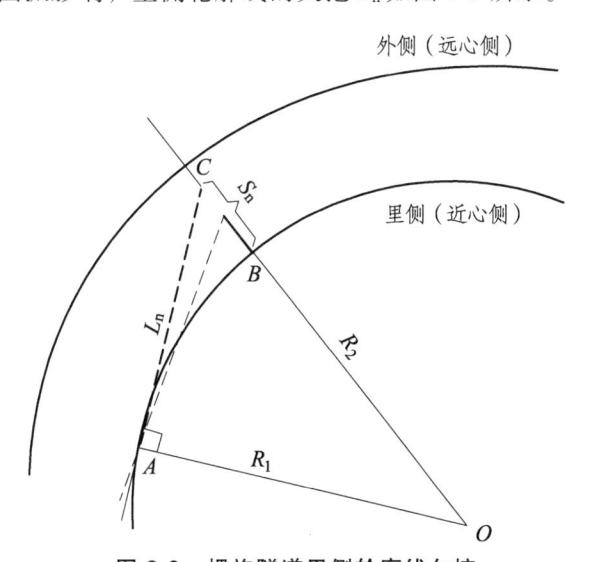

图 2-3　螺旋隧道里侧轮廓线欠挖

由图 2-3 可知，里侧轮廓线的欠挖 S_n 具体如下：

① 对于里侧轮廓线，如果曲率不够大，还是需要按传统方法依据一定的外插角度钻周边孔，此时其超欠挖不确定，图中显示的是欠挖（DB）；

② 按照圆弧切线方向钻孔时，因为弧形的存在，会出现欠挖（CD）；

上述两个方面，会引起隧道施工严重欠挖，其总和为 S_n。

2.1.2 隧道近心侧和远心侧孔深确定

对于隧道开挖炮孔深度的确定，在此分两个层次进行分析：一是先求出内外的周边孔深或叫内外循环进尺；二是根据里外侧孔深的差值比较，判断是否需要进行里外侧循环进尺修正。调整方法分三步：首先，按差值进行调整，如果能达到目标则结束；其次，调整外插角，会变化深度；最后，两种方法同时运用，综合调整深度。目的就是最终确定出两侧的炮孔深度，进而计算得到循环进尺等后续一系列爆破参数。

1. 隧道里外侧炮孔深度的确定

假设可以确定外侧允许的超欠挖[S_w]，也即 S_w 为已知条件，则根据图 2-1 可以确定所有线条长度和圆心角等相关角度。在此仅仅计算得到内外循环进尺即可，其他暂时不做分析。

假如常规与非常规钻孔施工条件相同，也即不考虑钻孔操控水平的因素，则可以分别计算得到螺旋与非螺旋两种类型隧道的超挖差值，由图 2-1 的几何关系可推导出：

$$(R_1 + S_n)^2 = L_n^2 + R_1^2 \quad (2-1)$$

$$(R_2 + S_w)^2 = L_w^2 + R_2^2 \quad (2-2)$$

式中：R_1——螺旋展线圆心至隧道近心侧的距离；

R_2——螺旋展线圆心至隧道远心侧的距离；

L_w——隧道远心侧的炮孔深度；

L_n——隧道近心侧的炮孔深度；

S_w——隧道远心侧的超欠挖值；

S_n——隧道近心侧的超欠挖值。

因为螺旋隧道展线半径由设计给定，为已知条件，故由 $S_w<[S_w]$ 和 $S_n<[S_n]$ 就能确定出内外循环进尺。具体循环进尺确定思路为：根据超欠挖的限制标准[S_w]、[S_n]反推出远、近心侧的容许进尺 L_w、L_n，具体如式（2-3）、式（2-4）所示。

$$L_n = \sqrt{(R_1 + [S_n])^2 - R_1^2} \quad (2-3)$$

$$L_w = \sqrt{(R_2 + [S_w])^2 - R_2^2} \quad (2-4)$$

由于里外侧炮孔深度不同，在确定掏槽类型及参数时按平均值定。为此，对 L_w、L_n 求平均可得到螺旋隧道的最大进尺 L，具体计算见公式（2-5）。

$$L = \frac{L_w + L_n}{2} \quad (2-5)$$

按式（2-5）计算后，在实际工程中螺旋隧道的进尺不应大于 L，据此才能在理论上和系统上控制爆破超欠挖，从而在源头上最大程度降低超欠挖。

另外要注意，还要与常规方法确定的循环进尺比较，不能大于常规方法确定出的循环进尺。

2. 内外侧炮孔深度调整原则与方法

不同类型隧道的爆破其炮孔深度不一样，螺旋隧道更是如此，因螺旋导致近心侧和远心侧炮孔深度可能有较大差异。如果确定了循环进尺 L，若全部炮孔都按照隧道进尺深度钻孔，则会造成工作面近心侧超挖、远心侧欠挖等不利效果。因此，如何在确定循环进尺后再准确确定各类炮孔的深度是一大关键问题。在螺旋隧道或曲线隧道的钻爆施工中，应具体分析隧道的空间几何条件，对不同未知的孔深进行调整。由于非对称螺旋隧道沿洞轴线弯曲，原则上必须左右两侧炮孔深度不一样，外侧稍长，里侧稍短，到底长或短多少，并不知道。为此，首先计算得出里外两侧炮孔特别是周边孔的孔深差值，然后再依据差值大小确定调整原则和方法。

（1）左右边墙周边眼孔深差值 ΔL 计算。

从理论上先推导螺旋隧道展线半径与隧道左右边墙在一个进尺内长度的数学公式，再据此计算差值，如图 2-4 所示，ΔL 为左右边墙周边眼孔深差值。

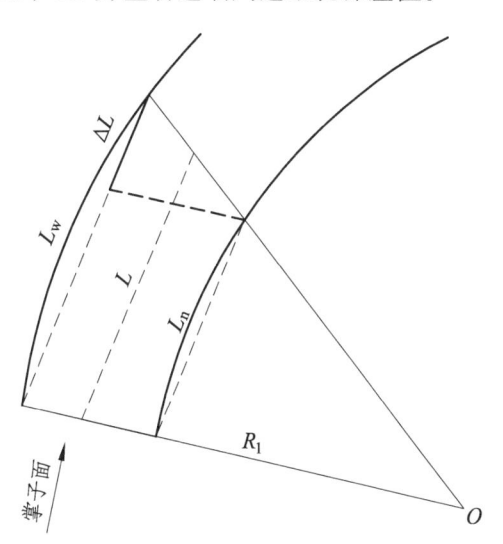

图 2-4 螺旋隧道左右边墙的长度不同

计算 ΔL 的方法如下：

$$\Delta L = L_{\mathrm{w}} - L_{\mathrm{n}} \tag{2-6}$$

也可以按下述方法进行计算，当循环进尺确定为 L 后，由几何知识可知：

$$\frac{L_{\mathrm{n}}}{L} = \frac{R}{R + \dfrac{B_{\mathrm{s}}}{2}} \tag{2-7}$$

$$\frac{L}{L_\text{w}} = \frac{R_1 + \dfrac{B_\text{s}}{2}}{R_1 + B_\text{s}} \tag{2-8}$$

综合分析式（2-6）、（2-7）、（2-8）可得：

$$\Delta L = \frac{L(R_1 + B_\text{s})}{R_1 + \dfrac{B_\text{s}}{2}} - \frac{R_1 L}{R_1 + \dfrac{B_\text{s}}{2}} = \frac{B_\text{s} L}{R_1 + \dfrac{B_\text{s}}{2}} \tag{2-9}$$

式中：R_1——螺旋隧道圆心距隧道近心侧的距离；

B_s——隧道宽度；

L——确定的循环进尺。

（2）左右边墙周边眼孔深调整原则与方法。

左右边墙周边眼孔深调整原则与方法如下：

$0 < \Delta L \leqslant c_1$　不做调整

$c_1 < \Delta L \leqslant c_2$　调整进尺

$\Delta L > c_2$　调整角度

表 2-1　判定标准取值　　　　　　　　单位：cm

判定值	进尺				
	1 m	2 m	3 m	4 m	5 m
c_1	2	4	6	8	10
c_2	5	10	15	20	25

表 2-1 中 c_1 按 2%进尺长度的标准确定，c_2 按 4%进尺长度的标准确定。其中，c_1 和 c_2 根据地质条件、断面规格和施工条件等因素确定。

当 $\Delta L \geqslant c_1$ 时应予以进尺调整，远心侧在隧道原有进尺的基础上增大 $c_1/2$，近心侧在原有进尺的基础上减小 $c_1/2$（c_1 按表 2-1 取值）；当 $\Delta L \geqslant c_2$ 时应予以外插角角度调整，具体的调整方法见第 2.1.3 节，在角度调整后。

可以运用近心侧和远心侧孔深调整的方法对现场钻孔施工人员进行指导，在找准孔位的基础上对打孔深度有一个理性的认知，避免在一个爆破进尺内近心侧超挖、远心侧欠挖问题的产生，保证在下一个爆破进尺中掌子面是平整的，且所在平面过圆心。

说明：图 2-4 中的 ΔL 是比较理想状态下钻孔后发生的差值，后面会对钻孔外插角进行适当调整，调整后其差值会有一定不同，但只要确定了 L_w、L、L_n 后，最终的计算方法都是一样的。

2.1.3　隧道周边孔外插角角度调整方法

前面是基于外插角推导的公式，如果半径比较小即曲率比较大时，现实中可以实现无外插角钻孔的，但是如果相反时则还是不能忽略外插角的问题。

第 2 章
螺旋隧道非对称轮廓光面爆破关键参数及其确定方法

周边孔外插角角度调整是根据隧道的轮廓线变化进行调整的一种方法。在矿山法隧道中，采用光面爆破的周边孔不应与掌子面垂直，为达到一个好的爆破效果，应有一定的外插角。在螺旋隧道或曲线隧道中，由于在一个进尺内隧道轮廓线并非是笔直向前的，而是有一定的弯曲，这就要求在螺旋隧道的爆破施工中不能像常规隧道那样用一个固定的外插角值来指导钻孔爆破，而是应该对不同位置的周边孔采用不同的外插角角度。总体来说，在近心侧的外插角角度应根据隧道曲线半径进行不同程度的增大，对于远心侧周边孔同样根据隧道曲线半径进行不同程度的减小，但需要注意的是，近心侧增大的外插角角度应与远心侧减小的外插角角度大小相当，以保证隧道爆破开挖后左右边墙平行。

常规隧道的外插角是根据施工相关参数经过严格的几何推导出来的，如图 2-5 所示。

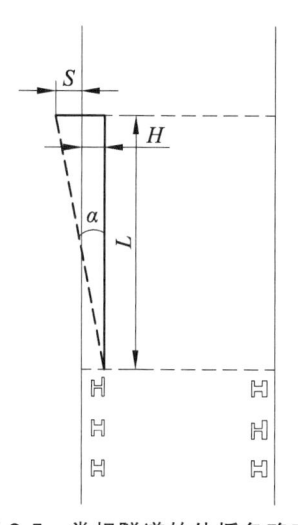

图 2-5 常规隧道的外插角确定

下面对常规隧道外插角角度进行推导。

$$\tan\alpha = \frac{S+H}{L} \tag{2-10}$$

$$\Rightarrow \alpha = \arctan\frac{S+H}{L} \tag{2-11}$$

式中：S——隧道允许超挖值；

H——钢拱架的厚度；

L——隧道的循环进尺。

在螺旋隧道中，外插角需在常规隧道的基础上进行调整。在此，将螺旋隧道的某一开挖区段看作标准圆上的一段弧，其示意简图如图 2-6 所示。

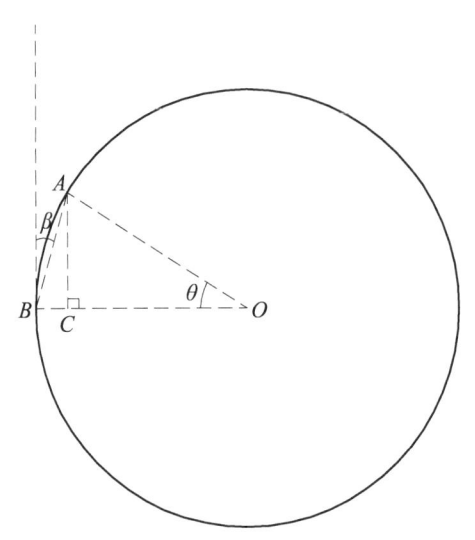

图 2-6 螺旋隧道外插角调整方法

在标准圆中，θ 为圆心角，β 为螺旋隧道外插角应调整的度数。一段弧对应的圆心角 θ 可近似看为该弧长与圆周的比值乘以 2π，近似将割线长度看作弧长，即：

$$\theta = \frac{AB}{2\pi R} \times 2\pi = \frac{AB}{R} \tag{2-12}$$

因为 AB 即为该隧道区段的循环进尺 L，故有

$$\theta = \frac{L}{R} \tag{2-13}$$

$$\sin\theta = \frac{AC}{AO} = \frac{AC}{R} \tag{2-14}$$

$$\Rightarrow AC = R\sin\theta \tag{2-15}$$

同理可得

$$CO = R\cos\theta \tag{2-16}$$

又因为

$$BC + CO = BO = R$$

故

$$BC = R - CO = R(1 - \cos\theta)$$

因为

$$\angle BAC = \beta$$

$$\tan\beta = \tan\angle BAC = \frac{BC}{AC}$$

代入 BC、AC 得

$$\tan\beta = \frac{1-\cos\theta}{\sin\theta}$$

故

$$\beta = \arctan\frac{1-\cos\theta}{\sin\theta}$$

又因为

$$\theta = \frac{L}{R}$$

得

$$\beta = \arctan\frac{1-\cos\frac{L}{R}}{\sin\frac{L}{R}}$$

根据 β 的大小，可将调整方法分成三个阶段。

（1）当 $\beta < 1°$ 时，进尺段可看作直线，不调节周边眼外插角角度。

（2）当 $1°\leq\beta\leq 3°$ 时，进尺段的弯曲程度已影响到隧道的超欠挖，须进行相应调整。

（3）当 $\beta > 3°$ 时，进尺段的曲率较大时，不仅要调整外插角角度，还应采用长短孔结合的方法。

在螺旋隧道远心侧边墙处的外插角调节应采取在常规隧道外插角的基础上减小一定的角度，以减小超挖现象，即：

$$\gamma_{远} = |\alpha - \beta| \tag{2-17}$$

在螺旋隧道近心侧边墙处的外插角调节应采取在常规隧道外插角的基础上增大一定的角度，以减小欠挖现象，即：

$$\gamma_{近} = |\alpha + \beta| \tag{2-18}$$

曲线偏差角 β 不同循环进尺的情况下会造成超欠挖值表如表 2-2 所示。

表 2.2 β 和进尺不同对应的超欠挖数值   单位：cm

β	进尺				
	1 m	2 m	3 m	4 m	5 m
1°	1.74	3.49	5.22	6.96	8.73
2°	3.49	6.98	10.48	13.97	17.46
3°	5.24	10.48	15.72	20.96	26.20

2.1.4 隧道里外侧周边孔深度综合方法

在第 2.1.2 节和第 2.1.3 节中分别介绍了根据进尺确定近心侧和远心侧的周边孔孔深和根据螺旋隧道展线半径带来的曲线角度 β。当考虑到不同展线半径时，计算曲线角度 β 会在进尺中段带来一定的欠挖 S_1，如图 2-7 所示。

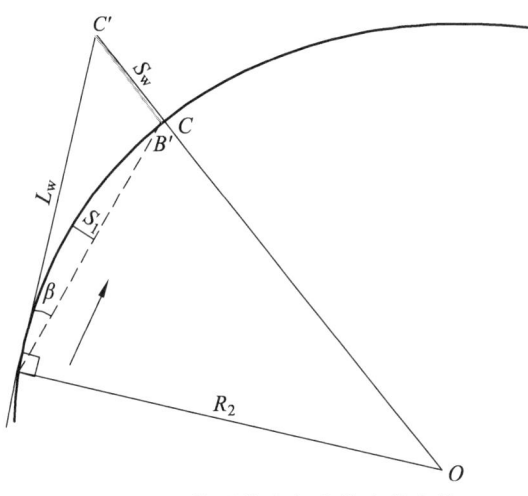

图 2-7 调整后曲线角度带来的欠挖

当在螺旋展线半径确定后，根据内外侧周边孔孔深的差值 ΔL 对循环进尺进行调整。同时也要根据调整后的循环进尺代入第 2.1.3 节中算出 β，再根据相应的调节方法调节角度（图 2-8）。

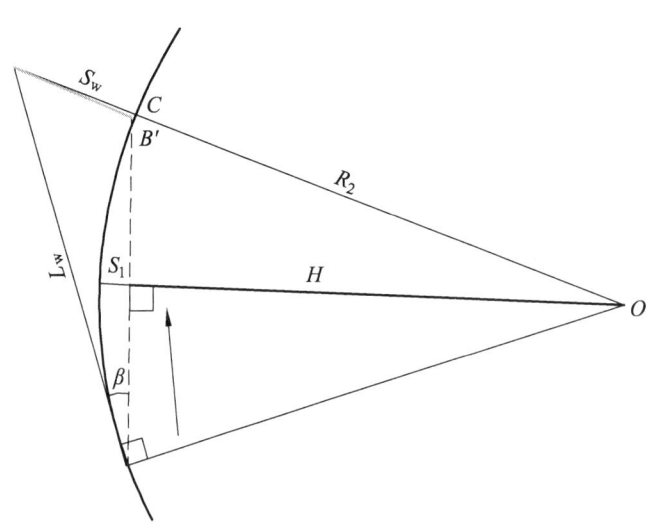

图 2-8 角度调整方法

由公式（2-19）可知：

$$(R_2 + S_w)^2 = L_w^2 + R_2^2 \qquad (2\text{-}19)$$

可得

$$S_w = \sqrt{L_w^2 + R_2^2} - R_2 \tag{2-20}$$

结合式（2-21）可知：

$$R_2 = H + S_1 \tag{2-21}$$

$$\left(\frac{L}{2}\right)^2 + H^2 = R_2^2 \tag{2-22}$$

结合式（2-21）和式（2-22）可得：

$$H = \sqrt{R_2^2 - \left(\frac{L}{2}\right)^2} \tag{2-23}$$

$$S_1 = R_2 - \sqrt{R_2^2 - \left(\frac{L}{2}\right)^2} \tag{2-24}$$

1. 根据超挖标准控制值[S_w]确定 L

此时应使 $S_1 = n[S_w]$，其中 n 为一个未确定值，根据超挖值和欠挖值的目标比例确定。当 n 确定时，可根据 S_1 反推出综合调整方法下确定的循环进尺 L，即：

$$L = 2\sqrt{S_1(2R_2 - S_1)} \tag{2-25}$$

2. 根据欠挖标准控制值[S_1]确定 L

$$L = 2\sqrt{[S_1](2R_2 - [S_1])} \tag{2-26}$$

综合调整方法的思路为：首先根据近心侧和远心侧周边孔深差值来调节循环进尺，当 ΔL 达到 c_2 时，要进行角度的调节，角度调节后，势必会影响到循环进尺的变化，此时必须要对循环进尺进行二次调整，调整的依据为超挖标准控制值[S_w]和欠挖标准控制值[S_1]；然后分别确定循环进尺 L，在实际施工时，循环进尺的取值应小于综合调节方法所得的 L。

2.2 非对称螺旋隧道炮孔布置方法

隧道开挖前，应根据工程地质条件、开挖断面形状与尺寸、施工方法并结合钻眼机具及爆破器材等条件确定循环进尺及相关参数以做好钻爆设计，即合理地确定炮眼布置、数目、深度和角度、装药量、装药结构、起爆方法和起爆顺序，安排好循环作业等，以此正确指导钻爆施工，达到预期的效果。在隧道内布置炮眼时，必须保证获得良好的爆破效果，并考虑钻眼的效率。在开挖面上除出现土石互层、围岩类别不同、节理异常等特殊情况外，应按实际需要布置炮眼。

2.2.1 隧道爆破布眼原则

（1）先布置掏槽眼，其次是周边眼，最后是辅助眼。掏槽眼一般应布置在开挖面中央偏下部位，其深度应比其他眼深 15~20 cm。为爆出平整的开挖面，除掏槽和底部炮眼外，所有掘进眼眼底应落在同一平面上。底部炮眼深度一般与掏槽眼相同。

（2）周边眼应严格按照设计位置布置。断面拐角处应布置炮眼。为满足机械钻眼需要和减少超欠挖，周边眼设计位置应考虑 0.03~0.05 的外插斜率，并应使前后两排炮眼的衔接台阶高度(即锯齿形的齿高)最小为佳。此高度一般要求为 10 cm 左右，最大也不应大于 15 cm。

（3）辅助眼的布置主要是解决炮眼间距和最小抵抗线的问题，这可以由施工经验决定，一般抵抗线 W 为炮眼间距的 60%~80%，并在整个断面上均匀排列，当采用 2 号岩石铵梯炸药时，W 值一般取 0.6~0.8 m。

（4）当炮眼的深度超过 2.5 m 时，靠近周边眼的内圈辅助眼应与周边眼有相同的倾角。

（5）当岩层层理明显时，炮眼方向应尽量垂直于层理面。如节理发育，炮眼应尽量避开节理，以防卡钻和影响爆破效果。

2.2.2 隧道爆破布孔方式

隧道开挖面的炮眼，在遵守上述原则的基础上，可以有以下几种布置方式：

1. 直线形布孔

将炮眼按垂直方向或水平方向，围绕掏槽开口呈直线形逐层排列。这种布眼方式，形式简单且易掌握，同排炮眼的最小抵抗线一致，间距一致，前排眼为后排眼创造临空面，爆破效果较好。

2. 多边形布孔

这种布眼是围绕着掏槽部位，由里向外，将炮眼逐层布置成正方形、长方形、多边形等。

3. 弧形布孔

顺着拱部轮廓线，逐圈布置炮眼。此外，还可将开挖面上部布置成弧形，下部布置成直线形，以构成混合型布置。

4. 圆形布孔

当开挖面为圆形时，炮孔围绕断面中心逐层布置成圆形。这种布孔方式，多用在圆形隧道、泄水洞以及圆形竖井的开挖中。

2.3 非对称螺旋隧道爆破安全计算分析方法

地面建筑物基础底部(或地面)至爆源中心距离 R 为安全控制半径，借助于经验公式(2-27)，并以设计质点振动波速度限值作为控制标准，反算各部分所允许的单段用药量，并进行试爆验证，取得合理的爆破参数。同时，结合表 2-3 和表 2-4 选取相应规范值进行验算。

$$Q = R^3 \left(\frac{V}{K}\right)^{\frac{3}{a}} \tag{2-27}$$

式中：V——被保护物处的质点振动速度；

K——与介质性质、爆破方式等有关的系数；

a——与传播途径和地形有关的系数；

Q——同时起爆单段最大装药量；

R——爆破中心到被保护物之间的距离。

表 2-3 爆破振动安全允许标准

序号	保护对象类别	安全允许振速/(cm/s)		
		<10 Hz	10~50 Hz	50~100 Hz
1	土窑洞、土坯房、毛石房屋[a]	0.5~1.0	0.7~1.2	1.1~1.5
2	一般砖房、非抗震的大型砌块建筑物[a]	2.0~2.5	2.3~2.8	2.7~3.0
3	钢筋混凝土结构房屋[a]	3.0~4.0	3.5~4.5	4.2~5.0
4	一般古建筑与古迹[b]	0.1~0.3	0.2~0.4	0.3~0.5
5	水工隧道[c]	7~15		
6	交通隧道[c]	10~20		
7	矿山巷道[c]	15~30		
8	水电站及发电厂中心控制室设备	0.5		
9	新浇大体积混凝土[d]： 龄期：初凝~3 d	2.0~3.0		
	龄期：3~7 d	3.0~7.0		
	龄期：7~28 d	7.0~12.0		

注：① 表列频率为主振频率，指最大振幅所对应波的频率。

② 频率范围可根据类似工程或现场实测波形选取。选取频率时可参考下列数据：硐室爆破<20 Hz；深孔爆破 10~60 Hz；浅孔爆破 40~100 Hz。

a. 选取建筑物安全允许振速时，应综合考虑建筑物的重要性、建筑质量、新旧程度、自振频率、地基条件等因素。

b. 省级以上（含省级）重点保护古建筑与古迹的安全允许振速，应经专家论证选取，并报相关文物管理部门批准。

c. 选取隧道、巷道安全允许振速时，应综合考虑构筑物的重要性、围岩状况、断面大小、深埋大小、爆源方向、地震振动频率等因素。

d. 非挡水新浇大体积混凝土的安全允许振速，可按本表给出的上限值选取。

表 2-4 不同岩性的 K、a 值

岩性	K	a
坚硬岩石	50~150	1.3~1.5
中硬岩石	150~250	1.5~1.8
软岩石	250~350	1.8~2.0

通过监测数据，反算出 K、a 值，从而计算出允许的最大一次单响起爆药量，为控制爆破振动提供数据支持，以防止破坏周边建筑物。

2.4 不同展线半径的双螺旋隧道振动分析

在上下行分离式隧道施工时，为减小爆破施工对另一条隧道的影响，通常会选择一条隧道先行开挖，另一条隧道间隔一定距离再次开挖，并且尽量避免两条隧道同时爆破的情况。选取双螺旋隧道净距为 30 m，隧道的展线半径分别为 100 m、400 m、800 m 和 +∞，分析先行洞爆破和后行洞爆破的工况下，隧道结构各点位置和双螺旋隧道间岩柱的振动衰减，进而探究不同展线半径对双螺旋隧道的振动衰减规律。

2.4.1 隧道爆破荷载选取

为了判定新研发的螺旋隧道爆破参数及其相应的设计方法是否合理和可靠，首先对其进行数值实验分析，然后对其做适当优化，最后进行现场试验并依据试验结果对新型方法进行适当修正。在此，主要对与螺旋隧道密切相关的螺旋展线下爆破振动进行分析，据此对爆破方案提出优化建议。

在有限元计算分析中，隧道爆破的数值模拟关键是施加爆破荷载。爆破荷载的变化历程有两种常见形式，分别为指数衰减型荷载和三角形荷载。为简化爆破荷载，采用三角形荷载曲线，如图 2-9 所示。

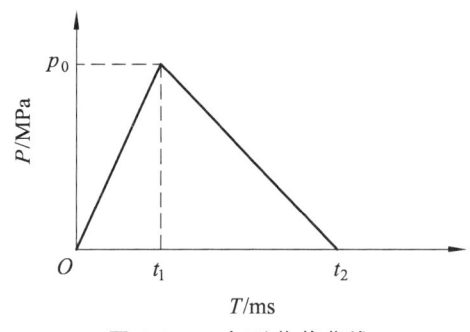

图 2-9 三角形荷载曲线

在图 2-9 中，p_0 为爆破过程中的峰值压力，t_1 为爆破升压的时间，t_2 为整个爆破过程的时间。在施加爆破荷载前，应先确定爆破荷载的峰值压力 p_0，爆破过程中的升压时间 t_1 和爆破过程中的正压时间 t_2，然后再确定模型的加载形式。

2.4.2 展线半径为 +∞ 时双螺旋隧道爆破振动衰减规律分析

常规双洞上下行公路隧道的净距为 30 m 时爆破振动衰减分析，左洞先行，左洞掌子面较右洞领先 20 m。

第 2 章
螺旋隧道非对称轮廓光面爆破关键参数及其确定方法

1. 先行洞爆破

在左洞掘进进尺对应的隧道壁施加爆破荷载，对围岩矢量振动速度进行分析。因爆破发生过程较快，限于篇幅，提取双螺旋隧道的净距为 30 m，展线半径+800 m 时先行洞爆破的工况下，时程为 5×10^{-3} s、1×10^{-2} s、2×10^{-2} s、3×10^{-2} s、4×10^{-2} s、5×10^{-2} s 隧道结构的矢量振动速度云图，如图 2-10 所示。

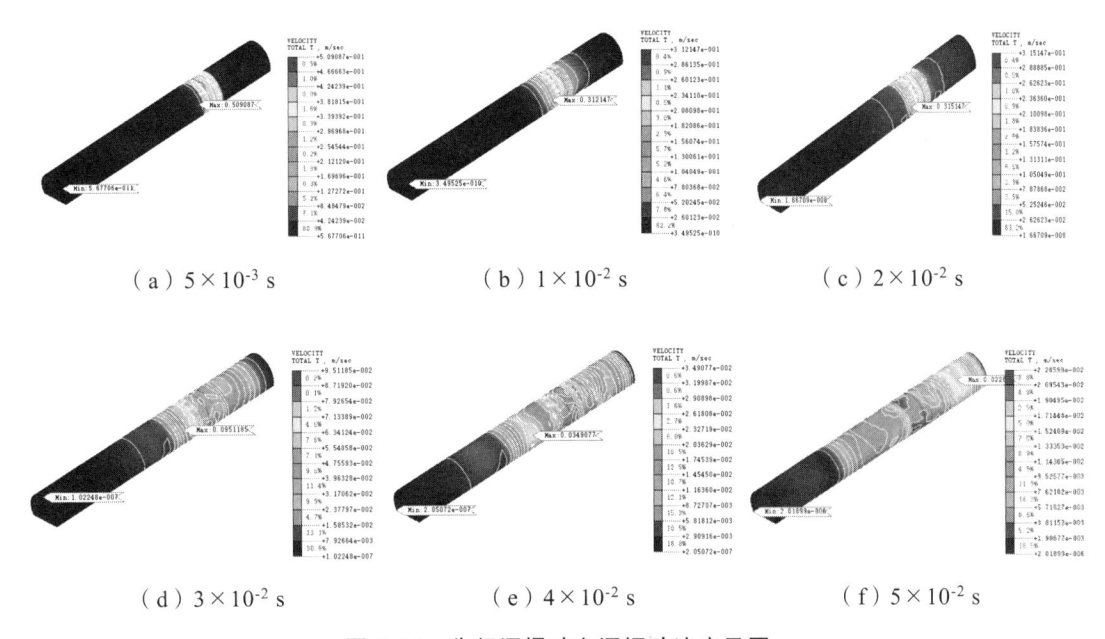

（a）5×10^{-3} s （b）1×10^{-2} s （c）2×10^{-2} s

（d）3×10^{-2} s （e）4×10^{-2} s （f）5×10^{-2} s

图 2-10 先行洞爆破左洞振动速度云图

根据振动速度云图（图 2-10），可知在爆破发生后 0～0.02 s 内爆破振动主要向掌子面四周传递，在 0.02 s 后以球面波的形式向四周传递，同时振动速度大幅衰减，在 0.03 s 时最大振动速度仅为起爆时最大振速的 18.68%。爆破地震波在各时段最大振速如表 2-5 所示。

表 2-5 爆破地震波各时段最大振速

时间/s	0.005	0.01	0.02	0.03	0.04	0.05	0.06	0.07	0.08
最大振速/（cm/s）	50.90	31.21	31.51	9.51	3.49	2.28	1.46	1.16	0.79

由表 2-5 可以看出：在 0.04 s 时最大振动速度回落到 3.49 cm/s 以下，并逐渐趋于稳定，由《爆破安全规程》（GB 6722—2014）可知，交通隧道的支护结构安全振速在 20 cm/s 以下。因此在 0.03 s 后，无论最大振速发生在隧道何处，隧道结构都是安全。各监测点的振动速度如图 2-11 所示。

(a) 距掌子面 10 m

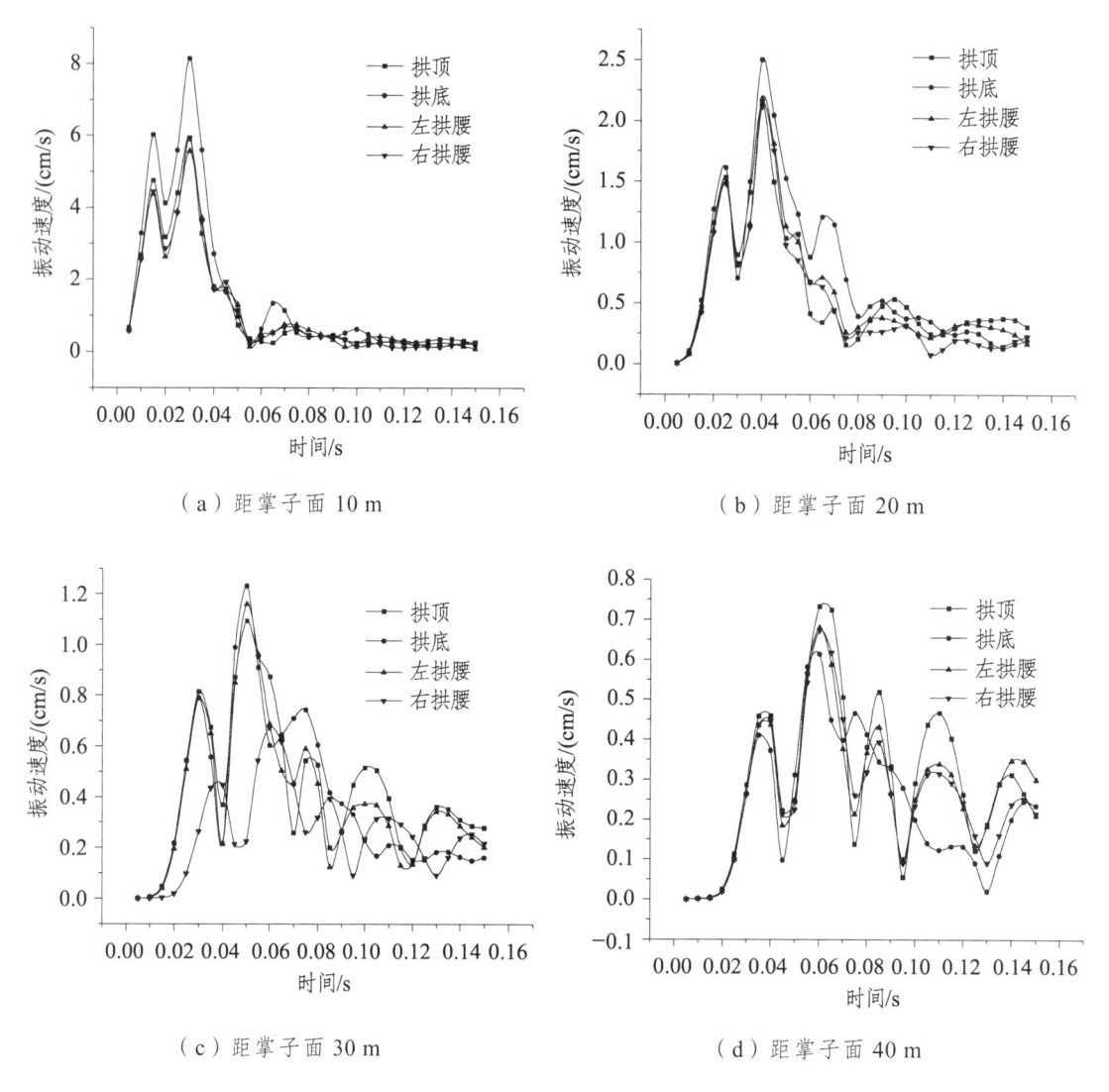

(b) 距掌子面 20 m

(c) 距掌子面 30 m

(d) 距掌子面 40 m

图 2-11　48 距爆源不同位置各监测点的振动速度

由图 2-11 可看出，距离爆源越近，0~0.06 s 时的爆破速度越大，在距爆源 10 m、20 m、30 m、40 m 时在该时段内最大振速分别为 8.14 cm/s、2.50 cm/s、1.23 cm/s、0.73 cm/s；在爆源近区，最大振速常出现在拱底处，在爆源远区最大振速出现在拱顶处。

2. 后行洞爆破

在右洞掘进进尺对应的隧道壁施加爆破荷载，对围岩矢量振动速度进行分析。因爆破发生过程较快，限于篇幅，提取双螺旋隧道的净距为 30 m，展线半径+800 m 时后行洞爆破的工况下，时程为 2×10^{-2} s、3×10^{-2} s、4×10^{-2} s、5×10^{-2} s、6×10^{-2} s、7×10^{-2} s 左洞隧道衬砌的矢量振动速度云图，如图 2-12 所示。

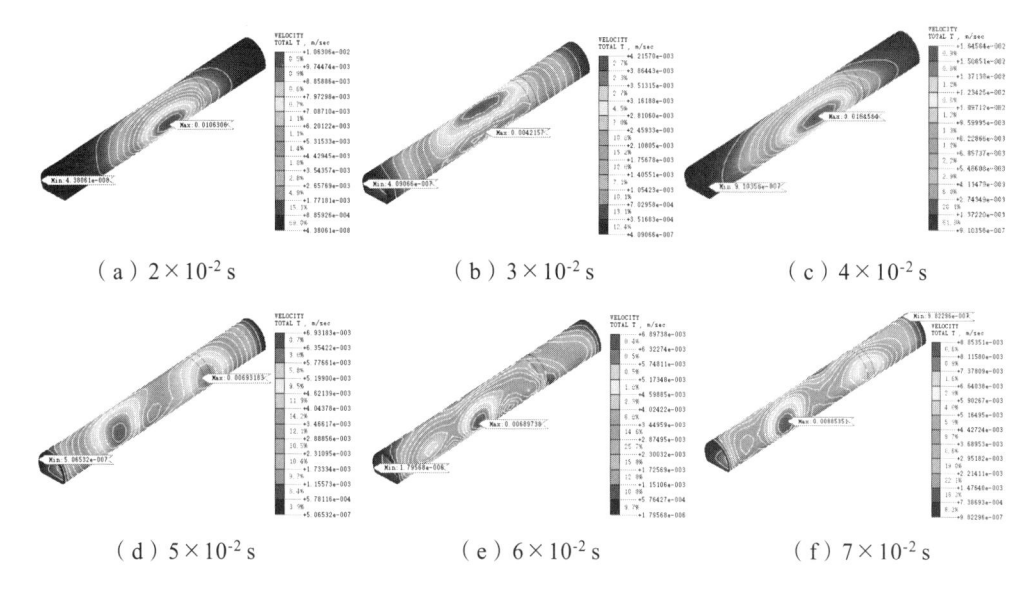

第 2 章
螺旋隧道非对称轮廓光面爆破关键参数及其确定方法

(a) 2×10^{-2} s　　　　(b) 3×10^{-2} s　　　　(c) 4×10^{-2} s

(d) 5×10^{-2} s　　　　(e) 6×10^{-2} s　　　　(f) 7×10^{-2} s

图 2-12　后行洞爆破左洞振动速度云图

根据振动速度云图（图 2-12），可知在爆破发生后 0.04 s 对左洞隧道结构造成振动的最大振速为 1.64 cm/s，各时段的最大振速发生在与爆源相对应的右拱腰处，爆破地震波在各时段最大振速如表 2-6 所示。

表 2-6　爆破地震波各时段最大振速

时间/s	0.01	0.02	0.03	0.04	0.05	0.06	0.07	0.08	0.09
最大振速/（cm/s）	0.15	1.06	0.42	1.64	0.69	0.68	0.88	0.52	0.49

由表 2-6 可以看出：在 0~0.09 s 内最大振动速度呈多次波动，总体变化为先增大，在 0.04 s 时达到最大值，然后波动回落逐渐平稳。左洞各监测点的振动速度如图 2-13 所示。

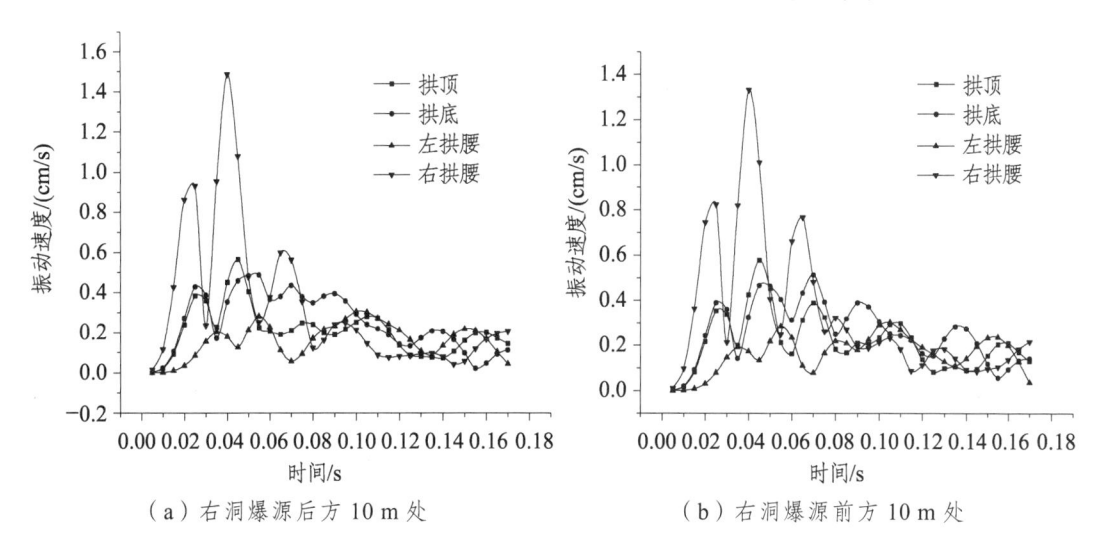

(a) 右洞爆源后方 10 m 处　　　　(b) 右洞爆源前方 10 m 处

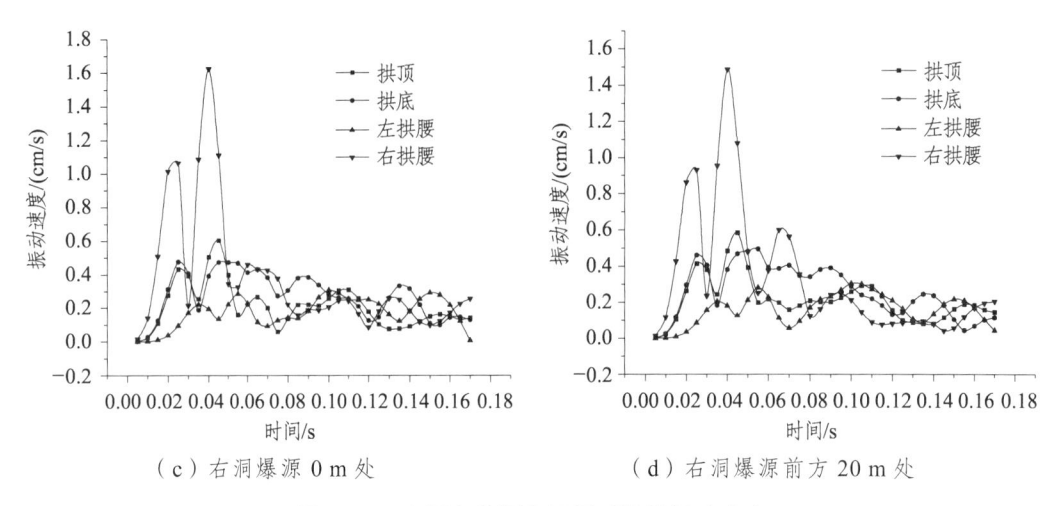

（c）右洞爆源 0 m 处　　　　　　　　（d）右洞爆源前方 20 m 处

图 2-13　左洞各监测点不同时段的振动速度

由图 2-13 可看出，随着距爆源的距离增大，最大爆破速度在减小，在距爆源 -10 m、0 m、10 m、20 m 时在 0~0.06 s 内最大振速出现在右拱腰处，分别为 1.48 cm/s、1.62 cm/s、1.33 cm/s、1.48 cm/s；在爆源近区，最大振速出现早于爆源远区。

2.4.3　展线半径为 800 m 时双螺旋隧道爆破振动衰减规律分析

1. 先行洞爆破

在左洞掘进进尺对应的隧道壁施加爆破荷载，对围岩矢量振动速度进行分析。因爆破发生过程较快，限于篇幅现，提取双螺旋隧道的净距为 30 m，展线半径 800 m 时先行洞爆破的工况下，时程为 5×10^{-3} s、1×10^{-2} s、2×10^{-2} s、3×10^{-2} s、4×10^{-2} s、5×10^{-2} s 隧道结构的矢量振动速度云图，如图 2-14 所示。

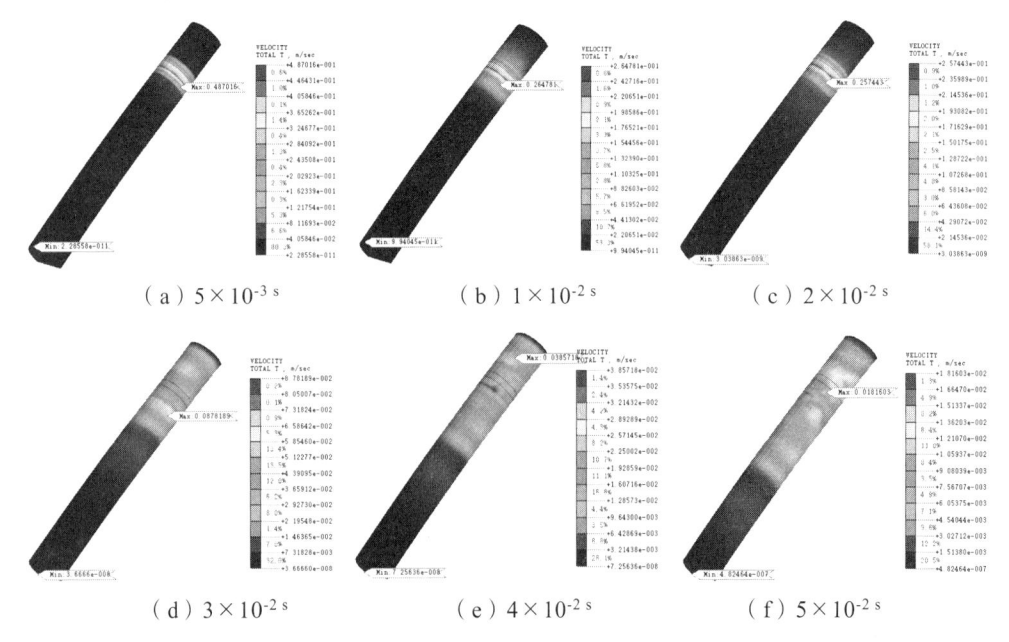

（a）5×10^{-3} s　　　　　　　　（b）1×10^{-2} s　　　　　　　　（c）2×10^{-2} s

（d）3×10^{-2} s　　　　　　　　（e）4×10^{-2} s　　　　　　　　（f）5×10^{-2} s

图 2-14　先行洞爆破左洞振动速度云图

根据振动速度云图(图 2-14),可知在爆破发生后 0~0.02 s 内爆破振动主要向掌子面四周传递,在 0.02 s 后以球面波的形式向四周传递,同时振动速度大幅衰减,此时最大振动速度仅为起爆时最大振速的 18.03%。爆破地震波在各时段最大振速如表 2-7 所示。

表 2-7 爆破地震波各时段最大振速

时间/s	0.005	0.01	0.02	0.03	0.04	0.05	0.06	0.07	0.08
最大振速/(cm/s)	48.70	26.48	25.74	8.78	3.85	1.82	1.68	1.14	0.64

由表 2-7 可以看出:在 0.04 s 时最大振动速度回落到 3.85 cm/s 以下,并逐渐趋于稳定,由《爆破安全规程》(GB 6722——2014)可知,交通隧道的支护结构安全振速在 15~20 cm/s 以下。因此在 0.03 s 后,无论最大振速发生在隧道何处,隧道结构都是安全。各监测点的振动速度如图 2-15 所示。

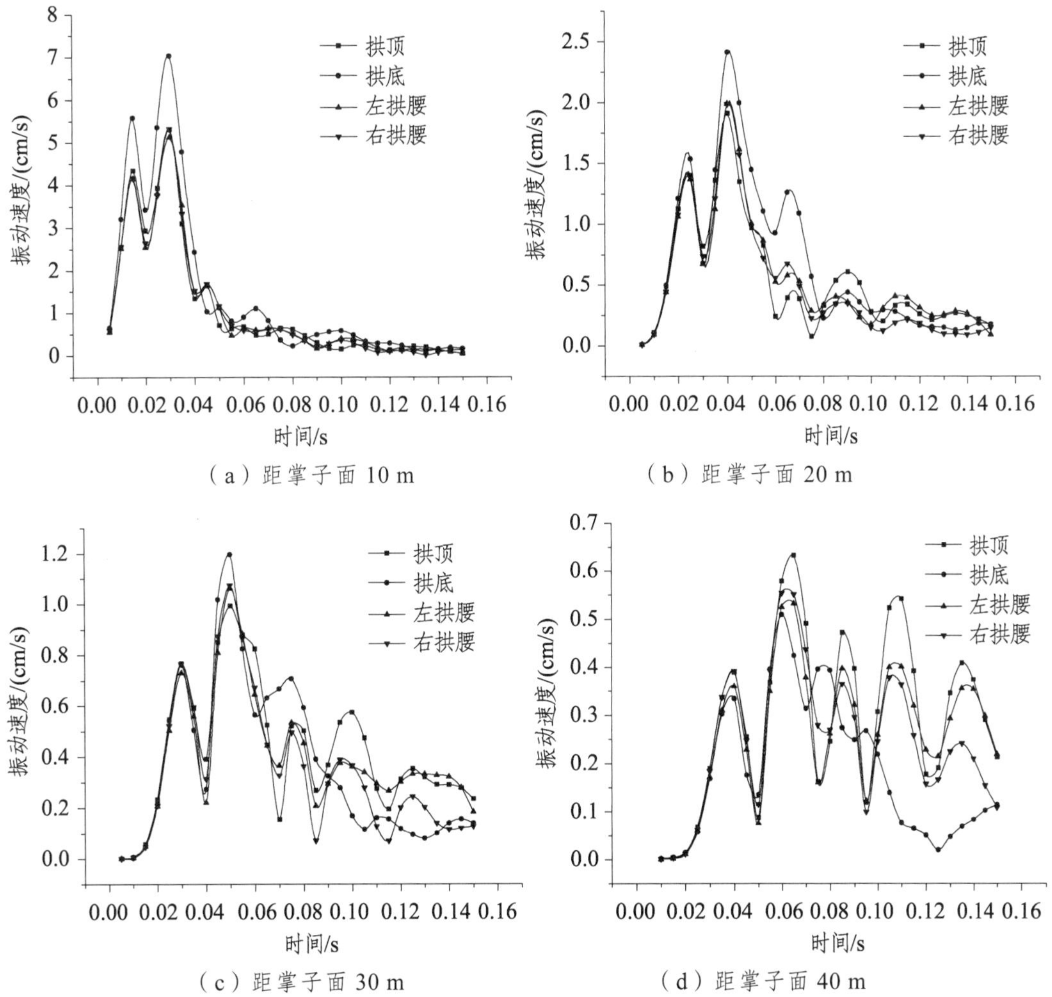

(a)距掌子面 10 m

(b)距掌子面 20 m

(c)距掌子面 30 m

(d)距掌子面 40 m

图 2-15 距爆源不同位置各监测点的振动速度

由图 2-15 可看出，距离爆源越近，0~0.06 s 时的爆破速度越大，在距爆源 10 m、20 m、30 m、40 m 时在该时段内最大振速分别为 7.04 cm/s、2.41 cm/s、1.19 cm/s、0.63 cm/s；在爆源近区最大振速常出现在拱底处，在爆源远区最大振速出现在拱顶处。

2. 后行洞爆破

在右洞掘进进尺对应的隧道壁施加爆破荷载，对围岩矢量振动速度进行分析。因爆破发生过程较快，限于篇幅，提取双螺旋隧道的净距为 30 m，展线半径 800 m 时后行洞爆破的工况下，时程为 2×10^{-2} s、3×10^{-2} s、4×10^{-2} s、5×10^{-2} s、6×10^{-2} s、7×10^{-2} s 右洞隧道衬砌的矢量振动速度云图，如图 2-16 所示。

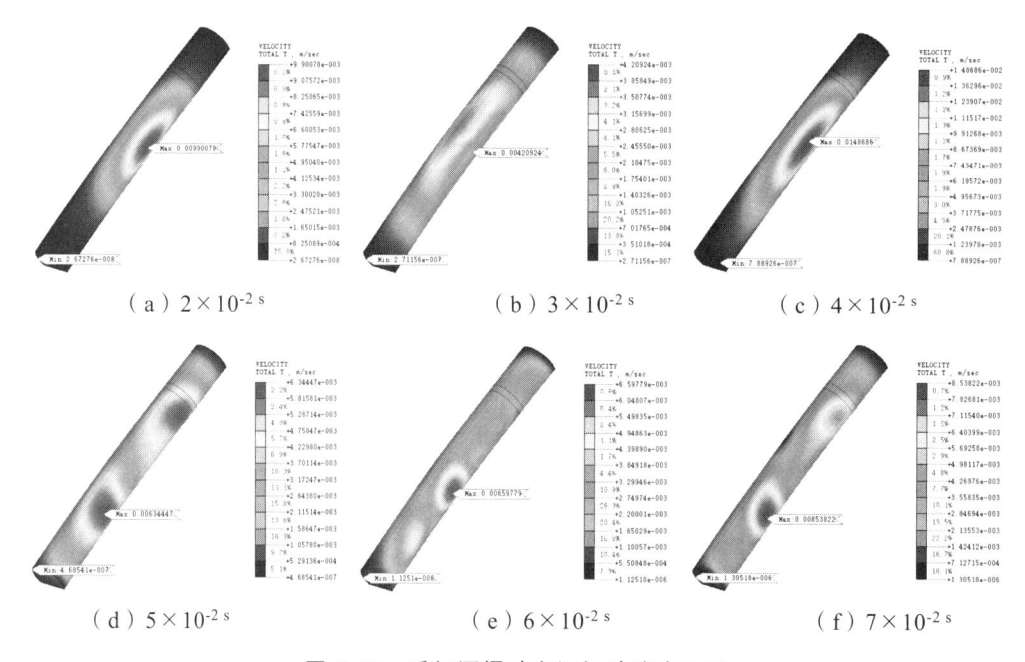

(a) 2×10^{-2} s (b) 3×10^{-2} s (c) 4×10^{-2} s

(d) 5×10^{-2} s (e) 6×10^{-2} s (f) 7×10^{-2} s

图 2-16 后行洞爆破左洞振动速度云图

根据振动速度云图（图 2-16），可知在爆破发生后 0.04 s 对左洞隧道结构造成振动的最大振速为 1.49 cm/s，各时段的最大振速发生在与爆源相对应的右拱腰处，爆破地震波在各时段最大振速如表 2-8 所示。

表 2-8 爆破地震波各时段最大振速

时间/s	0.01	0.02	0.03	0.04	0.05	0.06	0.07	0.08	0.09
最大振速/（cm/s）	0.14	0.99	0.42	1.49	0.63	0.66	0.85	0.48	0.50

由表 2-8 可以看出：在 0~0.09 s 内最大振动速度呈多次波动，总体变化为先增大，在 0.04 s 时达到最大值，然后波动回落逐渐平稳。右洞各监测点的振动速度如图 2-17 所示。

(a) 右洞爆源后方 20 m 处

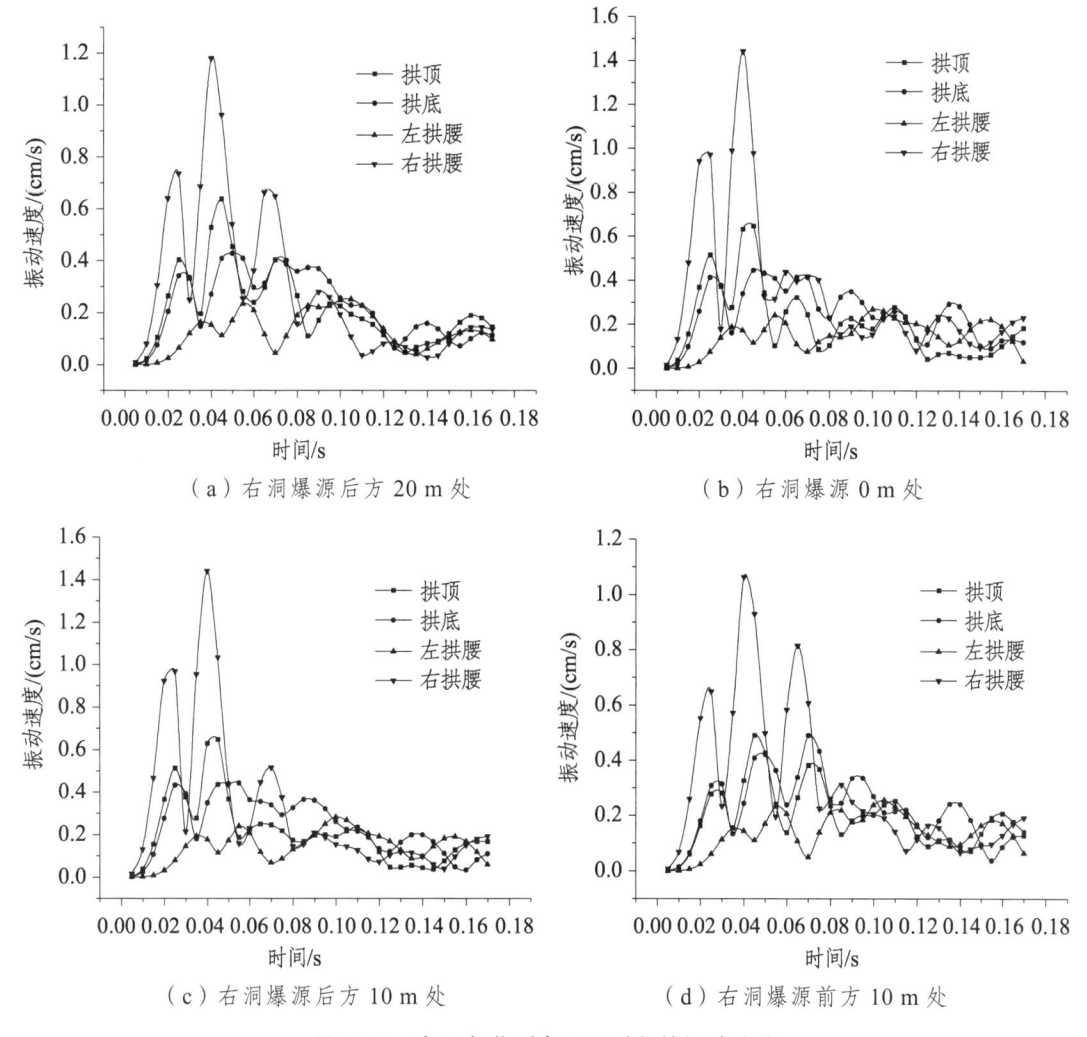

(b) 右洞爆源 0 m 处

(c) 右洞爆源后方 10 m 处

(d) 右洞爆源前方 10 m 处

图 2-17　右洞各监测点不同时段的振动速度

由图 2-17 可看出，随着距爆源的距离增大，最大爆破速度在减小，在距爆源 -20 m、-10 m、0 m、10 m 时在 0～0.06 s 内最大振速出现在右拱腰处，分别为 1.18 cm/s、1.44 cm/s、1.45 cm/s、1.06 cm/s；在爆源近区，最大振速出现早于爆源远区。

2.4.4　展线半径为 400 m 时双螺旋隧道爆破振动衰减规律分析

双螺旋隧道的净距为 30 m，展线半径为 400 m 时爆破振动衰减分析，左洞先行，左洞掌子面较右洞领先 20 m。

1. 先行洞爆破

在左洞掘进进尺对应的隧道壁施加爆破荷载，对围岩矢量振动速度进行分析。因爆破发生过程较快，限于篇幅，提取双螺旋隧道的净距为 30 m，展线半径为 400 m 时先行洞爆破的工况下，时程为 5×10^{-3} s、1×10^{-2} s、2×10^{-2} s、3×10^{-2} s、4×10^{-2} s、5×10^{-2} s 隧道结构的矢量振动速度云图，如图 2-18 所示。

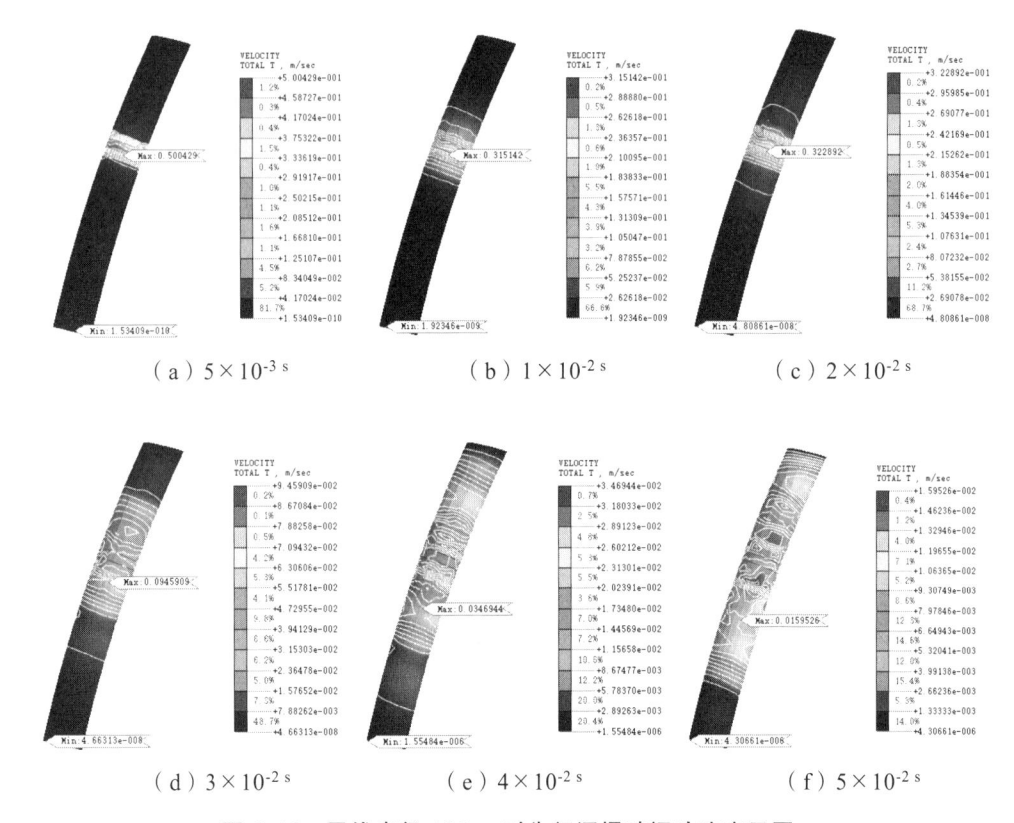

(a) 5×10^{-3} s (b) 1×10^{-2} s (c) 2×10^{-2} s

(d) 3×10^{-2} s (e) 4×10^{-2} s (f) 5×10^{-2} s

图 2-18　展线半径 400 m 时先行洞爆破振动速度云图

根据振动速度云图（图 2-18），可知在爆破发生后 0～0.02 s 内爆破振动主要向掌子面四周传递，在 0.02 s 后以球面波的形式向四周传递，同时振动速度大幅衰减，此时最大振动速度仅为起爆时最大振速的 18.90%。爆破地震波在各时段最大振速如表 2-9 所示。

表 2-9　爆破地震波各时段最大振速

时间/s	0.005	0.01	0.02	0.03	0.04	0.05	0.06	0.07	0.08
最大振速/（cm/s）	50.04	31.51	32.29	9.46	3.47	1.59	1.37	1.00	0.68

由表 2-9 可以看出：在 0.04 s 时最大振动速度回落到 3.47 cm/s 以下，并逐渐趋于稳定，由《爆破安全规程》（GB 6722——2014）可知，交通隧道的支护结构安全振速在 15～20 cm/s 以下。因此在 0.03 s 后，无论最大振速发生在隧道何处，隧道结构都是安全。各监测点的振动速度如图 2-19 所示。

（a）距掌子面 10 m

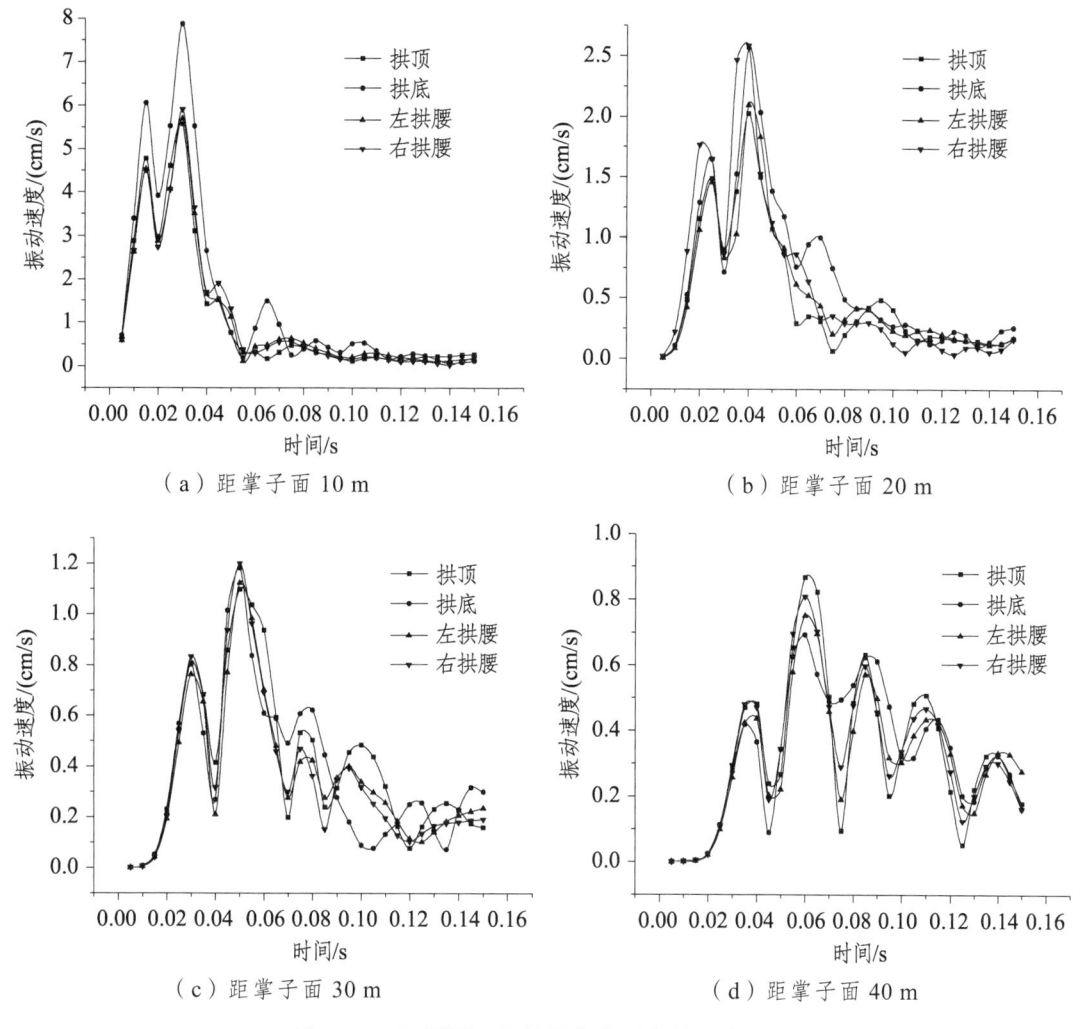

（b）距掌子面 20 m

（c）距掌子面 30 m

（d）距掌子面 40 m

图 2-19　距爆源不同位置各监测点的振动速度

由图 2-19 可看出，距离爆源越近，0～0.06 s 时的爆破速度越大，在距爆源 10 m、20 m、30 m、40 m 时在该时段内最大振速分别为 7.86 cm/s、2.58 cm/s、1.20 cm/s、0.86 cm/s；在爆源近区最大振速常出现在拱底和右拱腰处，在爆源远区最大振速出现在拱顶处。

2. 后行洞爆破

在右洞掘进进尺对应的隧道壁施加爆破荷载，对围岩矢量振动速度进行分析。因爆破发生过程较快，限于篇幅，提取双螺旋隧道的净距为 30 m，展线半径为 400 m 时后行洞爆破的工况下，时程为 2×10^{-2} s、3×10^{-2} s、4×10^{-2} s、5×10^{-2} s、6×10^{-2} s、7×10^{-2} s 隧道衬砌的矢量振动速度云图，如图 2-20 所示。

根据振动速度云图（图 2-20），可知在爆破发生后 0.04 s 对左洞隧道结构造成振动的最大振速为 1.66 cm/s，各时段的最大振速发生在与爆源相对应的右拱腰处，爆破地震波在各时段最大振速如表 2-10 所示。

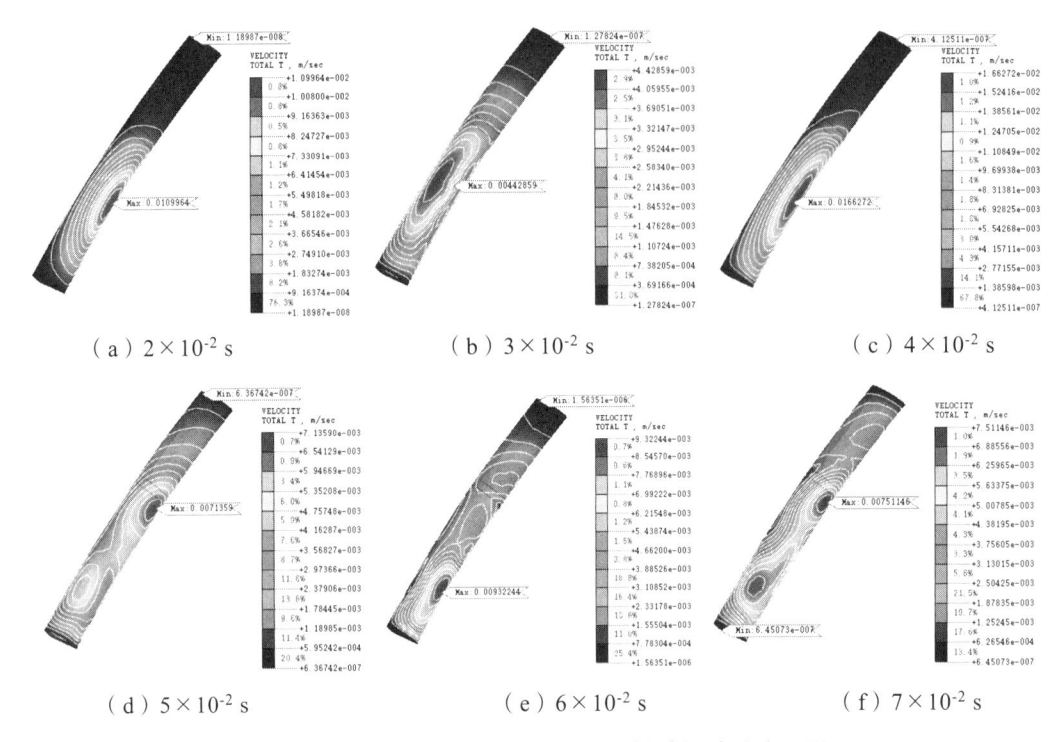

（a）2×10^{-2} s　　　　　　（b）3×10^{-2} s　　　　　　（c）4×10^{-2} s

（d）5×10^{-2} s　　　　　　（e）6×10^{-2} s　　　　　　（f）7×10^{-2} s

图 2-20　展线半径 400 m 时后行洞爆破振动速度云图

表 2-10　爆破地震波各时段最大振速

时间/s	0.01	0.02	0.03	0.04	0.05	0.06	0.07	0.08	0.09
最大振速/（cm/s）	0.16	1.09	0.44	1.66	0.71	0.93	0.75	0.76	0.58

由表 2-10 可以看出：在 0～0.09 s 内最大振动速度呈多次波动，总体变化为先增大，在 0.04 s 时达到最大值，然后波动回落逐渐平稳。右洞各监测点的振动速度如图 2-21 所示。

由图 2-21 可看出，随着距爆源的距离增大，最大爆破速度在减小，在距爆源-20 m、-10 m、0 m、10 m 时在 0～0.06 s 内最大振速出现在右拱腰处，分别为 1.24 cm/s、1.61 cm/s、1.62 cm/s、1.34 cm/s；在爆源近区，最大振速出现早于爆源远区。

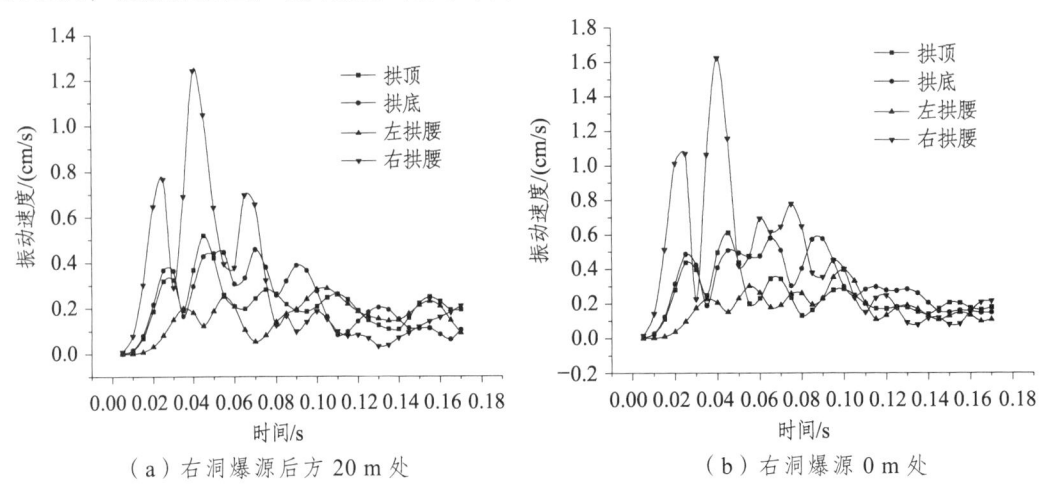

（a）右洞爆源后方 20 m 处　　　　　　（b）右洞爆源 0 m 处

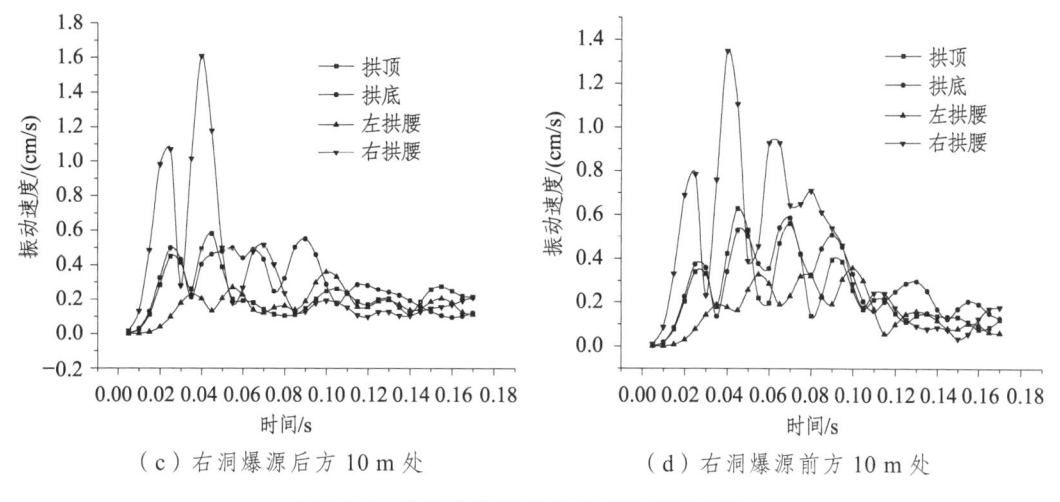

（c）右洞爆源后方 10 m 处　　　　　　（d）右洞爆源前方 10 m 处

图 2-21　右洞各监测点不同时段的振动速度

2.4.5　展线半径为 100 m 时双螺旋隧道爆破振动衰减规律分析

双洞上下行公路隧道的净距为 30 m，展线半径为 100 m 时爆破振动衰减分析，左洞先行，左洞掌子面较右洞领先 20 m。

1. 先行洞爆破

在左洞掘进进尺对应的隧道壁施加爆破荷载，对围岩矢量振动速度进行分析。因爆破发生过程较快，限于篇幅，提取双螺旋隧道的净距为 30 m，展线半径 100 m 时先行洞爆破的工况下，时程为 5×10^{-3} s、1×10^{-2} s、2×10^{-2} s、3×10^{-2} s、4×10^{-2} s、5×10^{-2} s 隧道结构的矢量振动速度云图，如图 2-22 所示。

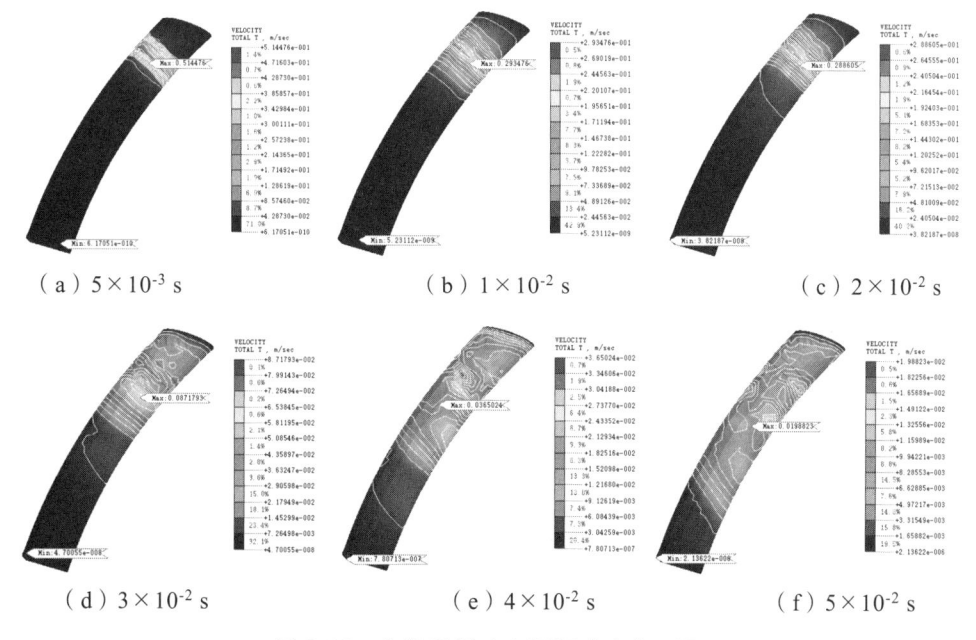

（a）5×10^{-3} s　　　（b）1×10^{-2} s　　　（c）2×10^{-2} s

（d）3×10^{-2} s　　　（e）4×10^{-2} s　　　（f）5×10^{-2} s

图 2-22　先行洞爆破左洞振动速度云图

根据振动速度云图（图 2-22），可知在爆破发生后 0~0.02 s 内爆破振动主要向掌子面四周传递，在 0.02 s 后以球面波的形式向四周传递，同时振动速度大幅衰减，此时最大振动速度仅为起爆时最大振速的 16.94%。爆破地震波在各时段最大振速如表 2-11 所示。

表 2-11 爆破地震波各时段最大振速

时间/s	0.005	0.01	0.02	0.03	0.04	0.05	0.06	0.07	0.08
最大振速/(cm/s)	51.44	29.34	28.8	8.71	3.65	1.98	1.82	1.31	0.78

由表 2-11 可以看出：在 0.04 s 时最大振动速度回落到 3.65 cm/s 以下，并逐渐趋于稳定，由《爆破安全规程》(GB 6722——2014) 可知，交通隧道的支护结构安全振速在 15~20 cm/s 以下。因此在 0.03 s 后，无论最大振速发生在隧道何处，隧道结构都是安全。各监测点的振动速度如图 2-23 所示。

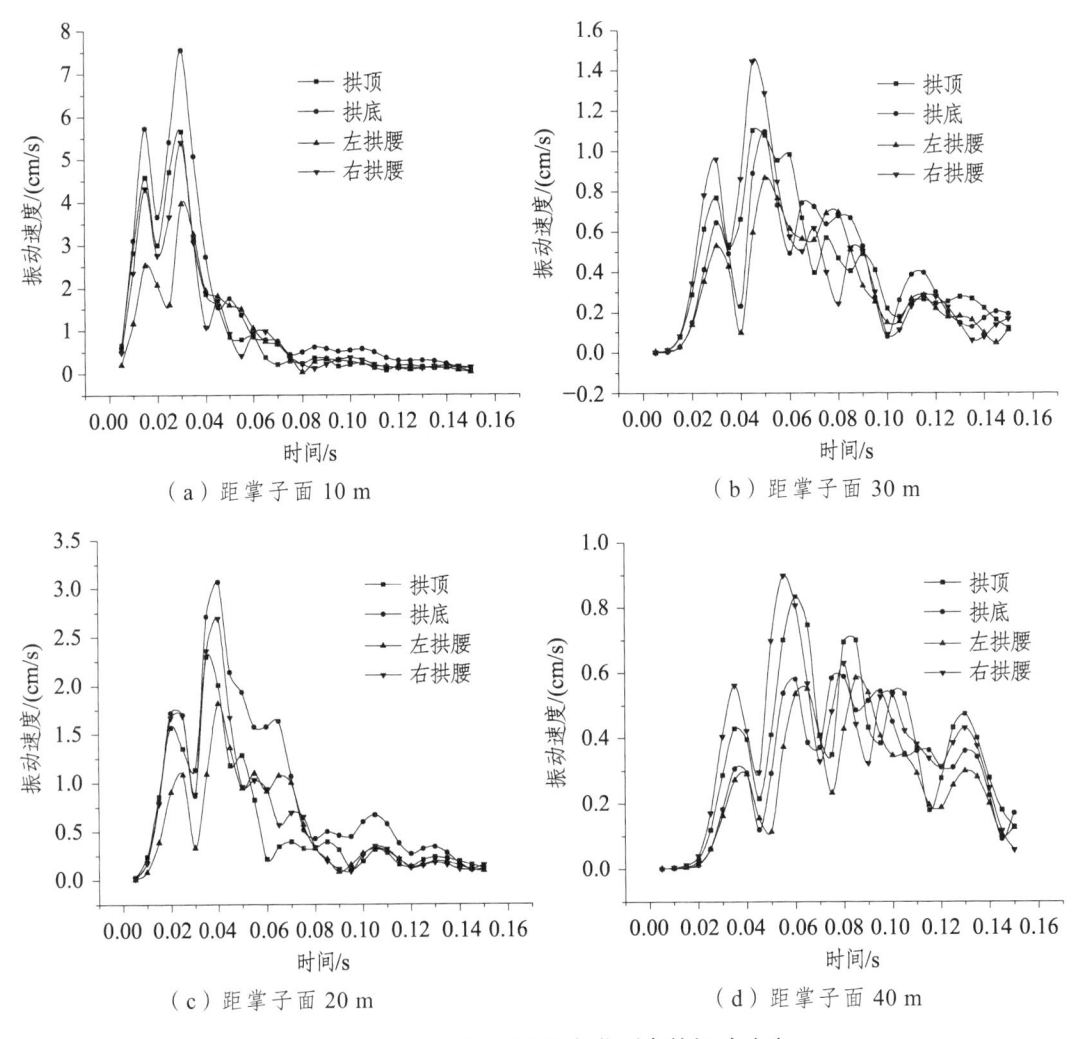

（a）距掌子面 10 m

（b）距掌子面 30 m

（c）距掌子面 20 m

（d）距掌子面 40 m

图 2-23 距爆源不同位置各监测点的振动速度

由图 2-23 可看出，距离爆源越近，0~0.06 s 时的爆破速度越大，在距爆源 10 m、20 m、30 m、40 m 时在该时段内最大振速分别为 7.55 cm/s、3.07 cm/s、1.44 cm/s、0.89 cm/s；在爆源近区最大振速常出现在拱底处，在爆源远区最大振速出现在右拱腰处。

2. 后行洞爆破

在右洞掘进进尺对应的隧道壁施加爆破荷载，对围岩矢量振动速度进行分析。因爆破发生过程较快，限于篇幅，提取双螺旋隧道的净距为 30 m，展线半径 100 m 时后行洞爆破的工况下，时程为 2×10^{-2} s、3×10^{-2} s、4×10^{-2} s、5×10^{-2} s、6×10^{-2} s、7×10^{-2} s 左洞隧道衬砌的矢量振动速度云图，如图 2-24 所示。

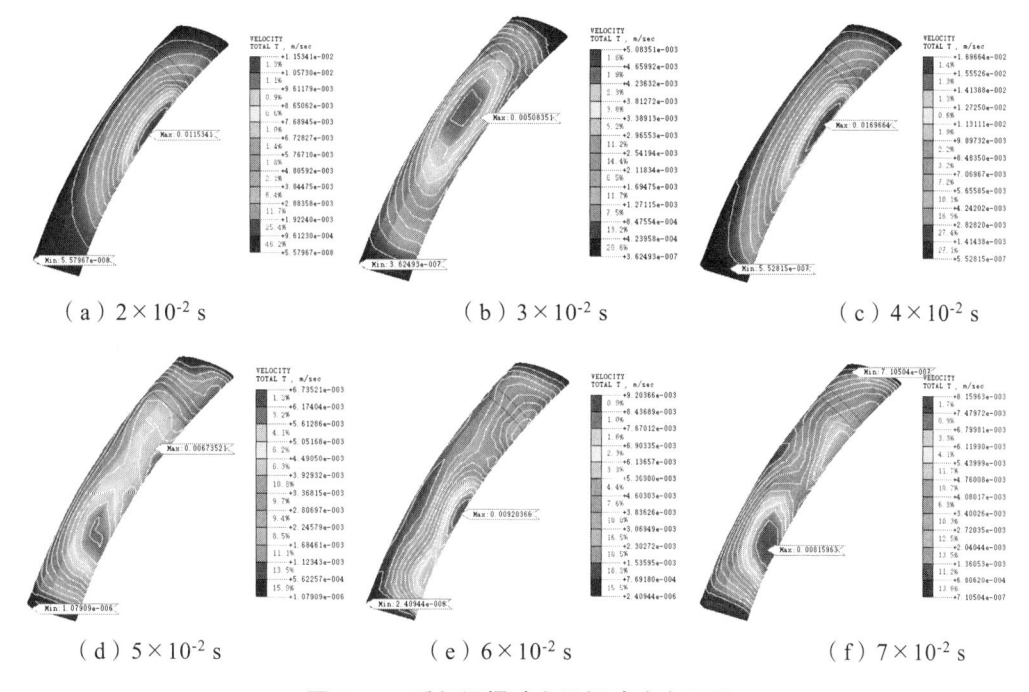

(a) 2×10^{-2} s　　(b) 3×10^{-2} s　　(c) 4×10^{-2} s

(d) 5×10^{-2} s　　(e) 6×10^{-2} s　　(f) 7×10^{-2} s

图 2-24　后行洞爆破左洞振动速度云图

根据振动速度云图（图 2-24），可知在爆破发生后 0.04 s 对左洞隧道结构造成振动的最大振速为 1.69 cm/s，各时段的最大振速发生在与爆源相对应的右拱腰处，爆破地震波在各时段最大振速如表 2-12 所示。

表 2-12　爆破地震波各时段最大振速

时间/s	0.01	0.02	0.03	0.04	0.05	0.06	0.07	0.08	0.09
最大振速/（cm/s）	0.16	1.15	0.51	1.69	0.67	0.92	0.81	0.80	0.73

由表 2-12 可以看出：在 0~0.09 s 内最大振动速度呈多次波动，总体变化为先增大，在 0.04 s 时达到最大值，然后波动回落逐渐平稳。右洞各监测点的振动速度如图 2-25 所示。

(a) 右洞爆源后方 20 m 处

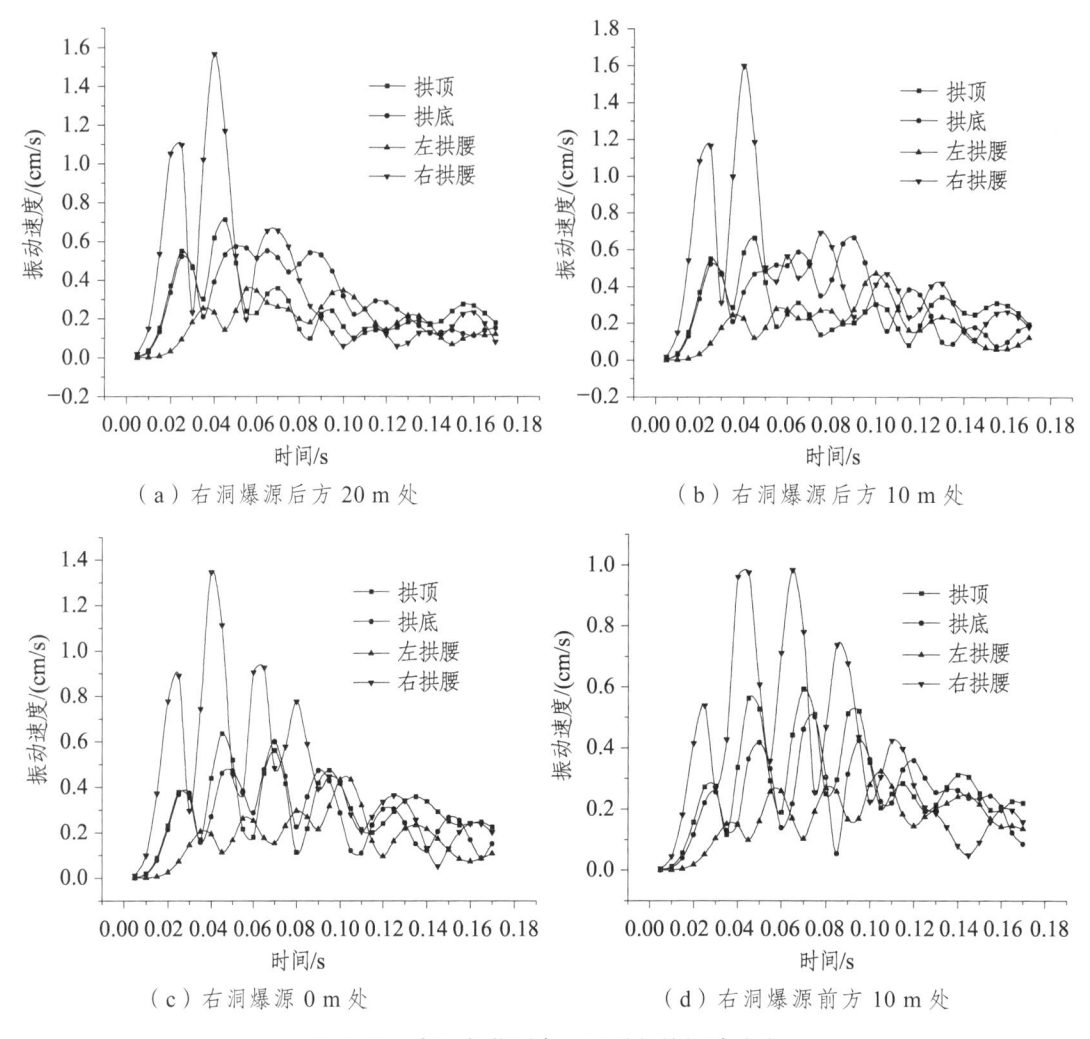

(b) 右洞爆源后方 10 m 处

(c) 右洞爆源 0 m 处

(d) 右洞爆源前方 10 m 处

图 2-25　右洞各监测点不同时段的振动速度

由图 2-25 可看出，随着距爆源的距离增大，最大爆破速度在减小，在距爆源-20 m、-10 m、0 m、10 m 时在 0～0.06 s 内最大振速出现在右拱腰处，分别为 1.56 cm/s、1.60 cm/s、1.34 cm/s、0.97 cm/s。

2.5　不同展线半径的双螺旋隧道振动衰减规律对比分析

为研究在爆破荷载作用下不同展线半径双螺旋隧道振动衰减的规律，本节将提取不同模型的计算结果，并进行对比分析，总结出振动衰减和螺旋展线半径之间的规律。

2.5.1　隧道施工先行洞爆破

隧道施工先行洞爆破时，根据不同时段的矢量速度云图可以看出，在传播速度方面，掌子面前方（已开挖侧）和掌子面后方（未开挖侧）的振动传递并无太大差异；在振动速度方面，掌子面前方的振动速度明显大于掌子面后方的振动速度，据分析应是已开挖的隧道为爆破形成了泄能通道，有利于振动速度的传播。在掌子面前方（已开挖侧）不同展线半径螺旋隧道各监测点最大振动速度分析如图 2-26 所示。

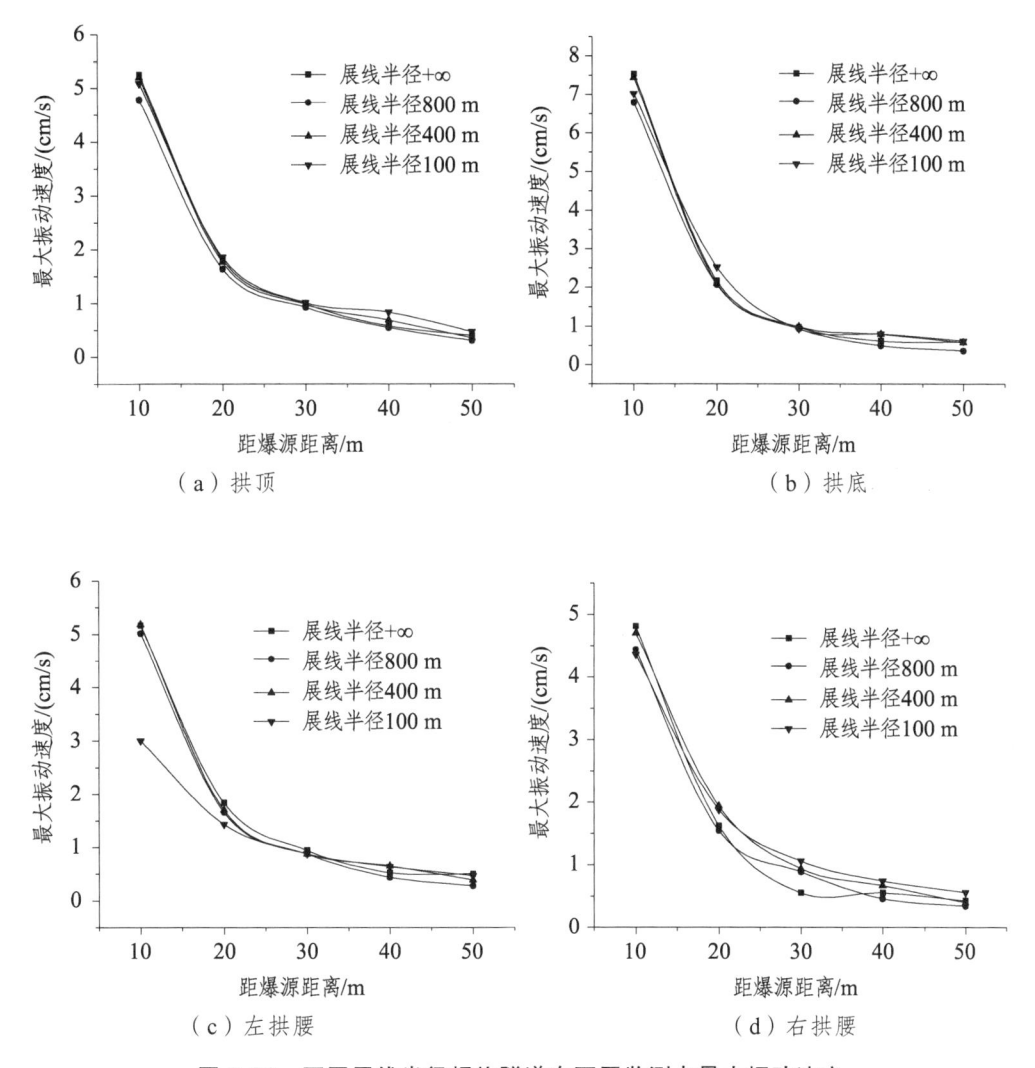

（a）拱顶

（b）拱底

（c）左拱腰

（d）右拱腰

图 2-26 不同展线半径螺旋隧道在不同监测点最大振动速度

由图 2-26 可以看出：不同展线半径螺旋隧道在拱顶、拱底、左拱腰和右拱腰各测点最大振动速度衰减趋势一致，同时在爆源近区各监测点最大振动速度也有不同，首先，拱底最大振速明显大于其他测点，在距爆源 10 m 处的拱底测得最大振速达到了 7.54 cm/s，各不同展线半径各测点最大振速随着展线半径的增大，呈现先升高再降低的趋势，在拱顶和拱底处变化幅度较小，使用曲线拟合可求得不同展线半径螺旋隧道各监测点最大振速随距离衰减规律，如表 2-13 所示。

表 2-13 各监测点最大振速随距爆源距离衰减方程

展线半径	+∞	800 m	400 m	100 m
拱顶	$y = 209.12x^{-1.589}$	$y = 222.78x^{-1.644}$	$y = 203.15x^{-1.58}$	$y = 130.08x^{-1.41}$
拱底	$y = 328.91x^{-1.67}$	$y = 500.16x^{-1.853}$	$y = 270.54x^{-1.598}$	$y = 251.43x^{-1.567}$
左拱腰	$y = 170.68x^{-1.523}$	$y = 322.38x^{-1.777}$	$y = 188.72x^{-1.565}$	$y = 42.521x^{-1.142}$
右拱腰	$y = 162.02x^{-1.558}$	$y = 183.05x^{-1.6}$	$y = 159.72x^{-1.505}$	$y = 84.534x^{-1.282}$

2.5.2 隧道施工后行洞爆破

后行洞爆破时，根据矢量振动速度云图可知，振动波到达左洞后以球面波的形式向四周传递，在传播速度方面，各方向振动传递并无太大差异；在振动速度方面，左洞振动最大值发生在与右洞掌子面对应位置，且振动速度远小于右洞，据分析应是左右洞间的岩柱对振动波和冲击波的传递起到了减震作用。不同螺旋展线半径螺旋隧道各监测点的最大振动速度衰减分析如图 2-27 所示。

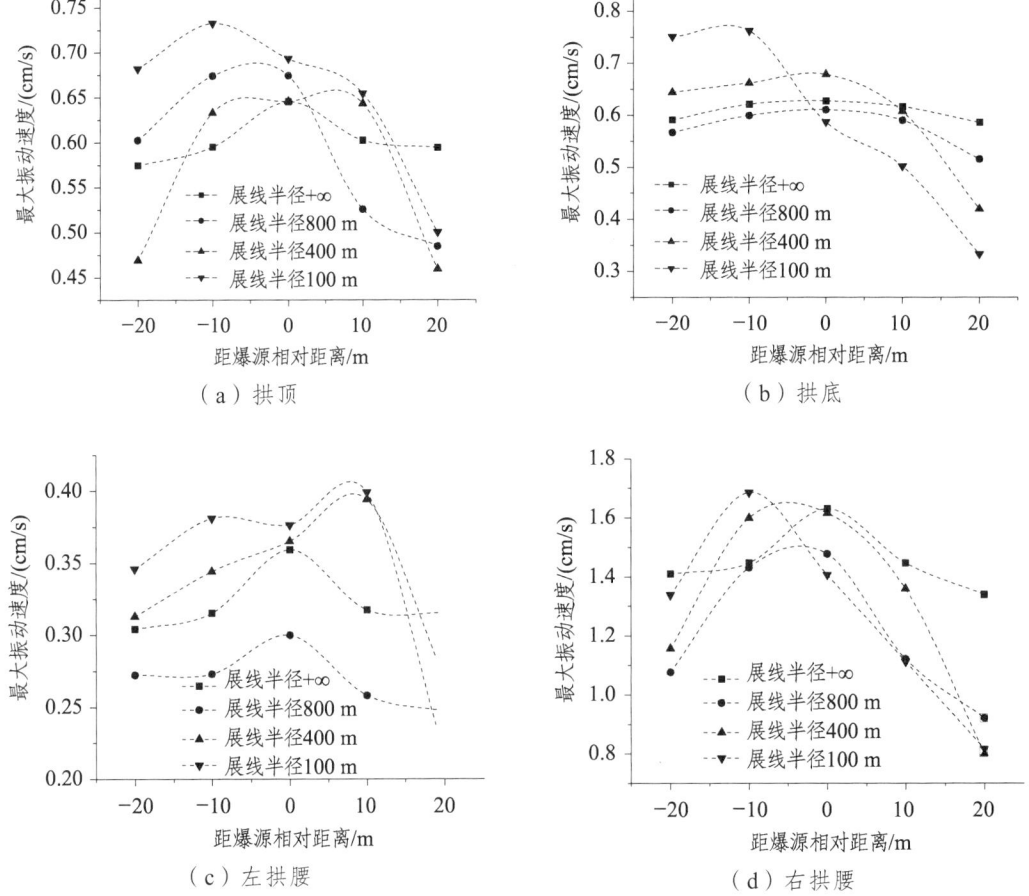

（a）拱顶

（b）拱底

（c）左拱腰

（d）右拱腰

图 2-27 不同展线半径螺旋隧道在不同监测点最大振动速度

由图 2-27 可以看出：后行洞爆破时，不同展线半径螺旋隧道先行洞的振动速度略有差异。首先，在常规直隧道中，各测点在距爆源相对距离为 0 m 时达到最大值，并且最大振速曲线关于该点呈现对称状态，随着螺旋展线半径的减小，各测点的最大振速曲线不再呈现对称状，且在拱顶、拱底处测点的最大振速向先行洞掌子面方向靠近。据分析，这应是由于螺旋隧道的左右非对称造成爆破地震波实际到达测点的距离产生了变化。在两洞净距为 30 m，螺旋展线半径为 100 m 的情况下，后行洞延后 20 m 以上的爆破施工对先行洞产生的最大振动速度分布在迎爆侧边墙处，最大振速可达到 1.65 cm/s。

2.6 金家庄螺旋隧道施工爆破方案设计

2.6.1 Ⅳ级围岩洞段爆破设计

1. 爆破参数确定

爆破参数应根据岩石种类、岩性、岩石结构和裂隙情况进行设计和计算，同时通过爆破试验确定调整爆破参数，进行动态爆破设计。

主洞Ⅳ级围岩条件一般，因此采用两台阶法开挖，爆破设计开挖循环进尺定为 2.5 m。

（1）钻孔直径。

由于采用浅孔凿岩设备，孔径多为 38~42 mm，设计孔径取 42 mm，药卷直径一般为 32 mm。

（2）掏槽形式。

根据施工经验，隧道爆破的质点最大振动速度通常出现在掏槽部位并与掏槽形式有关，本次爆破采用二级楔形掏槽，周边光面爆破。

（3）炮孔深度。

该段循环进尺设计为 2.5 m，光爆孔（周边孔）不超深，掏槽孔超深 0.4 m，辅助孔超深 0.2 m。即周边孔孔深 2.5 m，掏槽孔垂直孔深 2.9 m，辅助孔垂直孔深 2.7 m。

（4）炸药单耗 q 与单孔装药量 $Q_{孔}$。

单位岩体炸药消耗量不仅影响岩石破碎块度、岩石飞散距离和爆堆形状，而且影响炮眼利用率、钻眼工作量、劳动生产率、材料消耗、掘进成本、断面轮廓质量以及围岩的稳定性。合理的单耗取决于多种因素，如岩石的物理力学性质、断面、炸药性能、炮眼直径和深度等。根据动态设计的原则合理调整。

（5）孔距和排距。

光爆孔孔距取 45 cm，同最近一排的掘进孔间距为 60 cm（即周边孔的最小抵抗线为 60 cm），掘进孔孔距取 100 cm，排距取 80 cm。底板炮孔孔距取 80 cm，同上侧最近炮孔排距为 80 cm。其他具体尺寸见炮孔布置图。

2. 炮孔布置

主洞掘进爆破炮孔布置、爆破网络及爆破参数如图 2-28 和表 2-14 所示。

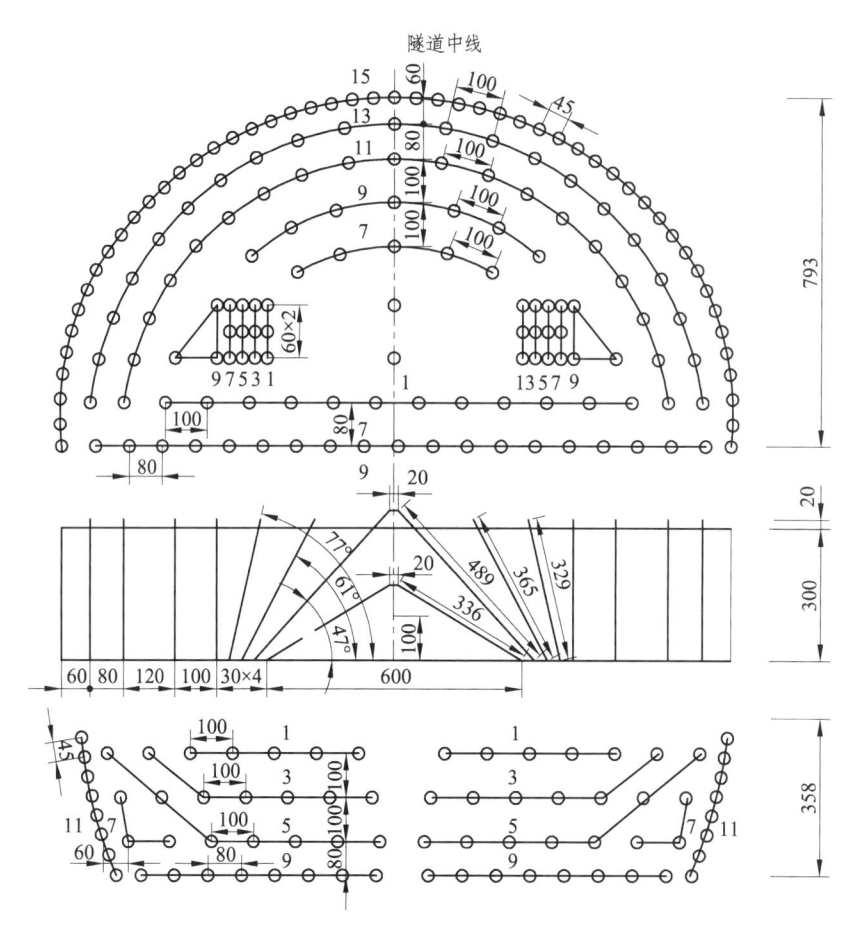

图 2-28　Ⅳ级围岩上台阶法爆破开挖炮孔布置（单位：m）

表 2-14　主洞上下台阶法爆破开挖爆破参数

部位	炮眼分类		炮眼数/个	雷管段别	炮眼长度/cm	炮眼装药量			开挖面积/m²	炸药单耗/(kg/m³)
						装药系数/(kg/m)	单孔药量/(kg/孔)	合计药量/kg		
上台阶	破碎孔		2	1	100	0.55	0.6	1.2	100	0.83
	掏槽孔	一级	6	1	327	0.65	2.2	13.2		
		二级	6	3	432	0.65	2.8	16.8		
	辅助眼	辅助眼 1	6	5	308	0.6	1.8	10.8		
		辅助眼 2	6	7	278	0.6	1.6	9.6		
	掘进眼	掘进眼 1	5	7	270	0.55	1.5	7.5		
		掘进眼 2	12	7	270	0.55	1.5	18		
		掘进眼 3	7	9	270	0.55	1.5	10.5		
		掘进眼 4	6	9	270	0.55	1.5	9		
		掘进眼 5	19	11	270	0.55	1.5	28.5		
		掘进眼 6	21	13	270	0.55	1.5	31.5		

续表

部位	炮眼分类		炮眼数/个	雷管段别	炮眼长度/cm	炮眼装药量			开挖面积/m²	炸药单耗/(kg/m³)
						装药系数/(kg/m)	单孔药量/(kg/孔)	合计药量/kg		
	底板眼		15	9	270	0.6	1.6	24		
	周边眼		57	15	250	0.2	0.5	28.5		
	合计		168					209.1		
下台阶	掘进眼	掘进眼1	10	1	270	0.55	1.5	15	52	0.74
		掘进眼2	12	3	270	0.55	1.5	18		
		掘进眼3	14	5	270	0.55	1.5	21		
		掘进眼4	6	7	270	0.55	1.5	9		
	底板眼		16	9	270	0.6	1.6	25.6		
	周边眼		16	11	250	0.2	0.5	8		
	合计		74					96.6		

2.6.2 Ⅴ级围岩洞段爆破设计

1. 爆破参数确定

爆破参数应根据岩石种类、岩性、岩石结构和裂隙情况进行设计和计算，同时通过爆破试验确定调整爆破参数，进行动态爆破设计。

Ⅴ级围岩条件较差，采用三台阶法开挖，爆破设计开挖循环进尺定为 1.5 m。

（1）钻孔直径。

由于采用浅孔凿岩设备，孔径多为 38~42 mm，设计孔径取 42 mm，药卷直径一般为 32 mm。

（2）掏槽形式。

根据施工经验，隧道爆破的质点最大振动速度通常出现在掏槽部位并与掏槽形式有关，本次爆破采用一级楔形掏槽，周边光面爆破。

（3）炮孔深度。

该段循环进尺设计为1.5 m，光爆孔（周边孔）不超深，掏槽孔超深 0.4 m，辅助孔超深 0.2 m。即周边孔孔深 1.5 m，掏槽孔垂直孔深 1.9 m，辅助孔垂直孔深 1.7 m。

（4）炸药单耗 q 与单孔装药量 $Q_{孔}$。

单位岩体炸药消耗量不仅影响岩石破碎块度、岩石飞散距离和爆堆形状，而且影响炮眼利用率、钻眼工作量、劳动生产率、材料消耗、掘进成本、断面轮廓质量以及围岩的稳定性。

合理的单耗取决于多种因素，如岩石的物理力学性质、断面、炸药性能、炮眼直径和深度等。根据动态设计的原则合理调整。

（5）孔距和排距。

光爆孔孔距取 50 cm，同最近一排的掘进孔间距为 60 cm（即周边孔的最小抵抗线为 60 cm），掘进孔孔距取 100 cm，排距取 100 cm。底板炮孔孔距取 80 cm，同上侧最近炮孔排距为 60 cm。其他具体尺寸见炮孔布置图。

2. 炮孔布置

掘进爆破炮孔布置、爆破网络及爆破参数如图 2-29 和表 2-15 所示。

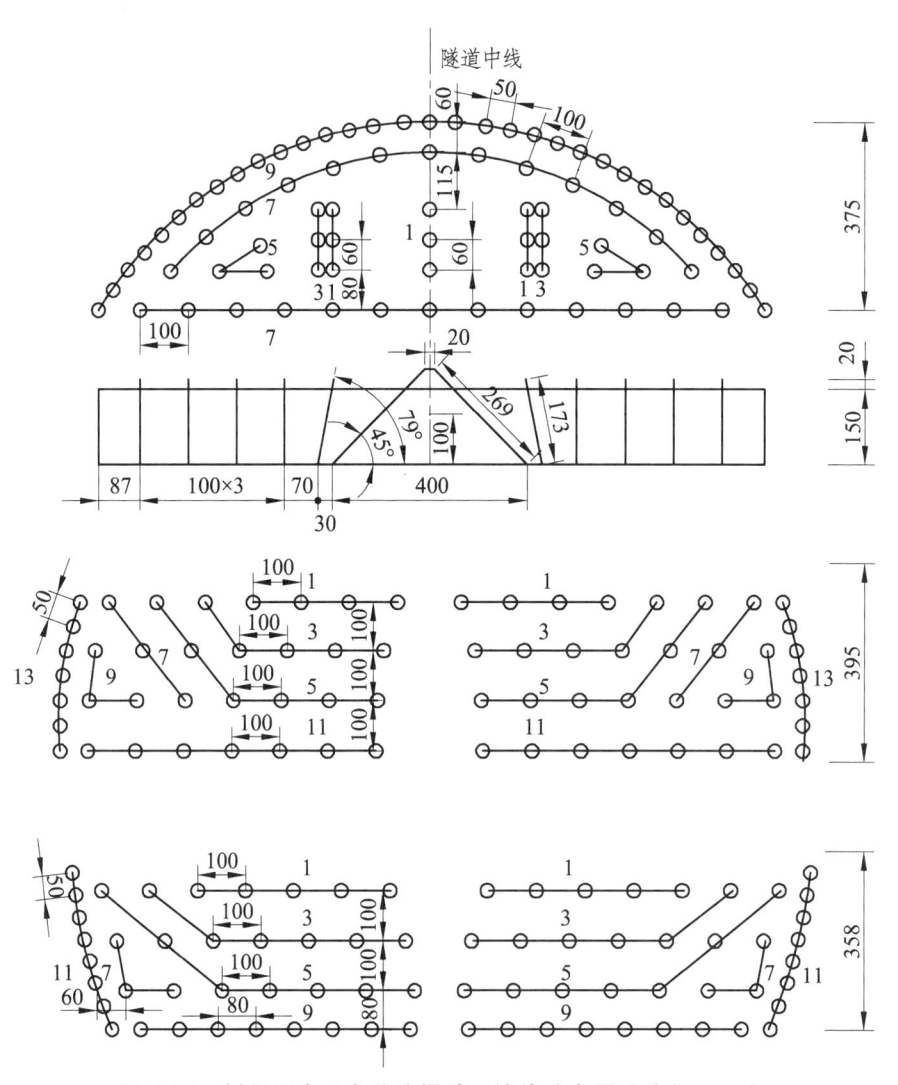

图 2-29　Ⅴ级围岩三台阶法爆破开挖炮孔布置（单位：cm）

表 2-15　Ⅴ级围岩三台阶法爆破开挖爆破参数

部位	炮眼分类		炮眼数/个	雷管段别	炮眼长度/cm	炮眼装药量			开挖面积/m²	炸药单耗/(kg/m³)
						装药系数/(kg/m)	单孔药量/(kg/孔)	合计药量/kg		
上台阶	破碎孔		3	1	100	0.55	0.5	1.5	41	0.91
	掏槽孔		6	1	269	0.65	1.7	10.2		
	辅助眼	辅助眼1	6	3	173	0.6	1	6		
	掘进眼	掘进眼1	6	5	170	0.5	0.8	4.8		
		掘进眼2	13	7	170	0.5	0.8	10.4		
	底板眼		13	7	170	0.6	1	13		
	周边眼		33	9	150	0.2	0.3	9.9		
	合计		80					55.8		
中台阶	掘进眼	掘进眼1	8	1	170	0.5	0.8	6.4	59	0.55
		掘进眼2	10	3	170	0.5	0.8	8		
		掘进眼3	12	5	170	0.5	0.8	9.6		
		掘进眼4	6	7	170	0.5	0.8	4.8		
		掘进眼5	6	9	170	0.5	0.8	4.8		
		掘进眼6	14	11	170	0.5	0.8	11.2		
	周边眼		14	13	150	0.2	0.3	4.2		
	合计		74				0	49		
下台阶	掘进眼	掘进眼1	10	1	170	0.5	0.8	8	52	0.68
		掘进眼2	12	3	170	0.5	0.8	9.6		
		掘进眼3	14	5	170	0.5	0.8	11.2		
		掘进眼4	6	7	170	0.5	0.8	4.8		
	底板眼		16	9	170	0.55	0.9	14.4		
	周边眼		16	11	150	0.2	0.3	4.8		
	合计		74					52.8		

2.7　本章小结

双螺旋隧道的螺旋展线、隧道间距以及断面规格等等都会对爆破效果产生较大影响，尤其是对爆破质量和振动安全有不可消除的影响。对螺旋隧道非对称轮廓光面爆破关键参数及其相应的掘进安全控制技术等方法进行研究。

（1）由于螺旋隧道的地质、断面、空间展布以及相应的施工方法等都具有较强的特殊性，爆破质量和安全都比非螺旋隧道更难控制。

① 螺旋隧道爆破质量影响。由于螺旋的影响，会出现左右轮廓线不对称，特别是螺旋半径较小的条件下，此问题尤其突出。左右轮廓线的对称性对确定隧道掏槽进尺、掏槽类型、掏槽装药系数，辅助眼的长度、角度、装药系数，以及周边眼的长度、外插角和装药系数等都会有很大影响。上述因素会导致轮廓线控制困难、超欠挖严重，对爆破块度和爆堆形状等也有很大影响。

② 螺旋隧道爆破安全影响。如果螺旋隧道是公路隧道，特别是高速公路螺旋隧道，一旦控制不好，会对正在开挖的后行洞的洞身、混凝土、中隔墙和先行洞都有很大影响，尤其是振动影响不能忽视。

（2）提出了新型非对称轮廓螺旋隧道爆破理念，进而提出了一种非对称轮廓螺旋隧道光面爆破参数确定方法，据此再开发出了一套非对称轮廓螺旋隧道光面爆破设计方法。依据研发的参数确定方法和爆破设计方法，设计出了多种围岩爆破方案并在现场进行了验证试验。结果表明，基于新理念和新方法获得的螺旋隧道光面爆破控制方案，能够很好地克服常规爆破方案爆破后隧道轮廓参差不齐、隧道壁面岩石破碎以及超欠挖等现象，爆破后隧道轮廓平整，无明显破碎现象，爆破效果达到预期目标。

（3）对于螺旋隧道，当后行洞爆破时，不同展线半径螺旋隧道先行洞的振动速度略有差异，首先在常规直隧道中，各测点振速在距爆源相对距离为 0 m 时达到最大值，并且最大振速曲线关于该点呈现对称状态，随着螺旋展线半径的减小，各测点的最大振速曲线不再呈现对称状，且在拱顶、拱底处测点的最大振速向先行洞掌子面方向靠近。

第 3 章 螺旋隧道爆破现场试验与超欠挖控制

对于螺旋隧道的爆破施工质量控制的研究工作内容主要分为两部分：一是爆破后形成的爆堆和爆后岩石的块度；二是爆破后隧道的超欠挖情况。在现场试验过程中，对上述两个方面分别进行监控测试和分析。

3.1 螺旋隧道爆破试验及其爆堆与块度分析

3.1.1 Ⅳ级围岩洞段爆破试验与爆堆和块度测试分析

1. 第一次爆破试验

在金家庄螺旋隧道右洞 K81+455 处进行爆破试验，爆破效果如图 3-1 所示，爆堆轮廓如图 3-2 所示。

图 3-1 爆破效果

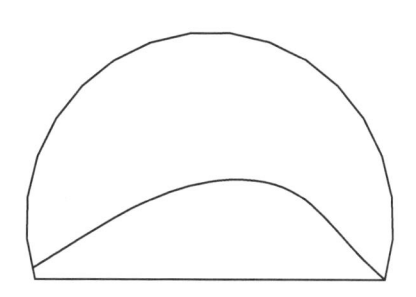

图 3-2 爆堆轮廓

2. 第二次爆破试验

在金家庄螺旋隧道右洞 K81+457 处进行爆破试验，爆破效果如图 3-3 所示，爆堆轮廓如图 3-4 所示。

图 3-3 爆破效果

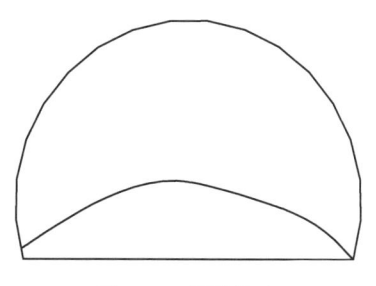

图 3-4 爆堆轮廓

3. 第三次爆破试验

在金家庄螺旋隧道右洞 K81+464 处进行爆破试验，爆破效果如图 3-5 所示，爆堆轮廓如图 3-6 所示。

图 3-5　爆破效果

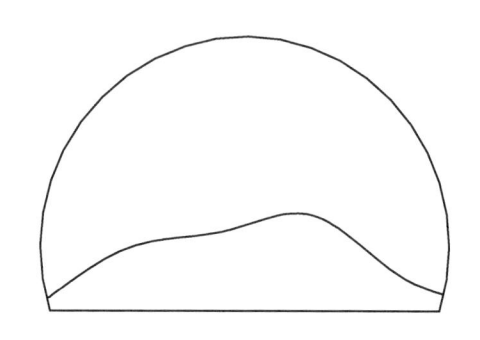

图 3-6　爆堆轮廓

4. 第四次爆破试验

在金家庄螺旋隧道左洞 ZK81+526 处进行爆破试验，爆破效果如图 3-7 所示，爆堆轮廓如图 3-8 所示。

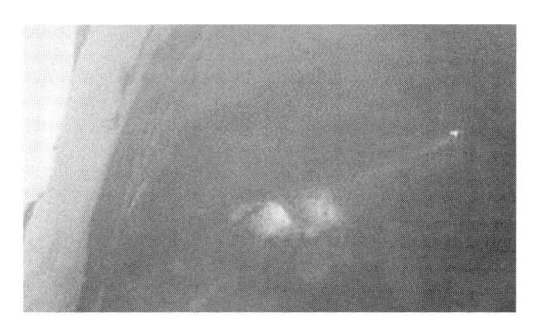

图 3-7　爆破效果

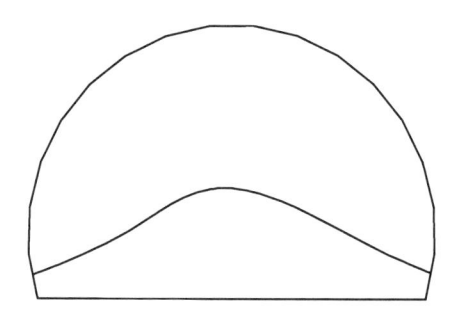

图 3-8　爆堆轮廓

5. Ⅳ级围岩洞段爆破质量分析

根据爆破爆堆结果可以看出，实际爆破效果较为理想，偶有大块。爆后岩石多聚集在隧道中线，呈近似正态分布，爆破所产生的振动较为强烈，导致这种结果的原因可能是炸药装药及堵塞效果不理想。为此，后续应考虑楔形掏槽并结合破碎孔，减少大块的产生。

3.1.2　Ⅴ级围岩洞段爆破试验与爆堆和块度测试分析

1. 第一次爆破试验

在金家庄螺旋隧道右洞 K81+466 处进行爆破试验，爆破效果如图 3-9 所示，爆堆轮廓如图 3-10 所示。

图 3-9　爆破效果

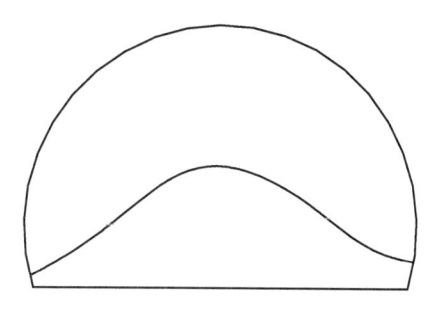

图 3-10　爆堆轮廓

2. 第二次爆破试验

在金家庄螺旋隧道左洞 ZK81+564 处进行爆破试验，爆破效果如图 3-11 所示，爆堆轮廓如图 3-12 所示。

图 3-11　爆破效果

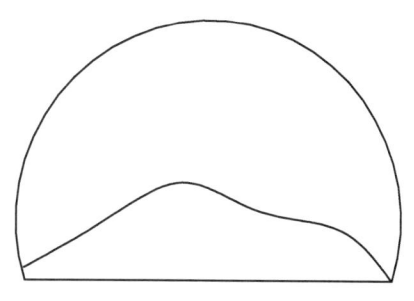

图 3-12　爆堆轮廓

3. Ⅴ级围岩爆破质量分析

根据爆破爆堆结果可以看出，实际爆破效果较好，爆后岩石多聚集在隧道中线，呈近似正态分布，但飞石太远，应为掏槽孔装药过多，导致本身节理裂隙较多的围岩向外飞溅速度较大，在围岩较差时，应适当减小装药量，必要时加强炮孔堵塞。

3.2　螺旋隧道爆破试验及其超欠挖分析

对所有爆破试验后的超欠挖进行测试，其监测点如图 3-13 所示。

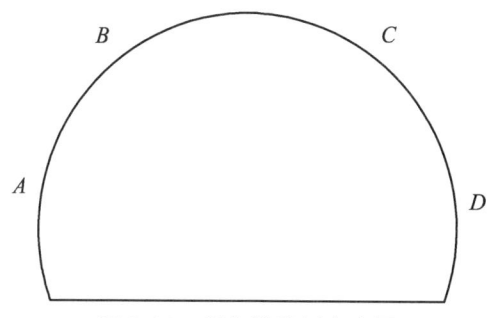

图 3-13　超欠挖监测点布置

3.2.1 Ⅳ级围岩洞段爆破试验与超欠挖测试分析

在不同展线曲率的螺旋隧道中,循环进尺不同,每次爆破的超欠挖控制难度也略有不同。在实际的施工中,Ⅳ级围岩的循环进尺工况有 4 m 和 2 m 两种,按光面爆破设计施工,其超欠挖的数据会在一定范围内波动。在金家庄螺旋隧道Ⅳ级围岩洞段爆破施工中,分别针对不同循环进尺断面进行超欠挖数据的量测。

上台阶爆破开挖后,分别在左右边墙选取两个量测点,量测数据统计见表 3-1。进尺 2 m 超欠挖轮廓图、进尺 4 m 超欠挖轮廓图分别如图 3-14 和图 3-15 所示。

表 3-1　Ⅳ级围岩洞段隧道左右洞超欠挖数据统计　　　　　　　　　单位:cm

位置	A	B	C	D
循环进尺 2 m	53	42	28	15
循环进尺 4 m	57	32	34	29

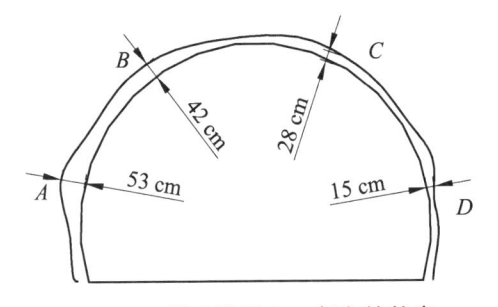

图 3-14　循环进尺 2 m 超欠挖轮廓 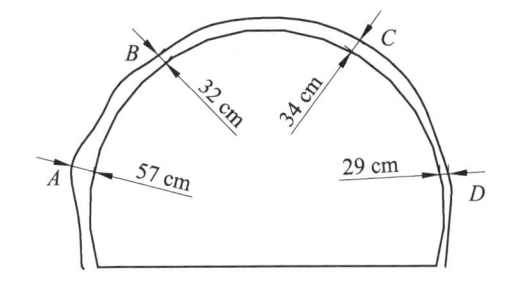　　　　图 3-15　循环进尺 4 m 超欠挖轮廓

由表 3-1 统计可知,Ⅳ级围岩洞段隧道施工进尺不同超欠挖数据也有明显变化,进尺 2 m 时超挖量最大值为 53 cm,平均超挖量为 30 cm 左右;进尺 4 m 时超挖量最大值为 57 cm,平均超挖量为 33 cm 左右。

根据超欠挖统计数据可以看出,在进尺均为 2 m 时,隧道的超欠挖数据略小于进尺为 4 m 时的数据,因进尺越大,螺旋隧道的曲率越大,周边眼钻孔的外插角难以控制。在同一断面的不同位置的超挖量也不同,其原因可能为周边孔布置不均匀以及围岩本身的裂隙和节理不同;同时超欠挖数据表明,断面的左侧边墙的超挖明显高于右侧边墙的超挖,在以后的Ⅳ级围岩洞段隧道施工中,要适当减小左侧的周边眼装药量和钻孔角度。

3.2.2 Ⅴ级围岩洞段爆破试验与超欠挖测试分析

在不同展线曲率的螺旋隧道中,循环进尺不同,每次爆破的超欠挖控制难度也略有不同。设计循环进尺为 1.5 m,且按三台阶法施工,但因为设计变更不及时,在实际的施工中Ⅴ级围岩的工法仍为两台阶法,循环进尺为 4 m,按光面爆破设计施工,其超欠挖的数据会比Ⅲ、Ⅳ级围岩大。在金家庄螺旋隧道Ⅴ级围岩洞段爆破施工中,分别对左右洞断面进行超欠挖数据的量测。

上台阶爆破开挖后,分别在左右边墙选取两个量测点,其量测数据统计见表 3-2。左洞超欠挖轮廓图、右洞超欠挖轮廓图分别如图 3-16 和图 3-17 所示。

表 3-2　V 级围岩洞段隧道左右洞超欠挖数据统计　　　　　　单位:cm

位　置	A	B	C	D
左洞超欠挖	60	45	25	30
右洞超欠挖	63	36	38	23

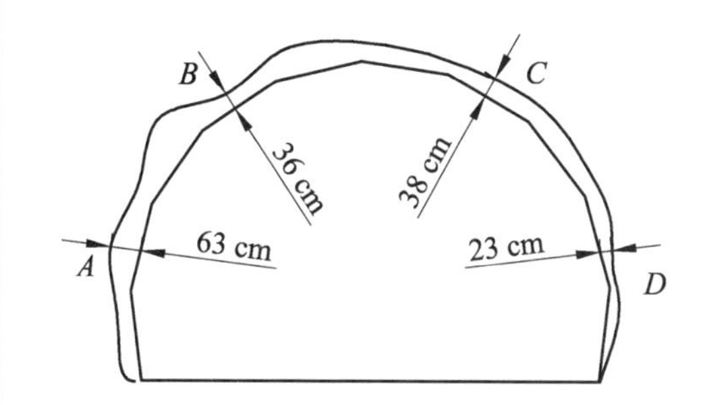

图 3-16　左洞超欠挖轮廓 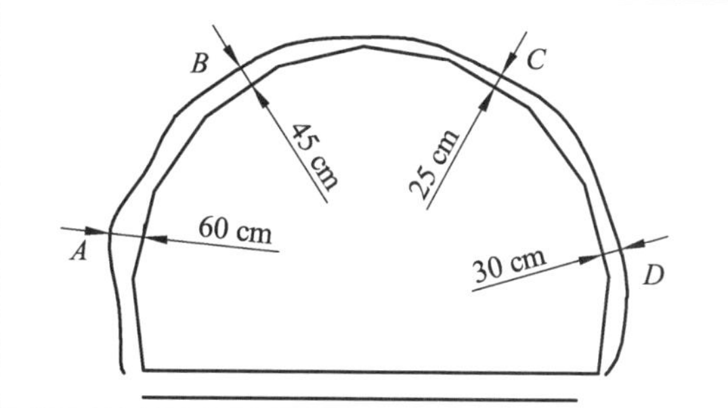　　　　　　图 3-17　右洞超欠挖轮廓

由表 3-2 可知,V 级围岩洞段隧道施工左右洞超欠挖数据大致相近,左洞超挖量最大值为 60 cm,平均超挖量为 36 cm;右洞超挖量最大值为 63 cm,平均超挖量为 38 cm。

根据超欠挖统计数据可以看出,左右洞在进尺均为 4 m 时,超欠挖数据基本一致,曲率较小的右洞,超挖量略小于左洞。在同一断面的不同位置,超挖量也不同,其原因可能为周边孔布置不均匀以及围岩本身的裂隙和节理不同;同时超欠挖数据表明,断面左侧边墙的超挖明显高于右侧边墙的超挖,在以后的 V 级围岩洞段隧道施工中,要适当减小左侧周边眼的装药量和钻孔角度。

3.2.3　螺旋隧道爆破超欠挖控制分析

在不同围岩级别的隧道开挖施工时,超欠挖的值是变化的,Ⅲ级围岩洞段隧道施工左右洞超欠挖数据大致相近,左洞超挖量最大值为 45 cm,平均超挖量为 22 cm;右洞超挖量最大值为 50 cm,平均超挖量为 25 cm。Ⅳ级围岩洞段隧道施工进尺不同,超欠挖数据也有明显变化,进尺 2 m 时超挖量最大值为 53 cm,平均超挖量为 30 cm;进尺 4 m 时超挖量最大值为 57 cm,平均超挖量为 33 cm。V 级围岩洞段隧道施工左右洞超欠挖数据大致相近,左洞超挖量最大值为 60 cm,平均超挖量为 36 cm;右洞超挖量最大值为 63 cm,平均超挖量为 38 cm。左洞超挖量随围岩级别的变化趋势如图 3-18 所示,右洞超挖量随围岩级别的变化趋势如图 3-19 所示。

由图 3-18 和图 3-19 可看出:随着围岩变差,监测点的超挖量也越来越大;在双洞螺旋隧道中,左洞的超挖量略小于右洞的超挖量,这与螺旋曲线有一定关系。

图 3-18 左洞各点超欠挖变化趋势

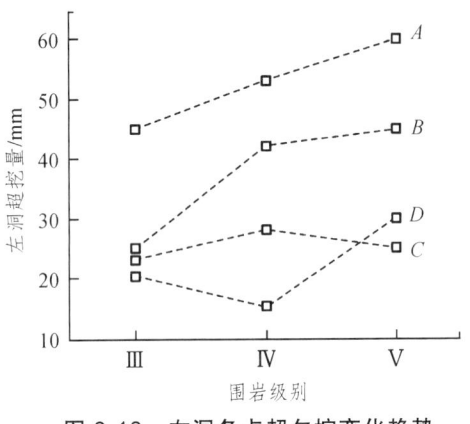

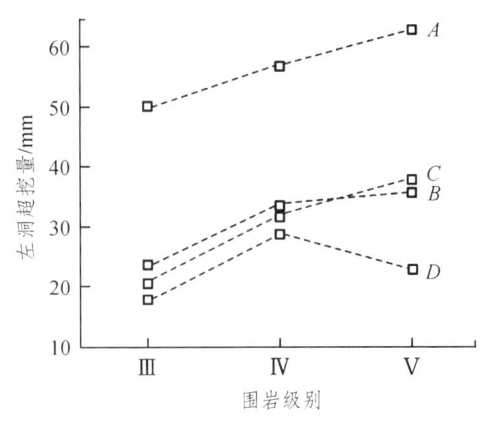

图 3-19 右洞各点超欠挖变化趋势

3.3 围岩洞段爆破现场试验与振动测试

3.3.1 Ⅳ级围岩洞段爆破现场试验与振动测试

1. 右洞Ⅳ级围岩洞段爆破现场试验与振动测试

（1）第一次爆破振动测试及结果。

① 爆破振动测试测点布置。

2#测点布置如图 3-20 所示。

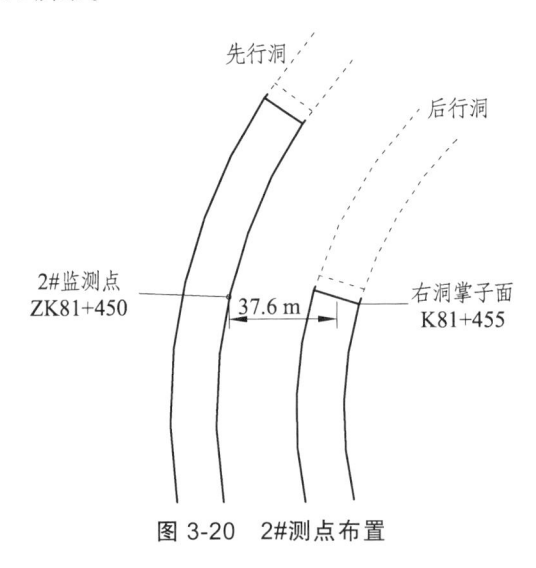

图 3-20 2#测点布置

② 金家庄螺旋隧道进口左洞第一次测试仪器安装。

在 ZK81+450 处布置 2#测点，测量该处 X、Y、Z 三轴方向振动，如图 3-21 所示。

图 3-21 2#测点仪器安装

③ 爆破振动效应测试结果。

通过隧道Ⅳ级围岩右洞掘进爆破测试,在 2#测点采集到了 1 组数据波形,如图 3-22、图 3-23 所示。

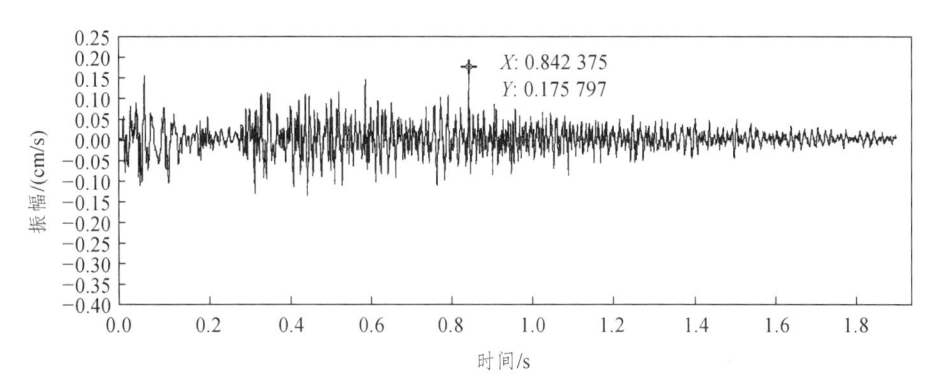

图 3-22 2#测点 X 方向振速波形

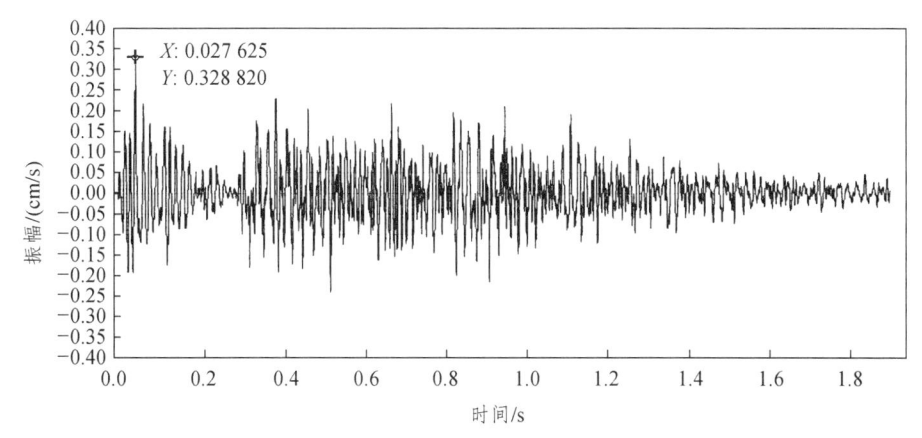

图 3-23 2#测点 Z 方向振速波形

将 2#测点采集到的数据波形进行处理得到振动数据,见表 3-3。

表 3-3　第一次爆破振动测试结果

试验次数	试验日期	测点编号	测点与爆源距离/m	水平径向（X）幅值/(cm/s)	水平径向（X）主频/Hz	轴向（Z）幅值/(cm/s)	轴向（Z）主频/Hz
1	2018-12-28	2#	37.6	0.18	114.28	0.33	64.52

（2）第二次爆破振动测试及结果。

① 爆破振动测试测点布置。

4#测点布置如图 3-24 所示。

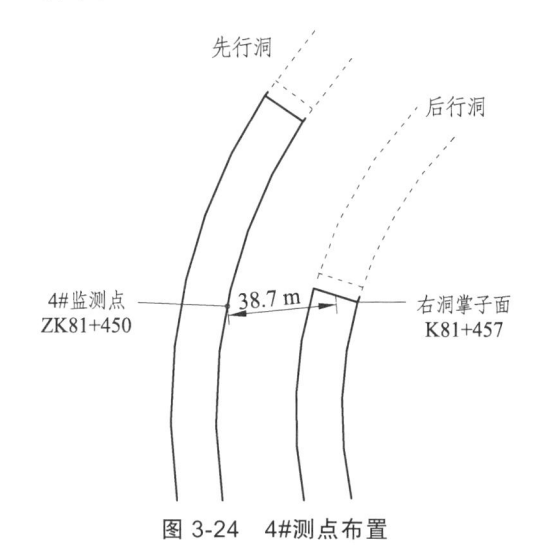

图 3-24　4#测点布置

② 金家庄螺旋隧道进口左洞第二次测试仪器安装。

在 ZK81+450 处布置 4#测点，测量该处 X、Y、Z 三轴方向振动，如图 3-25 所示。

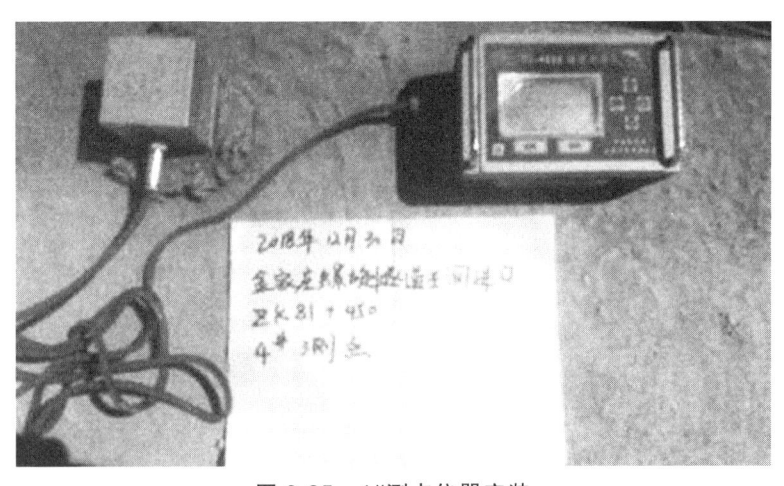

图 3-25　4#测点仪器安装

③ 爆破振动效应测试结果。

通过隧道Ⅳ级围岩右洞掘进爆破第六次测试，在4#测点采集到了1组数据波形，如图3-26、图3-27所示。

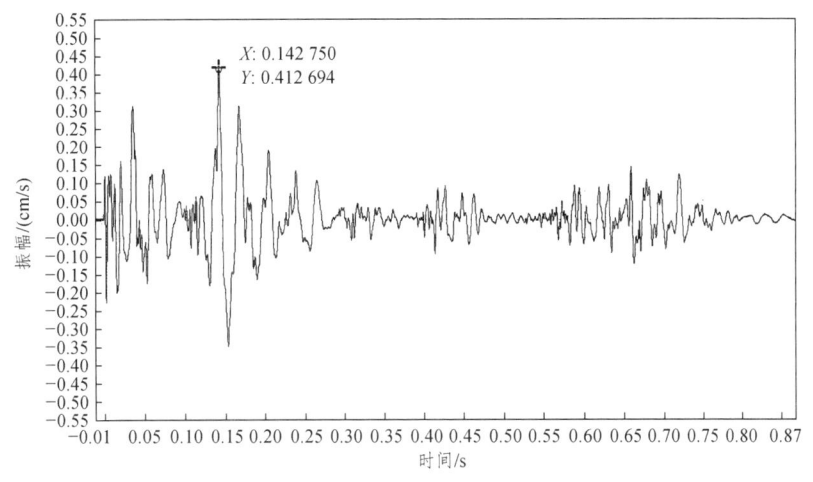

图 3-26　4#测点 X 方向振速波形

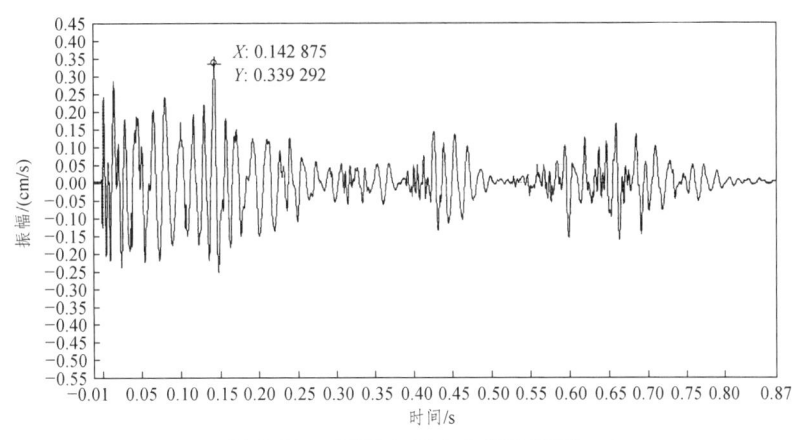

图 3-27　4#测点 Z 方向振速波形

将4#测点采集到的数据波形进行处理得到振动数据，见表3-4。

表 3-4　第二次爆破振动测试结果

试验次数	试验日期	测点编号	测点与爆源距离/m	水平径向（X）		轴向（Z）	
				幅值/(cm/s)	主频/Hz	幅值/(cm/s)	主频/Hz
2	2018-12-30	4#	38.7	0.42	36.36	0.34	67.79

（3）第三次爆破振动测试及结果。

① 爆破振动测试测点布置。

6#测点布置如图3-28所示。

图 3-28　6#测点布置

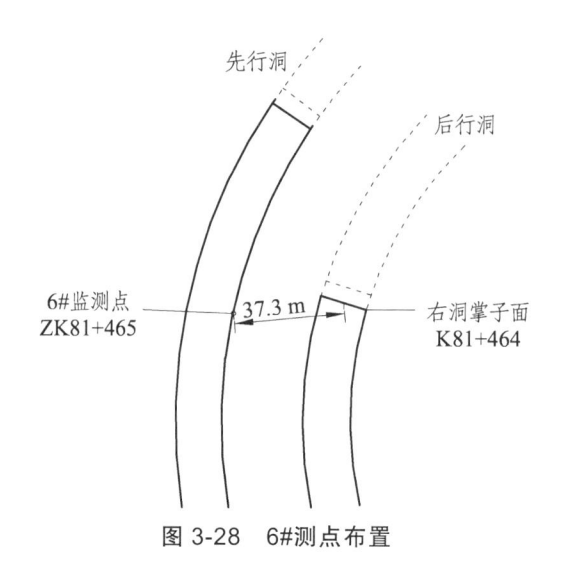

② 金家庄螺旋隧道进口左洞第三次测试仪器安装。

在 ZK81+450 处布置 6#测点，测量该处 X、Y、Z 三轴方向振动，如图 3-29 所示。

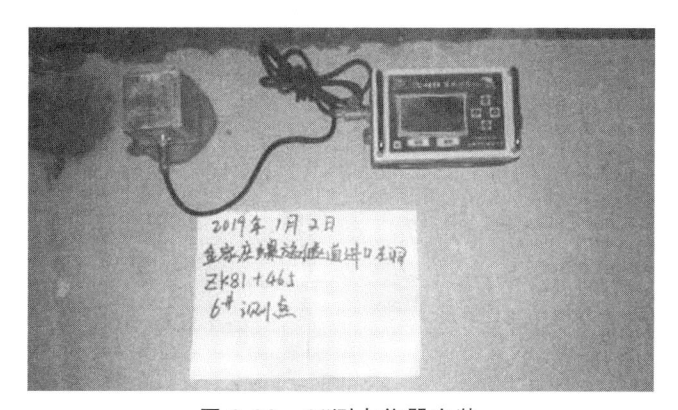

图 3-29　6#测点仪器安装

③ 爆破振动效应测试结果。

通过隧道Ⅳ级围岩左洞掘进爆破第七次测试，在 6#测点采集到了 1 组数据波形，如图 3-30、图 3-31 所示。

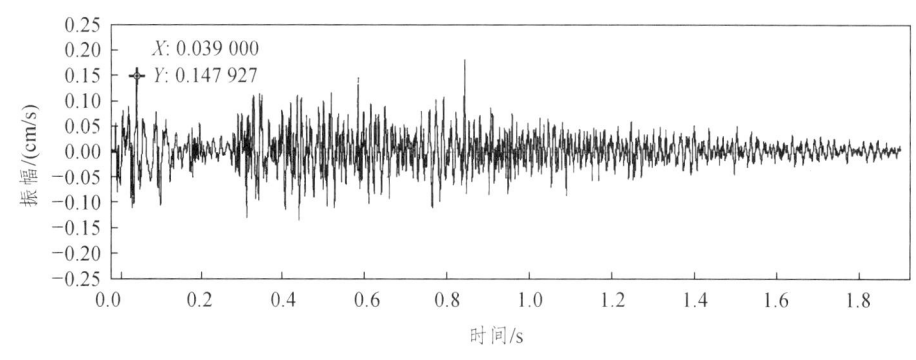

图 3-30　6#测点 X 方向振速波形

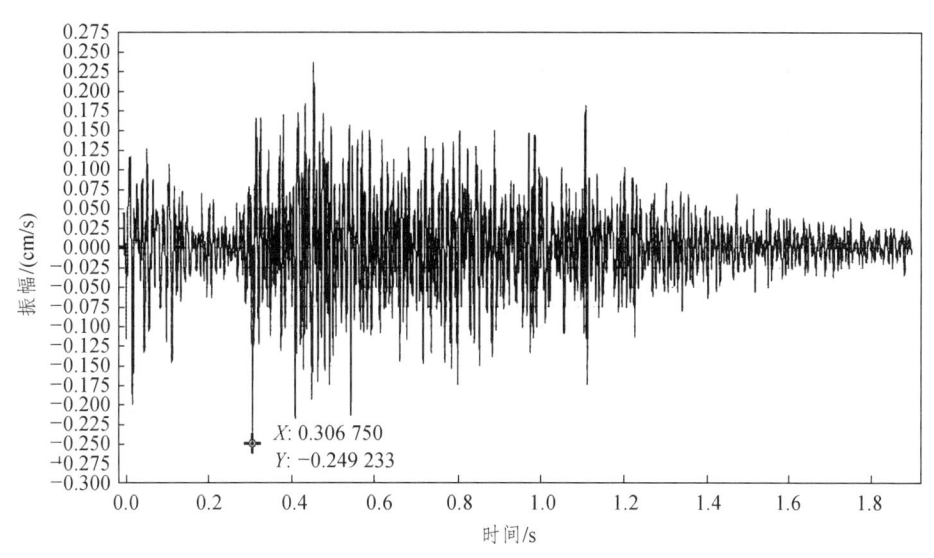

图 3-31　6#测点 Z 方向振速波形

将 4#测点采集到的数据波形进行处理得到振动数据，见表 3-5。

表 3-5　隧道第三次爆破振动测试结果

试验次数	试验日期	测点编号	测点与爆源距离/m	水平径向（X）幅值/（cm/s）	水平径向（X）主频/Hz	轴向（Z）幅值/（cm/s）	轴向（Z）主频/Hz
3	2019-1-2	6#	37.3	0.15	67.79	0.25	142.86

第 1 次试验，爆破的单段起爆最大药量为 25 kg，爆源距测点 37.6 m。从表中的测试结果可知，在 2#测点处 Z 向峰值振动速度为 0.33 cm/s，主频为 64.52 Hz，符合地下浅孔爆破 60～300 Hz 的频率要求。

第 2 次试验，爆破的单段起爆最大药量为 26.4 kg，爆源距测点 38.7 m。从表中的测试结果可知，在 4#测点处 Z 向峰值振动速度为 0.34 cm/s，主频为 67.79 Hz，符合地下浅孔爆破 60～300 Hz 的频率要求。

第 3 次试验，爆破的单段起爆最大药量为 21.6 kg，爆源距测点 37.3 m。从表中的测试结果可知，在 6#测点处 Z 向峰值振动速度为 0.25 cm/s，主频为 142.86 Hz，符合地下浅孔爆破 60～300 Hz 的频率要求。

2. 左洞Ⅳ级围岩洞段爆破现场试验与振动测试

（1）爆破振动测试测点布置。

3#测点布置如图 3-32 所示。

图 3-32　3#测点布置

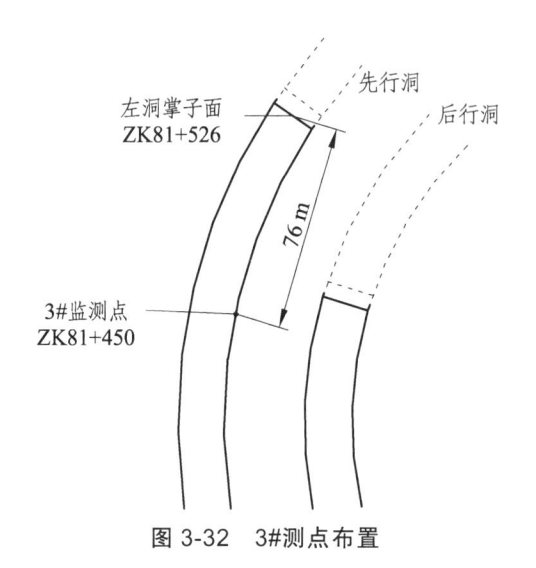

（2）金家庄螺旋隧道进口左洞测试仪器安装。

在 ZK81+450 处布置 3#测点，测量该处 X、Y、Z 三轴方向振动，如图 3-33 所示。

图 3-33　3#测点仪器安装

（3）爆破振动效应测试结果。

通过隧道Ⅳ级围岩左洞掘进爆破测试，在 3#测点采集到了 1 组数据波形，如图 3-34、图 3-35 所示。

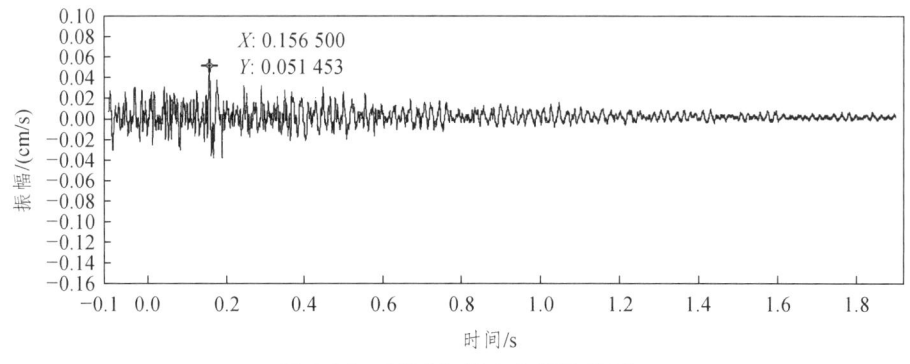

图 3-34　3#测点 X 方向振速波形

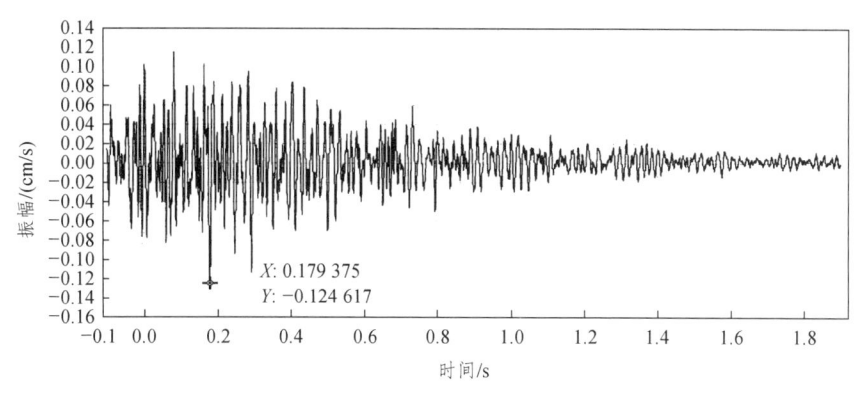

图 3-35 3#测点 Z 方向振速波形

将在 3#测点采集到的数据波形进行处理得到振动数据,见表 3-6。

表 3-6 爆破振动测试结果

试验次数	试验日期	测点编号	测点与爆源距离/m	水平径向（X）幅值/(cm/s)	水平径向（X）主频/Hz	轴向（Z）幅值/(cm/s)	轴向（Z）主频/Hz
4	2018-12-29	3#	76	0.05	67.79	0.13	63.49

第 4 次试验,爆破的单段起爆最大药量为 25.2 kg,爆源距测点 76 m。从表中的测试结果可知,在 3#测点处 Z 向峰值振动速度为 0.13 cm/s,主频为 63.49 Hz,符合地下浅孔爆破 60～300 Hz 的频率要求。

3.3.2 Ⅴ级围岩洞段爆破现场试验与振动测试

1. 右洞Ⅴ级围岩洞段爆破现场试验与振动测试

（1）爆破振动测试测点布置。

8#测点布置如图 3-36 所示。

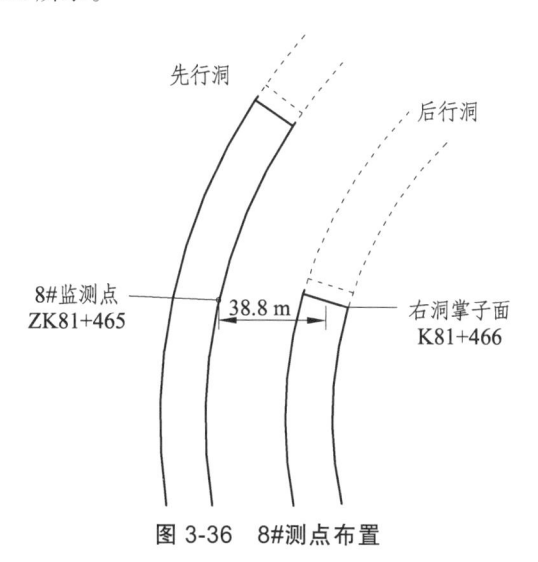

图 3-36 8#测点布置

（2）金家庄螺旋隧道进口左洞测试仪器安装。

在 ZK81+465 处布置 8#测点，测量该处 X、Y、Z 三轴方向振动，如图 3-37 所示。

图 3-37　8#测点仪器安装

（3）爆破振动效应测试结果。

通过隧道 V 级围岩右洞掘进爆破测试，在 8#测点采集到了 1 组数据波形，如图 3-38、图 3-39 所示。

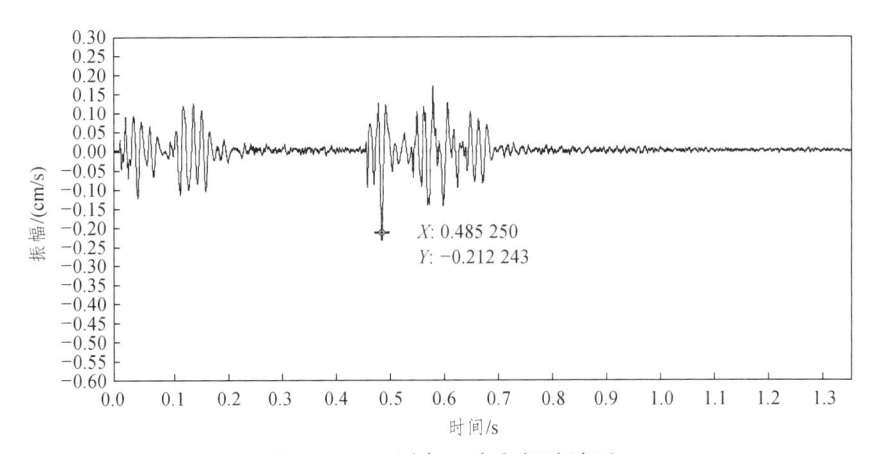

图 3-38　8#测点 X 方向振速波形

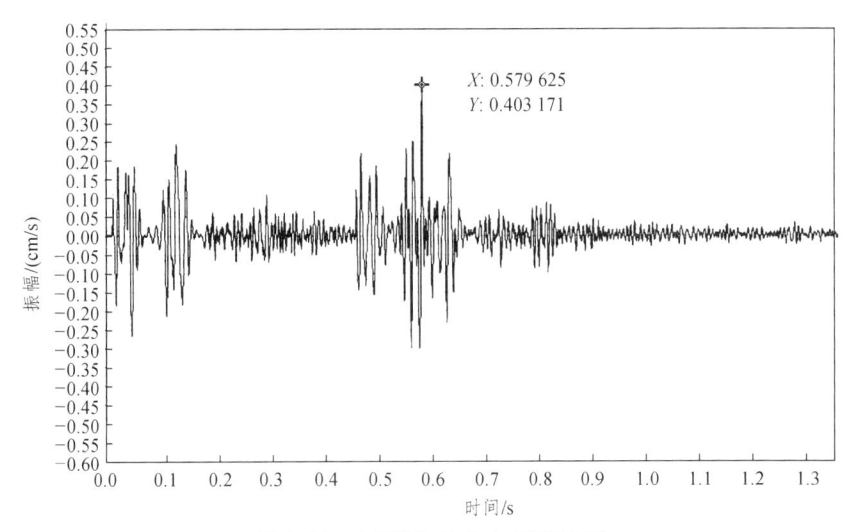

图 3-39　8#测点 Z 方向振速波形

第3章 螺旋隧道爆破现场试验与超欠挖控制

将在 8#测点采集到的数据波形进行处理得到振动数据,见表 3-7。

表 3-7 隧道爆破振动测试结果

试验次数	试验日期	测点编号	测点与爆源距离/m	水平径向（X）幅值/（cm/s）	主频/Hz	轴向（Z）幅值/（cm/s）	主频/Hz
5	2018-1-3	8#	38.3	0.21	64.51	0.40	102.56

第 5 次试验,爆破的单段起爆最大药量为 25.6 kg,爆源距测点 38.3 m。从表中的测试结果可知,在 8#测点处 Z 向峰值振动速度为 0.40 cm/s,主频为 102.56 Hz,符合地下浅孔爆破 60~300 Hz 的频率要求。

2. 左洞Ⅴ级围岩洞段爆破现场试验与振动测试

（1）爆破振动测试测点布置。

10#测点布置如图 3-40 所示。

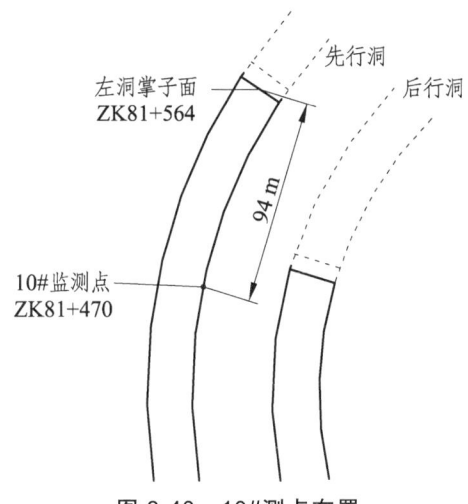

图 3-40 10#测点布置

（2）金家庄螺旋隧道进口左洞测试仪器安装。

在 ZK81+470 处布置 10#测点,测量该处 X、Y、Z 三轴方向振动,如图 3-41 所示。

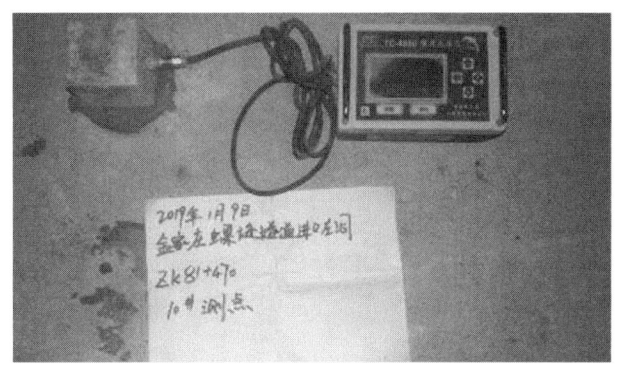

图 3-41 10#测点仪器安装

（3）爆破振动效应测试结果。

通过隧道Ⅴ级围岩左洞掘进爆破测试，在10#测点采集到了1组数据波形，如图3-42、图3-43所示。

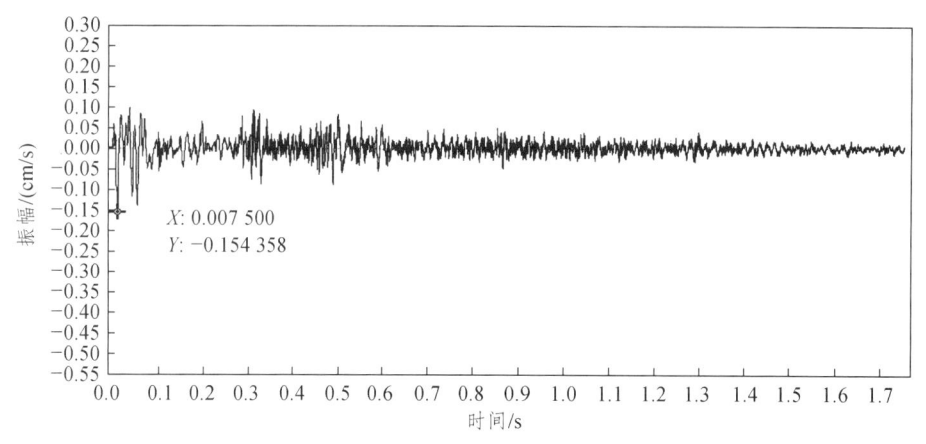

图 3-42　10#测点 X 方向振速波形

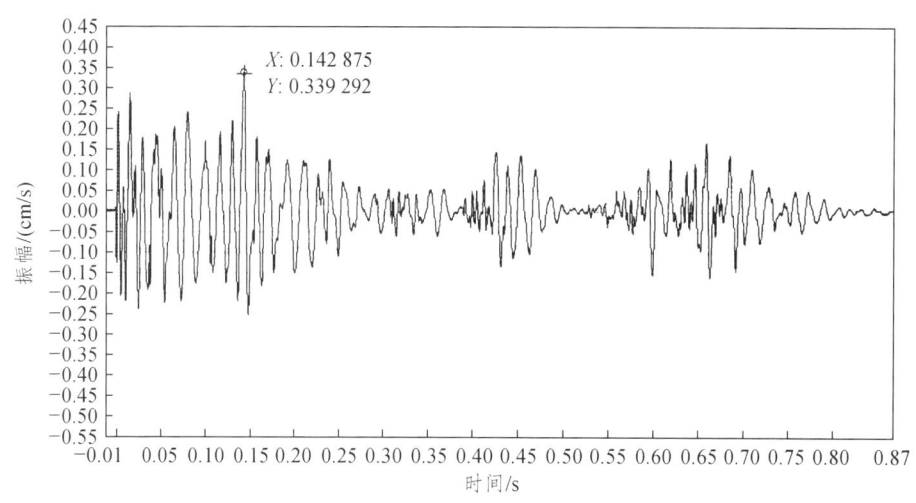

图 3-43　10#测点 Z 方向振速波形

将在10#测点采集到的数据波形进行处理得到振动数据，见表3-8。

表 3-8　爆破振动测试结果

试验次数	试验日期	测点编号	测点与爆源距离/m	水平径向（X）幅值/(cm/s)	水平径向（X）主频/Hz	轴向（Z）幅值/(cm/s)	轴向（Z）主频/Hz
6	2019-1-9	10#	94	0.15	46.51	0.36	86.96

第6次试验，爆破的单段起爆最大药量为22 kg，爆源距测点94 m。从表中的测试结果可知，在10#测点处Z向峰值振动速度为0.36 cm/s，主频为86.96 Hz，符合地下浅孔爆破60~300 Hz的频率要求。

3.4 本章小结

（1）根据现场统计数据，左右洞在进尺为 4 m 时，超挖数据基本一致，不同位置的超挖量有所不同。可能的原因是孔布置不均匀以及围岩裂隙和节理不同。超欠挖数据还显示，断面左侧边墙的超挖明显高于右侧边墙的超挖。

（2）当进尺为 2 m 时，隧道的超挖数据略小于 4 m 时的数据。这是因为进尺越大，螺旋隧道的曲率增加，难以控制周边孔的外插角。不同位置的超挖量也不同，可能是孔布置不均匀以及围岩裂隙和节理不同。超欠挖数据还显示，断面左侧边墙的超挖明显高于右侧边墙的超挖。在以后的Ⅳ级围岩洞段隧道施工中，应适当减小左侧周边孔的装药量和钻孔角度。

（3）根据超欠挖统计数据，左右洞在进尺为 4 m 时，超挖数据基本一致，右洞的超挖量略小于左洞。不同位置的超挖量也不同，可能是孔布置不均匀以及围岩裂隙和节理不同。超欠挖数据还显示，断面左侧边墙的超挖明显高于右侧边墙的超挖。在以后的Ⅴ级围岩洞段隧道施工中，应适当减小左侧周边孔的装药量和钻孔角度。

第 4 章
螺旋隧道爆破振动效应及其控制方法

基于爆破振动安全评判需要，需对不同爆源距处的隧道周边不同位置质点振动速度进行测量，探寻地震波波形（振动位移、速度的幅度、主频）的变化规律，以判定爆破过程是否安全。另外，为了能够更好地为后续爆破施工提供指导，还需分析沿隧道轴线方向上不同周边位置的振动特征，探明其爆破振动波传播规律，给出相应的衰减系数和衰减指数，并确定安全控制策略，提出一整套针对不同环境的爆破控制方案，提炼出特长螺旋隧道动态控制爆破技术。

4.1 螺旋隧道空间关系与振动控制标准

4.1.1 金家庄双螺旋隧道空间关系

金家庄螺旋隧道为双洞单向公路隧道，两洞间隔 30 m，二次衬砌延后掌子面大于 50 m。具体位置图见图 4-1，相关参数统计见表 4-1。

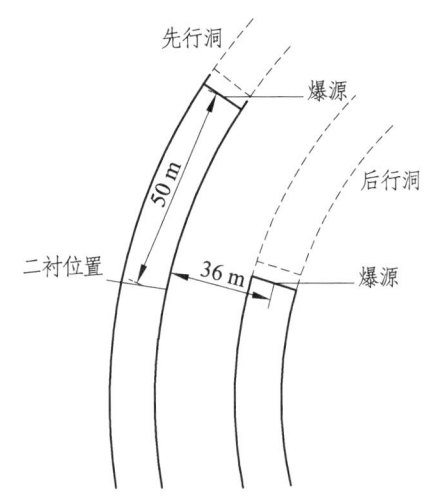

图 4-1 隧道开挖与空间关系

表 4-1 受爆破振动影响的建（构）筑物同爆源距离统计

结构物名称	左洞二次衬砌	对应右洞掌子面左洞右边墙初期支护
结构属性	钢筋混凝土	钢筋混凝土
同爆源相对最小距离/m	50	36

4.1.2 不同结构的爆破振动安全控制标准

《爆破安全规程》(GB 6722——2014)规定,判定爆破对不同类型建(构)筑物、设施设备和其他保护对象的振动影响,应采用不同的安全判据和允许标准。地面建筑物、电站(厂)中心控制室设备、隧洞与巷道、岩石高边坡和新浇大体积混凝土的爆破振动判据,采用保护对象所在地基础质点峰值振动速度和主振频率。爆破振动安全允许标准详见表4-2。

表4-2 爆破振动安全允许标准

序号	保护对象类别	安全允许质点振动速度/(cm/s)		
		$f \leqslant 10$ Hz	10 Hz$<f\leqslant 50$ Hz	$f>50$ Hz
1	土窑洞、土坯房、毛石房屋	0.15~0.45	0.45~0.9	0.9~1.5
2	一般民用建筑物	1.5~2.0	2.0~2.5	2.5~3.0
3	工业和商业建筑物	2.5~3.5	3.5~4.5	4.5~5.0
4	一般古建筑与古迹	0.1~0.2	0.2~0.3	0.3~0.5
5	运行中的水电站及发电厂中心控制室设备	0.5~0.6	0.6~0.7	0.7~0.9
6	水工隧道	7~8	8~10	10~15
7	交通隧道	10~12	12~15	15~20
8	矿山巷道	15~18	18~25	20~30
9	永久性岩石高边坡	5~9	8~12	10~15

注:①爆破振动监测应同时测定质点振动相互垂直的三个分量。②表中质点振动速度为三个分量中的最大值,振动频率为主振频率。③频率范围根据现场实测波形确定或按如下数据选取:硐室爆破f小于20 Hz,露天深孔爆破f在10~60 Hz之间,露天浅孔爆破f在40~100 Hz之间;地下深孔爆破f在30~100 Hz之间,地下浅孔爆破f在60~300 Hz之间。

螺旋隧道受影响的各建筑控制标准统计见表4-3。

表4-3 受爆破影响的各建(构)筑物振动控制标准

建筑物名称	左洞二次衬砌	左洞靠近右洞掌子面初期支护
结构属性	交通隧道	交通隧道
同爆源最小相对距离/m	50	36
振动控制标准/(cm/s)	15~20	15~20

4.2 基于现场实测爆破振动效应及其安全判定

4.2.1 爆破振动测试总体结果

经过10次爆破试验现场测试,得到测试结果如表4-4所示。

表 4-4 爆破现场测试数据汇总

试验次数	试验日期	测点编号	水平径向（X）幅值/（cm/s）	水平径向（X）主频/Hz	轴向（Z）幅值/（cm/s）	轴向（Z）主频/Hz	最大段装药量/kg
1	2018-12-26	1#测试点	0.285	75.47	0.441	81.63	24
2	2018-12-29	2#测试点	0.18	114.28	0.33	64.52	25
3	2018-12-29	3#测试点	0.05	67.79	0.13	63.49	25.2
4	2018-12-30	4#测试点	0.42	36.36	0.34	67.79	26.4
5	2019-1-2	5#测试点	0.16	67.79	0.37	97.56	27.4
6	2019-1-2	6#测试点	0.15	67.79	0.25	142.86	21.6
7	2019-1-3	7#测试点	0.54	63.49	0.835	117.64	28.8
8	2019-1-3	8#测试点	0.21	64.51	0.4	102.56	25.6
9	2019-1-8	9#测试点	0.15	67.79	0.477	105.26	26.8
10	2019-1-9	10#测试点	0.15	46.51	0.36	86.96	22

4.2.2 爆破振动对隧道结构安全的影响分析

由金家庄螺旋隧道开挖爆破的地震效应测试结果可知，在测点处的竖直（Z 轴）方向地震波主频在 60～300 Hz 范围内，符合安全规程要求。从既有的波形图和数据表中分析可知，所有测点的峰值振速最大为 0.835 cm/s，在最大段装药量相同的情况下，与爆源相对距离越大，振速越小。根据实测发现，在左洞右边墙处的 1#测点（$R \approx 36$ m）的振速仅为 0.441 cm/s，远未达到安全警戒值。由此可见，当前爆破施工对周边结构的影响是安全的。

4.2.3 基于现场实测爆破振动衰减规律分析

萨道夫斯基公式是由苏联科学院地球物理研究所的萨道夫斯基等人通过研究集中药包的爆破振动效应，按照大量实测数据和相似原理得到的经验公式。

$$v = K \left\{ \frac{\sqrt[3]{Q}}{R} \right\}^{\alpha} \tag{4-1}$$

式中：v——质点振动速度；

K——与爆破场地条件有关的参数；

Q——最大段装药量；

R——测点到药包的中心距离；

α——与地质条件有关的系数。

因此，根据测点到爆源中心的距离以及测得的振动速度值就可以得到当地的 K、α 两个系数，再根据结构的安全控制标准，反推出每次爆破的最大段装药量。结合所测数据进行分析，按最小二乘法进行回归，可计算得到当地的 K、α 分别为 105.93 和 2.19，据此可得：

$$v = 105.93 \left(\frac{\sqrt[3]{Q}}{R} \right)^{2.19} \tag{4-2}$$

4.2.4 基于爆破振动衰减规律的控制方法

爆源距二次衬砌最近距离为 30 m，根据《爆破安全规程》（GB 6722——2014）规定，交通隧道允许质点振动速度为 10~15 cm/s。偏安全考虑，控制振动速度为 2 cm/s。根据药量反推得最大段装药量控制量为 117.4 kg。

也即，根据金家庄螺旋隧道的实际情况，结合测试获得的衰减规律，确定每次爆破的最大段装药量控制量为 117.4 kg，实际中可按 115 kg 取值。

4.3 新型螺旋隧道爆破智能化设计方法

为了能够快速实现螺旋隧道爆破设计，在新型设计理念和设计方法的基础上，对炮孔布置构建数学建模，提出新型螺旋隧道爆破智能化设计方法。

在布置炮孔时，根据实际地质条件和隧道断面参数搜索相应知识库，如果搜索到适合条件的孔网参数或其他相关参数即可调用，如果没有适合条件的数据则进行线性插值或使用默认值，例如炮孔间距、排距和炸药单耗主要按爆区岩石的 f 值选取。所有设计参数在确定后还可以根据实际情况或凭设计者的经验进行修改，但修改后的值要满足各参数的取值范围，即要对取值进行校核。

1. 炮孔实际孔网参数计算

由选定好的爆破设计参数布置炮孔后，计算炮孔布置后的实际孔网参数。

（1）孔距。

同一条炮孔排列线上的炮孔孔距按 x 坐标计算（周边孔除外），如图 4-2 所示。

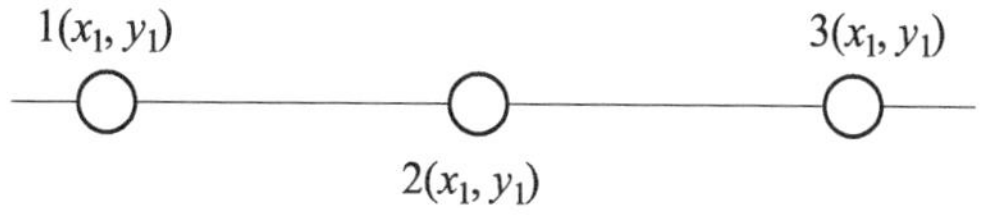

$$1(x_1, y_1) \quad\quad 3(x_1, y_1)$$
$$\circ \quad\quad\quad \circ \quad\quad\quad \circ$$
$$2(x_1, y_1)$$

图 4-2 孔距计算法

1 号孔距：$a_1 = |x_1 - x_2|$；2 号孔距：$a_2 = |x_3 - x_1|/2$；3 号孔距：$a_3 = |x_3 - x_2|$。

（2）排距。

某炮孔排距等于该炮孔与上下排相邻孔的 y 方向距离，如图 4-3 所示。

8 号孔的排距为 $b_8 = [|y_9 - y_8| + |y_7 - y_8|]/2 = |y_9 - y_7|/2$。

对于炮孔孔距和排距的计算，在此要说明两点：一是辅助孔及其两侧扩槽孔的孔距与排距的计算方法刚好和上述方法相反，即 x 坐标方向为排距、y 坐标方向为孔距；二是弧形部位的炮孔孔网参数按照极坐标方法计算。

2. 螺旋隧道快速设计实现

基于上述螺旋隧道参数确定的研究成果，可制作螺旋隧道快速化爆破设计的相关应用产品（Excel 表格或基于 Excel 的小插件），根据实际情况，快速对螺旋隧道或曲线隧道做出相应的爆破设计，控制好隧道掘进过程中的超欠挖现象，使施工更具效率性和经济性。设计成果图如表 4-5 所示，仅输入围岩级别、循环进尺、螺旋展线半径、炸药单耗、炸药规格等已知参数，即可获得爆破设计中关键的爆破参数。

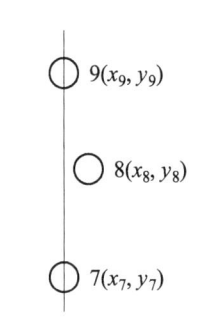

图 4-3 排距计算法

表 4-5 螺旋隧道快速设计成果

部位	炮眼分类		炮眼数/个	炮眼长度/m	雷管段别	装药系数/(kg/m)	单孔药量/(kg/孔)	合计药量/kg	药卷 n/卷	装药长 L_y/m	堵塞长 L_d/m	是否安全	实际药卷(n)	误差药卷数(n)	Q_{max}
全断面/台阶法	破碎孔		4	1.20	1	0.55	0.7	2.80	14.0						22.8
	掏槽孔	一级掏槽孔				0.65									
		二级掏槽孔				0.65									
		三级掏槽孔				0.65									
	辅助掏槽	辅助眼 1				0.60									
		辅助眼 2				0.60									
		辅助眼 3				0.60									
		辅助眼 4				0.60									
		辅助眼 5				0.60									
	掘进眼	掘进眼 1				0.55									
		掘进眼 2				0.55									
		掘进眼 3				0.55									
		掘进眼 4				0.55									
		掘进眼 5				0.55									
		掘进眼 6				0.55									
		掘进眼 7				0.55									
	底板眼					0.60									

4.4　本章小结

依托金家庄双螺旋隧道工程，针对螺旋隧道施工技术难题，在深入分析既有文献的基础上，通过理论分析、现场试验和数值模拟等手段，对隧道爆破掘进动态智能设计方法和螺旋隧道爆破掘进振动响应及其相应的掘进安全控制技术等进行研究。

（1）螺旋隧道爆破振动衰减规律与控制策略。

① 现场爆破振动测试结果表明，金家庄螺旋隧道开挖爆破地震效应在测点处的竖直（Z轴）方向地震波主频在 60~300 Hz 范围内，符合安全规程要求。所有测点的峰值振速最大为 0.835 cm/s，在最大段装药量相同的情况下，与爆源相对距离越大，振速越小。根据实测发现，在左洞右边墙处的 1#测点（$R \approx 36$ m）的振速仅为 0.441 cm/s，远未达到安全警戒值。据此可认为，依据新理念和新设计方法得到的螺旋隧道爆破方案是可行的，能够保证爆破施工和周边结构安全。

② 根据现场实测爆破振动数据，结合测点到爆源中心的距离得到了金家庄螺旋隧道爆破振动衰减规律为 $v = 105.93 \left(\dfrac{\sqrt[3]{Q}}{R} \right)^{2.19}$，能够较好地体现爆破施工实际效果。

③ 参考《爆破安全规程》（GB 6722——2014）控制标准，分析得到了螺旋隧道爆破最大段装药量为 117.4 kg，实际中按 115 kg 取值进行施工，能够较好地控制振动影响，说明控制对策是合理的。

（2）基于城市复杂地质条件、周边建筑以及待开挖对象等基础数据，能够快速进行爆破参数确定和综合安全性评估，对城市开挖施工设计参数进行挖掘，并通过机器学习利用神经网络算法可以对设计参数进行推荐和最优评估。

第 5 章 强风化花岗岩地层隧道施工开挖及其受力特性研究

5.1 软弱破碎围岩隧道施工方法比选

隧道开挖方法按照开挖断面形式可分为全断面法、台阶法和分部开挖法。全断面法一般用于围岩条件较好的岩层，隧道开挖后能自稳。分部开挖法一般用于软弱围岩地区，通过临时支护将隧道断面分成若干个小断面来开挖，化大断面为小断面，分别开挖各个部分后进行支护。由于隧道洞口段围岩条件一般较差，故很少采用全断面法开挖，一般都选择台阶法或分部开挖法进行施工。台阶法开挖不需要临时支护，其适用的围岩性质介于全断面法和分部开挖法之间。

5.1.1 隧道模型及工况建立

本节针对金家庄特长螺旋隧道，对比分析两台阶法、两台阶预留核心土法、三台阶预留核心土法。开挖工况见表 5-1。

表 5-1 开挖工况

工况	开挖工法	循环进尺
1	三台阶预留核心土法	2 m
2	两台阶法	2 m
3	两台阶预留核心土法	2 m

本次计算以金家庄特长螺旋隧道为对象建立模型，隧道开挖宽度为 13.83 m，高度为 12.09 m。根据圣维南原理，隧道开挖计算模型的边界通常取开挖洞径的 5~7 倍。本次建模中左右边界取至距隧道边墙 60 m，上边界取至距隧道拱顶 60 m，下边界取至距隧道拱底以下 50 m，模型沿隧道轴向 80 m，如图 5-1 所示。隧道施工不同工况模型如图 5-2 所示。为了真实地模拟隧道所处的地应力场，模型下边界采用约束竖向位移的位移边界条件，顶面采用与上覆围岩重度等效的应力边界条件，侧面根据不同侧压力换算成相应的应力边界条件。

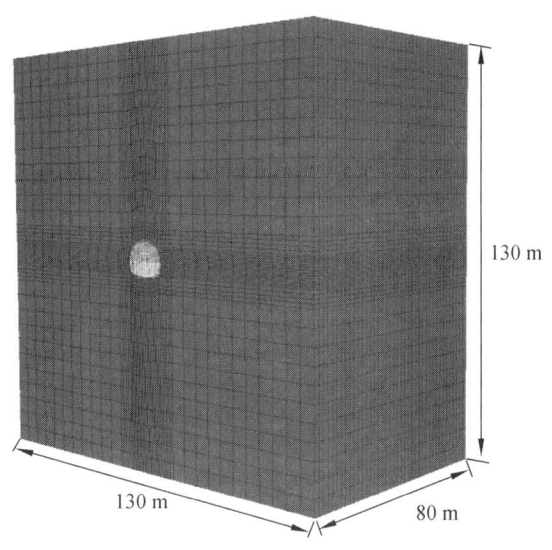

图 5-1 数值计算模型

（a）三台阶预留核心土法　　（b）两台阶法

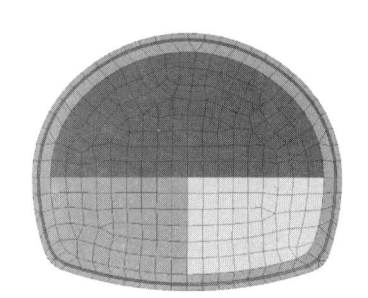

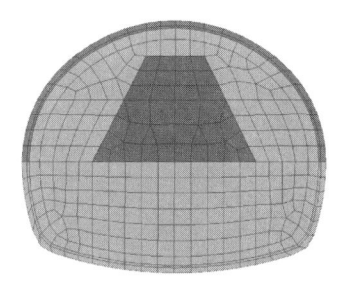

（c）两台阶预留核心土法

图 5-2 不同工况下的隧道模型

5.1.2　数值计算结果分析

选取 $Y=40\ \text{m}$（开挖至 40 m）作为隧道开挖过程的目标断面，分析隧道施工过程受力变化规律，如图 5-3 所示。

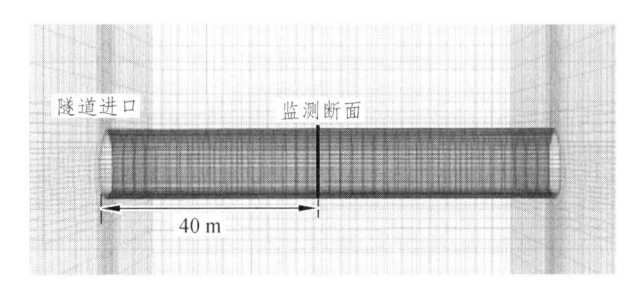

图 5-3 监测断面位置

1. 隧道围岩位移分析

（1）工况 1。

工况 1 隧道开挖完成后，围岩竖向和水平位移分布云图及位移变化曲线如图 5-4、图 5-5 所示。

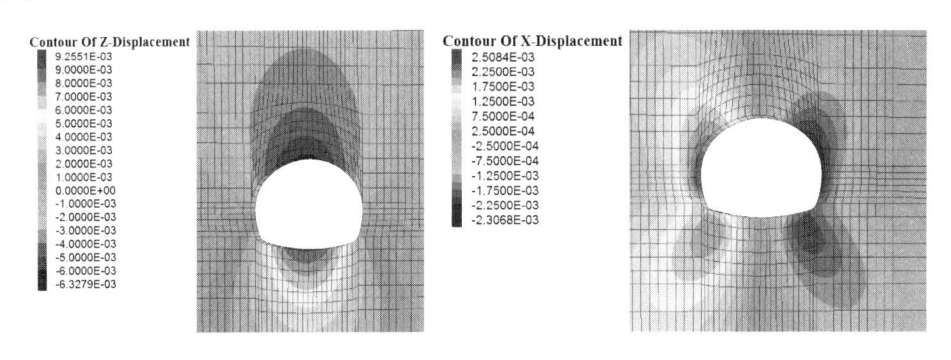

（a）稳定后竖向位移 （b）稳定后水平位移

图 5-4 工况 1 开挖稳定后围岩位移（单位：m）

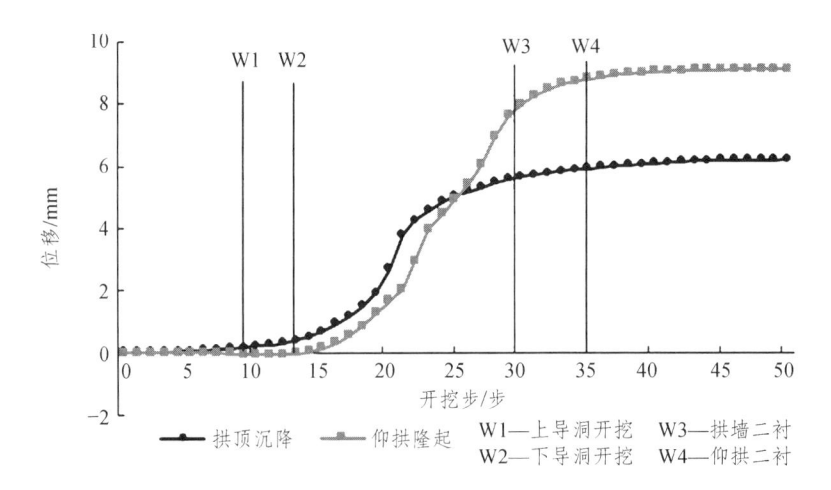

图 5-5 工况 1 施工围岩竖直位移变化曲线

W1—上导洞开挖　W3—拱墙二衬
W2—下导洞开挖　W4—仰拱二衬

从图 5-4 和图 5-5 可以看出：采用工况 1 施工时，隧道围岩竖向位移最大值出现在隧道的仰拱位置，拱底隆起最大值达到 9.11 mm，拱顶沉降最大值为 6.20 mm。洞周围岩水平位移最大值出现在边墙部位，最大值在 2.51 mm 左右，说明围岩的位移受竖向应力的影响较大。

（2）工况2。

工况2隧道开挖完成后，围岩竖向和水平位移分布云图及位移变化曲线如图5-6、图5-7所示。

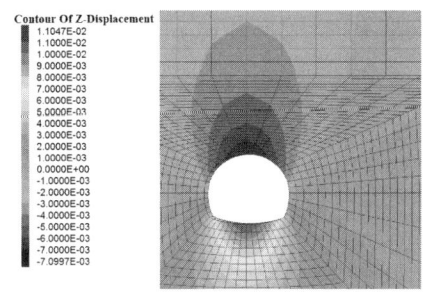

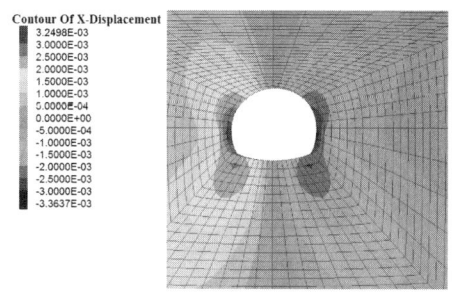

（a）工况2稳定后围岩竖向位移　　　　（b）工况2稳定后围岩水平位移

图 5-6　工况 2 开挖稳定后围岩位移（单位：m）

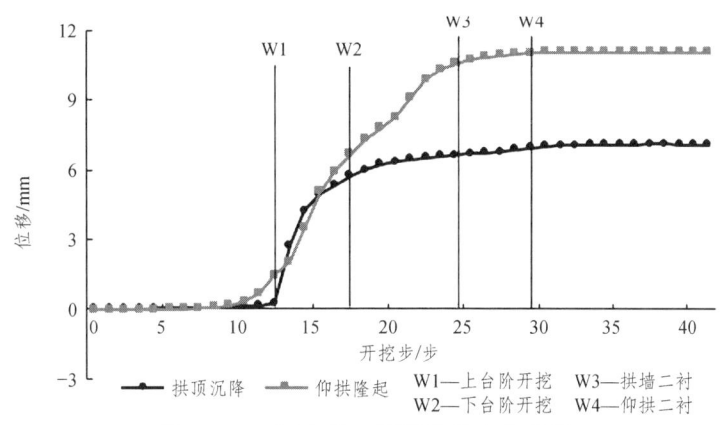

图 5-7　工况 2 施工围岩位移变化曲线

从图 5-6 和图 5-7 可以看出：采用工况 2 施工时，隧道围岩竖向位移最大值出现在隧道的仰拱位置，拱底隆起最大值达到 11.05 mm，拱顶沉降最大值为 7.10 mm。洞周围岩水平位移最大值出现在边墙部位，最大值在 3.36 mm 左右，说明围岩受水平地应力作用不明显。

（3）工况3。

工况3隧道开挖完成后，围岩竖向和水平位移分布云图及位移变化曲线如图5-8、图5-9所示。

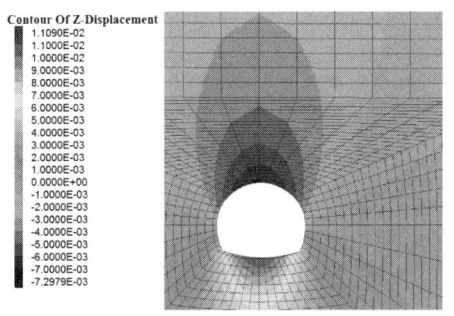

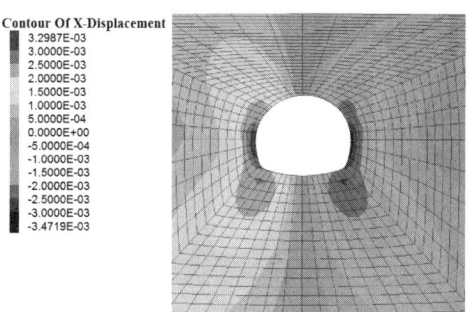

（a）工况3稳定后围岩竖向位移　　　　（b）工况3稳定后围岩水平位移

图 5-8　工况 3 开挖稳定后围岩位移（单位：m）

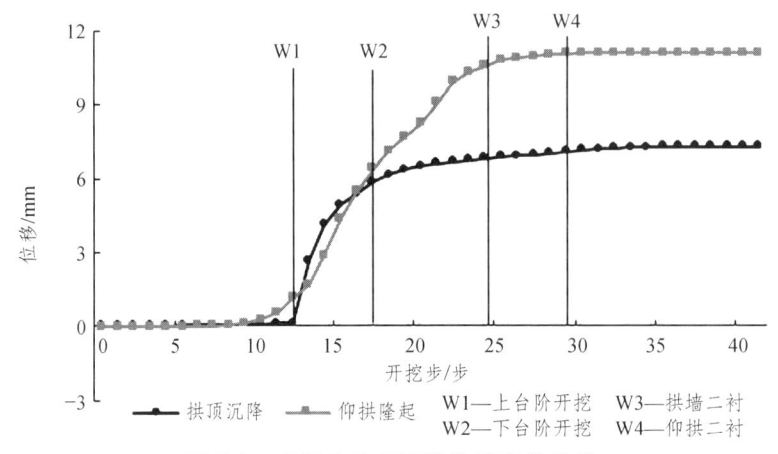

图 5-9 工况 3 施工围岩位移变化曲线

从图 5-8 和图 5-9 可以看出：采用工况 3 施工时，隧道围岩竖向位移最大值出现在隧道的仰拱位置，拱底隆起最大值达到 11.09 mm，拱顶沉降最大值为 7.30 mm。洞周围岩水平位移最大值出现在边墙部位，最大值在 3.47 mm 左右，说明围岩受水平地应力作用不明显，其主要受竖直应力的影响。

对比三种工况的洞周围岩位移可知，在破碎强风化花岗岩条件下，隧道施工采用两台阶法、两台阶预留核心土法和三台阶预留核心土法三种工法，洞周围岩的位移大致相同。对于相同监测断面，采用两台阶法的竖直位移明显高于采用三台阶预留核心土法和两台阶预留核心土法的位移，这是因为采用三台阶预留核心土法和两台阶预留核心土法一次开挖面积较小，有利于掌子面稳定，同时能够更加及时地给围岩提供支护阻力，控制围岩的变形。

2. 隧道洞周应力分析

（1）工况 1。

工况 1 隧道开挖完成后，围岩洞周应力分布云图如图 5-10 所示。

从图 5-10 可以看出：工况 1 施工完成后，隧道洞周围岩最大主应力呈倒 C 形分布，最小主应力呈 T 形分布；围岩最大主应力为-3.39 MPa，位于洞周距左右边墙一定距离的位置，其中洞周围岩最大主应力为 0.97 MPa，位于拱顶，最小主应力为 –10.22 MPa，位于左右拱肩位置。

（a）最大主应力　　　　（b）最小主应力

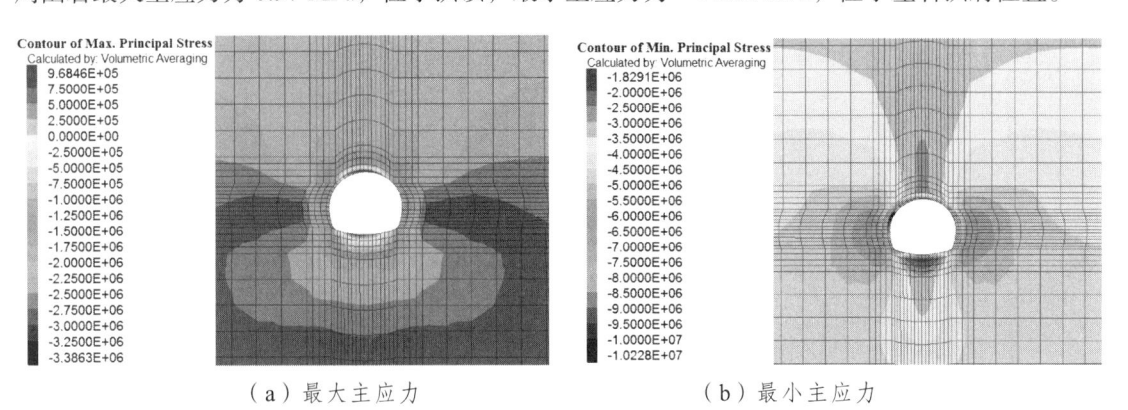

图 5-10　工况 1 隧道洞周应力分布云图（单位：Pa）

(2)工况 2。

工况 2 开挖完成后,围岩洞周应力分布云图如图 5-11 所示。

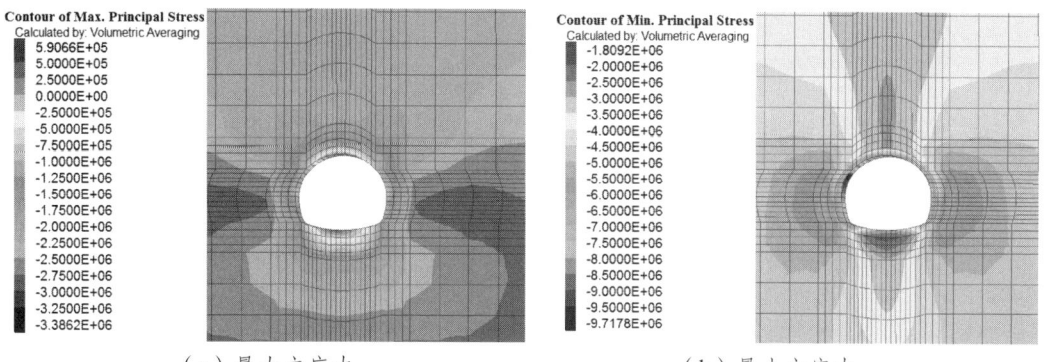

(a)最大主应力　　　　　　　　(b)最小主应力

图 5-11　工况 2 隧道洞周应力分布云图(单位:Pa)

从图 5-11 可以看出:工况 2 施工完成后,隧道洞周围岩最大主应力呈倒 C 形分布,最小主应力呈 T 形分布;隧道洞周最大主应力为-3.39 MPa,位于洞周距左右边墙一定距离的位置,其中洞周围岩最大主应力为 0.59 MPa,位于拱顶,最小主应力为 – 9.72 MPa,位于左右拱肩位置。

(3)工况 3。

工况 3 隧道开挖完成后,围岩洞周应力分布云图如图 5-12 所示。

(a)最大主应力　　　　　　　　(b)最小主应力

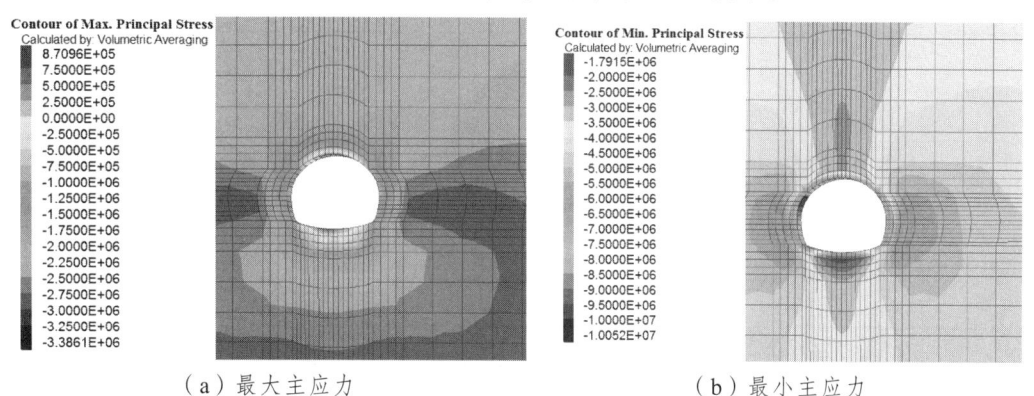

图 5-12　工况 3 隧道洞周应力分布云图(单位:Pa)

从图 5-12 可以看出:工况 3 施工完成后,隧道洞周围岩最大主应力呈倒 C 形分布,最小主应力呈 T 形分布;隧道洞周最大主应力为-3.39 MPa,位于洞周距左右边墙一定距离的位置,其中洞周围岩最大主应力为 0.87 MPa,位于拱顶,最小主应力为-10.05 MPa,位于左右拱肩位置。

对比三种工况的洞周围岩应力可知,两台阶法、两台阶预留核心土法和三台阶预留核心土法三种工法洞周围岩的应力分布规律大致相同。围岩的最大主应力值均为-3.39 MPa,但洞周围岩最大应力分别为 0.97 MPa、0.59 MPa、0.87 MPa。这说明采用三台阶预留核心土法进行施工对围岩的扰动明显大于两台阶法开挖,而采用两台阶法能减少开挖扰动,同时能及时地进行支护，控制围岩的变形，降低围岩的主应力。

5.2 软弱破碎围岩隧道围岩支护参数优化

5.2.1 初期支护强度优化研究

1. 模型及工况建立

本次计算以金家庄特长隧道为对象建立模型，选取的围岩和隧道结构的物理力学参数如表 5-2 所示，锚杆物理力学参数如表 5-3 所示。本节采用 24 cm 初期支护厚度进行其合理强度的研究分析，研究工况如表 5-4 所示。

表 5-2 围岩、初期支护和二次衬砌物理力学参数

项目	密度 /(kg/m³)	弹性模量/GPa	泊松比	内摩擦角/(°)	黏聚力/MPa
围岩	2 100	1.8	0.2	25	0.4
初期支护（C25，钢架间距1 m）	2 500	29	0.22	—	—
二次衬砌（C35）	2 700	32.5	0.2	—	—

表 5-3 锚杆物理力学参数

材料	密度 /kg/m³	弹性模量/GPa	泊松比	面积/m²	长度/m	水泥砂浆黏聚力/kPa	水泥砂浆内摩擦角/(°)	纵向间距/m
拱部锚杆（ϕ22）	7 800	200	0.3	3.86×10^{-4}	3.5	200	50	1
超前锚杆（ϕ22）	7 800	200	0.3	3.86×10^{-4}	4.5	200	50	3
边墙锚杆（ϕ25）	7 800	200	0.3	4.43×10^{-4}	3.5	200	50	1
锁脚锚杆（ϕ22）	7 800	200	0.3	3.86×10^{-4}	4	200	50	1

表 5-4 初期支护强度优化工况

工况	初期支护强度
1	C25 喷射混凝土
2	C20 喷射混凝土
3	C30 喷射混凝土

2. 初期支护应力分析

（1）工况 1。

工况 1 隧道开挖完成后，初期支护内力分布云图如图 5-13 所示，最大主应力、最小主应力随开挖步变化曲线如图 5-14、图 5-15 所示。

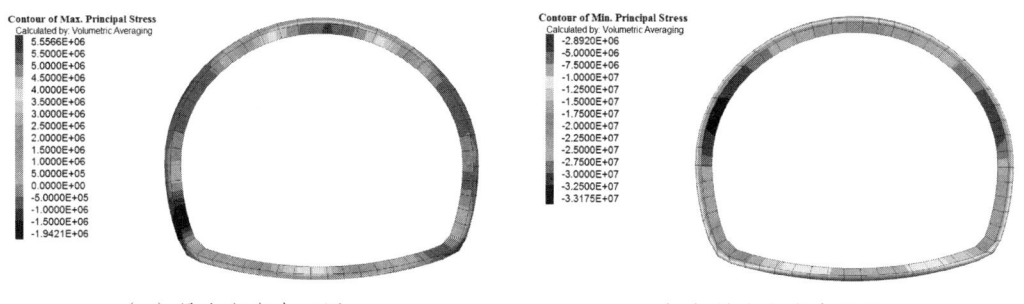

(a）最大主应力云图　　　　　　　　（b）最小主应力云图

图 5-13　工况 1 初支主应力云图（单位：Pa）

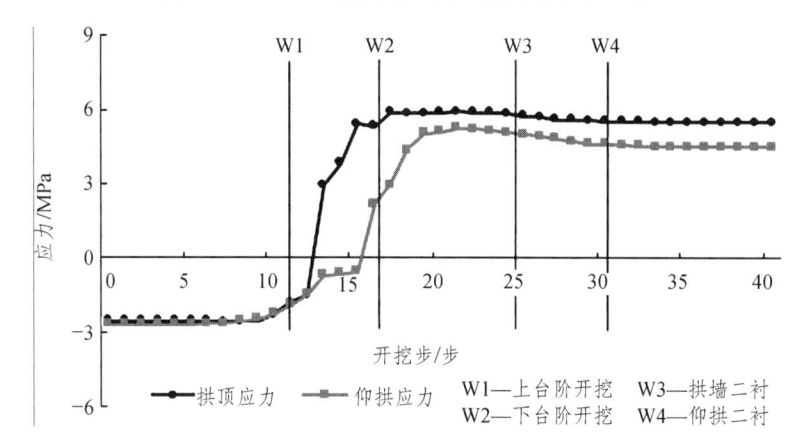

图 5-14　工况 1 初支最大主应力随开挖步变化图

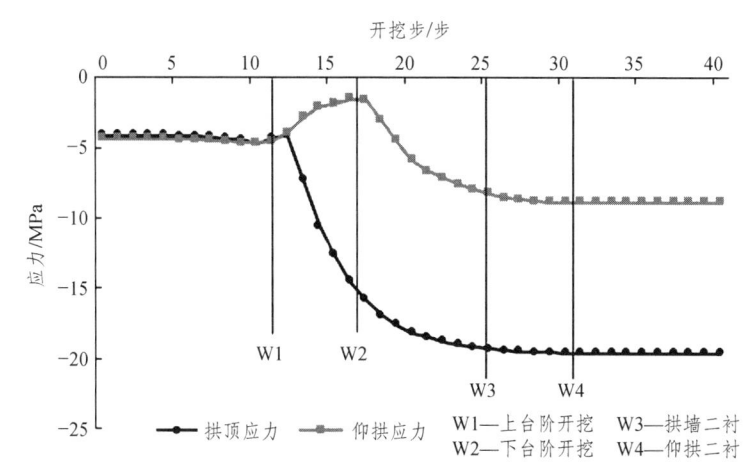

图 5-15　工况 1 初支最小主应力随开挖步变化图

工况 1 拱顶初支最大主应力自断面开挖施作初支后迅速增大，峰值为 5.56 MPa。仰拱初支最大主应力自仰拱处初支施作后先缓慢增长后迅速增大，在仰拱二衬施作之前达到峰值 4.49 MPa，之后趋于平稳。

工况 1 拱顶初支最小主应力自断面开挖施作初支后迅速增大，峰值为 −19.58 MPa。仰拱初支最小主应力自仰拱处初支施作后迅速增大，在仰拱二衬施作之前达到峰值 −8.87 MPa，之后趋于平稳。

（2）工况2。

工况2隧道开挖完成后，初期支护内力分布云图如图5-16所示，最大主应力、最小主应力随开挖步变化曲线如图5-17、图5-18所示。

（a）最大主应力云图　　　　　　（b）最小主应力云图

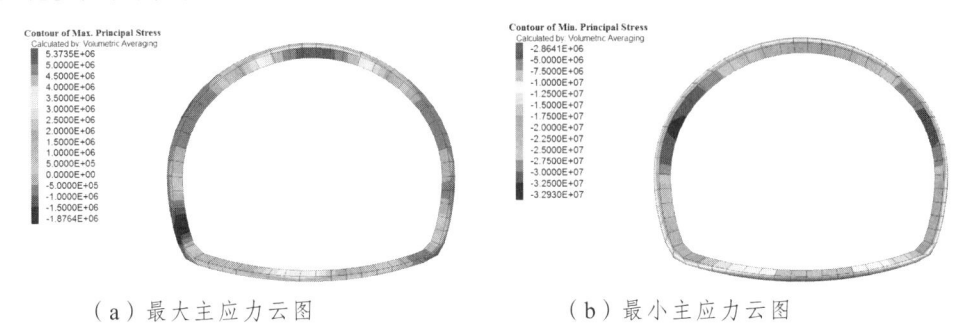

图5-16　工况2初支主应力云图（单位：Pa）

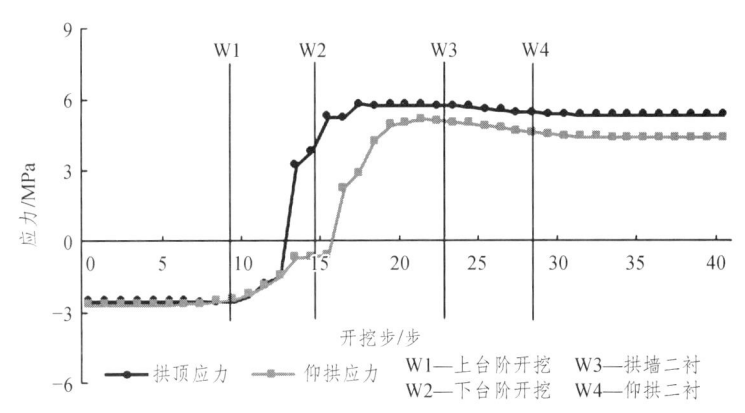

图5-17　工况2初支最大主应力随开挖步变化图

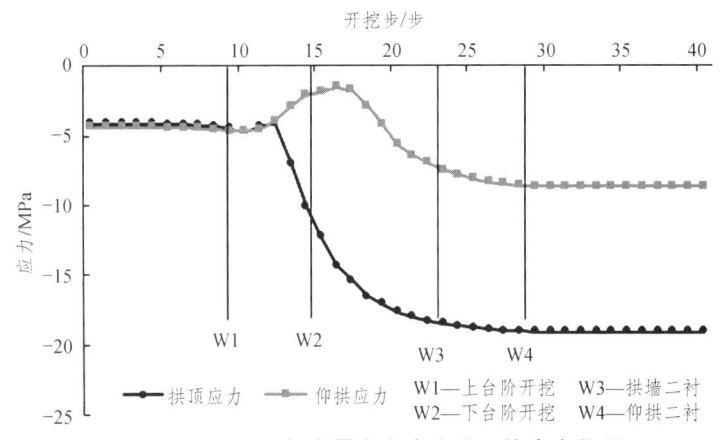

图5-18　工况2初支最小主应力随开挖步变化图

工况2拱顶初支最大主应力自断面开挖施作初支后迅速增大，峰值为5.37 MPa。仰拱初支最大主应力自仰拱处初支施作后先缓慢增长后迅速增大，在仰拱二衬施作之前达到峰值4.31 MPa，之后趋于平稳。

工况2拱顶初支最小主应力自断面开挖施作初支后迅速增大，峰值为−19.42 MPa。仰拱初支最小主应力自仰拱处初支施作后迅速增大,在仰拱二衬施作之前达到峰值-8.80 MPa,之后趋于平稳。

(3)工况 3。

工况 3 隧道开挖完成后,初期支护内力分布云图如图 5-19 所示,最大主应力、最小主应力随开挖步变化曲线如图 5-20、图 5-21 所示。

(a)最大主应力云图　　　　(b)最小主应力云图

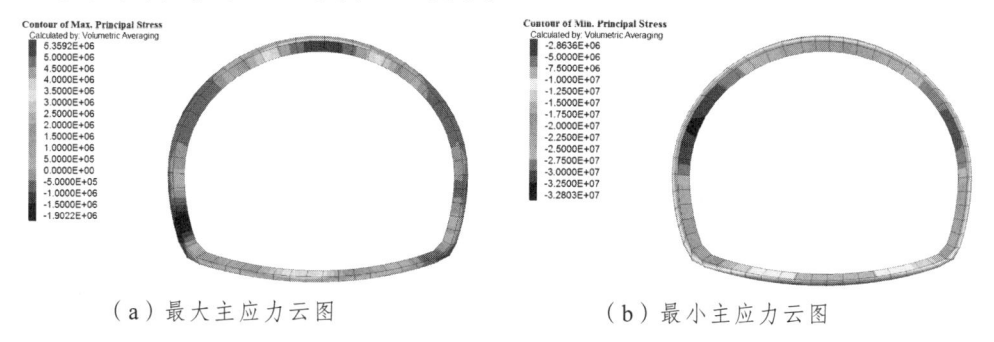

图 5-19　工况 3 初支主应力云图(单位:Pa)

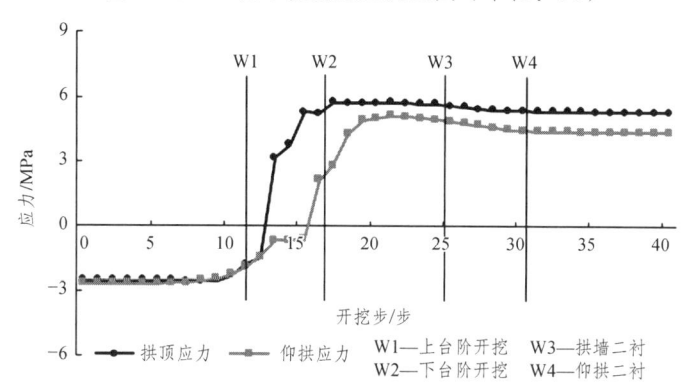

图 5-20　工况 3 初支最大主应力随开挖步变化图

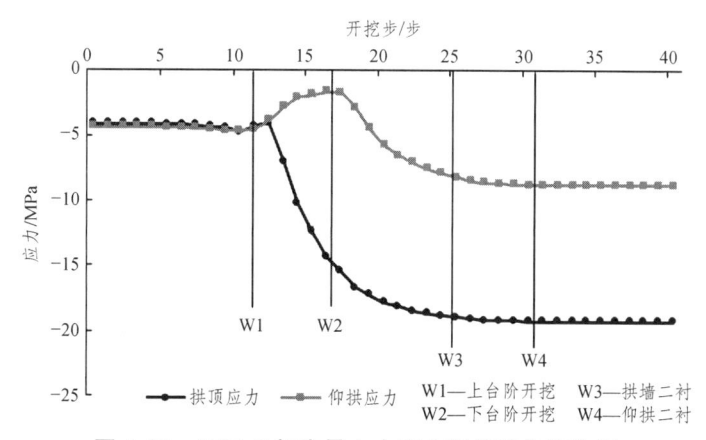

图 5-21　工况 3 初支最小主应力随开挖步变化图

工况 3 拱顶初支最大主应力自断面开挖施作初支后迅速增大,峰值为 5.36 MPa。仰拱初支最大主应力自仰拱处初支施作后先缓慢增长后迅速增大,在仰拱二衬施作之前达到峰值 4.36 MPa,之后趋于平稳。

工况 3 拱顶初支最小主应力自断面开挖施作初支后迅速增大,峰值为 – 19.41 MPa。仰拱初支最小主应力自仰拱处初支施作后迅速增大,在仰拱二衬施作之前达到峰值 – 8.71 MPa,之后趋于平稳。

三种工况初期支护最大主应力、最小主应力及其分布位置如表 5-5 所示。

表 5-5　三种工况初期支护应力最值及其分布位置　　　　　　单位:MPa

工况	最小主应力	分布位置	最大主应力	分布位置
1	-33.17	拱肩	5.56	拱顶
2	-32.93	拱肩	5.37	拱顶
3	-32.80	拱肩	5.36	拱顶

由到图 5-13 ~ 图 5-21 和表 5-5 可以看出:三种工况的初期支护应力大小和分布有所不同。对于最大主应力,工况 3<工况 2<工况 1,说明工况 9 即初期支护厚度为 30 cm 时,其最大主应力最小,受力更加合理。同时也可说明当初支达到一定厚度时能有效控制结构应力。但从工况 7 和工况 8 也能看出并不是初支越厚,其受力状态越好。

综合分析可知,工况 1 虽然初期支护内力大于工况 2 和工况 3,但相差值不大。同时工况 1 所承受的内力在合理范围内,控制围岩变形的效果最好。因此可选取工况 1 中的参数作为围岩与支护间的最优匹配参数。

5.2.2　基于隧道位移变形与时空关系的最佳支护时机研究

1. 隧道模型建立

本节采用极限位移准则确定二次衬砌最佳支护时机。首先根据隧道位移发展规律预测总变形量,然后综合考虑安全和经济等各方面因素,给出适宜的隧道允许变形范围。根据《锚杆喷射混凝土支护技术规范》(GB 50086—2001)规定,施作二衬的最佳时机为已产生的各项位移达到各项预计位移总量的 80% ~ 90%。

本节计算模型及建模参数参照本章工况 2,施工工序参照本章工况 3,初期支护参数参照本章工况 1。设置二次衬砌距掌子面距离分别为 40 m、60 m 和 80 m 的三种工况进行数值计算,如表 5-6 所示。对隧道模型距洞口端 40 m 处的横断面进行位移监测,选取最具代表性拱顶沉降位移进行分析。

表 5-6　二衬支护时机研究工况　　　　　　单位:m

工况	二衬距掌子面距离	开挖工法
1	40	两台阶法
2	60	两台阶法
3	80	两台阶法

2. 隧道围岩变形位移分析

不同工况下,围岩拱顶沉降云图及拱顶沉降时程曲线如图 5-22 ~ 图 5-27 所示。

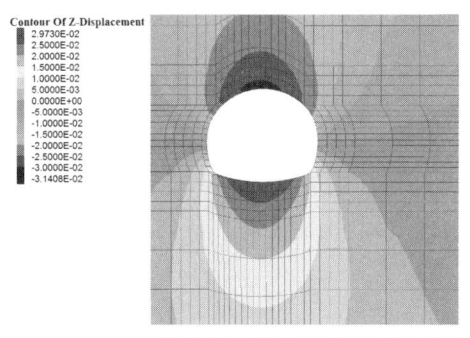

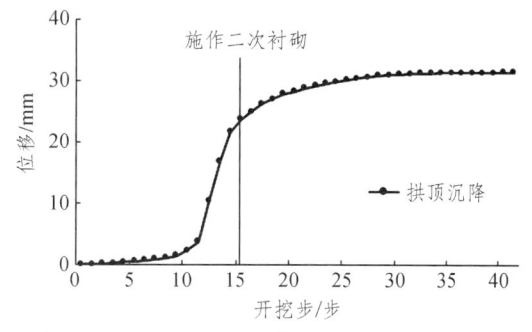

图 5-22　工况 1 隧道拱顶围岩沉降云图（单位：m）　　图 5-23　工况 1 拱顶沉降时程曲线

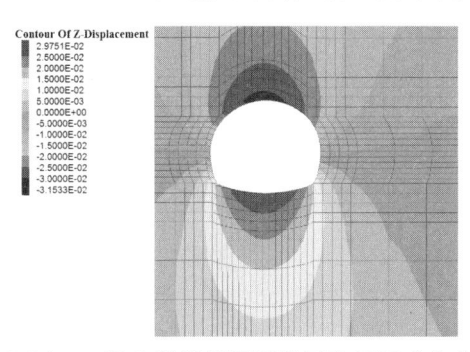

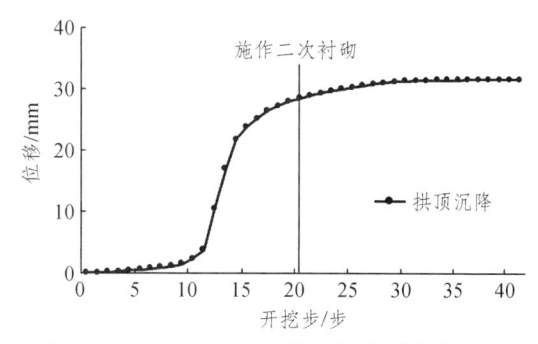

图 5-24　工况 2 隧道拱顶围岩沉降云图（单位：m）　　图 5-25　工况 2 拱顶沉降时程曲线

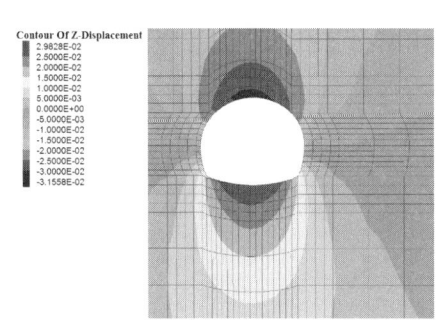

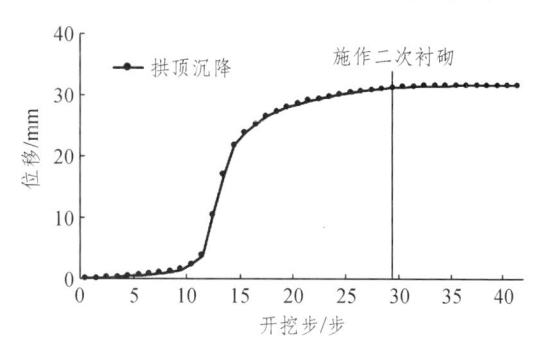

图 5-26　工况 3 拱顶围岩沉降云图（单位：m）　　图 5-27　工况 3 拱顶沉降时程曲线

根据《锚杆喷射混凝土支护技术规范》(GB 50086—2001)规定，当已产生的各项位移达到各项预计位移总量的 80%～90%时，可施作二次衬砌。分析三种工况下施作二次衬砌并且开挖稳定后的拱顶沉降是否达到二次衬砌最佳支护时机。具体结果见表 5-7。

表 5-7　三种工况下的拱顶沉降位移

工况	施作二衬时拱顶沉降位移/mm	总位移/mm	所占百分比/%
1	16.84	31.39	53.65
2	28.01	31.53	88.84
3	30.64	31.56	97.08

注：① 拱顶沉降位移指从断面上台阶开挖后开始计入的位移。
　　② 总位移指施作二次衬砌后开挖稳定的拱顶沉降总位移。
　　③ 所占百分比指施作二衬时的拱顶沉降位移占拱顶沉降总位移的百分比。

从表 5-7 可以看出：只有在工况 2（二衬距掌子面 60 m）时施作二衬，才能满足规范所要求的"已产生的各项位移达到各项预计位移总量的 80%～90%"。因此可确定施作二衬的最优距离为距掌子面 60 m 时。

3. 二次衬砌应力及安全系数分析

在隧道二衬最优距离的基础上，本节对施作二衬并且开挖稳定后衬砌的安全系数进行分析，验证最优二次衬砌支护时机下的安全性。二次衬砌最大主应力、最小主应力云图如图 5-28、图 5-29 所示。

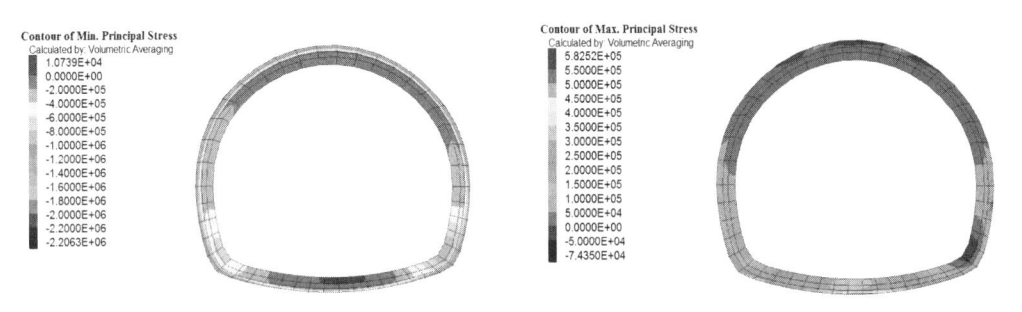

图 5-28　二次衬砌最大主应力云图（单位：Pa）　图 5-29　二次衬砌最小主应力云图（单位：Pa）

从图 5-28、图 5-29 可以看出：二次衬砌最大主应力峰值在拱顶位置，大小约为 2.21 MPa（受压）。二次衬砌最小主应力峰值在仰拱位置，大小为 2.59 MPa（受拉）。C30 二衬混凝土抗压强度为 30 MPa，抗拉强度为 1.43 MPa，故此条件下二衬安全。

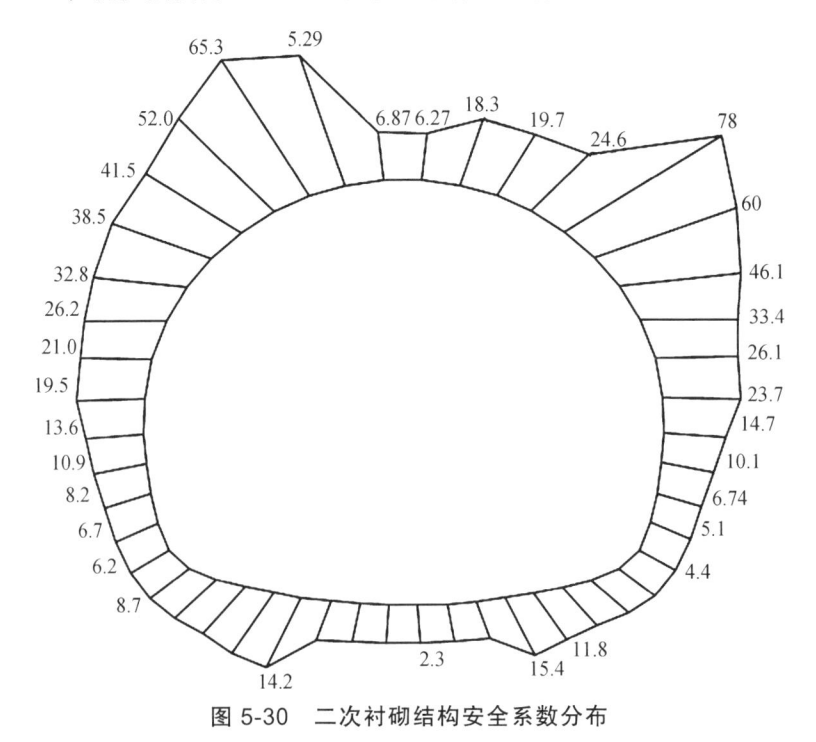

图 5-30　二次衬砌结构安全系数分布

从图 5-30 可以看出：最小安全系数在仰拱处，为 2.3，其次在拱顶处。结构安全系数满足《公路隧道设计规范》的要求，因此该截面处的支护结构能够保证安全。

5.3 隧道洞口施工力学特性及其安全稳定性分析

5.3.1 强风化花岗岩隧道洞口支护受力分析

1. 隧道模型及工况建立

金家庄螺旋隧道断面设计图见图 5-31，隧道开挖宽度为 13.83 m，高度为 12.09 m。根据圣维南原理，隧道开挖计算模型的边界通常取开挖洞径的 5~7 倍。本次建模中左右边界取至距隧道边墙 60 m，上边界取至距隧道拱顶 60 m，下边界取至距隧道拱底以下 50 m，模型沿隧道轴向拉伸 80 m，如图 5-32 所示。为了真实地模拟隧道所处的地应力场，模型下边界采用约束竖向位移的位移边界条件，顶面采用与上覆围岩重度等效的应力边界条件，侧面根据不同侧压力换算成相应的应力边界条件。不同工法下，隧道洞口网格单元划分如图 5-33 所示。

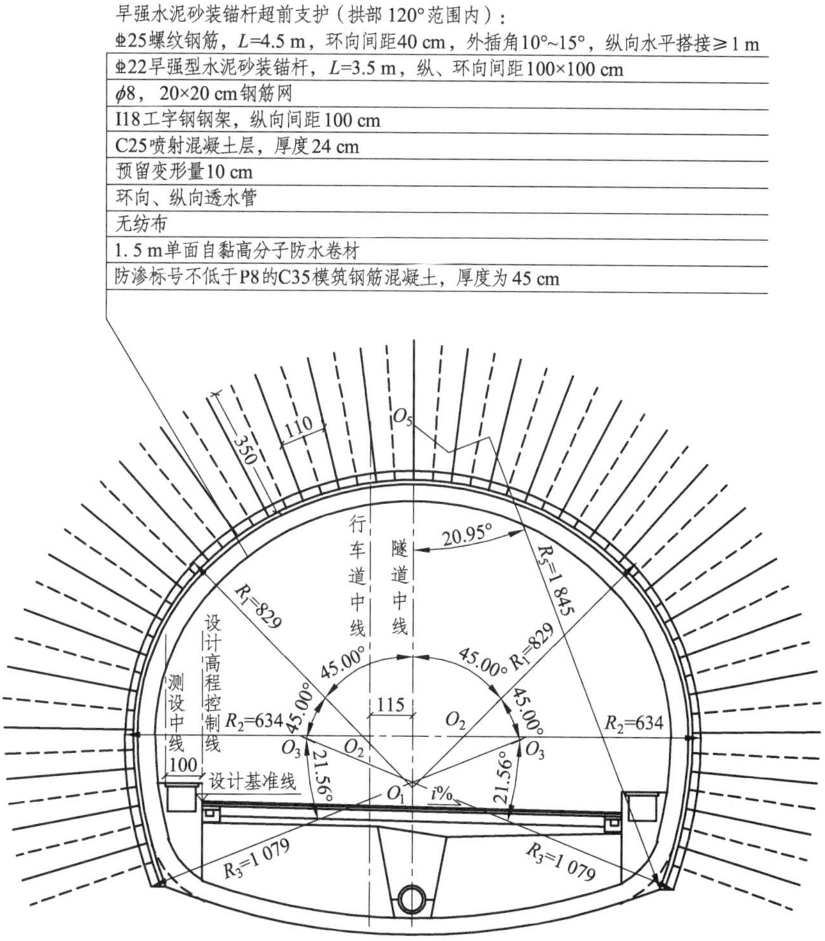

图 5-31 隧道结构横断面图

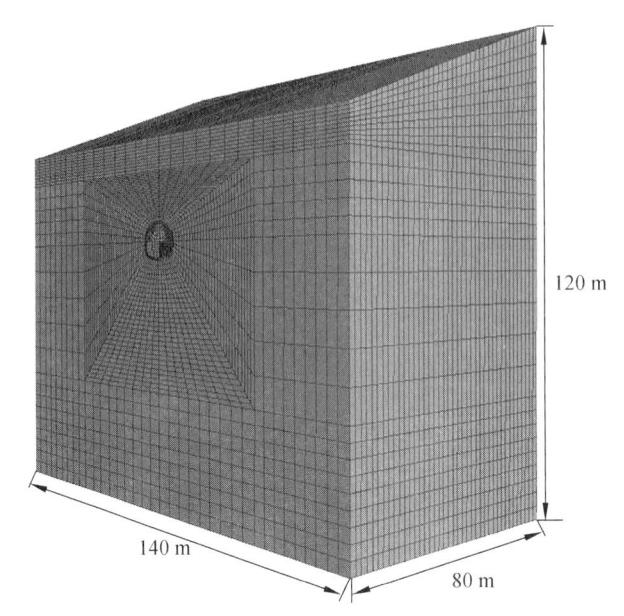

图 5-32 隧道洞口段数值计算模型

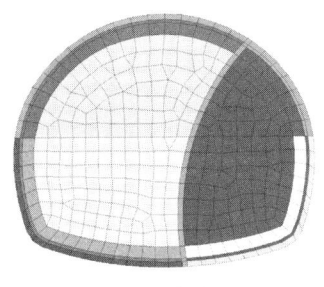

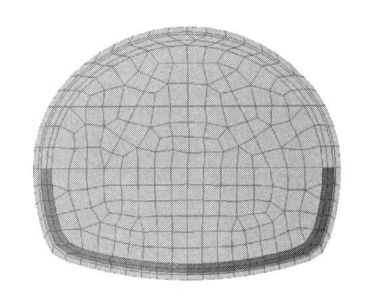

（a）两台阶法　　　　　（b）两台阶预留核心土法

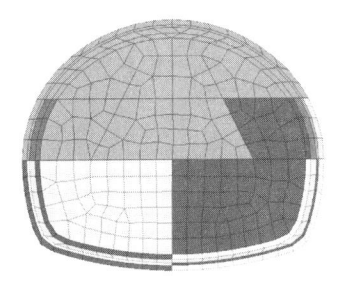

（c）三台阶预留核心土法

图 5-33 隧道洞口不同工法网格单元

2. 模型计算参数选取

隧道施工模拟分析中将围岩视为均质、单一材料、各向同性的连续介质，采用莫尔-库仑（Mohr-Coulomb）弹塑性本构模型来描述。通过 FLAC3D 中的空模型来实现围岩的开挖。采用莫尔-库仑模型计算时，需要输入以下围岩力学参数：体积模量（K）、剪切模量（G）、密度（ρ）、内聚力（c）、摩擦角（ϕ）。

上述参数中，体积模量和剪切模量不便于通过实验直接得到，一般的做法是利用弹性模

量 E 和泊松比 ν 算得出，如式（5-1）、式（5-2）所示。

$$K = \frac{E}{3(1-2\nu)} \qquad (5\text{-}1)$$

$$G = \frac{E}{2(1+\nu)} \qquad (5\text{-}2)$$

计算中将钢架的弹性模量折算给初期支护，如式（5-3）所示。

$$E = E_0 + \frac{S_g \times E_g}{S_c} \qquad (5\text{-}3)$$

式中：E——初期支护等效弹性模量；

E_0——喷射混凝土弹性模量；

E_g——钢架弹性模量；

S_g——钢架横截面积；

S_c——初期支护喷射混凝土横截面积。

隧道计算模型中采用参数见表 5-2 和表 5-3。

3. 洞周围岩位移分析

（1）工况 1。

工况 1 围岩竖向和水平位移分布云图如图 5-34 所示，围岩位移变化曲线如图 5-35 所示。

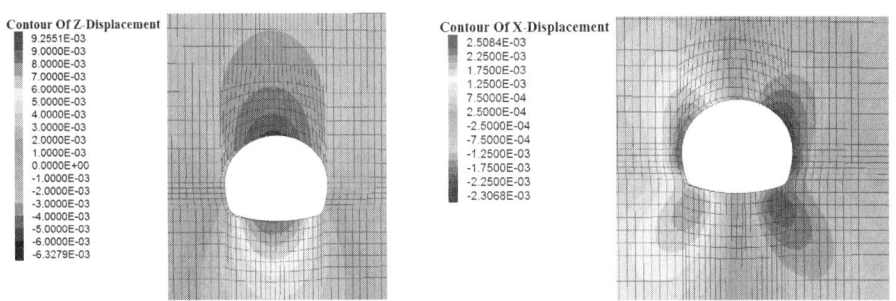

（a）稳定后竖向位移　　　　　（b）稳定后水平位移

图 5-34　工况 1 隧道开挖稳定后围岩位移（单位：m）

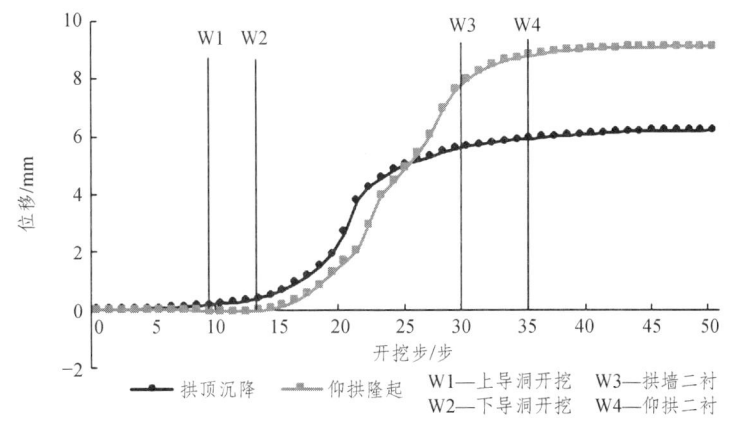

图 5-35　工况 1 隧道施工围岩位移变化曲线

从图 5-34 和图 5-35 可以看出：采用工况 1 施工时，隧道围岩竖向位移最大值出现在隧道的仰拱位置，拱底隆起最大值达到 9.11 mm，拱顶沉降最大值为 6.20 mm。洞周围岩水平位移最大值出现在边墙部位，最大值在 2.51 mm 左右。对比围岩的水平位移和竖直位移，说明围岩的位移受竖向应力的影响较大。

（2）工况 2。

工况 2 隧道开挖完成后，围岩竖向和水平位移分布云图如图 5-36 所示，围岩位移变化曲线如图 5-37 所示。

(a) 围岩竖向位移　　　(b) 围岩水平位移

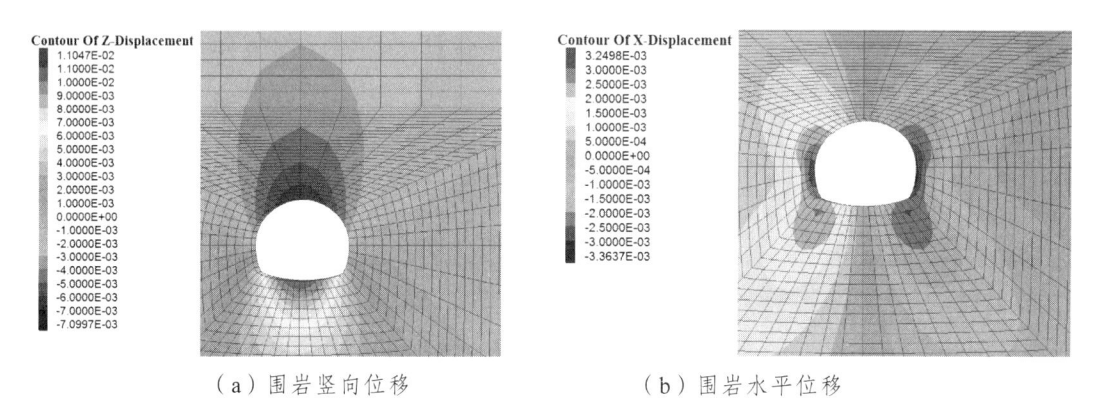

图 5-36　工况 2 隧道开挖稳定后围岩位移（单位：m）

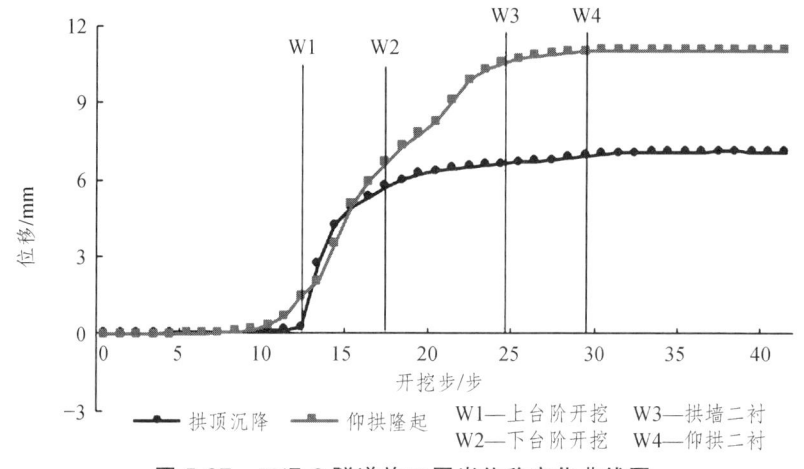

图 5-37　工况 2 隧道施工围岩位移变化曲线图

从图 5-36 和图 5-37 可以看出：采用工况 2 施工时，隧道围岩竖向位移最大值出现在隧道的仰拱位置，拱底隆起最大值达到 11.05 mm，拱顶沉降最大值为 7.10 mm。洞周围岩水平位移最大值出现在边墙部位，最大值在 3.36 mm 左右，说明围岩受水平地应力作用不明显。

（3）工况 3。

工况 3 隧道开挖完成后，围岩竖向和水平位移分布云图如图 5-38 所示，围岩位移变化曲线如图 5-39 所示。

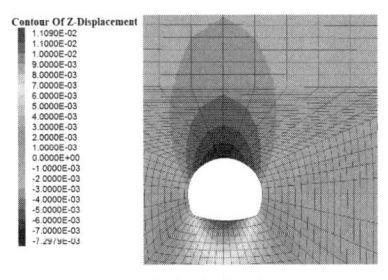

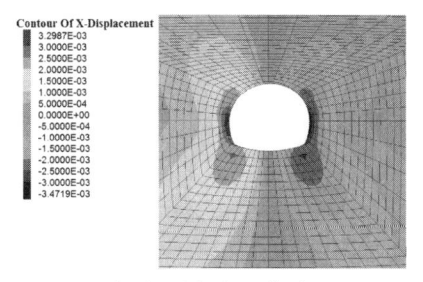

(a) 围岩竖向位移　　　　　　(b) 围岩水平位移

图 5-38　工况 3 隧道开挖稳定后围岩位移（单位：m）

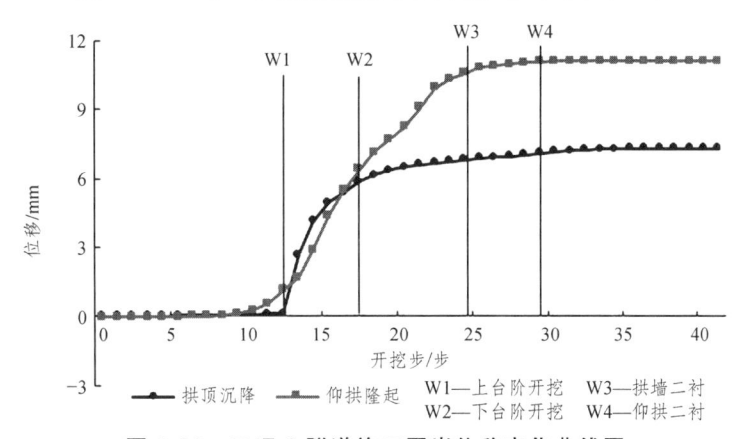

图 5-39　工况 3 隧道施工围岩位移变化曲线图

从图 5-38 和图 5-39 可以看出：采用工况 3 施工时，隧道围岩竖向位移最大值出现在隧道的仰拱位置，拱底隆起最大值达到 11.09 mm，拱顶沉降最大值为 7.30 mm。隧道洞周围岩水平位移最大值出现在边墙部位，最大值在 3.47 mm 左右，说明围岩受水平地应力作用不明显，其主要受竖直应力的影响。三种工况下，洞周围岩位移见表 5-8。

表 5-8　三种工况下洞周围岩位移　　　　　　　　　　　　　　单位：mm

工况	拱顶竖向位移最大值	仰拱隆起位移最大值	水平位移最大值
1	6.20	9.11	2.51
2	7.10	11.05	3.36
3	7.30	11.09	3.47

对比三种工况的洞周围岩位移可知，两台阶法、两台阶预留核心土法和三台阶预留核心土法三种工法洞周围岩的位移云图的分布形态大致相同。对于相同监测断面，采用三台阶法的竖直位移明显小于采用两台阶法和两台阶预留核心土法的位移，这是因为三台阶预留核心土法一次开挖面积较小，且施作了中隔墙作为临时支护能有效地控制围岩的变形，有利于掌子面稳定。同时，较少的开挖次数能够更加及时地给围岩提供支护阻力，控制围岩的变形。

4. 隧道洞周应力分析

（1）工况 1。

工况 1 隧道开挖完成后，围岩洞周应力分布云图如图 5-40 所示。

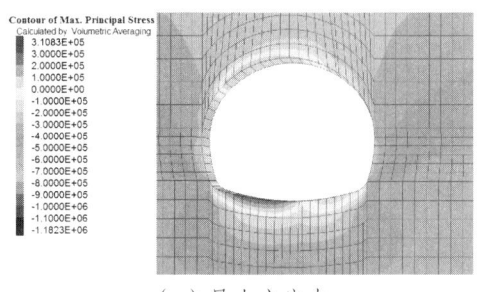

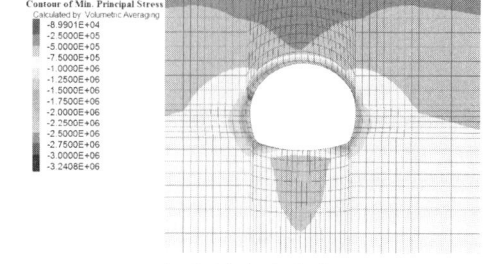

(a) 最大主应力　　　　　　　　(b) 最小主应力

图 5-40　工况 1 隧道洞周应力分布云图（单位：Pa）

从图 5-40 可以看出：工况 1 施工完成后，隧道洞周围岩最大主应力分布较为均匀，最小主应力呈 T 形分布；围岩最大主应力为-1.18 MPa，位于洞周距左右边墙一定距离的位置，其中洞周围岩最大主应力为 0.31 MPa，位于仰拱处，最小主应力为-10.22 MPa，位于左右拱肩位置。

（2）工况 2。

工况 2 开挖完成后，围岩洞周应力分布云图如图 5-41 所示。

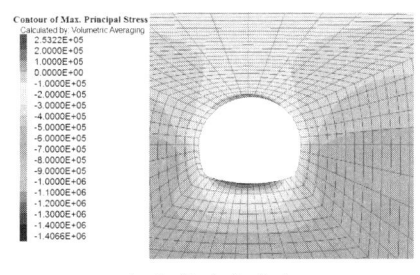

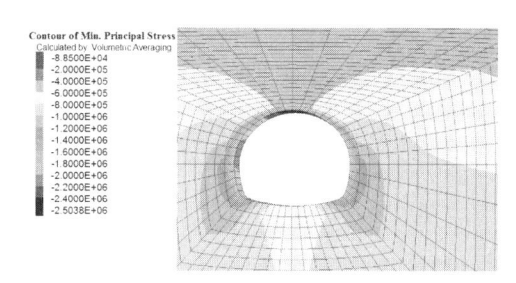

(a) 最大主应力　　　　　　　　(b) 最小主应力

图 5-41　工况 2 隧道洞周应力分布云图（单位：Pa）

从图 5-41 可以看出：工况 2 施工完成后，隧道洞周围岩最大主应力呈倒 C 形分布，最小主应力呈 T 形分布；隧道洞周最大主应力为-1.41 MPa，位于洞周距左右边墙一定距离的位置，其中洞周围岩最大主应力为 0.25 MPa，位于拱顶和仰拱处，最小主应力为-2.5 MPa，位于拱顶位置。

（3）工况 3。

工况 3 隧道开挖完成后，围岩洞周应力分布云图如图 5-42 所示。

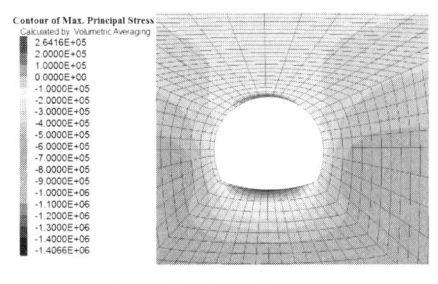

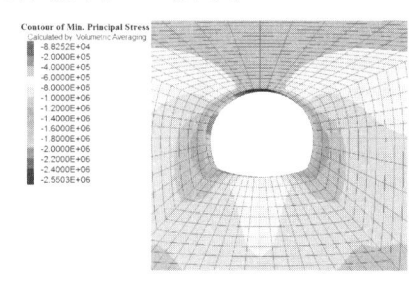

(a) 最大主应力　　　　　　　　(b) 最小主应力

图 5-42　工况 3 隧道洞周应力分布云图（单位：Pa）

从图 5-42 可以看出：工况 3 施工完成后，隧道洞周围岩最大主应力呈倒 C 形分布，最小主应力呈 T 形分布；洞周最大主应力为 –1.41 MPa，位于洞周距左右边墙一定距离的位置，其中洞周围岩最大主应力为 0.26 MPa，位于拱顶，最小主应力为 –2.55 MPa，位于拱顶位置。

对比三种工况的洞周围岩应力可知，两台阶法、两台阶预留核心土法和三台阶预留核心土法三种工法洞周围岩的应力分布规律大致相同。围岩的最大主应力值分别为 –1.18 MPa、–1.14 MPa 和 –1.14 MPa，洞周围岩最大应力分别为 0.31 MPa、0.25 MPa、0.26 MPa。这说明采用两台阶法进行施工，围岩的大小主应力要大于另外两种工法，而采用两台阶预留核心土法和三台阶法对围岩应力的影响大致相同。

5. 初期支护内力对比

（1）工况 1。

工况 1 隧道开挖完成后，初期支护内力分布如图 5-43 所示，最大主应力、最小主应力随开挖步变化曲线如图 5-44、图 5-45 所示。

（a）最大主应力云图　　　　　（b）工况 1 最小主应力云图

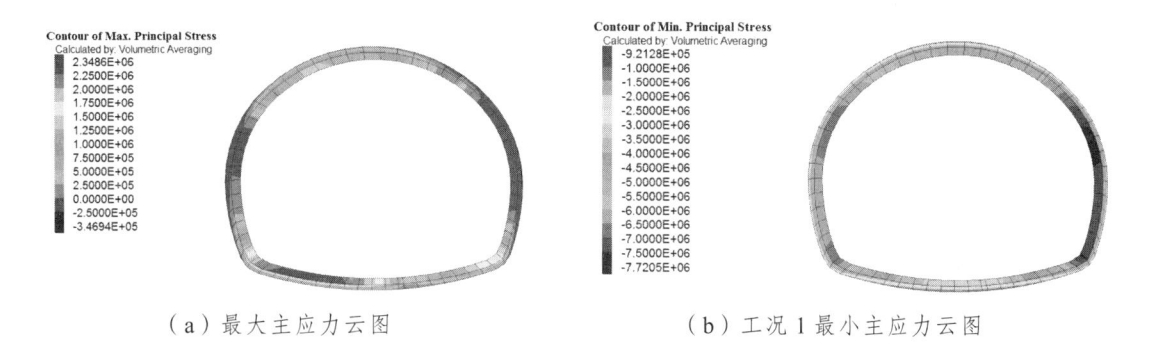

图 5-43　工况 1 初支主应力云图（单位：Pa）

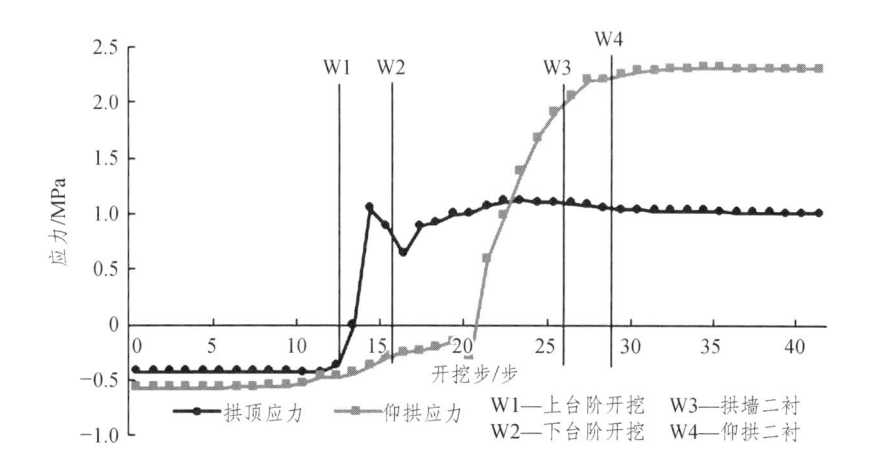

图 5-44　工况 1 初支最大主应力随开挖步变化图

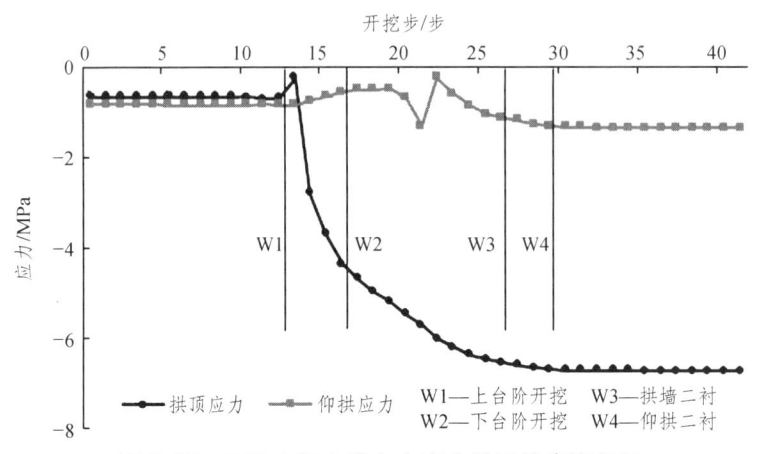

图 5-45　工况 1 初支最小主应力随开挖步变化图

工况 1 拱顶初支最大主应力自断面开挖施作初支后迅速增大,峰值为 1.04 MPa。仰拱初支最大主应力自仰拱处初支施作后迅速增大,在仰拱二衬施作之前达到峰值 1.69 MPa,之后趋于平稳。工况 1 拱顶初支最小主应力自断面开挖施作初支后迅速增大,峰值为 −4.86 MPa。仰拱初支最小主应力自仰拱处初支施作后迅速增大,在仰拱二衬施作之前达到峰值 −3.33 MPa,之后趋于平稳。

（2）工况 2。

工况 2 隧道开挖完成后,初期支护内力分布如图 5-46 所示,最大主应力、最小主应力随开挖步变化曲线如图 5-47、图 5-48 所示。

（a）最大主应力云图　　　　　　（b）最小主应力云图

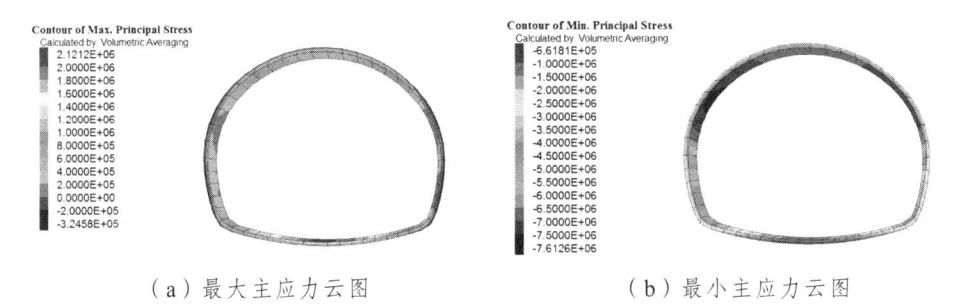

图 5-46　工况 2 初支最大主应力云图（单位：Pa）

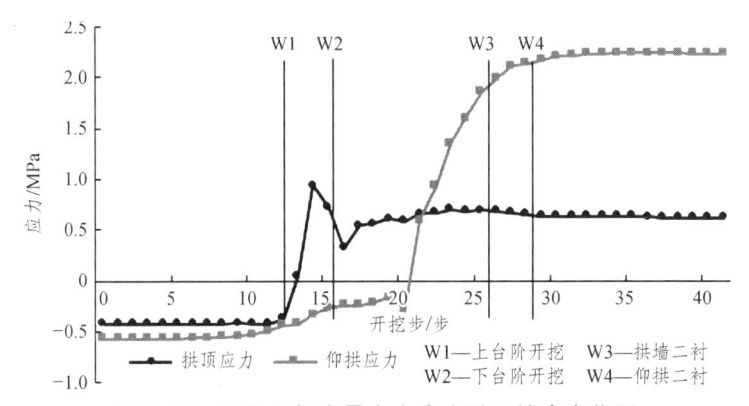

图 5-47　工况 2 初支最大主应力随开挖步变化图

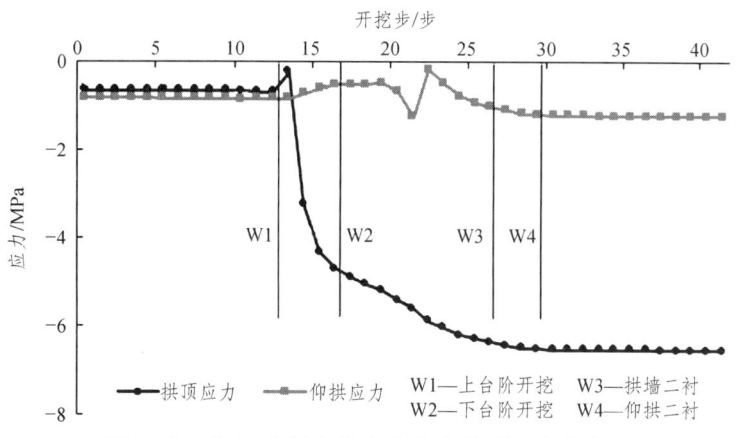

图 5-48 工况 2 初支最小主应力随开挖步变化图

工况 2 拱顶初支最大主应力自断面开挖施作初支后迅速增大，峰值为 0.61 MPa。仰拱初支最大主应力自仰拱处初支施作后迅速增大，在仰拱二衬施作之前达到峰值 2.24 MPa，之后趋于平稳。工况 2 拱顶初支最小主应力自断面开挖施作初支后迅速增大，峰值为 –6.54 MPa。仰拱初支最小主应力自仰拱处初支施作后迅速增大，在仰拱二衬施作之前达到峰值 –1.23 MPa，之后趋于平稳。

（3）工况 3。

工况 3 开挖完成后，初期支护内力分布云图如图 5-49 所示，最大主应力、最小主应力随开挖步变化曲线如图 5-50、图 5-51 所示。

（a）最大主应力云图　　　　（b）最小主应力云图

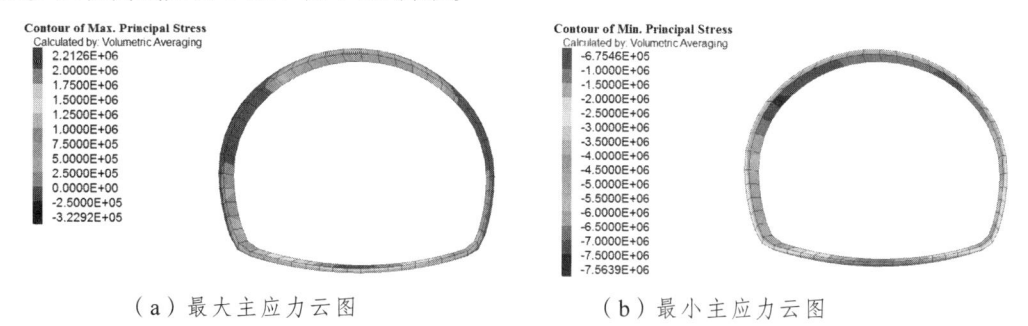

图 5-49 工况 3 初支最大主应力云图（单位：Pa）

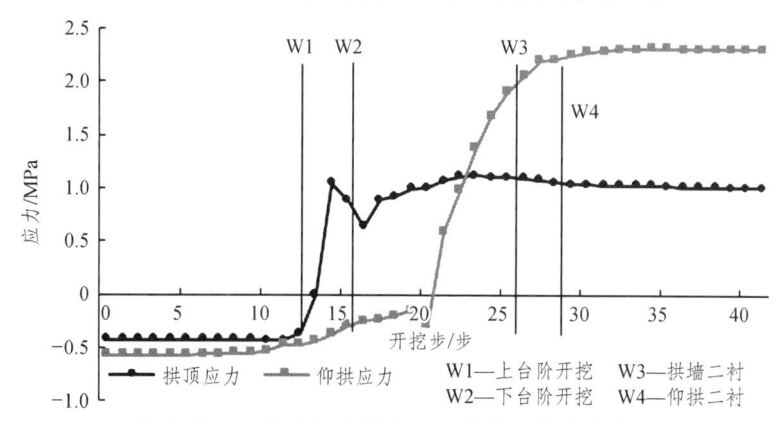

图 5-50 工况 3 初支最大主应力随开挖步变化图

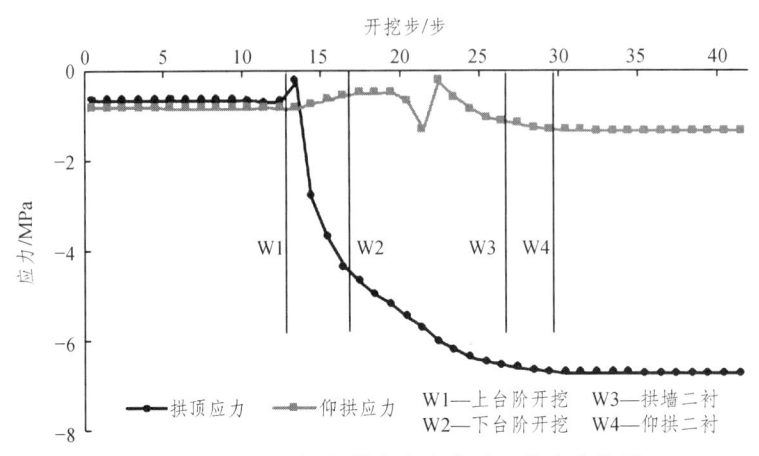

图 5-51 工况 3 初支最小主应力随开挖步变化图

工况 3 拱顶初支最大主应力自断面开挖施作初支后迅速增大，峰值为 1.01 MPa。仰拱初支最大主应力自仰拱处初支施作后迅速增大，在仰拱二衬施作之前达到峰值 2.31 MPa，之后趋于平稳。工况 3 拱顶初支最小主应力自断面开挖施作初支后迅速增大，峰值为 –6.74 MPa。仰拱初支最小主应力自仰拱处初支施作后迅速增大，在仰拱二衬施作之前达到峰值 –1.35 MPa，之后趋于平稳。

各工况下初期支护主应力最值及其分布位置见表 5-9。

表 5-9 各施工工法下初期支护主应力最值及其分布位置　　　　单位：MPa

工况	最小主应力	分布位置	最大主应力	分布位置
1	–7.72	拱肩	2.35	仰拱
2	–7.61	拱肩	2.12	仰拱
3	–7.56	拱肩	2.31	仰拱

注：需要说明，在 FLAC3D 中，应力符号规定受压为负，受拉为正，故最小主应力的最小值对应最大压应力，最大主应力的最大值对应最大拉应力。

由初期支护应力云图和表 5-9 可以看出：三种工况得到的初期支护支护应力大小和分布有所不同。对于最大压应力，两台阶预留核心土法<三台阶预留核心土法<两台阶法，这是因为两台预留核心土法开挖后围岩的应力得到了更充分的释放，所以初期支护受到的内力相对较小。

5.3.2 强风化花岗岩螺旋隧道洞口段施工围岩安全稳定性分析

本节选取 5.2.1 节中模型计算验证围岩的安全稳定性。监测断面选取 $Y = 40$ m 断面。

1. 隧道围岩位移分析

从围岩竖直位移变化曲线（图 5-52）可以看出：在施作大管棚的前提下，围岩的变形呈现先逐渐增大后趋于稳定的规律。拱顶的围岩沉降量和仰拱隆起值均在合理的范围内，围岩情况总体稳定。

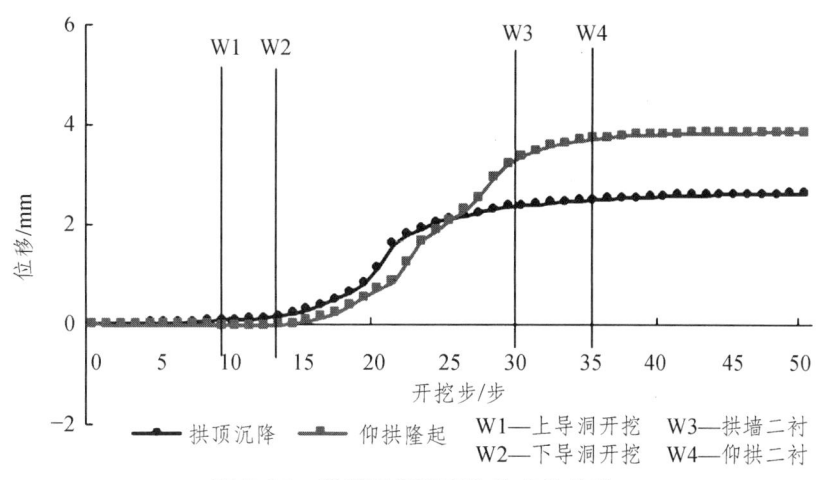

图 5-52 隧道围岩竖直位移变化曲线

W1—上导洞开挖 W3—拱墙二衬
W2—下导洞开挖 W4—仰拱二衬

2. 隧道洞周安全系数云图分析

围岩安全系数采用 D-P 屈服准则(德鲁克-普拉格准则)进行计算,结果如图 5-53 所示。

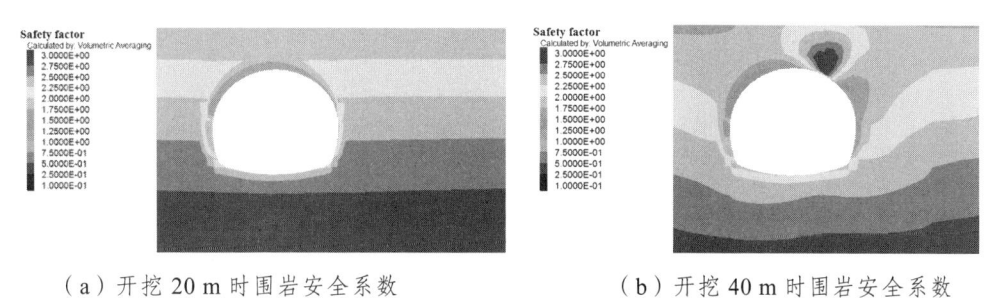

(a)开挖 20 m 时围岩安全系数　　(b)开挖 40 m 时围岩安全系数

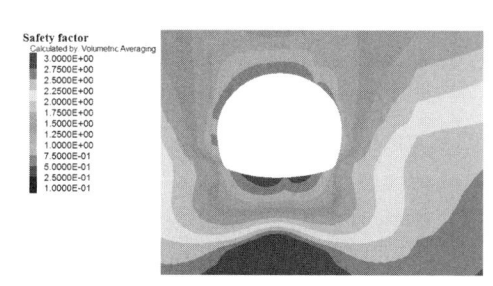

(c)开挖 60 m 时围岩安全系数　　(d)开挖完成时围岩安全系数

图 5-53　隧道不同开挖进尺下围岩安全系数

从图 5-53 可以看出:当开挖到 20 m 时,围岩的安全系数值较大,围岩整体情况稳定;当开挖到 40 m 时,洞周围岩的安全系数明显减小,但仍处在相对稳定的范围内;当开挖到 60 m 时,洞周围岩的安全系数值偏小,需进行适当处理;当开挖完成时,围岩位移、应力等变化趋于稳定,围岩安全系数在仰拱处最小,在洞周一定范围内安全系数值较低。

3. 二次衬砌结构内力及安全系数计算

二次衬砌结构内力及安全系数计算结果如图 5-54～图 5-56 所示。

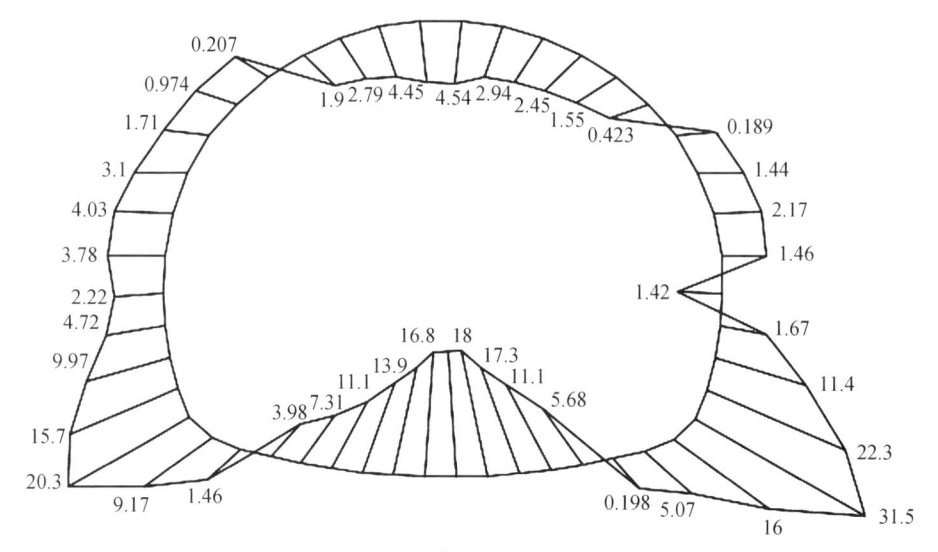

图 5-54 二次衬砌结构弯矩分布图（单位：kN·m）

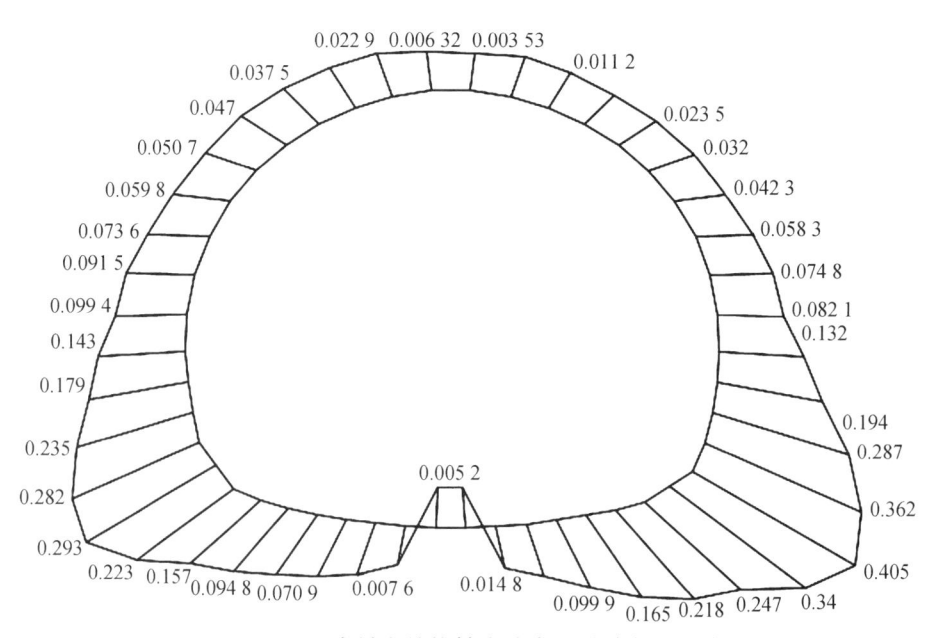

图 5-55 二次衬砌结构轴力分布图（单位：kN）

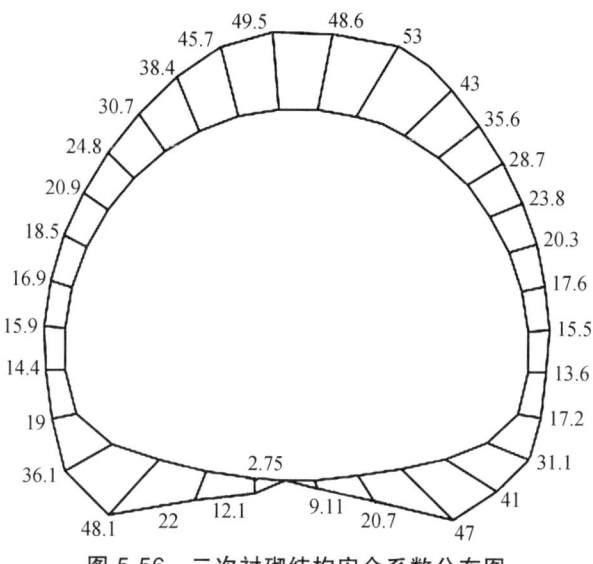

图 5-56 二次衬砌结构安全系数分布图

（1）结构弯矩分析：从图 5-54 可以看出，二次衬砌弯矩的最大值出现在右拱墙处，为 31.5 kN·m，衬砌外侧受拉。左拱墙弯矩也较大，为 20.3 kN·m，衬砌外侧受拉。拱顶和仰拱处的弯矩相对较小。右拱肩弯矩值最小，为 0.19 kN·m，衬砌外侧受拉。

（2）结构轴力分析：从图 5-55 可以看出，衬砌除仰拱外全部呈受压状态，仰拱处轴力最小，为 0.005 2 kN，拱顶处轴力也较小，从拱顶向两侧逐渐增加，在左右墙处轴力达到最大值，为 0.45 kN。

（3）衬砌安全系数分析：从图 5-56 可以看出，最小安全系数在仰拱处，为 4.65，拱顶安全系数最大，从拱顶到拱脚安全系数不断减小。安全系数满足《公路隧道设计规范》要求，因此该截面处的支护结构能够保证安全。

通过分析监测断面的围岩位移变化、洞周安全系数云图以及二次衬砌结构内力和安全系数图可知，采用 CD 法对洞口段进行开挖可以保证在施工过程中围岩的安全稳定性。

5.4 长大隧道空间交叉结构施工工艺分析

5.4.1 金家庄隧道斜井与正洞交叉施工力学特征分析

为分析斜井进入右线主洞后先施工 9 号人行横洞还是 3 号车行横洞、施工 3 号车行横洞的安全距离、横洞的开挖对围岩的影响范围等问题，给出最优的施工方案（图 5-57），建立数值计算模型进行进一步的分析研究。

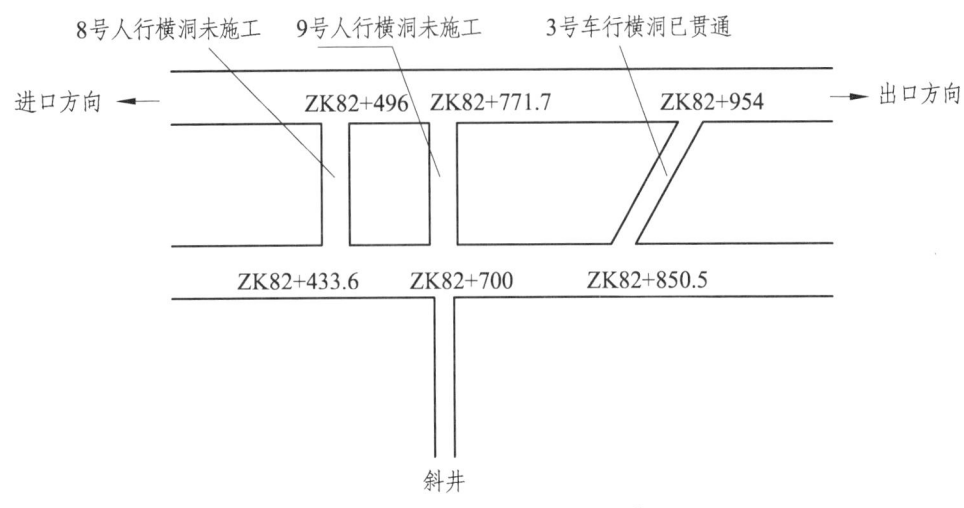

图 5-57 斜井与正洞交叉段示意图

1. 隧道工况及模型建立

本次计算以金家庄特长螺旋隧道斜井交叉段为对象建立模型,隧道开挖宽度为 13.83 m,高度为 12.09 m,左右线隧道距离为 30 m。根据圣维南原理,隧道开挖计算模型的边界通常取开挖洞径的 3~5 倍。本次建模中,左右边界取至距隧道边墙 60 m,上边界取至距隧道拱顶 70 m,下边界取至距隧道拱底以下 70 m,模型沿隧道轴向拉伸 100 m,如图 5-58 所示。模型单元采用具有个 8 节点的 6 面体三维实体单元,部分区域采用 4 面体实体单元。计算模型总共包含 123 100 多个单元和 127 233 多个节点,计算结果的精确度可以得到保证。为了真实地模拟隧道所处的地应力场,模型下边界采用约束竖向位移的位移边界条件,顶面采用与上覆围岩重度等效的应力边界条件,侧面根据不同侧压力换算成相应的应力边界条件。模拟工况见表 5-10。

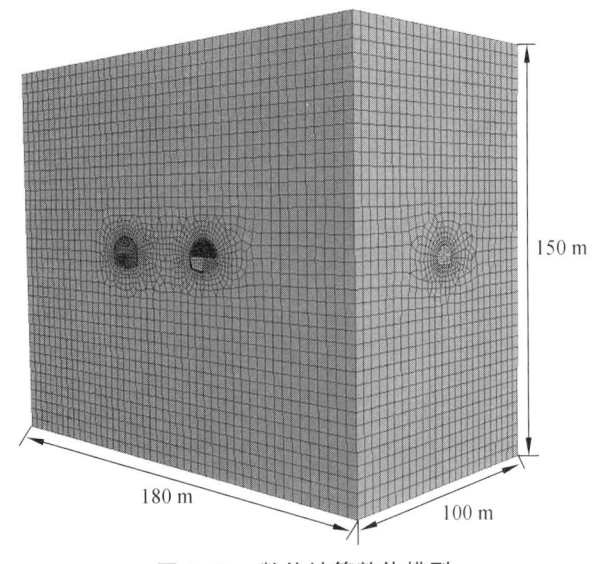

图 5-58 数值计算整体模型

表 5-10　数值模拟工况

工况	工况描述
1	斜井施工完成后，待右线主洞向进口方向施工 30 m，向出口方向施工 30 m 后，进行车行横洞的施工
2	斜井施工完成后，分别向进口和出口方向正常施工，待向出口方向施工一段距离之后，在距斜井适当位置处进行车行横洞的施工（车行横洞距掌子面距离 30 m）

选取工况 1 的 AB、CD、EF 三个断面及工况 2 的 AB、CD 两个断面作为监测断面，如图 5-59 所示。各工况数值计算模型如图 5-60 所示。

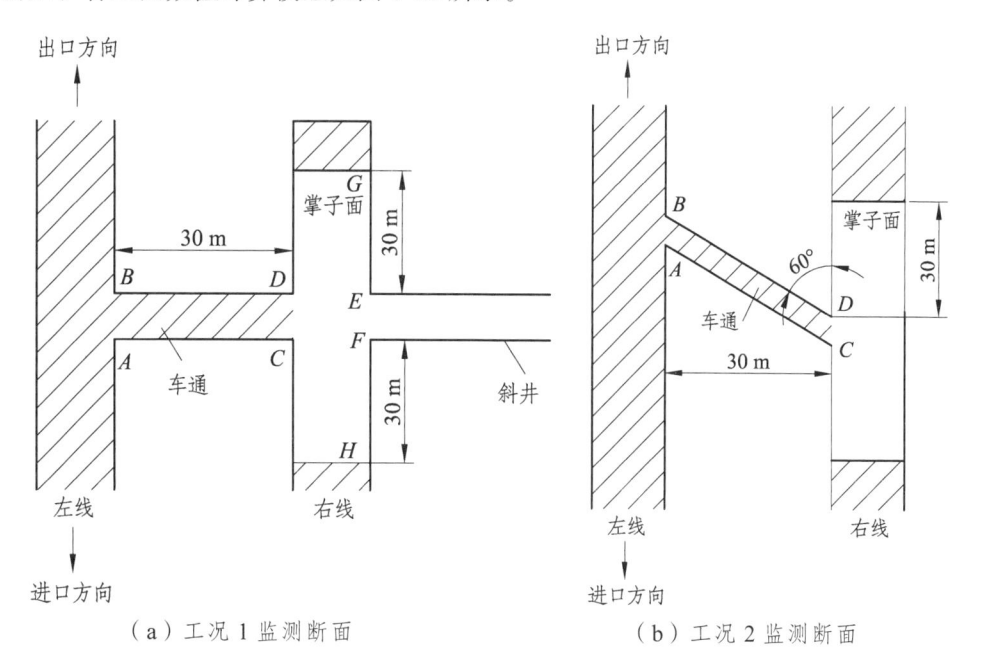

（a）工况 1 监测断面　　（b）工况 2 监测断面

图 5-59　各工况监测断面

（a）工况 1 数值计算模型　　（b）工况 2 数值计算模型

图 5-60　各工况数值计算模型

2. 模型计算参数选取

计算中将隧道围岩视为均质、单一材料、各向同性的连续介质，采用莫尔-库仑（Mohr-Coulomb）弹塑性本构模型来描述。相关参数选取和计算同 5.3.1 节。

车通和斜井的监测点断面如图 5-61 所示。

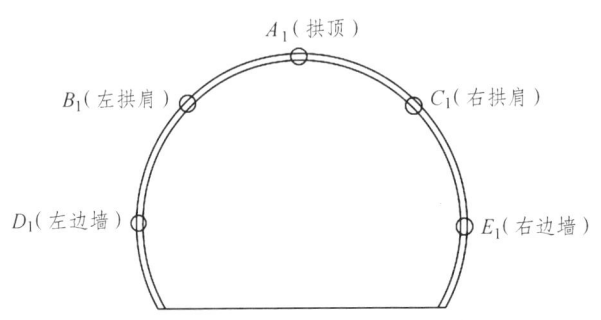

图 5-61　斜井交叉处监测点位示意图

3. 数值计算结果分析

（1）隧道围岩位移分析。

① 不同工况 CD 断面围岩位移变化。

从图 5-62 和图 5-63 可以看出：斜井施工完成时，车通靠斜井一侧拱顶的沉降值为 27.1 mm，整个过程中其沉降量为 37 mm，斜井施工时车通靠斜井一侧拱顶产生的沉降值占整个施工过程其位移变化量的 73.2%，可见斜井的施工对车通交叉处拱顶沉降影响最大。在后续主洞施工以及车通施工的过程中，监测点位移总体变化规律相似，车通的施工对其拱顶的沉降影响较小。左右边墙的水平位移值呈现出现先减小后增大的趋势，由于右边墙一侧隧道主线继续施工，左边墙一侧隧道主线施工一段距离后停止施工，故右边墙的水平位移值在左边墙水平位移值趋于稳定后继续增加，两者总体变化规律相似。左边墙水平位移收敛值为 -10.88 mm，右边墙水平位移收敛值为 -14.66 mm。

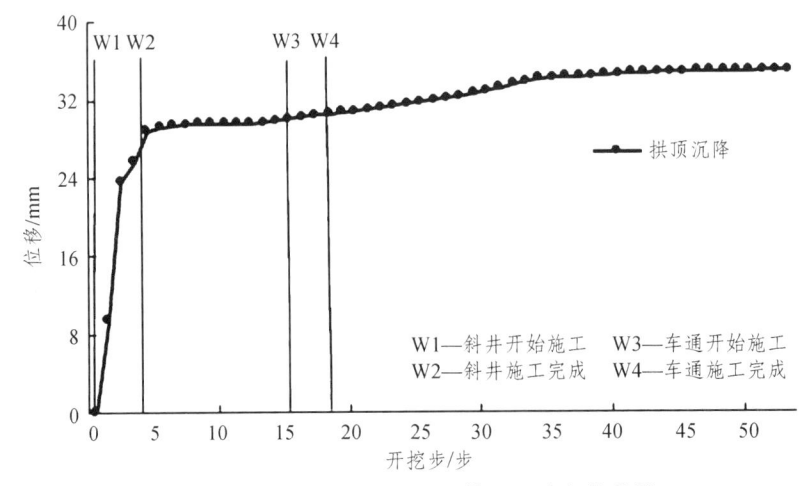

图 5-62　工况 1 的 CD 断面拱顶沉降变化曲线

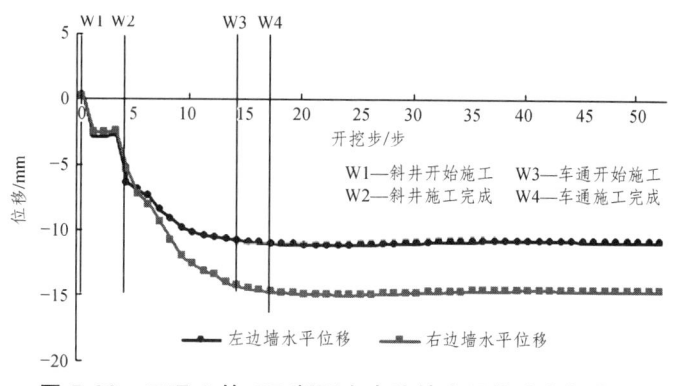

图 5-63　工况 1 的 CD 断面左右边墙水平位移变化曲线

从图 5-64 和图 5-65 可以看出：工况 2 斜井施工过程中，监测点位移在斜井施工时变量很小，说明斜井的施工扰动对监测点位移影响很小。当施工接近监测点时，监测点拱顶沉降量开始逐渐增大，待施工车通时，监测点拱顶沉降急剧增大，随后缓慢增加，最后趋于平稳，其最大收敛值为 36.04 mm。左右边墙的水平位移值的趋势与拱顶沉降相似。左边墙水平位移收敛值为 -50.08 mm，右边墙水平位移收敛值为 -16.64 mm。

对比两种工况可知，工况 1 斜井的开挖对监测点位移影响较大，而工况 2 斜井的开挖对监测点位移影响很小。这说明工况 2 斜井与车通的距离较为安全，即 30 m 的安全距离能保证斜井交叉段正常施工。

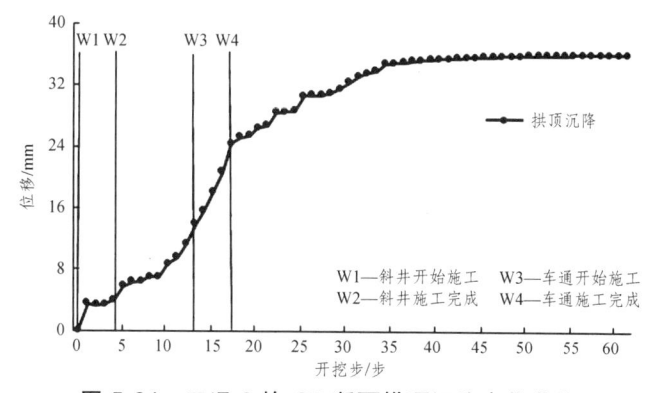

图 5-64　工况 2 的 CD 断面拱顶沉降变化曲线

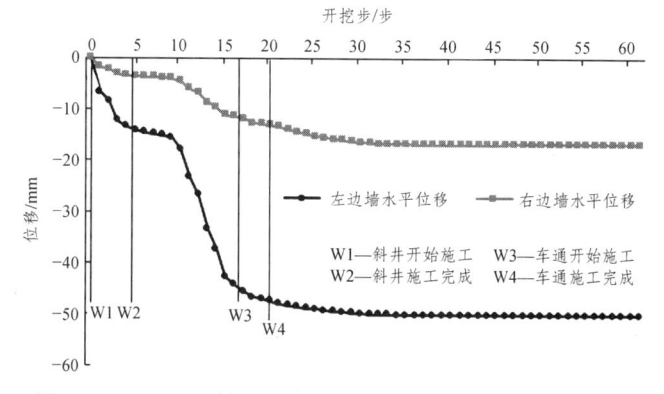

图 5-65　工况 2 的 CD 断面左右边墙水平位移变化曲线

② 不同工况 AB 断面围岩位移变化。

从图 5-66 和图 5-67 可以看出：斜井施工完成时，车通远离斜井一侧拱顶的沉降值为 9.6 mm，整个过程中其沉降量为 33.6 mm，斜井施工时车通远离斜井一侧拱顶产生的沉降值占整个施工过程其位移变化量的 28.6%，可见斜井的施工对车通交叉处（远离斜井一侧）拱顶沉降有一定的影响。在后续主洞施工以及车通施工的过程中，监测点位移总体变化规律相似。车通的施工使得拱顶沉降值突然增大，随后缓慢增加，最后趋于平稳。

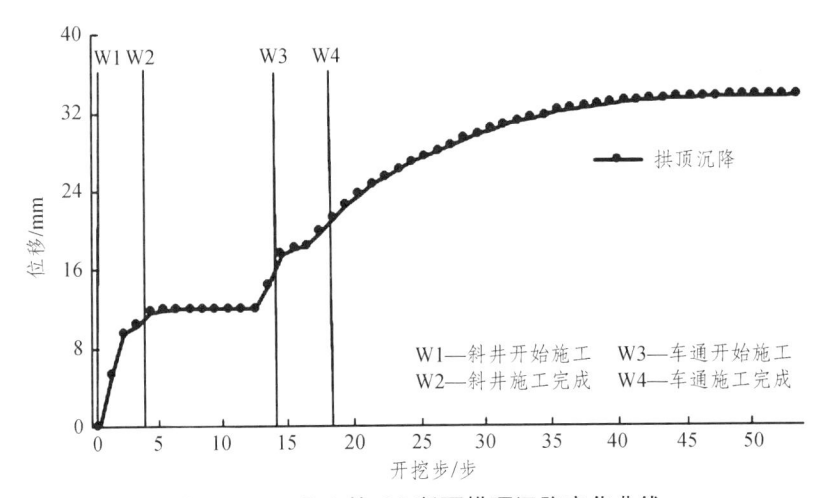

图 5-66　工况 1 的 AB 断面拱顶沉降变化曲线

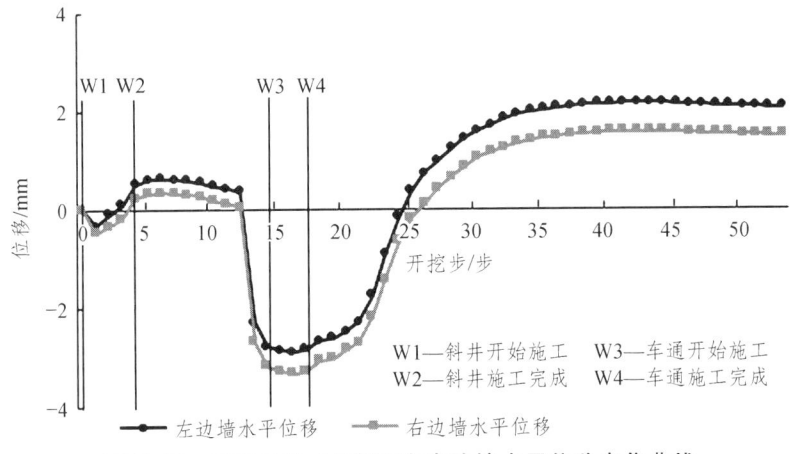

图 5-67　工况 2 的 AB 断面左右边墙水平位移变化曲线

从图 5-68 和图 5-69 可以看出：工况 2 斜井施工过程中，监测点位移在斜井施工时变量很小，说明斜井的施工扰动对监测点位移影响很小。当施工接近监测点时，监测点拱顶沉降量开始逐渐增大，待施工车通时，监测点拱顶沉降急剧增大，随后缓慢增加，最后趋于平稳，其最大收敛值为 48.66 mm。左右边墙的水平位移值的趋势与拱顶沉降相似。左边墙水平位移收敛值为 -66.11 mm，右边墙水平位移收敛值为 -53.25 mm。

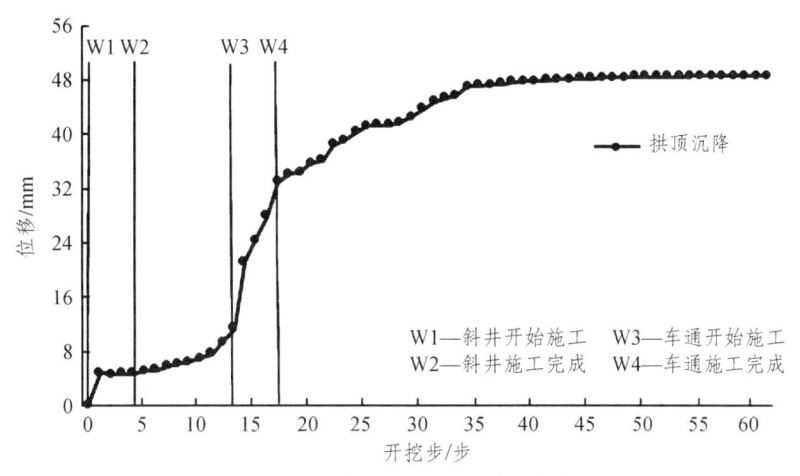

图 5-68 工况 1 的 AB 断面拱顶沉降变化曲线

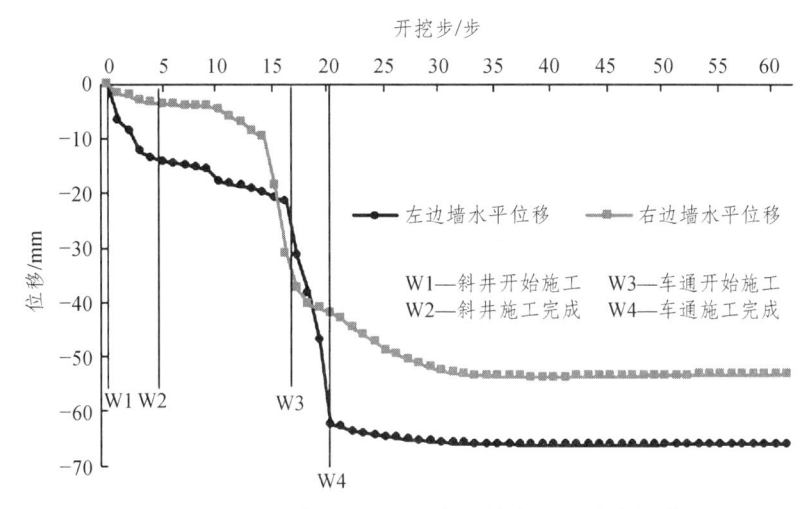

图 5-69 工况 2 的 AB 断面左右边墙水平位移变化曲线

对比两种工况可以看出：AB 断面的位移变化主要受车通的开挖以及后续主洞开挖的扰动影响，与斜井的施工关系甚小。各工况监测点位移变化最大值如表 5-11 所示。

表 5-11　隧道施工各工况监测点位移变化最大值　　　　　单位：mm

监测断面	拱顶竖向位移最大值		左边墙水平位移最大值		右边墙水平位移最大值	
	工况 1	工况 2	工况 1	工况 2	工况 1	工况 2
AB	33.6	57.7	2.05	2.66	1.49	-1.06
CD	37	36.04	-10.88	-50.08	-14.66	-16.64
EF	34.97	48.66	1.57	-66.11	-1.17	-53.25

（2）初期支护结构应力分析。

① 不同工况 CD 断面初支应力分析。

从图 5-70 和图 5-71 可以看出：工况 1 拱顶初支最大主应力在斜井开挖后变化不大，在后续主洞开挖时逐渐增大,最后渐趋平稳,峰值为 3.95 MPa。左边墙的最大主应力在斜井开挖支护后呈先增大后减小的趋势,最大值为 2.19 MPa;右边墙的变化趋势和拱顶相似,其最大值为 −3.36 MPa。工况 1 拱顶初支最小主应力最大值为 −23.21 MPa,左边墙最小主应力最大值为 −36.04 MPa,右边墙最小主应力最大值为 −27.19 MPa。

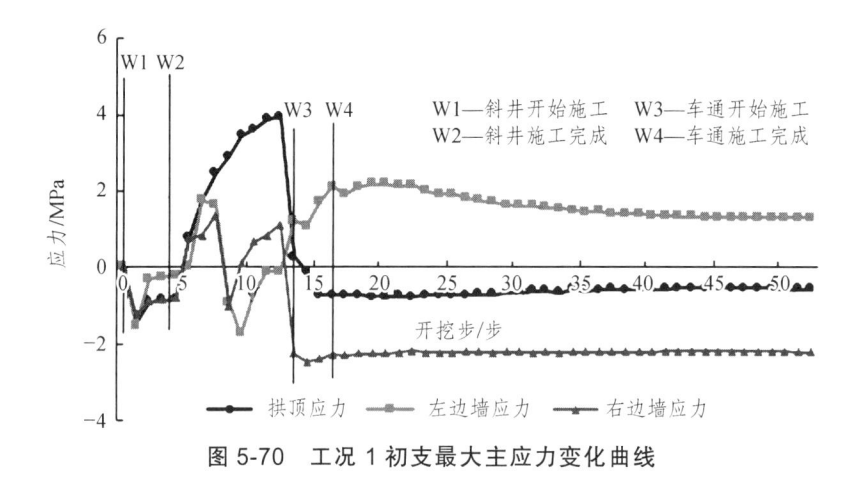

图 5-70 工况 1 初支最大主应力变化曲线

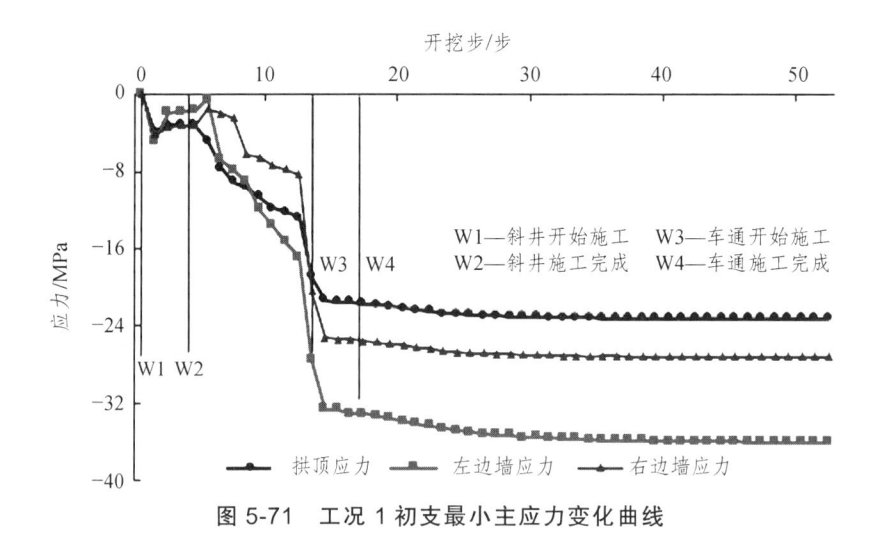

图 5-71 工况 1 初支最小主应力变化曲线

从图 5-72 和图 5-73 可以看出:工况 2 拱顶初支最大主应力主要受到后续主洞开挖的影响,斜井的开挖对其影响不大,其峰值为 1.83 MPa。左边墙的最大主应力变化趋势与拱顶相似,最大值为 0.81 MPa;而右边墙在车通开挖前后变化较大,这是因为车通与主洞有 30°的夹角,锐角处的应力较为集中,其最大值为 11.87 MPa。工况 2 拱顶初支最小主应力最大值为 −2.98 MPa,左边墙最小主应力最大值为 −7.61 MPa,右边墙最小主应力最大值为 −14.72 MPa。

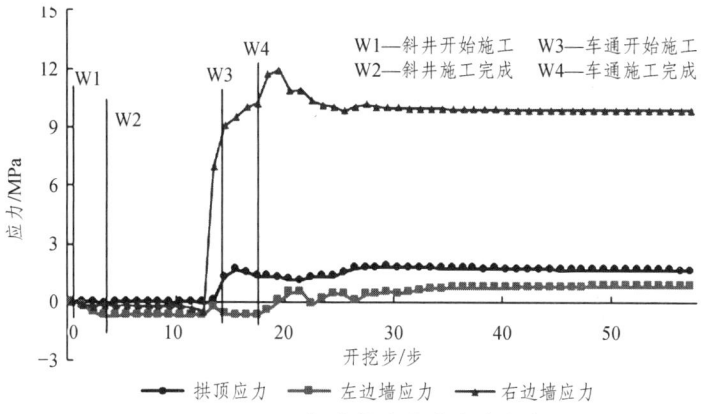

图 5-72 工况 2 初支最大主应力变化曲线

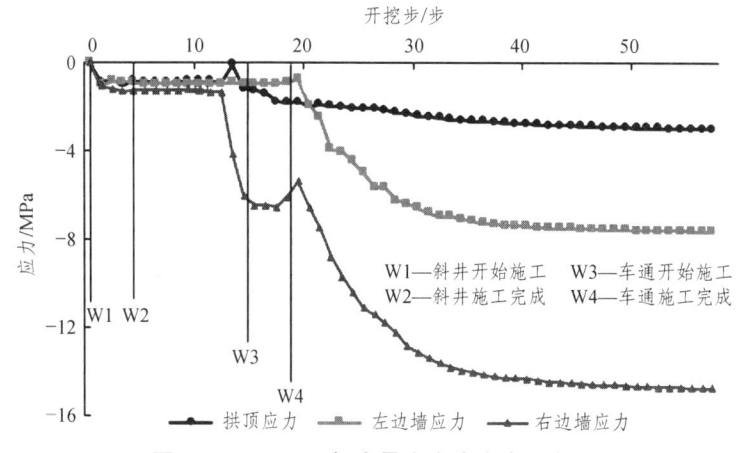

图 5-73 工况 2 初支最小主应力变化曲线

② 不同工况下 AB 断面初支应力分析。

从图 5-74 和图 5-75 可以看出：工况 1 拱顶初支最大主应力在斜井开挖后变化不大，在车通开挖时逐渐增大，最后渐趋平稳，峰值为 7.69 MPa。左右边墙变化趋势和拱顶大致相同，其最大值分别为 11.62 MPa 和-3.62 MPa。工况 1 拱顶初支最小主应力最大值为-3.72 MPa，左边墙最小主应力最大值为-35.72 MPa，右边墙最小主应力最大值为-39.63 MPa。

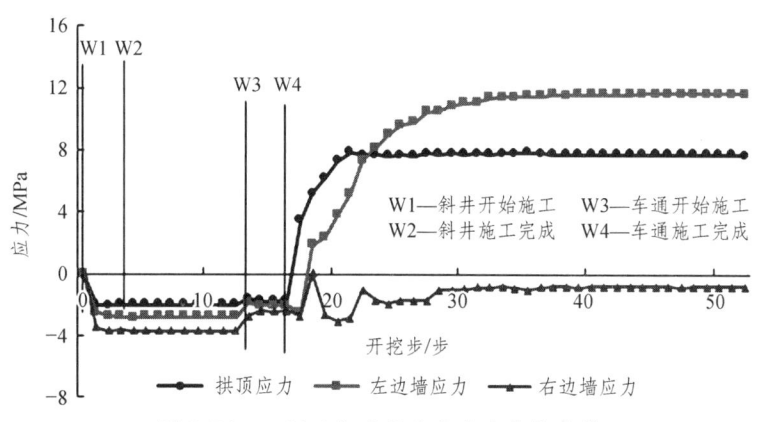

图 5-74 工况 1 初支最大主应力变化曲线

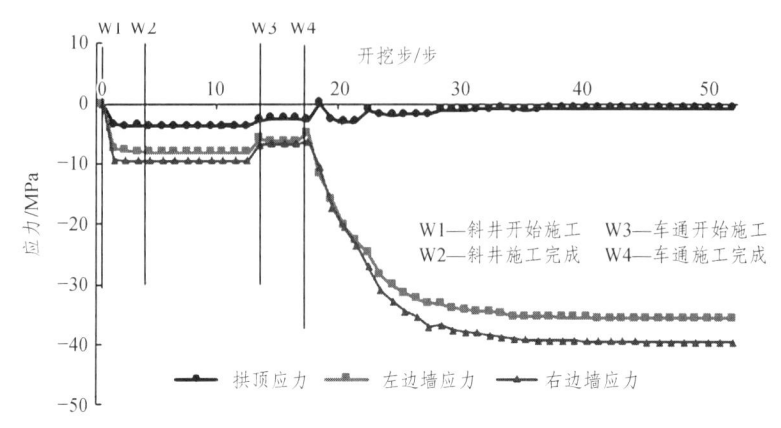

图 5-75 工况 1 初支最小主应力变化曲线

从图 5-76 和图 5-77 可以看出：工况 2 拱顶初支最大主应力主要受到主洞开挖以及车通开挖的影响，斜井的开挖对其影响不大，其峰值为 1.83 MPa。左边墙的最大主应力变化趋势与拱顶相似，最大值为 −3.55 MPa；右边墙最大主应力值为 2.67 MPa。工况 2 拱顶初支最小主应力最大值为 −3.65 MPa，左边墙最小主应力最大值为 −8.69 MPa，右边墙最小主应力最大值为 −12.61 MPa。

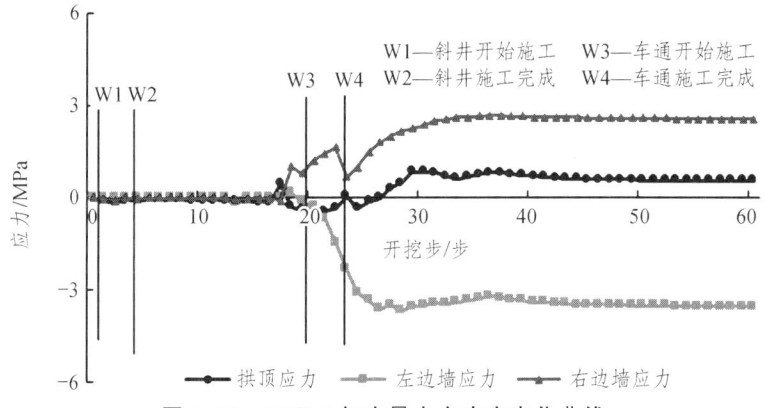

图 5-76 工况 2 初支最大主应力变化曲线

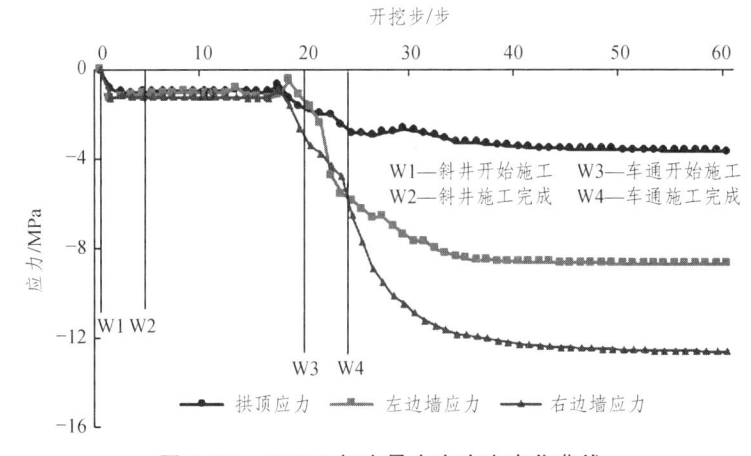

图 5-77 工况 2 初支最大主应力变化曲线

各工况监测点最大主应力、最小主应力分别见表 5-12、表 5-13。

表 5-12　各工况监测点最大主应力　　　　　　　　　　　　单位：MPa

监测断面	拱顶最大主应力		左边墙最大主应力		右边墙最大主应力	
	工况 1	工况 2	工况 1	工况 2	工况 1	工况 2
AB	7.69	1.83	11.62	−3.55	−3.62	2.67
CD	3.95	1.83	2.19	0.81	−3.36	11.87
EF	−3.35	−1.71	−6.13	8.69	5.62	4.25

表 5-13　各工况监测点最小主应力　　　　　　　　　　　　单位：MPa

监测断面	拱顶最小主应力		左边墙最小主应力		右边墙最小主应力	
	工况 1	工况 2	工况 1	工况 2	工况 1	工况 2
AB	−3.72	−3.65	−35.72	−8.69	−39.63	−12.61
CD	−23.21	−2.98	−36.04	−7.61	−27.19	−14.72
EF	−8.93	−4.58	−16.53	−12.58	−18.06	−19.65

从初期支护的应力变化曲线以及大小主应力表可以看出，工况 1 因车通和斜井在一条直线上且相距较近，斜井的开挖对车通的施工会有一定程度的影响；而工况 2 车通距斜井与主洞交叉口有 30 m 的距离，斜井开挖对车通处几乎没有影响，说明斜井的影响范围是小于 30 m 的。但从工况 2 还可以看出，车通与主洞夹角为锐角时，其应力要大于钝角方向，这主要是因为锐角处易出现应力集中现象使得其应力偏大。

5.4.2　金家庄隧道斜井转正洞快速施工技术

1. 交叉口加强支护措施

斜井靠近交叉口处，通过 5 榀 I18 型钢架，完成由钢架垂直于斜井中线过渡到平行于正洞中线。在斜井与正洞交叉口段，斜井紧贴正洞开挖轮廓线位置，架立 2 榀 I18 型钢钢架（密贴），钢架与正洞中心线平行。在此型钢钢架上焊接 2 榀 I18 型钢横梁，并在横梁两端用螺栓连接，横梁加强系统锚杆和锁脚锚杆设置，为正洞钢架提供落脚平台，具体详见图 5-78～图 5-81。

注浆小导管超前支护（拱部120°范围内）：热轧无缝钢管，50×5 mm，L=4.5 m，外插角10°~15°，环向间距40 cm，纵向水平搭接≥1 m，注浆压力0.5~1 MPa

Φ22早强型水泥砂浆锚杆，L=3.5 m，纵、环向间距75×100 cm

ϕ8，20×20 cm钢筋网

I18工字钢钢架，纵向间距75 cm

C25喷射混凝土层，厚度24 cm

预留变形量10 cm

环向、纵向透水管

无纺布

1.5 mm单面自黏高分子防水卷材

防渗标号不低于P8的C35模筑钢筋混凝土，厚度为50 cm

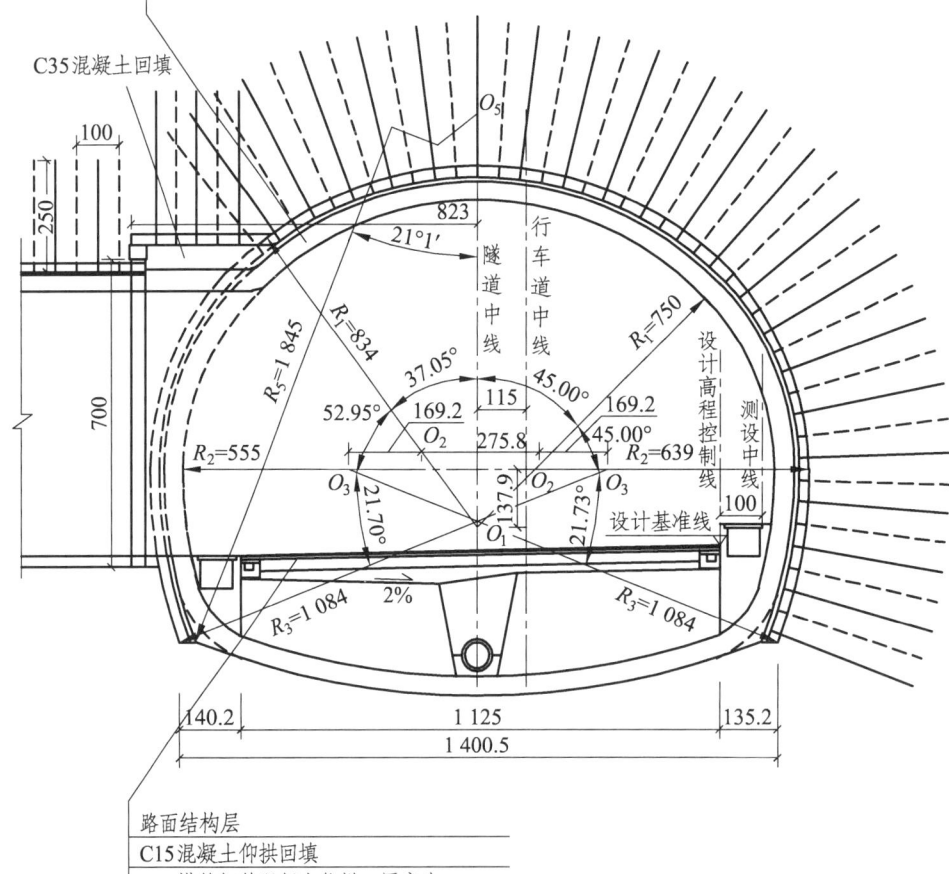

C35混凝土回填

路面结构层
C15混凝土仰拱回填
C35模筑钢筋混凝土仰拱，厚度为50 cm

图 5-78 交叉口加强拱架立面图（单位：cm）

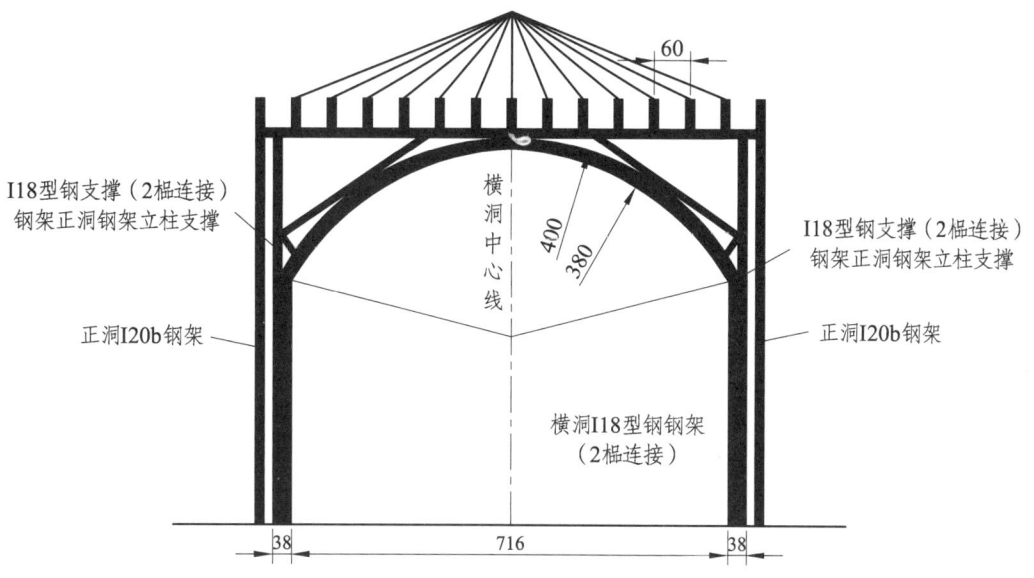

图 5-79 交叉口钢架落脚平台立面图（单位：cm）

图 5-80 车行通道施工位置现场图

图 5-81 交叉口钢架落脚平台现场图

2. 斜井进入正洞内的导洞施工工艺

（1）斜井施工至转角处后，采用25%的坡率向上，扇形面转至与正洞垂直，并及时做好扇形面的支护工作。

（2）待斜井与正洞接口处支护工作完成后，继续以25%上坡坡率向正洞方向垂直掘进，掘进至正洞中线右侧1.96 m位置后，及时用挖掘机清除正洞中线拱部右侧欠挖部位，此工序需测量班现场配合。

（3）采用交叉口支护方式进行中线右侧上导坑支护，靠近正洞一侧的拱架接头处采用4根长3.5 m的ϕ42锁脚锚杆固定，并同步做好系统锚杆，加强固定拱部钢拱架。钢架采用I20b工字钢，沿线路方向60 cm一榀。

（4）正洞扩顶开挖，顶部支撑临时棚架（图5-82），棚架间距依据围岩稳定状态采用1.0 m，棚架间采用ϕ22钢筋焊接为整体，形成临时支护体系。

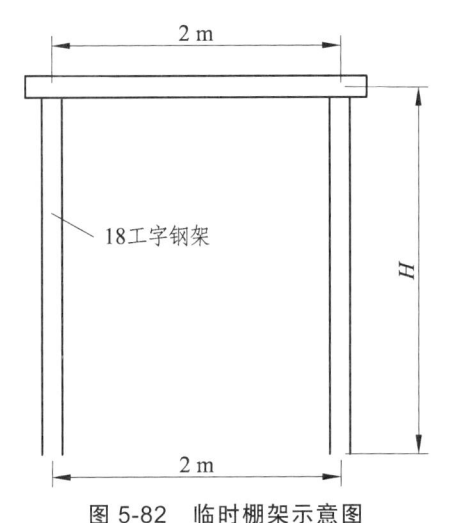

图5-82 临时棚架示意图

（5）待第一个A单元拱架部位支护工作完成后，再以垂直于正洞方向向前开挖支护拱顶部位的第二个A单元，开挖方式与支护方式同（3）和（4）。

（6）采用同样的开挖支护方式完成上导坑剩余的左侧部位。

（7）正洞上导坑开挖支护全部完成后，拆除临时棚架，上导坑开始向正洞双向掘进。待单侧掘进长度大于10 m后，开始下导坑的开挖支护工作。

3. 交叉处加强环设置

（1）由于正洞开挖断面较大，为确保扩顶段正洞施工安全，在斜井与正洞交接处设置一加强环，加强环由2榀I18型钢组成。

（2）加密设置正洞初期支护锁脚锚杆，每榀钢架单侧不少于4根锁脚锚管，锚管长3.5 m，浇注水泥砂浆，锁脚锚管与钢架牢固焊接，防止拱架下沉。

5.5 强风化花岗岩螺旋隧道施工测试与分析

5.5.1 隧道施工监测内容与断面布置

1. 监测内容

为了确保金家庄特长隧道施工顺利进行,同时能够较为准确地掌握施工过程中的围岩的稳定状态,检测各项支护手段的效果,指导施工和变更设计,保证施工安全进行,应按要求进行支护结构应力应变监测工作。隧道施工现场选测项目内容及其使用的仪器型号详见表5-14和图5-83。

表5-14 隧道施工现场监控量测仪器

序号	量测项目名称	仪器名称(型号)	量测方法和目的
1	围岩压力	压力盒(JDTYJ-20)	采用压力盒量测,判断围岩的稳定性及围岩的应力分布状态,指导安全施工
2	初期支护内力	振弦式钢筋测力计(JDGJJ-10)	采用钢弦式钢筋应力计进行量测,量测工字钢架内力和外力,推算作用于工字钢架上的弯矩和轴向的大小。判断工字钢架尺寸、间距及设置工字钢架的参数的合理性
3	二次衬砌应力	JDEBJ-1型应变计	采用埋入式混凝土应变计量测二次衬砌内力和外力,推算作用于二次衬砌的弯矩和轴力的大小。掌握二次衬砌的实际工作状态,分析二次衬砌的安全性
4	锚杆轴力	振弦式钢筋测力计	采用带丝扣的钢筋计作为锚杆测力计,每个断面埋设5个测点,其中每个测点每杆3个钢筋计

(a)土压力计 　　(b)钢筋计

(c)频率读数仪 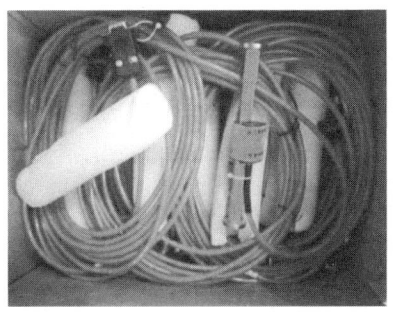　(d)二衬混凝土应变计 　(e)现场量测

图5-83 监控量测仪器及现场测试

（1）锚杆轴力量测。

采用带丝扣的钢筋计作为锚杆测力计，每个断面埋设 5 个测点，其中每个测点每杆 3 个钢筋。确定锚杆工作状态和内部受力状态，分析锚杆受力规律，判断围岩塑性区发展情况，指导安全施工。锚杆监测点布置图如图 5-84 所示，现场安装如图 5-85 所示。

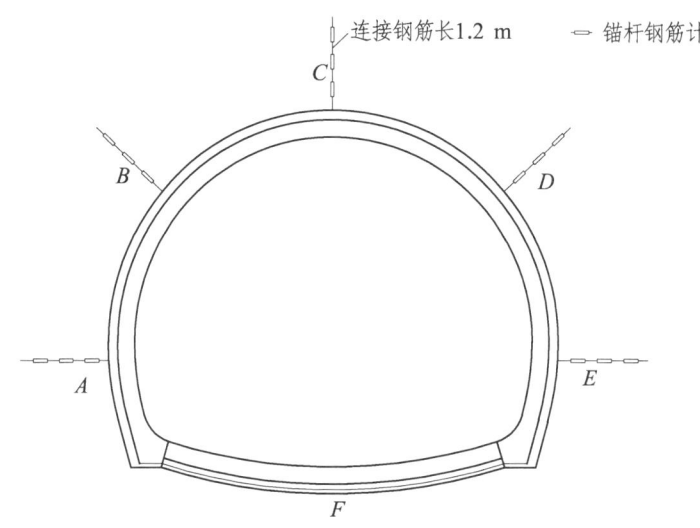

图 5-84　锚杆监测点布置图

图 5-85　现场锚杆安装图

（2）围岩压力量测。

采用围岩土压力盒进行量测，每个隧道断面布设量 6 个测点，每个测点布设 1 个压力盒。判断围岩的稳定性及围岩的应力分布状态，判断监测断面施工方法的合理性，指导安全施工。围岩压力监测点布置如图 5-86 所示，现场压力盒安装如图 5-87 所示。

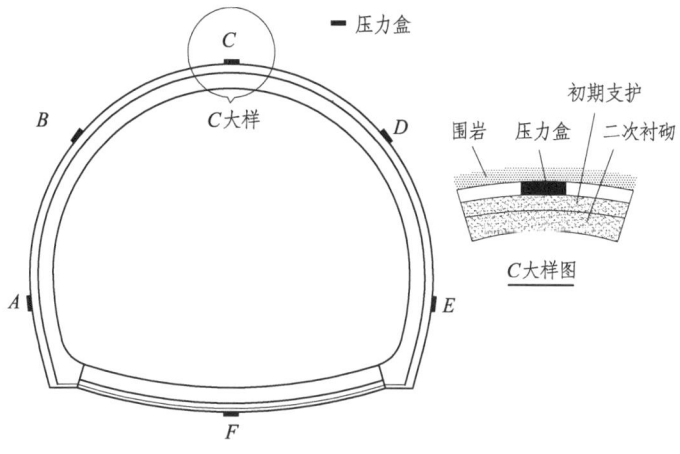

图 5-86 围岩压力监测点

图 5-87 现场压力盒安装图

（3）钢架内外力量测。

采用 $\phi 22$ 钢弦式钢筋应力计进行量测，每个隧道量测断面布设 5 个测点，每个测点布设 2 个钢筋计，如图 5-88 所示。量测初期支护钢拱内力和外力，分析其受力变化特征，推算作用于初期支护钢拱的弯矩大小，判断初期支护受力是否合理，指导安全施工。现场初支钢架应力计安装如图 5-89 所示。

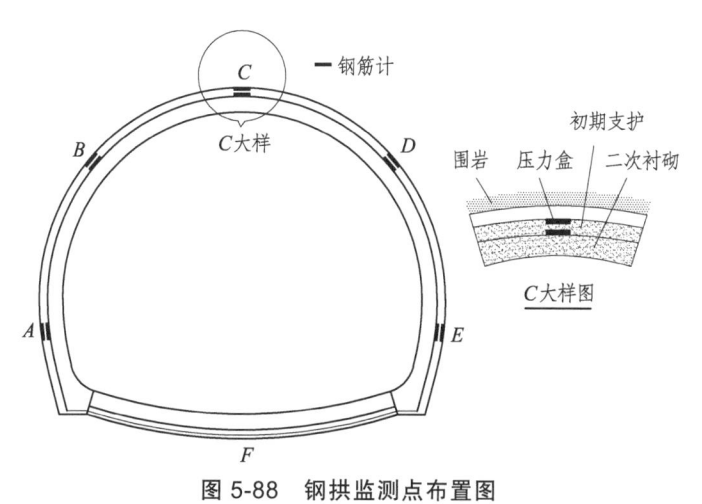

图 5-88 钢拱监测点布置图

图 5-89　现场钢筋计安装图

（4）二衬混凝土内力量测。

采用埋入式混凝土应变计量测二次衬砌支护内力，每个隧道量测断面布设 6 个测点，每个测点布设 2 个应变计，如图 5-90 所示。量测二次衬砌内力和外力，监测二次衬砌的弯矩和轴力的大小，分析二次衬砌受力变化规律和稳定性，掌握二次衬砌的实际工作状态，保证二次衬砌的安全性。现场安装应变计如图 5-91 所示。

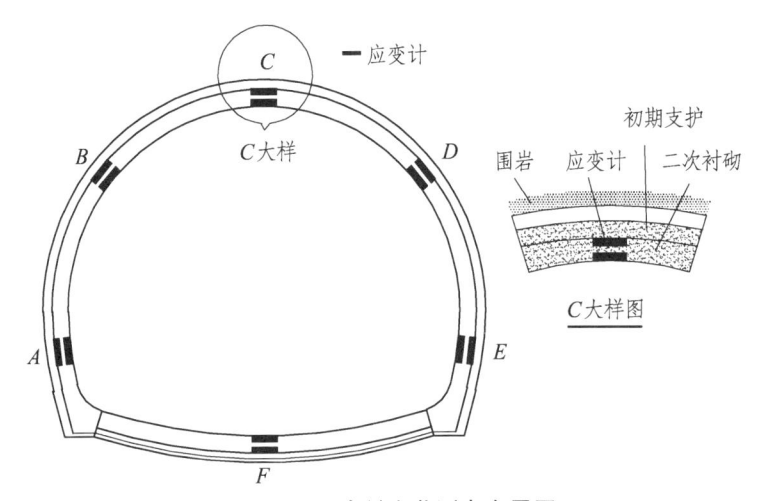

图 5-90　二次衬砌监测点布置图

图 5-91　现场二衬应变计安装

2. 监测断面布置

本监测方案涉及金家庄特长隧道工程，共布设 5 个监测断面，245 件传感器。其中，隧道进口段监测断面里程 ZK81+230，隧道出口段监测断面里程 K84+972，斜井交叉段断面里程 K82+766、K82+957、K82+999。

隧道横断面测点布置图如图 5-92 所示。

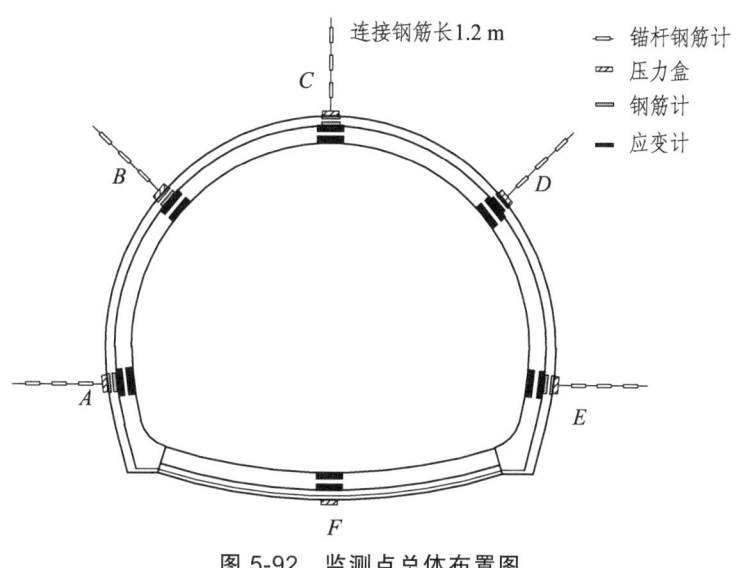

图 5-92 监测点总体布置图

3. 监测频率

量测读数的频率按照《公路隧道施工技术规范》（JTG/T 3660—2020）的要求进行，确保采集数据的可靠性、准确性和科学性。数据采集的频率详见表 5-15。

表 5-15 隧道施工现场监控量测数据采集时间间隔（频率）

序号	项目名称	量测间隔时间			
		1～15 日	16 日～1 月	1～3 月	3 个月以后
1	锚杆内力	1 次/日	1 次/2 日	1～2 次/周	1～3 次/月
2	围岩压力	1～2 次/日	1 次/2 日	1～2 次/周	1～3 次/月
3	初期支护内力	1～2 次/日	1 次/2 日	1～2 次/周	1～3 次/月
4	二衬衬砌应力	1～2 次/日	1 次/2 日	1～2 次/周	1～3 次/月

现场监控量测与隧道施工作业易发生干扰，因此两者必须紧密配合，相互协调，创造条件，提供方便，监控量测管理流程见图 5-93。

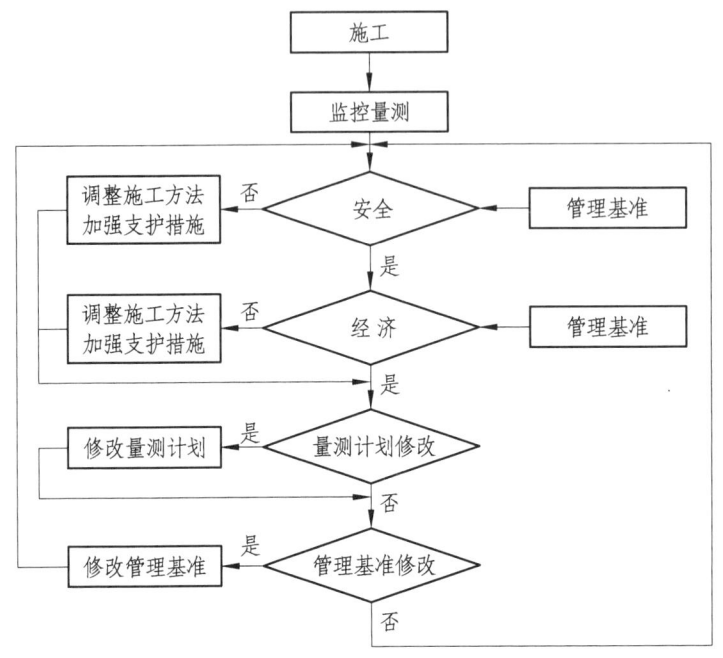

图 5-93 金家庄隧道监控量测管理流程

5.5.2 隧道进口段监控量测分析（断面里程 ZK81+230）

1. 围岩接触应力监测与分析

由图 5-94～图 5-96 可知，ZK81+220 断面左拱肩初期支护与围岩接触压力最大，其值为 0.16 MPa 左右。隧道围岩接触应力时程曲线在前一个月处于稳定上升状态，随后隧道围岩接触应力时程曲线逐渐平缓，接触压力值基本收敛。总的来看，围岩接触应力变化曲线符合理论值。但需注意的是，左拱肩的围岩压力较大，结合对现场围岩条件的观察，判断是左拱肩围岩条件相对更差而引起的，需引起施工人员注意。

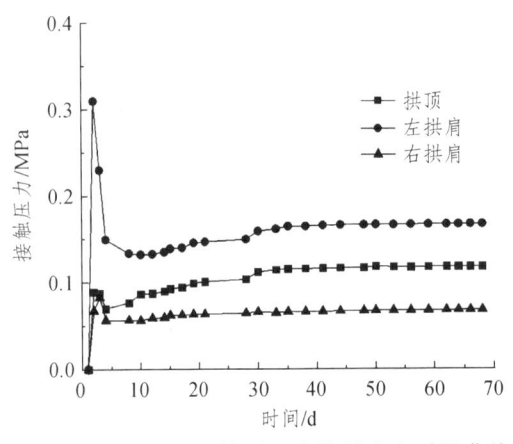

图 5-94 上台阶开挖后围岩接触应力时程曲线

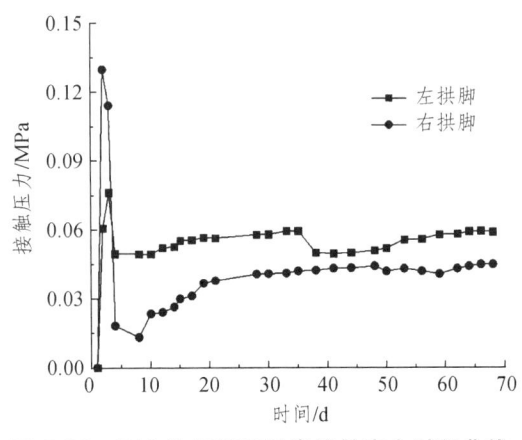

图 5-95 下台阶开挖后围岩接触应力时程曲线

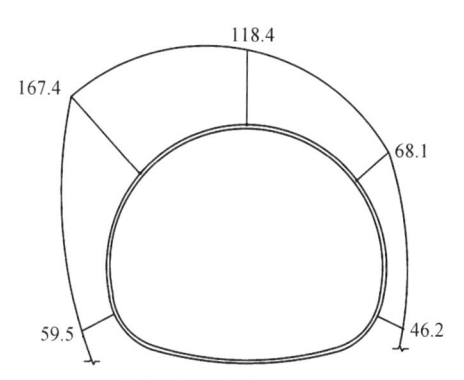

图 5-96 围岩接触应力分布图（单位：kPa）

围岩接触应力监测值为正值，说明围岩与初支接触良好，初支有效提供了支护阻力。但在最初的 5 天时间里，由于围岩应力的释放，初支受力迅速增加，小概率会出现围岩局部塌方的现象，需要引起注意。

2. 钢架内力监测结果分析

如图 5-97 ~ 图 5-101 所示，断面 ZK81+230 钢拱架全部承受压力，钢拱内、外侧受力在刚开始的两天处于一个急剧增长的阶段，内、外侧最大内力值均为 25 kN，出现在左拱肩位置，可见钢拱架承受了较大的围岩初始释放压力，然后急剧减小，说明围岩压力得到释放，之后钢拱架内力缓慢增长。这主要是由于隧道开挖后，接触压力较大，使支护结构发生明显向内位移，使支护发生应力调整。经过约一个月时间的变形调整后，钢拱架受力逐渐稳定，有收敛趋势。

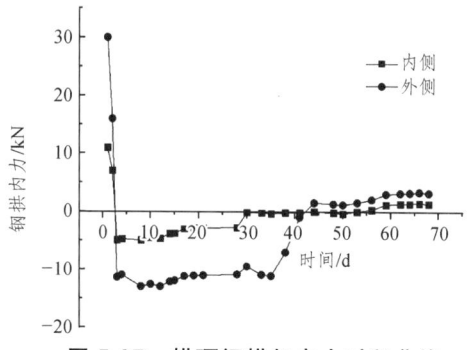

图 5-97 拱顶钢拱架内力时程曲线

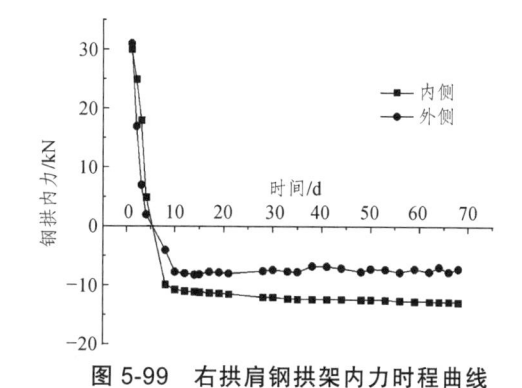

图 5-98 左拱肩钢拱架内力时程曲线

图 5-99 右拱肩钢拱架内力时程曲线

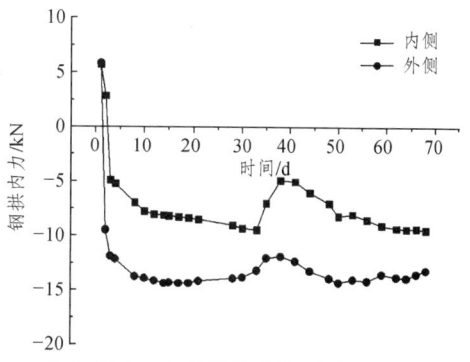

图 5-100 左拱脚钢拱架内力时程曲线

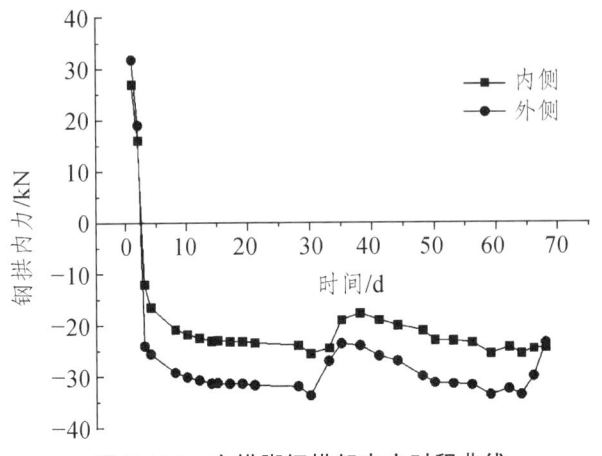

图 5-101 右拱脚钢拱架内力时程曲线

由图 5-102 可知,断面 ZK81+230 钢拱架拱顶的弯矩基本上比拱肩和拱脚大,最大弯矩为 -7.9 kN·m 左右,所以钢拱架在分段拼装时,拱顶位置最好不要有接头,测试断面的钢拱架弯矩大多数为负值,且最大值在安全范围内,钢拱架受力状态良好。

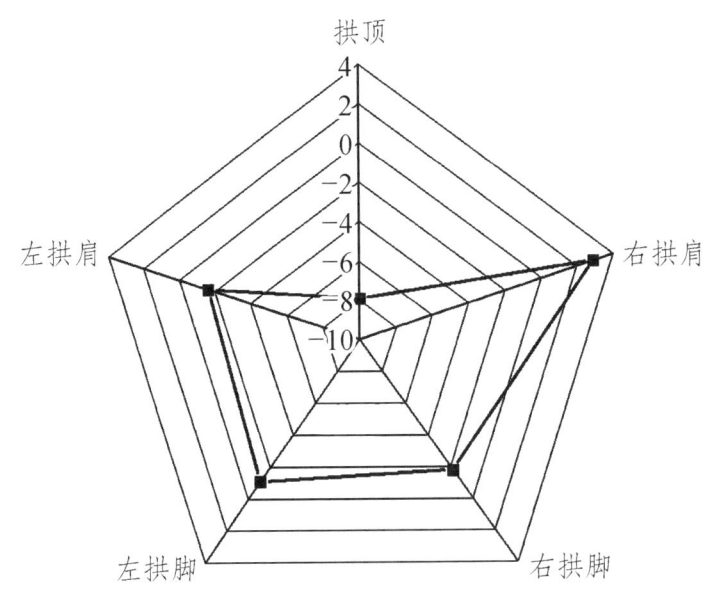

图 5-102 钢拱架弯矩最大值雷达图(单位:kN·m)

3. 锚杆轴力监测结果分析

由图 5-103 ~ 图 5-108 可以看出:断面 ZK81+230 锚杆轴力表现为拱部锚杆轴力大,边墙锚杆轴力小的特点,这主要是由于隧道拱部变形大,边墙变形小。锚杆内侧峰值轴力为 -45 kN,中部峰值轴力为 -60 kN,外侧峰值轴力为 -20 kN,均出现在拱顶部位。应力调整的过程比较明显,分析为锚杆和围岩耦合不紧密导致。在一个月左右,隧道锚杆内侧、中间和外侧受力时程曲线逐渐平缓,这反映出隧道初支结构稳定受力。

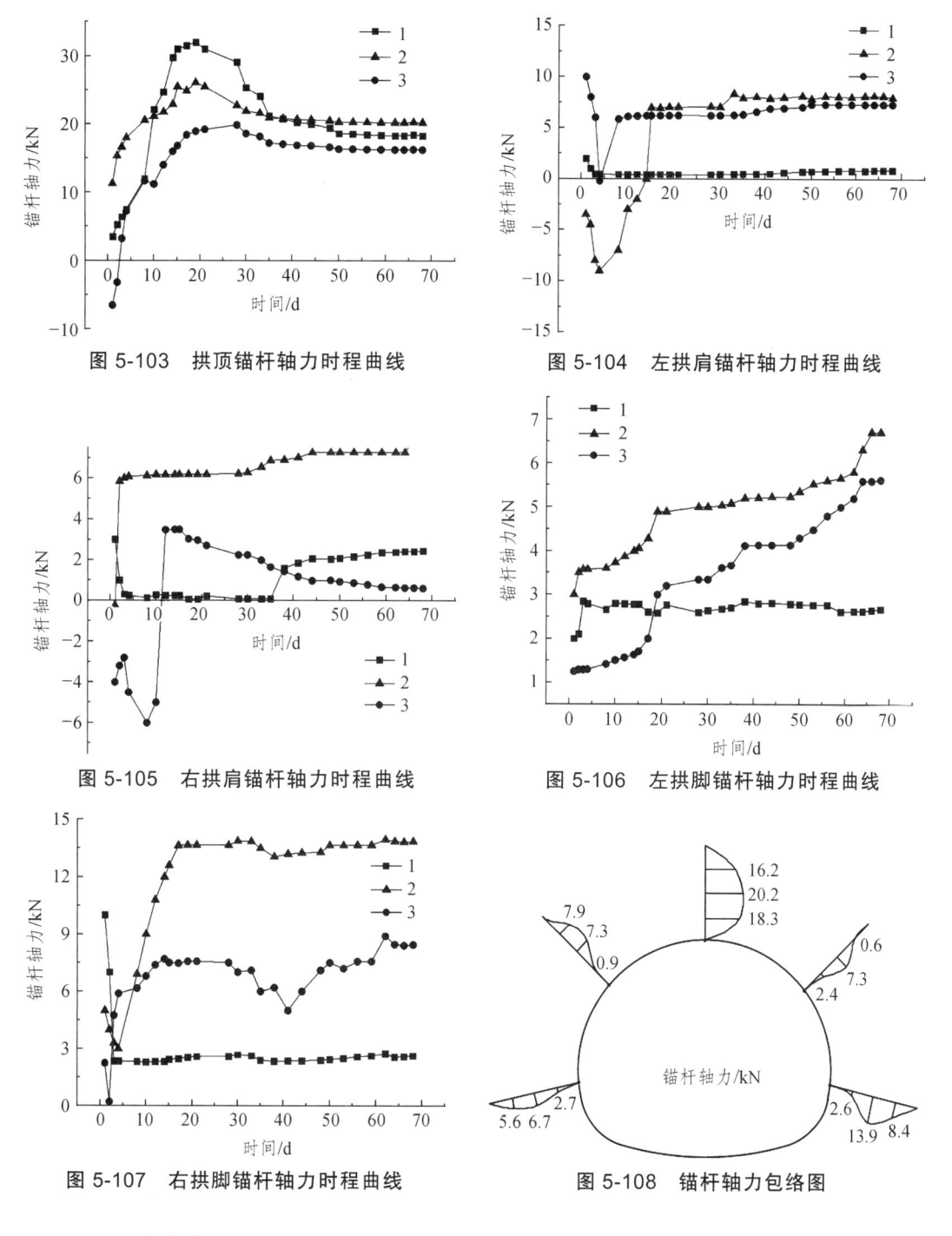

图 5-103 拱顶锚杆轴力时程曲线

图 5-104 左拱肩锚杆轴力时程曲线

图 5-105 右拱肩锚杆轴力时程曲线

图 5-106 左拱脚锚杆轴力时程曲线

图 5-107 右拱脚锚杆轴力时程曲线

图 5-108 锚杆轴力包络图

5.5.3 隧道出口段监控量测分析（断面里程 K84+972）

1. 围岩接触应力监测与分析

由图 5-109、图 5-110 可知，围岩变形后作用在初期支护上的力持续时间长，边墙处围岩压力增长最为显著,最大压力达到 0.35 MPa,分布在左拱腰位置。同时,该测段围岩软弱破碎,具有明显的各向异性,随着围岩的逐渐破坏,其应力进行着多次的重新分布。总体来说,围岩接触应力监测值为正值,说明围岩与初支接触良好,初支有效提供了支护阻力。由于人为安装和仪器自身原因,并且破坏后的围岩接触面并不一定与压力盒的测试受力面有很好的作用,所测压力有一定程度的损失。

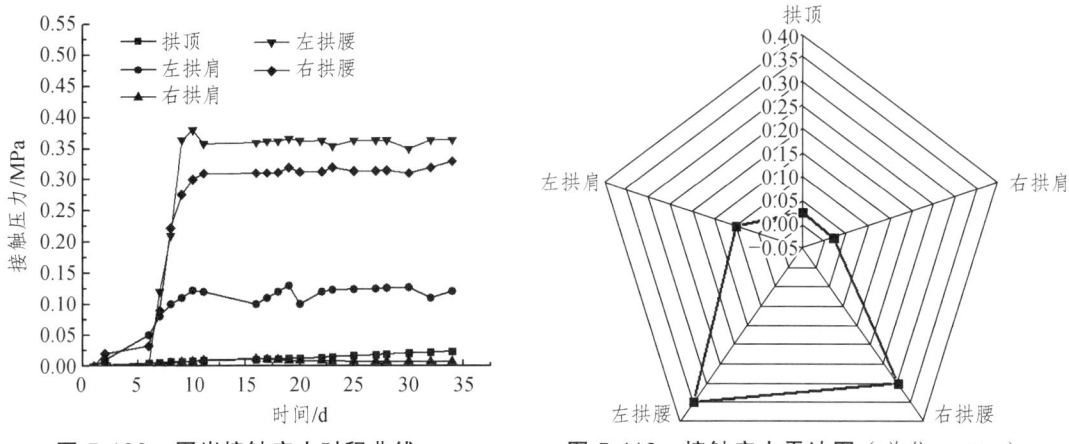

图 5-109 围岩接触应力时程曲线

图 5-110 接触应力雷达图(单位:MPa)

2. 钢架内力监测结果分析

如图 5-111 ~ 图 5-115 所示,断面 K84+972 钢拱架全部承受压力,应力分布极不均匀,表现为拱顶、拱腰受力较大,拱肩受力较小,隧道表现为边墙和拱顶处初期支护破坏现象明显。这主要是由于隧道开挖后,接触压力较大,使支护结构边墙发生明显向内位移,使支护发生应力调整,拱部型钢受两侧挤压,受力较大。钢拱内侧最大内力值为 25 kN 左右,出现在左拱腰位置,钢拱外侧最大内力值为 23 kN 左右,出现在拱顶位置,经过约一个月时间的变形调整后,钢拱架受力逐渐稳定,部分点位有收敛趋势,有待后续观察。

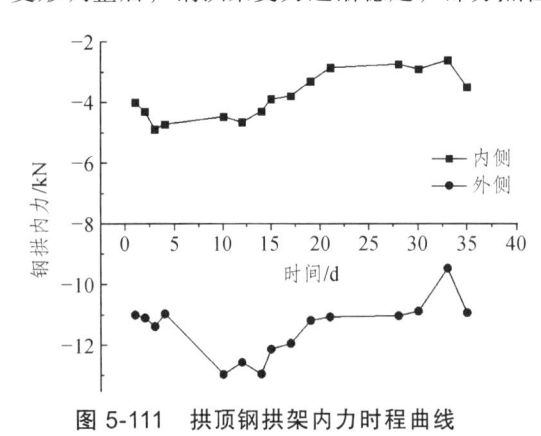

图 5-111 拱顶钢拱架内力时程曲线

图 5-112 左拱肩钢拱架内力时程曲线

图 5-113　右拱肩钢拱架内力时程曲线

图 5-114　左拱脚钢拱架内力时程曲线

图 5-115　右拱脚钢拱架内力时程曲线

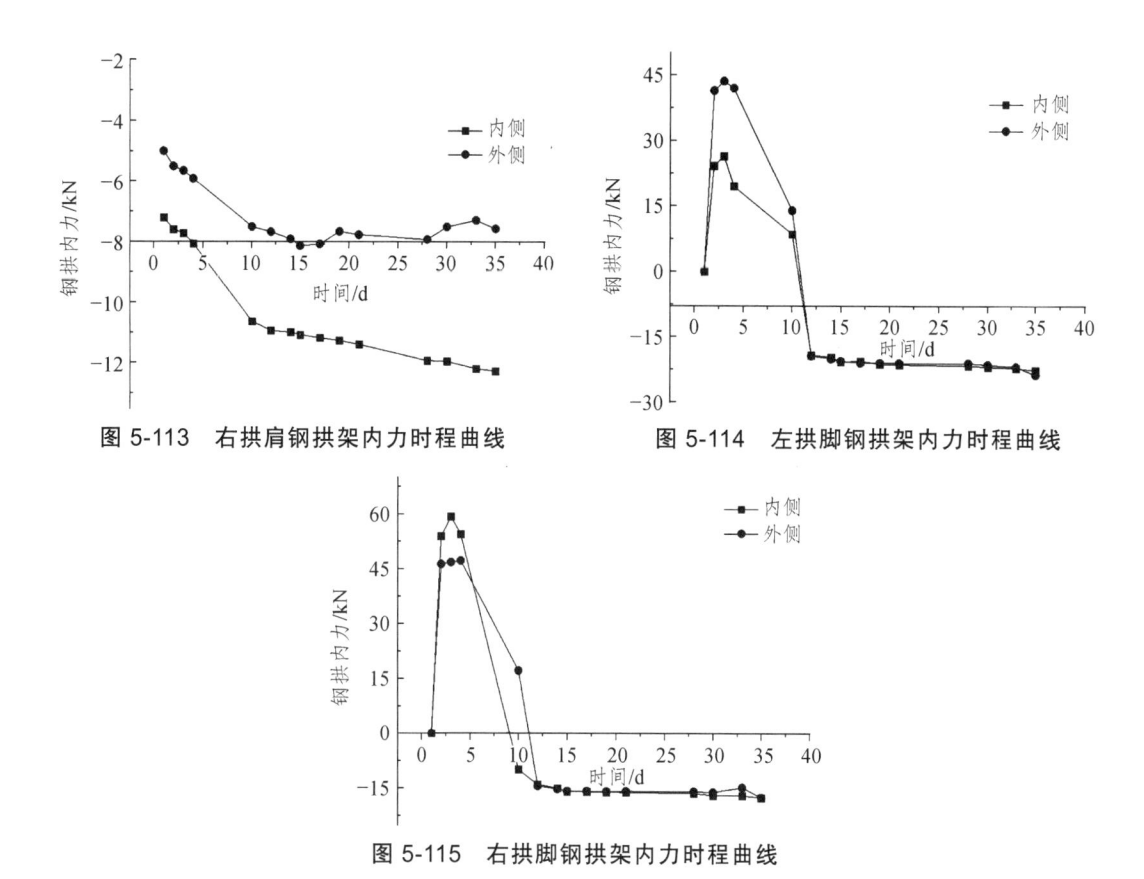

由图 5-116 可知，断面 ZK81+230 钢拱架最大弯矩为 -4.7 kN·m 左右，出现在拱顶，在钢拱架在分段拼装时，拱顶位置最好不要有接头，测试断面的钢拱架弯矩均为负值，并且最大值在安全范围内，钢拱架受力状态良好。

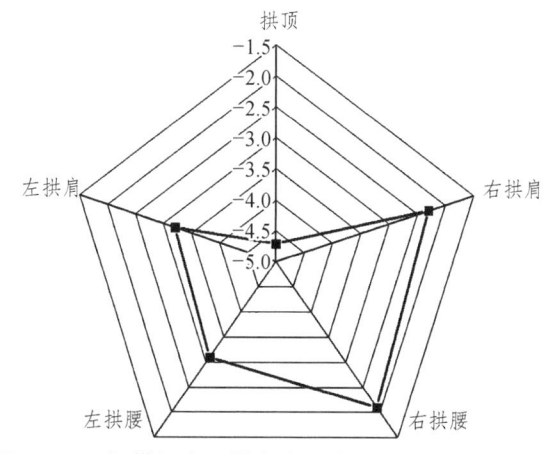

图 5-116　钢拱架弯矩最大值雷达图（单位：kN·m）

3. 锚杆轴力监测结果分析

由图 5-117 ~ 图 5-122 可以看出：断面 ZK81+230 锚杆轴力表现为拱部锚杆轴力大，边墙锚杆轴力小的特点，这主要是由于隧道拱部变形大，边墙变形小。锚杆内侧峰值轴力为 -45 kN，

中部峰值轴力为 –60 kN，外侧峰值轴力为 –20 kN，均出现在拱顶部位。应力调整的过程比较明显，分析为锚杆和围岩耦合不紧密导致。在一个月左右，隧道锚杆内侧、中间和外侧受力时程曲线逐渐平缓，这反映出隧道初支结构稳定受力。

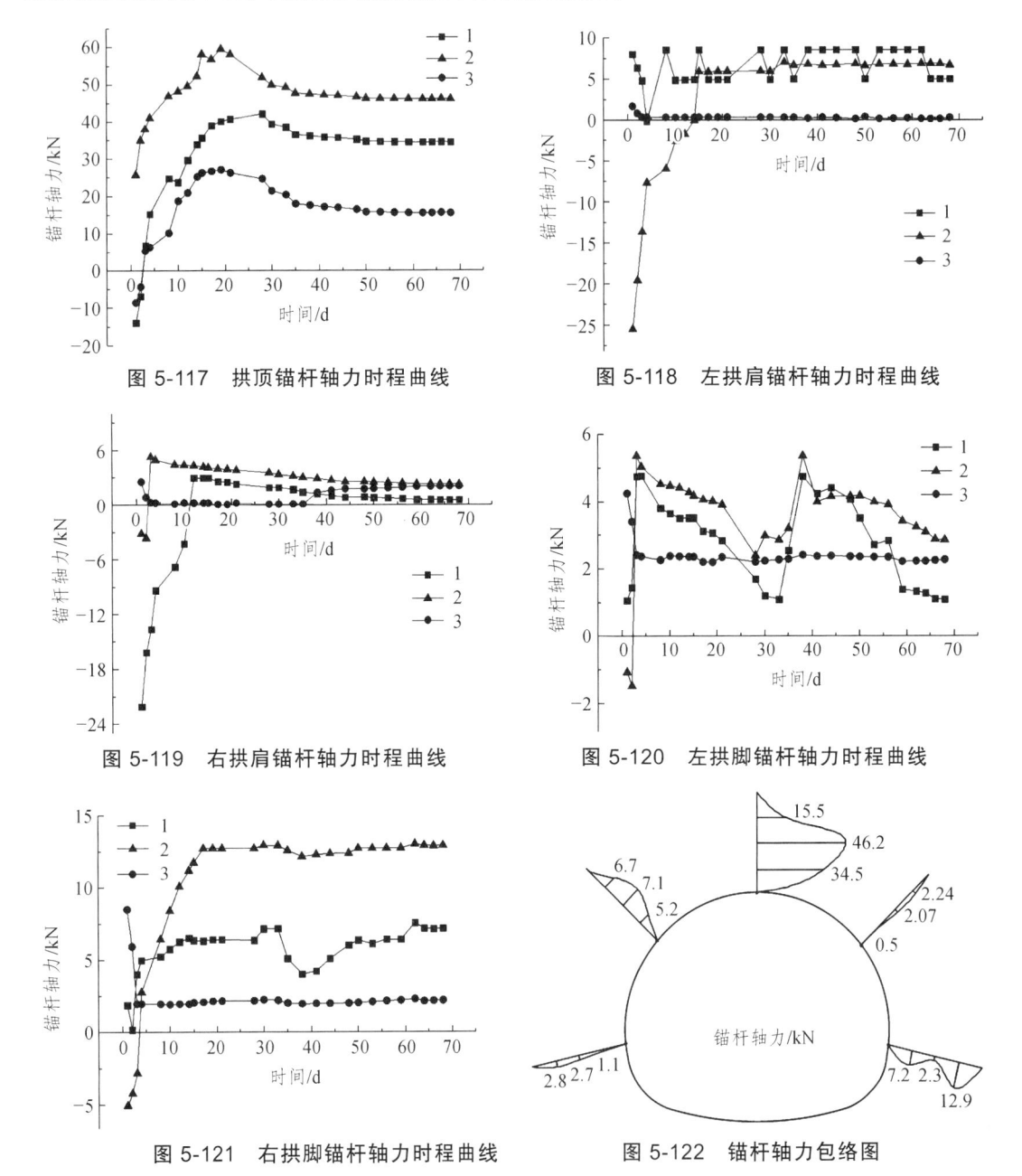

图 5-117 拱顶锚杆轴力时程曲线

图 5-118 左拱肩锚杆轴力时程曲线

图 5-119 右拱肩锚杆轴力时程曲线

图 5-120 左拱脚锚杆轴力时程曲线

图 5-121 右拱脚锚杆轴力时程曲线

图 5-122 锚杆轴力包络图

5.5.4 隧道主洞与斜井交叉段监控量测分析

1. 围岩接触应力监测与分析（K82+957）

由图 5-123、图 5-124 可知，在断面 K82+957 处，左拱肩和拱顶位置初期支护与围岩接触压力最大，其值为 0.011 MPa 左右。隧道围岩接触应力在刚开始的两天处于一个快速增长阶段，随后几天回到正常值。这可能是由于喷射混凝土附着在压力盒上，导致压力盒温度升高，测量压力值随之上升，待温度恢复正常后测量值恢复正常。隧道围岩接触应力时程曲线在 20 天左右处于稳定上升状态，随后隧道围岩接触应力时程曲线逐渐平缓，接触压力值基本收敛。总的来说，断面初期支护与围岩接触压力表现为两侧接触压力大，说明隧道边墙产生了较大的变形破坏，这与隧道所处地区水平构造应力大的特征基本相符。围岩接触应力监测值为正值，说明围岩与初支接触良好，初支有效提供了支护阻力。

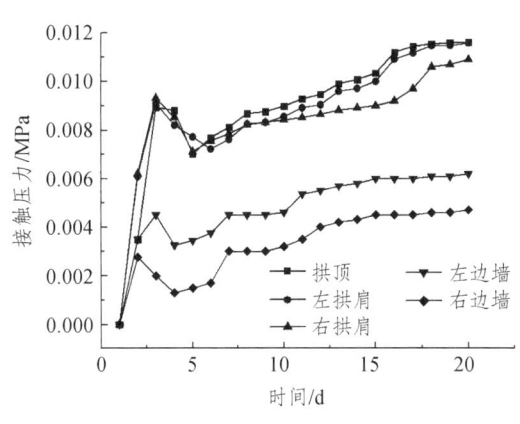

图 5-123 围岩接触应力时程曲线 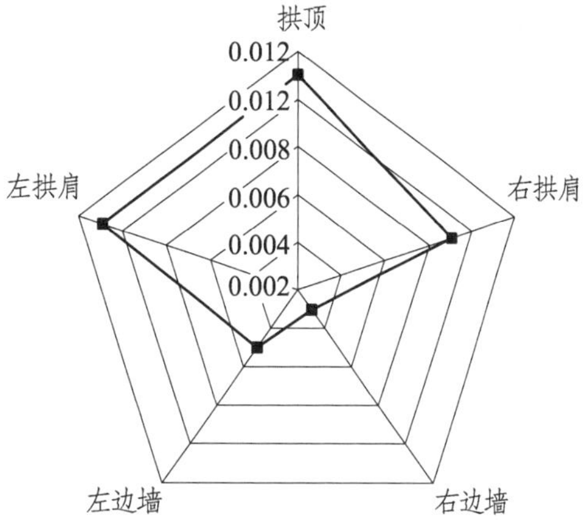 　　　　图 5-124 接触应力雷达图（单位：MPa）

2. 钢架内力监测结果分析（K82+957）

如图 5-125 ~ 图 5-129 所示，断面 K82+957 钢拱架内侧受力最大内力值达 10 kN，外侧受力最大内力值为 8 kN 左右，均出现在右边墙。拱肩受力较小，隧道表现为边墙处初期支护破坏现象明显。这主要是由于隧道开挖后，接触压力较大，使支护结构边墙发生明显向内位移，使支护发生应力调整，钢拱架受力较大。经过约一个月时间的变形调整后，钢拱架受力逐渐稳定，部分点位有收敛趋势，有待后续观察。

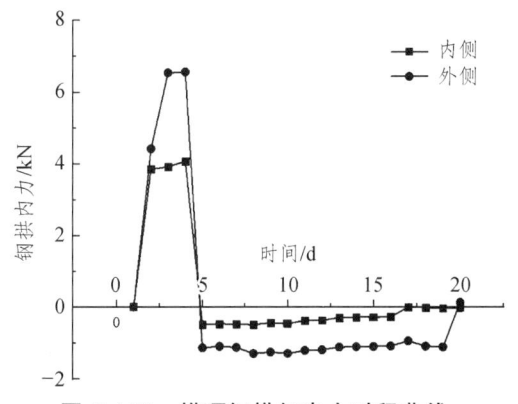

图 5-125 拱顶钢拱架内力时程曲线 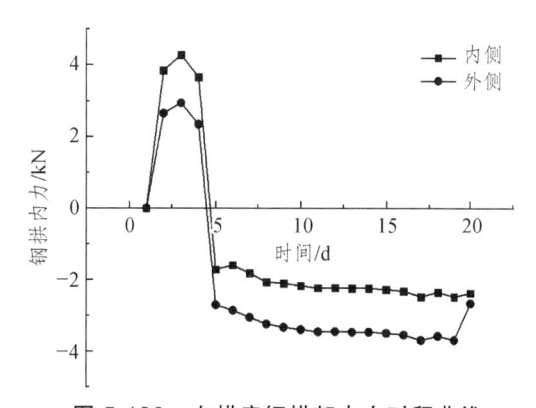 　　　　图 5-126 左拱肩钢拱架内力时程曲线

图 5-127 右拱肩钢拱架内力时程曲线

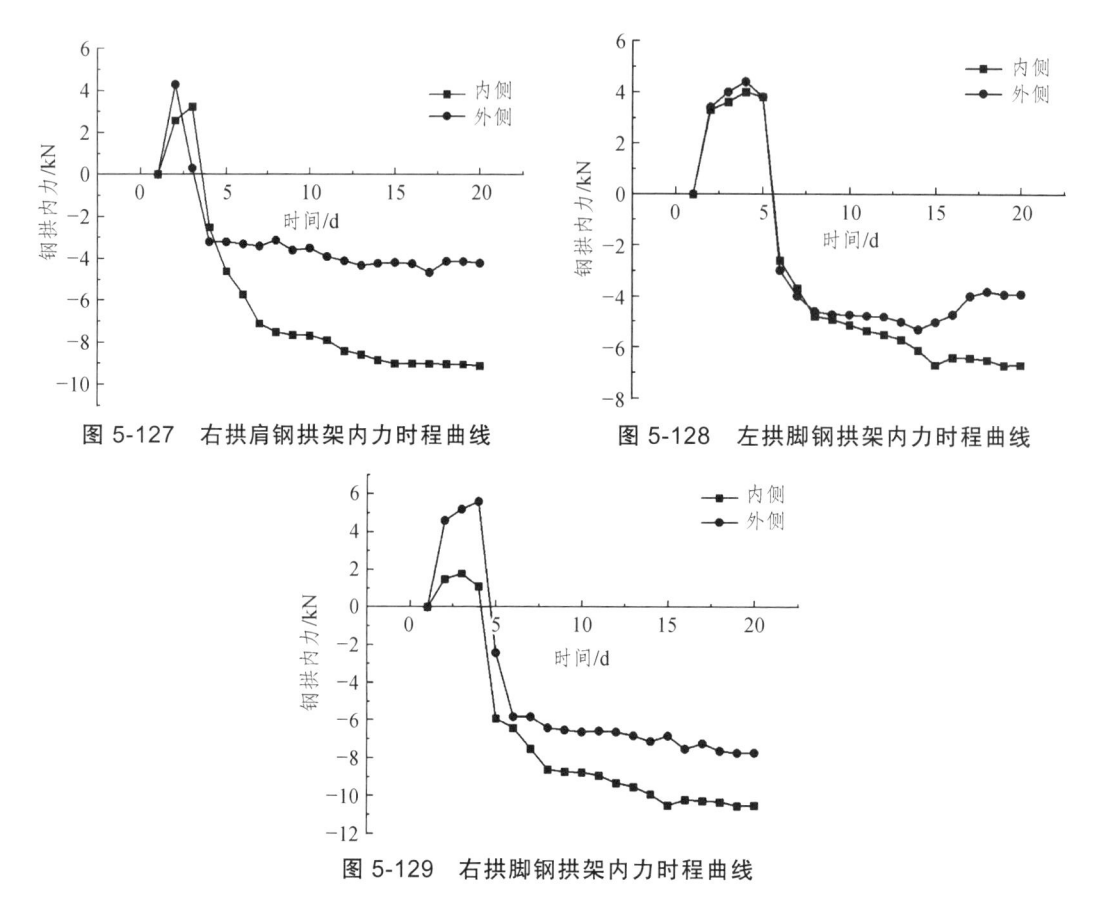

图 5-128 左拱脚钢拱架内力时程曲线

图 5-129 右拱脚钢拱架内力时程曲线

由图 5-130 可知,断面 K82+957 钢拱架最大弯矩为-3 kN·m 左右,出现在拱顶和左拱肩,因此钢拱架在分段拼装时,拱顶位置最好不要有接头,测试断面的钢拱架弯矩大多数为负值,并且最大值在安全范围内,钢拱架受力状态良好。除此之外,监测中发现断面右边墙钢拱架的弯矩出现了正值(出现了拉力和内突趋势),及时通知施工单位采取了稳定措施,使钢拱架处于安全状态内。同时也说明,本隧道设计的钢拱架在保证隧道稳定上也发挥了巨大的作用。

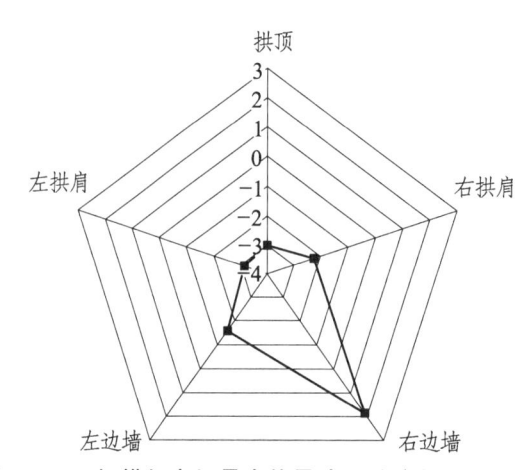

图 5-130 钢拱架弯矩最大值雷达图(单位:kN·m)

3. 锚杆轴力监测结果分析（K82+957）

由图 5-131～图 5-136 可以看出：锚杆内侧峰值轴力为 -4 kN，出现在拱顶部位，中部峰值轴力为 -4 kN，出现在拱顶部位，外侧峰值轴力为 -2 kN，出现在左边墙部位。断面 K82+957 锚杆轴力表现为拱部锚杆轴力大，边墙锚杆轴力小的特点，这主要是由于隧道开挖后，接触压力较大，使支护结构边墙发生明显向内位移，使支护发生应力调整，拱部受力较大。在一个月左右，隧道锚杆内侧、中间和外侧受力时程曲线逐渐平缓，这反映出隧道初支结构稳定受力。

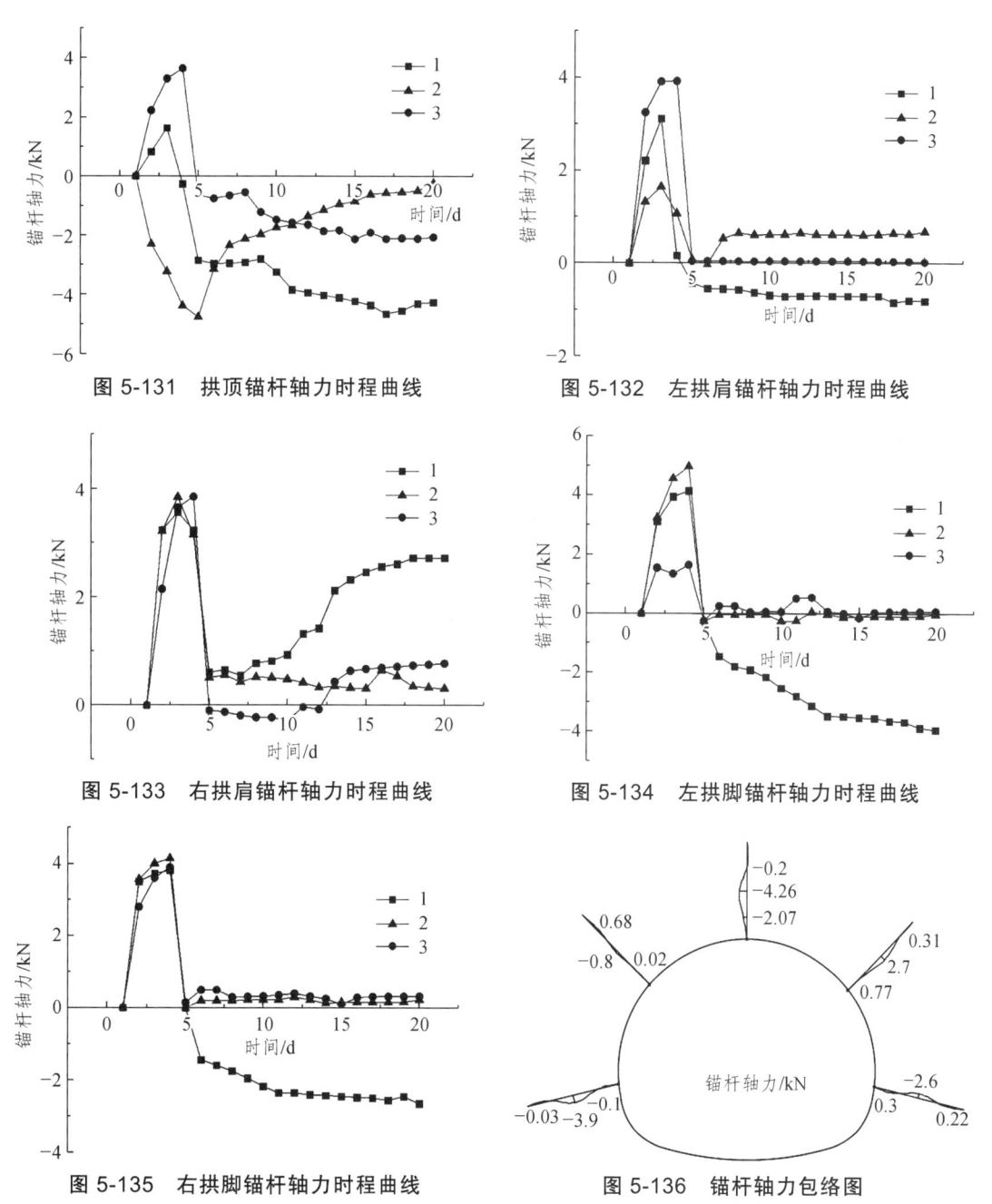

图 5-131 拱顶锚杆轴力时程曲线

图 5-132 左拱肩锚杆轴力时程曲线

图 5-133 右拱肩锚杆轴力时程曲线

图 5-134 左拱脚锚杆轴力时程曲线

图 5-135 右拱脚锚杆轴力时程曲线

图 5-136 锚杆轴力包络图

4. 围岩接触应力监测与分析（K82+999）

由图 5-137、图 5-138 可知，K82+999 断面右拱腰初期支护与围岩接触压力最大，其值为 0.080 MPa 左右。隧道围岩接触应力时程曲线在前一个月处于稳定上升状态，随后隧道围岩接触应力时程曲线逐渐平缓，接触压力值基本收敛，说明此时围岩处于一个稳定的状态。围岩接触应力监测值为正值，说明围岩与初支接触良好，初支有效提供了支护阻力。

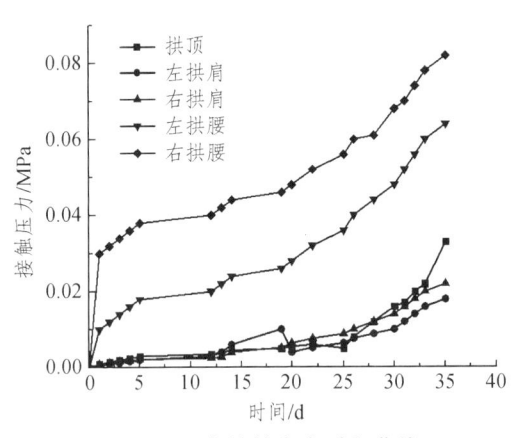

图 5-137 围岩接触应力时程曲线 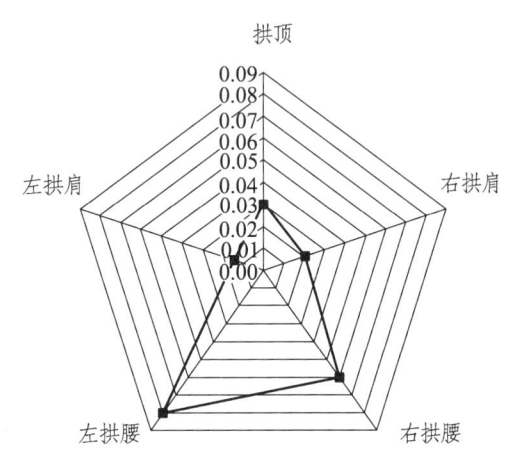　　图 5-138 接触应力雷达图（单位：MPa）

5. 钢架内力监测结果分析（K82+999）

如图 5-139 ~ 图 5-143 所示，断面 K82+999 钢拱架全部承受压力，钢拱内、外侧最大内力值分别为 9 kN、6.5 kN，均分布在左拱肩位置，钢拱架受力在刚开始的几天处于一个急剧增长的阶段，可见钢拱架承受了较大的围岩初始释放压力。然后急剧减小，说明围岩压力得到释放，之后钢拱架内力缓慢增长。说明在隧道开挖过程中隧道初期支护发挥较大作用。随着监测时间增加，钢拱受力时程曲线逐渐平缓，有收敛趋势。

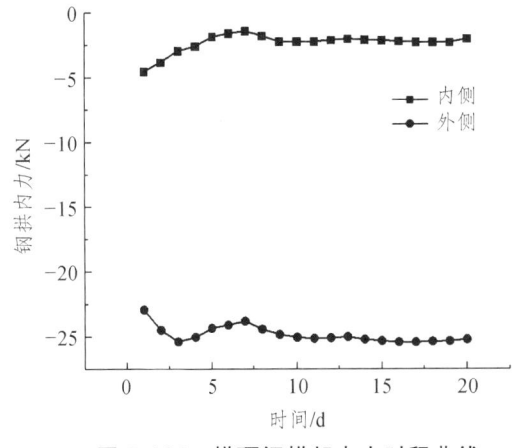

图 5-139 拱顶钢拱架内力时程曲线 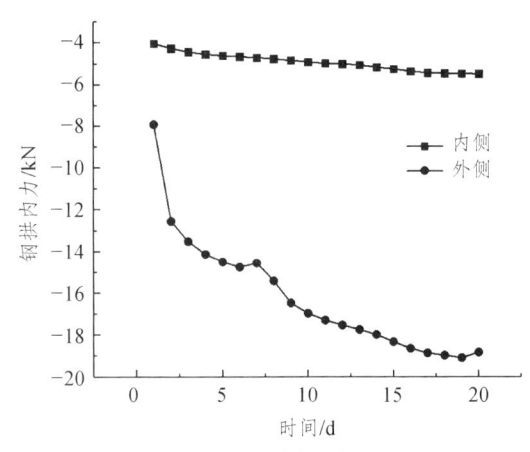　　图 5-140 左拱肩钢拱架内力时程曲线

图 5-141　右拱肩钢拱架内力时程曲线

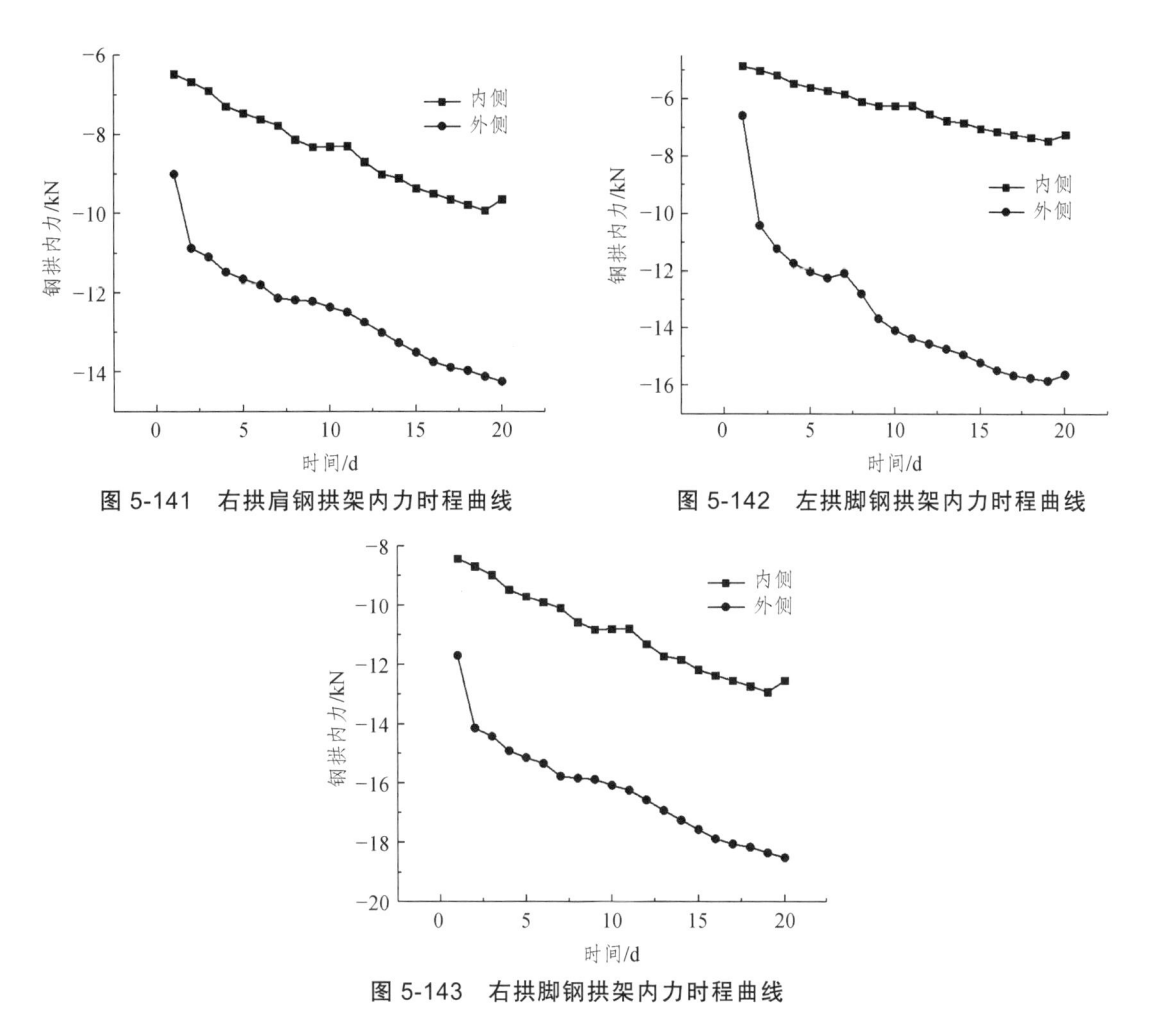

图 5-142　左拱脚钢拱架内力时程曲线

图 5-143　右拱脚钢拱架内力时程曲线

由图 5-144 可知，断面 K82+999 钢拱架最大弯矩为-1.7 kN·m 左右，出现在左拱肩，测试断面的钢拱架弯矩均为负值，并且最大值在安全范围内，钢拱架受力状态良好。

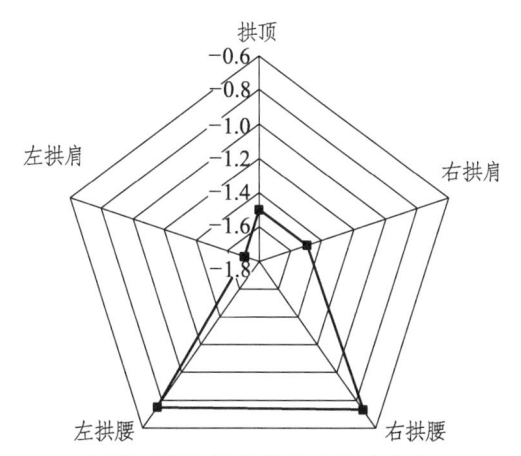

图 5-144　钢拱架弯矩最大值雷达图（单位：kN·m）

6. 锚杆轴力监测结果分析（K82+999）

由图 5-145~图 5-150 可以看出：锚杆内侧峰值轴力为-4 kN，出现在拱顶部位，中部峰值轴力为-5 kN，出现在拱顶部位，外侧峰值轴力为-2 kN，出现在左边墙部位。断面 K82+957 锚杆轴力表现为拱部锚杆轴力大，边墙锚杆轴力小的特点。这主要是由于隧道开挖后，接触压力较大，使支护结构边墙发生明显向内位移，使支护发生应力调整，拱部受力较大。在一个月左右，隧道锚杆内侧、中间和外侧受力时程曲线逐渐平缓，这反映出隧道初支结构稳定受力。

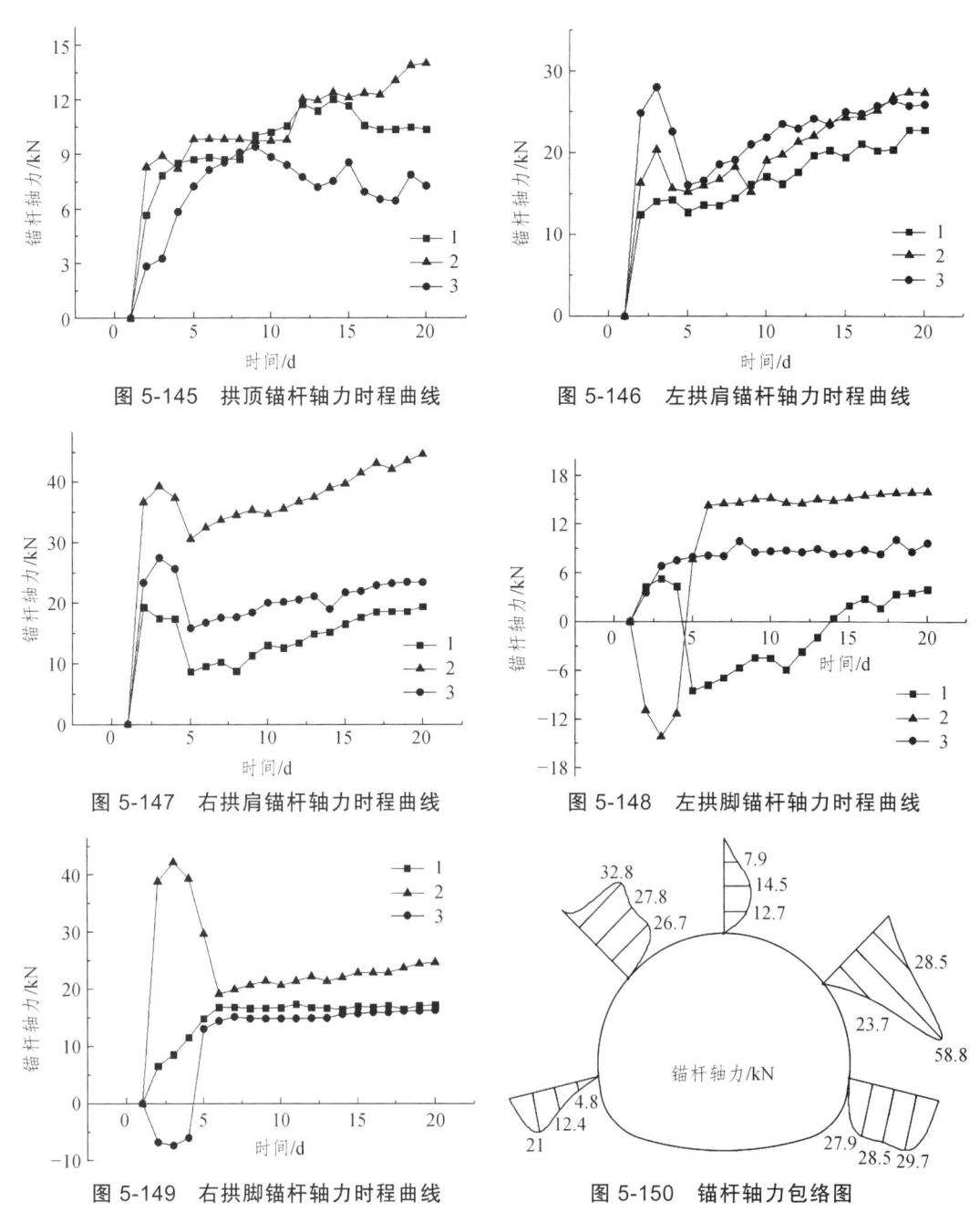

图 5-145 拱顶锚杆轴力时程曲线

图 5-146 左拱肩锚杆轴力时程曲线

图 5-147 右拱肩锚杆轴力时程曲线

图 5-148 左拱脚锚杆轴力时程曲线

图 5-149 右拱脚锚杆轴力时程曲线

图 5-150 锚杆轴力包络图

7. 围岩接触应力监测与分析（K82+766）

由图 5-151、图 5-152 可知，K82+766 断面拱顶初期支护与围岩接触压力最大，其值为 0.020 MPa 左右。隧道围岩接触应力时程曲线在前一个月处于稳定上升状态，随后逐渐平缓，接触压力值基本收敛，说明此时围岩处于一个稳定的状态。围岩接触应力监测值为正值，说明围岩与初支接触良好，初支有效提供了支护阻力。

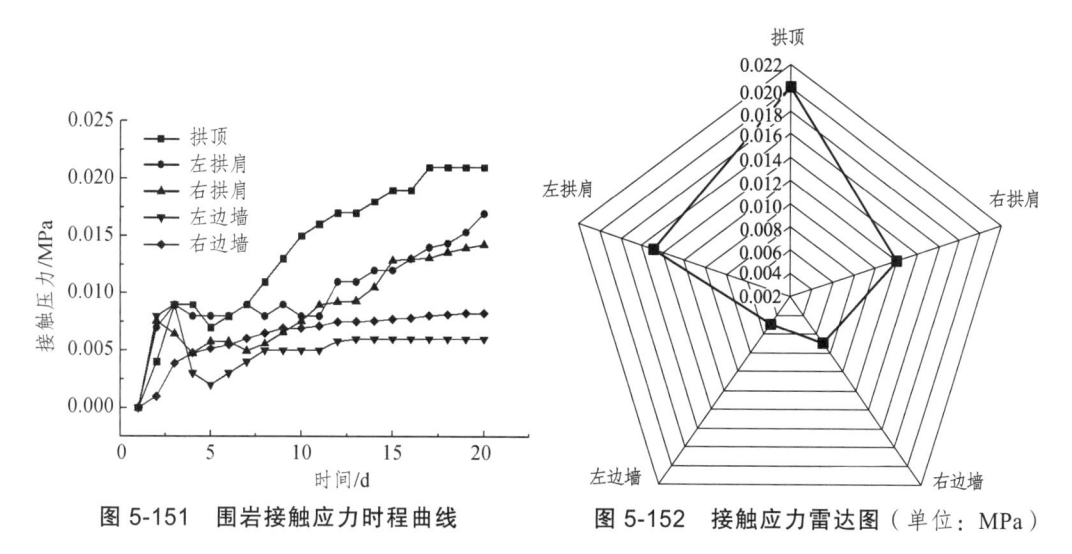

图 5-151　围岩接触应力时程曲线

图 5-152　接触应力雷达图（单位：MPa）

8. 钢架内力监测结果分析（K82+766）

如图 5-153 ~ 图 5-157 所示，断面 K82+766 钢拱架全部承受压力，钢拱内、外侧受力在刚开始的两天处于一个急剧增长的阶段，内侧最大内力值为 40 kN 左右，出现在左拱肩位置，外侧最大内力值为 30 kN 左右，出现在拱顶位置，可见钢拱架承受了较大的围岩初始释放压力。然后受力急剧减小，说明围岩压力得到释放，之后钢拱架内力缓慢增长。这主要是由于隧道开挖后，接触压力较大，使支护结构边墙发生明显向内位移，使支护发生应力调整，拱部钢拱架受两侧挤压，受力较大。经过约一个月时间的变形调整后，钢拱架受力逐渐稳定，有收敛趋势。

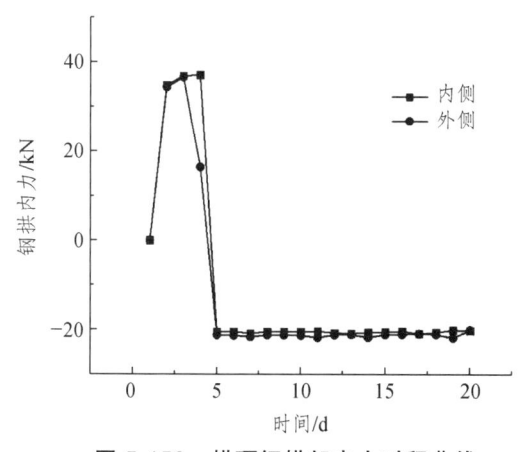

图 5-153　拱顶钢拱架内力时程曲线

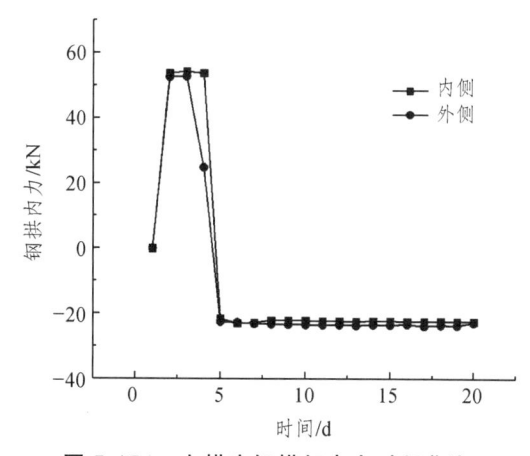

图 5-154　左拱肩钢拱架内力时程曲线

图 5-155　右拱肩钢拱架内力时程曲线

图 5-156　左拱脚钢拱架内力时程曲线

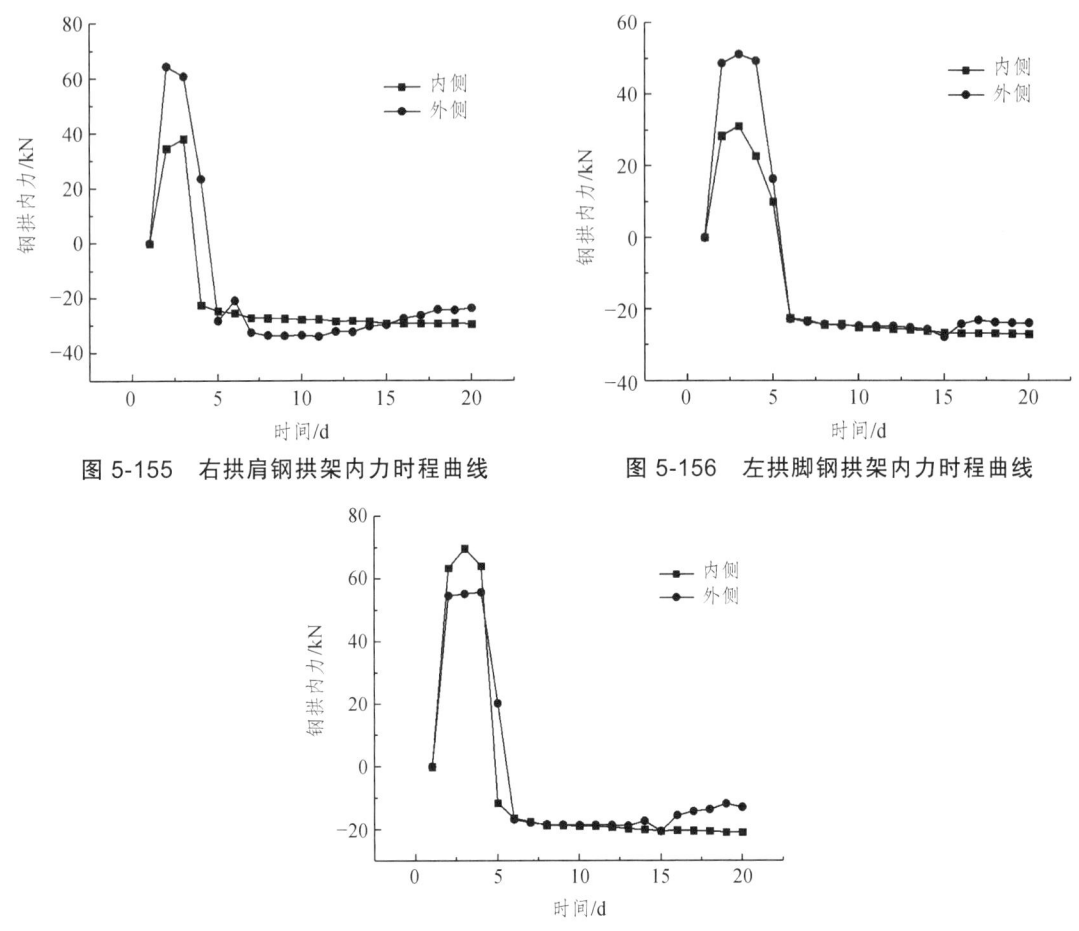

图 5-157　右拱脚钢拱架内力时程曲线

由图 5-158 可知，断面 K82+766 钢拱架拱顶的弯矩基本上比拱肩和边墙大，最大弯矩为 −6.7 kN·m 左右，所以钢拱架在分段拼装时，拱顶位置最好不要有接头，测试断面的钢拱架弯矩大多数为负值，并且最大值在安全范围内，钢拱架受力状态良好。测试断面的钢拱架弯矩均为负值，并且最大值在安全范围内，钢拱架受力状态良好。

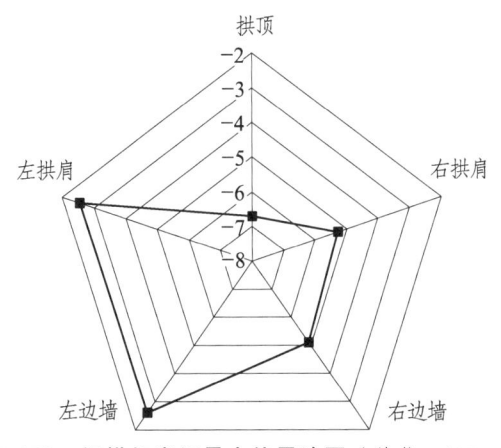

图 5-158　钢拱架弯矩最大值雷达图（单位：kN·m）

9. 锚杆轴力监测结果分析（K82+766）

由图 5-159～图 5-164 可以看出：断面 K82+766 锚杆轴力表现为拱部锚杆轴力小，边墙锚杆轴力大的特点，这主要是由于隧道拱部变形小，边墙变形大。锚杆内侧峰值轴力为 58 kN，出现在右边墙部位，中部峰值轴力为 –35 kN，出现在右边墙部位，外侧峰值轴力为 30 kN，出现在左拱肩部位。应力调整的过程比较明显，分析为锚杆和围岩耦合不紧密导致。在一个月左右，隧道锚杆内侧、中间和外侧受力时程曲线逐渐平缓，这反映出隧道初支结构稳定受力。

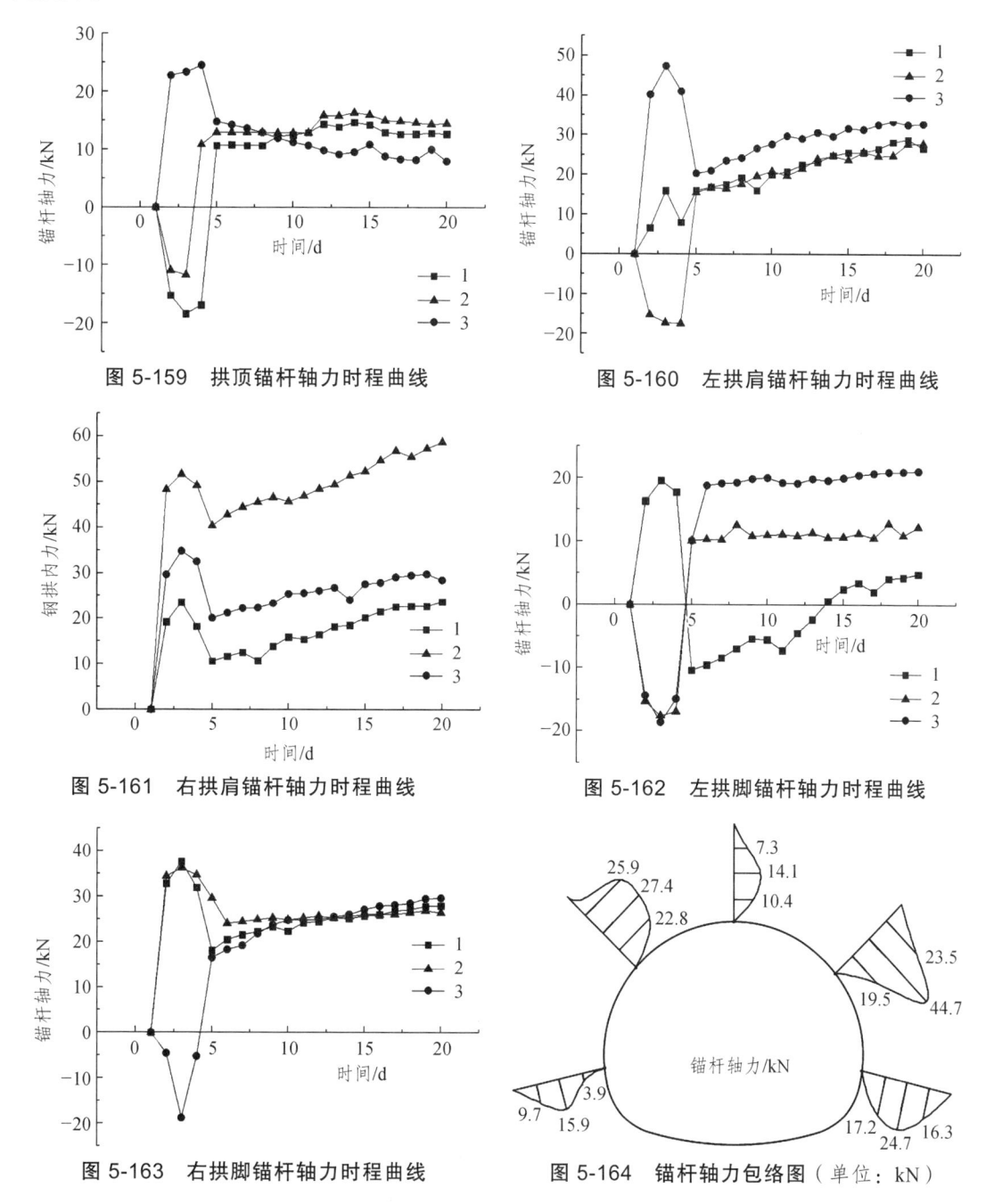

图 5-159　拱顶锚杆轴力时程曲线

图 5-160　左拱肩锚杆轴力时程曲线

图 5-161　右拱肩锚杆轴力时程曲线

图 5-162　左拱脚锚杆轴力时程曲线

图 5-163　右拱脚锚杆轴力时程曲线

图 5-164　锚杆轴力包络图（单位：kN）

金家庄特长螺旋隧道监测断面的数据分析结果如表 5-16 所示。

表 5-16 监测数据汇总

监测断面	里程	监测实测最大值						是否满足控制标准
		围岩压力/MPa		钢拱内力/kN		锚杆轴力/kN		
		最大值	出现位置	最大值	出现位置	最大值	出现位置	
进口段	ZK81+230	0.15	左拱肩	25	右拱肩	20.2	拱顶	是
出口段	K84+972	0.35	左拱腰	25	右拱腰	46.2	拱顶	是
斜井段	K82+957	0.011	左拱肩	10	右边墙	-4.6	拱顶	是
	K82+999	0.08	左拱腰	9.5	左拱肩	58.8	右拱肩	是
	K82+766	0.02	拱顶	40	左拱肩	44.7	右拱肩	是

5.6 本章小结

本章针对软弱破碎围岩区段金家庄特长隧道工程特点，对比分析了两台阶法、两台阶预留核心土法和三台阶预留核心土法三种工法下隧道的安全稳定性，并对最优施工工法支护参数进行了优化。

（1）在控制围岩变形方面，三台阶预留核心土法开挖能够迅速施作支护结构，及时提供支护作用，从而减小了隧道整体变形，可以作为软弱破碎围岩区段隧道施工的推荐方案。

（2）对比分析初期支护喷射混凝土强度为 C20、C25、C30 的三种工况表明，可选取初期支护强度为 C25 的参数作为围岩与支护间的最优匹配参数。

（3）对比分析三种二衬施作时机表明，距掌子面 60 m 时施作二衬，才能满足规范所要求的"已产生的各项位移达到各项预计位移总量的 80%~90%"。即施作二衬的最优距离为距掌子面 60 m。

（4）对比分析隧道斜井与正洞交叉段的两种工况表明，斜井的施工对交叉处的影响范围在 30 m 之内。当车行横洞与主洞有一定角度时，锐角处易出现应力集中的现象，应当加强支护。

（5）按照工况 2 的方案进行施工各方面指标优于工况 1 方案。即建议斜井施工完成后，分别向进口和出口方向正常施工，待向出口方向施工一段距离之后，在距斜井大于 30 m 处进行车行横洞的施工（车行横洞距掌子面距离 30 m）。

（6）对螺旋隧道施工力学参数监测分析表明，隧道洞口段施工一个月之后，结构力学参数均趋于基本收敛，未出现时程曲线发散的情况，围岩稳定。斜井段监测断面的隧道拱顶、左拱肩、右拱肩、左边墙、右边墙受力状况良好，未出现时程曲线发散的情况，围岩情况稳定。

第 6 章

基于概率神经网络隧道施工风险评估系统及其应用研究

6.1 公路隧道施工专项风险指标评价体系

"风险"一词的字面解释为某一事故发生的可能性和严重程度的组合。不同领域的专家和学者们因其研究对象的差异而对风险的定义并不相同。因此对于"风险"一词的确切定义在学术界中尚无统一规定。

通过调研相关文献资料,学者们对风险的认识与理解可大致分为两大类:第一类是指事件的不确定性,其本质是认为事件出现风险的概率是不清楚的,风险本身是客观存在的;第二类是指预期与实际的不符合,其本质是认为风险是预期与实际结果之间的差异所形成的,如预期与实际相符合,则风险并不存在。反之,预期与实际相差越大,则风险也就越大。但在这两种观点间存在两点共性:即损失性和不确定性。

公路隧道施工风险可以定义为:在公路隧道施工过程中可能出现的导致工程发生人员伤亡、直接经济损失、社会影响、环境影响或工期延误等不期望事件的发生概率及其损失的组合。其数学表达式见式(6-1)。

$$R = f(p,c) \tag{6-1}$$

式中:R——风险;

p——某一风险事件的发生概率;

c——风险事件发生后其带来的损失。

从式(6-1)中可以看出,每一个风险事件对应一个风险概率和风险损失,每种风险事件是各不相同的。

公路隧道施工专项风险评估可定义为:以施工区段为评估对象,根据待评测隧道工程的地质条件、设计方案、施工特点以及相似隧道工程事故展开潜在风险的辨识、分析和预测,同时针对该区段存在的或潜在的风险(如塌方、涌水等灾害)进行量化评估,根据相应的风险评估标准划分出对应的风险等级,提出对应的风险控制措施。

6.1.1 公路隧道施工专项风险分级标准

依据《公路工程施工安全风险评估指南》中的风险事件可能性等级标准和风险事件严重程度等级标准进行分级评价,如表 6-1 所示。

表 6-1 风险事件概率等级标准

概率范围	概率等级描述	概率等级
>0.3	很可能	I
0.03～0.3	可能	II
0.003～0.03	偶然	III
0.0003～0.003	可能性很小	IV
<0.0003	几乎不可能	V

以《公路桥梁和隧道工程施工安全风险评估指南》为依据,总结出公路隧道总体损失等级的各项指标,建立了如表 6-2 所示的风险事件严重程度标准。对于出现不同等级标准的情况,选取严重程度最高的等级。

表 6-2 风险事件严重程度等级标准

风险事件后果等级描述	风险事件严重程度等级	人员伤亡程度等级标准	直接经济(Z)损失程度等级标准	工期延误等级标准	
				非控制性工程	控制性工程
特大	I	死亡人数≥30 或重伤人数≥100	$Z \geq 10\,000$	>24 d	>8 d
重大	II	10≤死亡人数<30 或 50≤重伤人数<100	$5\,000 \leq Z < 10\,000$	12～24 d	4～8 d
较大	III	3≤死亡人数<10 或 10≤重伤人数<50	$1\,000 \leq Z < 5\,000$	6～12 d	2～4 d
一般	IV	1≤死亡人数<3 或 5≤重伤人数<10	$100 \leq Z < 1\,000$	1～6 d	0.33～2 d
小	V	1≤重伤人数<5	$Z < 100$	≤1 d	≤0.33 d

将公路隧道施工的风险可能性等级和风险事件严重程度等级划分为五级,最终的风险等级标准划分为四级,如表 6-3 所示。

表 6-3 风险等级标准

概率等级		严重程度等级				
		小	一般	较大	重大	特大
		V	IV	III	II	I
很可能	I	较大风险(II)	较大风险(II)	重大风险(I)	重大风险(I)	重大风险(I)
可能	II	一般风险(III)	较大风险(II)	较大风险(II)	重大风险(I)	重大风险(I)
偶然	III	一般风险(III)	一般风险(III)	较大风险(II)	较大风险(II)	重大风险(I)
可能性很小	IV	较小风险(IV)	一般风险(III)	一般风险(III)	较大风险(II)	较大风险(II)
几乎不可能	V	较小风险(IV)	较小风险(IV)	一般风险(III)	一般风险(III)	较大风险(II)

通过有关的风险评估方法最终确定出风险等级，并根据不同的风险等级提出风险接收准则和分级控制措施，如表6-4所示。

表6-4 风险接收准则和控制对策

风险等级	接受准则	控制对策
较小风险（Ⅳ级）	可忽略	不需采取特别的风险防控措施
一般风险（Ⅲ级）	可接受	须采取风险防控措施，严格日常安全生产管理，加强现场巡视
较大风险（Ⅱ级）	不期望	必须采取措施降低风险，将风险至少降低到可接受的程度
重大风险（Ⅰ级）	不可接受	应暂停施工，同时必须采取措施，综合考虑风险成本、工期及规避效果等，按照最优原则，将风险至少降低到可接受的程度，并加强监测和应急准备

6.1.2 公路隧道施工专项风险评价标准

由于各种因素之间相互独立，建立一个适当的评价体系有利于对各种指标进行量化处理，使得最终的风险评估结果可靠性更高。本节对工程地质因素、自然因素、设计施工因素和管理因素四个一级指标中的所有二级指标进行详细的等级划分以及评级描述。

1. 工程地质因素

对工程地质因素中的7个二级指标进行等级划分和评级描述，如表6-5所示。

表6-5 工程地质因素风险评价体系指标

评价指标		等级划分				
一级指标	二级指标	Ⅰ	Ⅱ	Ⅲ	Ⅳ	Ⅴ
工程地质因素	围岩等级（BQ值）	Ⅴ级（<250）或土体	Ⅳ级（251~350）	Ⅲ级（351~450）	Ⅱ级（451~551）	Ⅰ级（≥551）
	断层破碎带	断层破碎带宽度≥50 m	断层破碎带宽度20~50 m	断层破碎带宽度10~20 m	断层破碎带宽度2~10 m	断层破碎带宽度0~2 m
	偏压	严重偏压	较大偏压	偏压	轻微偏压	无偏压
	地震（地震烈度）	≥Ⅷ	Ⅶ~Ⅷ	Ⅴ~Ⅶ	Ⅳ~Ⅴ	<Ⅳ
	埋深	≥800 m	500~800 m	200~500 m	50~200 m	<50 m
	特殊地质	有	有	无	无	无
	地下水	极丰富	丰富	发育	较发育	贫乏

2. 自然因素

对自然因素中的2个二级指标进行等级划分和评级描述，如表6-6所示。

表 6-6　自然因素风险评价体系指标

评价指标		等级划分				
一级指标	二级指标	Ⅰ	Ⅱ	Ⅲ	Ⅳ	Ⅴ
自然因素	温度	隧址区温度会对施工产生相当大的影响	隧址区温度会对施工产生较大的影响	隧址区温度对施工产生适当的影响	隧址区温度对施工产生很小的影响	隧址区温度对施工不产生影响
	降雨量	>1 000	800~1 000	500~800	200~500	<200

3. 设计施工因素

对设计施工因素中的 6 个二级指标进行等级划分和评级描述，如表 6-7 所示。

表 6-7　设计施工因素风险评价体系指标

评价指标		等级划分				
一级指标	二级指标	Ⅰ	Ⅱ	Ⅲ	Ⅳ	Ⅴ
设计施工因素	设计参数的选取	设计参数不符合规范规定，没有根据监测情况及时作出调整	设计参数部分不符合规范规定，没有根据监测情况及时作出调整	设计参数基本符合规范规定，但对特殊情况设计不充分	设计参数符合规范规定，能根据监测情况及时调整，对特殊情况设计比较充分	设计参数符合规范规定，能够根据监测情况及时调整，对特殊情况考虑非常充分
	工程地质勘测	乙级勘查资质且无类似工程经验，基本没有实地勘查	乙级勘查资质且无类似工程经验，但进行了实地勘查	甲级勘察资质且有类似工程经验，进行了较为详细的实地勘察	甲级勘察资质且有类似工程经验，进行了详细的实地勘察	甲级勘察资质且有丰富的工程经验，进行了详细的实地勘察
	开挖工法	开挖工法选取不合理	开挖工法选取较合理，但不能及时根据围岩情况进行调整	开挖工法选取较合理，能及时根据围岩情况进行调整	开挖工法选取合理，能及时根据围岩情况进行调整	开挖工法选取非常合理，能根据围岩情况及时进行调整
	支护及时性	围岩应力释放严重不足或支护结构支护严重迟滞	围岩应力释放不足或支护结构支护迟缓	围岩应力释放一般，支护结构支护较及时	围岩应力释放合理，支护结构支护及时	围岩应力释放非常合理，支护结构支护非常及时
	按设计施工程度	几乎没有按照设计图纸进行施工	大部分没有按照设计图纸进行施工	少部分没有按照设计图纸进行施工	按照设计图纸进行施工，不能及时根据围岩情况进行调整	按照设计图纸进行施工，能根据围岩情况及时进行调整
	超挖情况	超挖深度大于 100 cm	超挖深度处于 50~100 cm 之间	超挖深度处于 25~50 cm 之间	超挖深度处于 10~25 cm 之间	超挖深度小于 10 cm

4. 管理因素

对管理因素中的 5 个二级指标进行等级划分和评级描述，如表 6-8 所示。

表 6-8　管理因素风险评价体系指标

评价指标		等级划分				
一级指标	二级指标	I	II	III	IV	V
管理因素	监控量测	监测内容严重不足，结果可靠性差，频率 0~1 次/d	监测内容不足，结果可靠性较差，频率 1 次/d	监测内容适当，结果较为可靠，频率 2 次/d	监测内容适当，结果可靠，频率 3~5 次/d	监测内容充分，结果可靠，频率大于 5 次/d
	超前地质预报	预报不准确，能探测到掌子面前 0~5 m 围岩情况	预报较准确，能探测到掌子面前 5~10 m 围岩情况	预报准确，能探测到掌子面前 10~20 m 围岩情况	预报准确，能探测到掌子面前 20~30 m 围岩情况	预报非常准确，能探测到掌子面前 30 m 以上围岩情况
	安全意识培训	人员没有经过安全教育培训，安全意识严重不足	人员经过少量安全教育培训，但安全意识较为薄弱，受训人员安全考核合格率不高	人员经过全面的安全教育培训，安全意识较好，且受训人员安全考核大部分合格	人员经过全面的安全教育培训，安全意识好，不常进行应急演练，受训人员安全考核基本合格	人员经过全面的安全教育培训，安全意识非常好，经常进行应急演练，受训人员安全考核基本合格
	施工队伍素质	经验严重不足，技术力量单薄	经验缺乏，技术力量单薄	经验一般，技术力量一般	经验丰富，技术力量较雄厚	经验十分丰富，技术力量雄厚
	监督管理	监管人员几乎不具有相应的专业技术水平，对施工过程的监管力度严重不足	部分监管人员具有相应的专业技术水平，对施工过程的监管力度不足	大部分监管人员具有相应的专业技术水平，对施工过程的监管力度一般	监管人员具有较高的专业技术水平，能严格按照法律法规和相关政策对施工过程进行监管	监管人员具有非常高的专业技术水平，能按照法律法规和相关政策对施工过程进行监管

通过对风险因素进行识别，最终形成公路隧道施工风险指标体系，如图 6-1 所示。

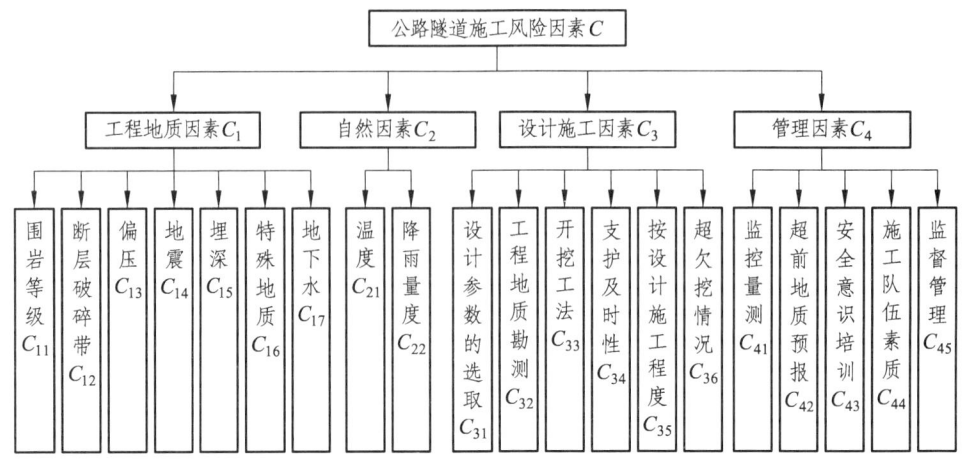

图 6-1 公路隧道施工风险指标体系

为了便于后续的风险评估工作,将每个风险等级一一对应每个分值区段,具体规定如表 6-9 所示。

表 6-9 各种风险等级对应分值

风险等级	分值取值范围
Ⅰ	8～10
Ⅱ	6～8
Ⅲ	4～6
Ⅳ	2～4
Ⅴ	0～2

6.2 风险评估方法选择

目前,公路隧道的风险评价方法大都采用定量分析法或综合分析方法。神经网络法属于定量分析法中的一种,因其具有强大的学习能力和适应性,已成为各个研究领域常用的分析方法。而不同的神经网络模型各有各的优缺点,对于公路隧道施工专项风险评估也不例外,选择合适的神经网络评估模型能使最终的评估结果与实际情况吻合程度更高,为公路隧道施工提供更安全的保障。本节对比分析了常见的用于公路隧道风险评估的神经网络模型,如表 6-10 所示。

表 6-10 神经网络模型特点对比

方法名称	优点	缺点
BP 神经网络	结构简单,自学习、自适应性强	网络的收敛速度慢
径向基神经网络	逼近精度高,能够以任意精度逼近任意的非线性函数,学习过程收敛速度快	网络的复杂度大,结构太过庞大
概率神经网络	学习过程简单、训练速度快;分类更准确,容错性好,能解决复杂问题	计算复杂度较高

径向基神经网络具有强大的非线性函数逼近功能，但在计算最佳值时只能在训练过程中通过改变局部的权值来实现；BP 神经网络的自我学习功能强大、适应性强，但网格收敛速度慢，对于复杂问题处理难度大。

拥有强大分类功能的概率神经网络能够更精准地对样本集进行分类预测，符合对于风险评估结果的输出期望，并且网络训练速度快、处理复杂问题能力强、容易用计算机语言进行设计。因此，选择概率神经网络评估模型能够更方便、更快捷、更准确地实现对公路隧道施工的专项风险评估。

6.3 风险概率评估模块基本理论及介绍

评估系统风险概率评估模块设计算法是基于概率神经网络建立的。概率神经网络（Probabilistic Neural Network，PNN）是由 D. F. Specht 博士于 1989 年提出的。PNN 是一种结构简单、应用范围广、非常适合解决复杂分类问题的神经网络。PNN 在计算机算法设计上也比较容易完成，且能用线性学习算法实现非线性学习算法的功能，同时它是一个前向传播的网络，不需要反向传播优化参数。

6.3.1 PNN 的贝叶斯决策理论和 PNN 网络结构

PNN 是以贝叶斯最小风险准则为基础的。

在贝叶斯决策理论中，假设分类问题为：$c = c_1$ 或 $c = c_2$。先验概率为：

$$h_1 = p(c_1), h_2 = p(c_2), h_1 + h_2 = 1 \tag{6-2}$$

给定输入向量 $x = [x_1, x_2, \cdots, x_n]$ 为一组观测结果，对其分类的依据是：

$$c = \begin{cases} c_1, p(c_1|x) > p(c_2|x) \\ c_2, \text{otherwise} \end{cases} \tag{6-3}$$

式中，$p(c_1|x)$ 为在 x 发生的条件下，类别 c_1 的后验概率。根据贝叶斯公式，后验概率等于：

$$p(c_1|x) = \frac{p(c_1)p(x|c_1)}{p(x)} \tag{6-4}$$

在进行分类决策时，一般情况下需将输入向量归纳到后验概率较大的类别中，但因为在实际的项目应用中，风险与损失应当被考虑到，把 c_1 类的样本错分为 c_2 类和把 c_2 类的样本错分为 c_1 类造成的差别通常很大，因此需要对分类规则进行适当的调整。定义动作 α_i 为输入向量指派到 c_i 的动作，λ_{ij} 为输入向量属于 c_j 时采取动作 α_i 所造成的损失，则采取动作 α_i 的期望风险为：

$$R(\alpha_i|x) = \sum_{j=1}^{n} \lambda_{ij} p(c_j|x) \tag{6-5}$$

假设分类正确没有损失，将输入向量归为 c_1 类的期望风险为：

$$R(c_1|x) = \lambda_{12} p(c_2|x) \tag{6-6}$$

则贝叶斯判断规则变成：

$$c = \begin{cases} c_1, R(c_1|x) < p(c_2|x) \\ c_2, \text{otherwise} \end{cases} \tag{6-7}$$

写出概率密度函数的形式为：

$$R(c_i|x) = \sum_{j=q}^{n} \lambda_{ij} p(c_i) f_i \tag{6-8}$$

$$c = c_i, i = \arg\min[R(c_i|x)]$$

式中：f_i——类别 c_i 的概率密度函数。

通过上述公式的推导可知，如何基于先验概率和类条件概率密度设计贝叶斯最优分类器。然而在实际中不可能获得问题概率结构的所有内容，因此通常使用 Parzen 窗方法进行类条件概率密度的估计。

一个向量 x 落入在区域 R_n 中的概率为：

$$p = \int_{R_n} p(x') \mathrm{d}x' \tag{6-9}$$

假设 n 个样本满足独立且相同分布的条件，k 表示有 k 个样本落入区域 R_n。假设 k 的期望是 $E[k]=np$，那么 k 的二项式分布在平均值附近具有显著的峰值。

假设 $p(x)$ 是连续的，且区域 R_n 足够小，p 在该空间中几乎保持不变，那么有：

$$\int_{R} p(x') \mathrm{d}x' \approx p(x) V \tag{6-10}$$

式中：x——一个点；

V——区域 R_n 所包含的体积。

由公式（6-8）和（6-9）可以得出 $p(x)$ 的估计为：

$$p(x) \approx \frac{k}{nV} \tag{6-11}$$

假定区域 R_n 是具有边长 h 的超立方体，并且 d 是特征空间维度。要验证训练样本 x_k 是否属于区域 R_n，需要验证向量 $x-x_k$ 的每个分量值。

要计算落入 R_n 的 n 个训练样本的数量 K，将窗口函数定义为：

$$\phi\big((x-x_k)/h_n\big) = \begin{cases} 1, |(x-x_k)_j| \leqslant h_{n/2}, j=1,2,\cdots,d \\ 0, \text{otherwise} \end{cases} \tag{6-12}$$

进一步有：

$$p(x) \approx \frac{K}{nV} = \frac{1}{nV}\sum_k \phi\left(\frac{x-x_k}{h}\right) \tag{6-13}$$

高斯发展了帕尔森（Parzen）的结论并进一步提出了一个多变量高斯核函数的特例，表示为：

$$f_\omega(x) = \frac{1}{(2\pi)^{\frac{d}{2}}\sigma^d}\sum_{i=1}^{m} e^{\frac{(x-x_i)^T(x-x_i)}{2\sigma^2}} \tag{6-14}$$

式中：m——类别ω的个数；

d——训练样本的数量；

x_i——训练样本中ω类的第i个向量；

σ——平滑因子；

$f_\omega(x)$——多元高斯分布在每个样本处的和。

PNN 总共由四层结构层组成，分别为输入层、隐含层、求和层和输出层，如图 6-2 所示。第一层是输入层，主要功能是传输给下一网络层输入的数据。第二层是隐含层（径向基层），主要功能计算输入数据与每一个神经元节点中心的距离，最后返回一个标量值。当数据 x 输入到隐含层时，隐含层中第 i 类模式的第 j 神经元所得出的输入或输出定义式为：

$$\Phi_{ij}(x) = \frac{1}{(2\pi)^{\frac{1}{2}}\sigma^d} e^{\frac{(x-x_{ij})(x-x_{ij})^T}{\sigma^2}} \tag{6-15}$$

式中：$i=1,2,\cdots,M$；

M——训练样本中的总类数；

d——样本空间数据的维度；

x_{ij}——第 i 个样本的第 j 个中心。

第三层是求和层，主要功能是对属于同一类隐藏神经元的输出进行权平均计算：

$$v_i = \frac{\sum_{j=1}^{L}\Phi_{ij}}{L} \tag{6-16}$$

式中：v_i——第 i 类类别的输出；

L——第 i 类的神经元个数，求和层神经元个数和类别数 M 相同。

在输出层中将求和层中最大的值当作输出类别：

$$y = \arg\max(v_i) \tag{6-17}$$

在实际计算中，先得到输入层向量先与加权系数的积，再输入到径向基函数中计算：

$$Z_i = x\omega_i \tag{6-18}$$

假定 x 和 ω 均为标准化的单位长度，对其进行径向基运算的结果为：

$$\exp\left[-\frac{(\omega_i-x)^{\mathrm{T}}(\omega_i-x)}{2\sigma^2}\right] \quad (6\text{-}19)$$

式中：σ——平滑因子，其对网络的性能有着非常关键的作用。

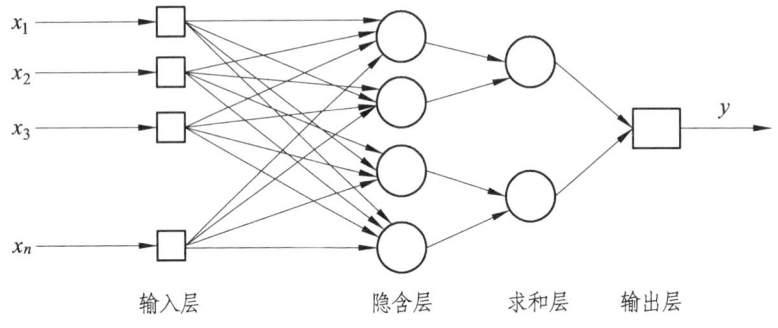

图 6-2　概率神经网络结构示意图

需要注意的是，在求和层中每一个类别对应一个神经元，隐含层的每个神经元已被划分到了某个类别，求和层中的神经元只与隐含层对应类别的神经元有连接，与其他神经元没有连接。

6.3.2　概率神经网络基本学习算法

1. 归一化输入样本

假设输入的原始矩阵为：

$$\boldsymbol{X}=\begin{bmatrix} X_{11} & X_{12} & \cdots & X_{1n} \\ X_{21} & X_{22} & \cdots & X_{2n} \\ \vdots & \vdots & & \vdots \\ X_{m1} & X_{m2} & \cdots & X_{nm} \end{bmatrix} \quad (6\text{-}20)$$

由输入的原始矩阵式（6-19）可以看出，该矩阵共有 m 个样本数，每一个样本都有 n 个特征属性值。对输入矩阵进行归一化处理之前先计算矩阵归一化系数，结果为：

$$\boldsymbol{B}^{\mathrm{T}}=\left[\frac{1}{\sqrt{\sum_{k=1}^{n} x_{1k}^2}}\left[\frac{1}{\sqrt{\sum_{k=1}^{n} x_{2k}^2}}\right]\cdots\left[\frac{1}{\sqrt{\sum_{k=1}^{n} x_{mk}^2}}\right]\right] \quad (6\text{-}21)$$

计算出归一化系数之后可得归一化后的输入样本为：

$$\boldsymbol{C}_{m\times n}=\boldsymbol{B}_{m\times 1}[11\cdots 1]_{1\times n}\cdot\boldsymbol{X}_{m\times n} \quad (6\text{-}22)$$

2. 样本输入网络层中

把进行归一化后的 m 个样本送入到 PNN 模型的输入层中：

$$\boldsymbol{C}_{m\times n}=\begin{bmatrix} \dfrac{x_{11}}{\sqrt{M_1}} & \dfrac{x_{12}}{\sqrt{M_1}} & \cdots & \dfrac{x_{1n}}{\sqrt{M_1}} \\ \dfrac{x_{21}}{\sqrt{M_2}} & \dfrac{x_{22}}{\sqrt{M_2}} & \cdots & \dfrac{x_{2n}}{\sqrt{M_2}} \\ \vdots & \vdots & & \vdots \\ \dfrac{x_{m1}}{\sqrt{M_m}} & \dfrac{x_{m2}}{\sqrt{M_m}} & \cdots & \dfrac{x_{mn}}{\sqrt{M_m}} \end{bmatrix}=\begin{bmatrix} C_{11} & C_{12} & \cdots & C_{1n} \\ C_{21} & C_{22} & \cdots & C_{2n} \\ \vdots & \vdots & & \vdots \\ C_{m1} & C_{m2} & \cdots & C_{mn} \end{bmatrix} \quad (6\text{-}23)$$

式中：$M_1=\sum\limits_{k=1}^{n}x_{1k}^2, M_2=\sum\limits_{k=1}^{n}x_{2k}^2,\cdots,M_m=\sum\limits_{k=1}^{n}x_{mk}^2$。

3. 计算模式距离

模式距离是指样本矩阵和学习矩阵中相对应的元素之间的距离。假设待识别样本矩阵为由 P 个 n 维向量组成的矩阵，则经归一化处理后输入的样本矩阵为：

$$\boldsymbol{D}=\begin{bmatrix} d_{11} & d_{12} & \cdots & d_{1n} \\ d_{21} & d_{22} & \cdots & d_{2n} \\ \vdots & \vdots & & \vdots \\ d_{p1} & d_{p2} & \cdots & d_{pn} \end{bmatrix}=\begin{bmatrix} d_1 \\ d_2 \\ \vdots \\ d_p \end{bmatrix} \quad (6\text{-}24)$$

计算欧氏距离指需要识别的归一化后的样本向量与每一个归一化后的训练样本之间的欧氏距离，两个向量之间的距离为：

$$\boldsymbol{E}=\begin{bmatrix} \sqrt{\sum\limits_{k=1}^{n}|d_{1k}-c_{1k}|^2} & \sqrt{\sum\limits_{k=1}^{n}|d_{1k}-c_{2k}|^2} & \cdots & \sqrt{\sum\limits_{k=1}^{n}|d_{1k}-c_{mk}|^2} \\ \sqrt{\sum\limits_{k=1}^{n}|d_{2k}-c_{1k}|^2} & \sqrt{\sum\limits_{k=1}^{n}|d_{2k}-c_{2k}|^2} & \cdots & \sqrt{\sum\limits_{k=1}^{n}|d_{2k}-c_{mk}|^2} \\ \vdots & \vdots & & \vdots \\ \sqrt{\sum\limits_{k=1}^{n}|d_{pk}-c_{1k}|^2} & \sqrt{\sum\limits_{k=1}^{n}|d_{pk}-c_{2k}|^2} & \cdots & \sqrt{\sum\limits_{k=1}^{n}|d_p-c_{mk}|^2} \end{bmatrix}$$

$$=\begin{bmatrix} E_{11} & E_{12} & \cdots & E_{1m} \\ E_{21} & E_{22} & \cdots & E_{2m} \\ \vdots & \vdots & & \vdots \\ E_{p1} & E_{p2} & \cdots & E_{pm} \end{bmatrix} \quad (6\text{-}25)$$

4. 激活模式层函数

样本归一化后，取标准层 $\sigma=0.1$ 的高斯型函数。激活模式层的高斯函数得到初始概率矩阵为：

$$\boldsymbol{P} = \begin{bmatrix} e^{-\frac{E_{11}}{2\sigma^2}} & e^{-\frac{E_{12}}{2\sigma^2}} & \cdots & e^{-\frac{E_{1m}}{2\sigma^2}} \\ e^{-\frac{E_{21}}{2\sigma^2}} & e^{-\frac{E_{22}}{2\sigma^2}} & \cdots & e^{-\frac{E_{2m}}{2\sigma^2}} \\ \vdots & \vdots & & \vdots \\ e^{-\frac{E_{p1}}{2\sigma^2}} & e^{-\frac{E_{p2}}{2\sigma^2}} & \cdots & e^{-\frac{E_{pm}}{2\sigma^2}} \end{bmatrix} = \begin{bmatrix} P_{11} & P_{12} & \cdots & P_{1m} \\ P_{21} & P_{22} & \cdots & P_{2m} \\ \vdots & \vdots & & \vdots \\ P_{p1} & P_{p2} & \cdots & P_{pm} \end{bmatrix} \qquad (6\text{-}26)$$

5. 计算求和层

假设样本数量一共有 m 个，可分为 c 类，并且各类的样本数是相同的，均为 k，则可在 PNN 模型的求和层中算得各个样本属于各类的初始概率和为：

$$\boldsymbol{S} = \begin{bmatrix} \sum_{l=1}^{k} P_{1l} & \sum_{l=k+1}^{2k} P_{1l} & \cdots & \sum_{l=m-k+1}^{m} P_{1l} \\ \sum_{l=1}^{k} P_{2l} & \sum_{l=k+1}^{2k} P_{2l} & \cdots & \sum_{l=m-k+1}^{m} P_{2l} \\ \vdots & \vdots & & \vdots \\ \sum_{l=1}^{k} P_{pl} & \sum_{l=k+1}^{2k} P_{pl} & \cdots & \sum_{l=m-k+1}^{m} P_{pl} \end{bmatrix} = \begin{bmatrix} S_{11} & S_{12} & \cdots & S_{1c} \\ S_{21} & S_{22} & \cdots & S_{2c} \\ \vdots & \vdots & & \vdots \\ S_{p1} & S_{p2} & \cdots & S_{pc} \end{bmatrix} \qquad (6\text{-}27)$$

式中：S_{ij}——将识别的样本中，第 i 个样本属于第 j 类的初始概率之和。

6. 计算概率

计算将识别样本中，第 i 个样本属于第 j 类的概率：

$$\text{prob}_{ij} = \frac{S_{ij}}{\sum_{l=1}^{c} S_{il}} \qquad (6\text{-}28)$$

得出的概率值即为第 i 个样本属于第 j 类的最大概率值。

6.3.3 训练样本集的采集

样本集的采集选取的是已修建完成的公路隧道工程，结合相应工程的基本资料，根据本章建立的风险指标评价标准对各项指标进行综合分值确定，风险结果的期望输出是根据对应的实际情况建立的。本章的风险评价一级指标共有 4 个，二级评价指标共有 20 个。样本集选取了 20 个工程实例进行各项指标的综合评分，具体建立过程参考金家庄隧道应用实例部分。

6.3.4 风险评估模块操作说明

本小节主要介绍风险概率评估模块的具体操作以及部分功能。风险概率评估模块的界面如图 6-3 所示。

图 6-3 风险概率评估模块界面

第一栏"选择需进行训练的文件"是指选择训练样本集文件，文件格式为*.xlsx，即 excel 文件。点击"选择文件"后，根据相应的提示选择训练文件，完成此操作时对应的空白栏将出现选择文件的当前所在路径，如图 6-4 所示。

图 6-4 选择文件界面

"输入待测数据"栏是根据待评估隧道的相关资料，根据风险控制分级标准对每项风险因素进行综合评分，得出的综合分值需输入到对应的输入栏中。输入栏限制了输入数据的取值范围，使用者只能输入 0~10 的数字，如果输入数字为小数，则保留小数点后 1 位。

当选择好需进行训练的文件且输入待测数据之后，点击"开始评估"即可进行风险评估，评估结果将会以弹窗的方式显示。开始评估下方有一个"快捷评估"按钮，"快捷评估"整合了选择训练样本集功能，即选择了默认训练样本集文件，使用者只需输入待评估隧道各项风险因素的综合分值数据，点击"快捷评估"即可完成评估并显示出评估结果。

评估系统支持训练样本集的自行调整，使用者能够根据自己收集的样本资料进行输入和训练评估。这体现了评估系统可操作性强的特点，同时能够很好地解决训练样本集单一、固定、主观性强等问题。

6.3.5 总体风险评估模块介绍

本小节主要介绍总体风险等级评估模块的具体操作以及部分功能。总体风险等级评估界面如图 6-5 所示。

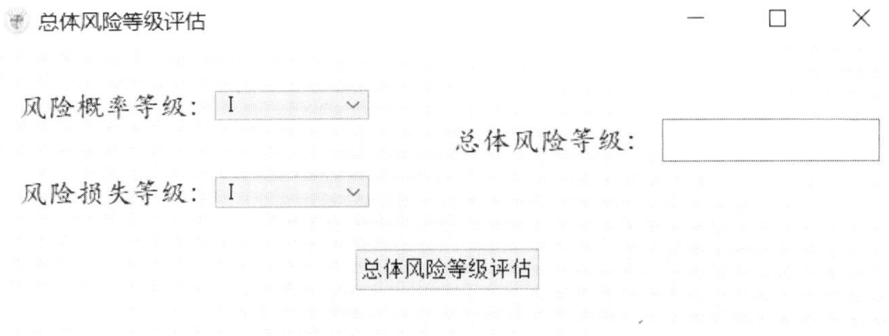

图 6-5 总体风险等级评估界面

“风险概率等级”一栏可根据前面介绍的评估系统“风险概率等级评估”功能得到，一共有五个等级能够选择，通过点击下拉框选择对应的风险概率等级；“风险损失等级”一栏共有五个等级能够选择，通过点击下拉框选择对应的风险损失等级。选择好“风险概率等级”和“风险损失等级”后，点击“总体风险等级评估”按钮即可在右侧“总体风险等级”栏中显示出评估结果，且总体风险评估接受准则与控制对策建议表将出现在“总体风险等级评估”按钮下方的空白处，如图 6-6 所示。

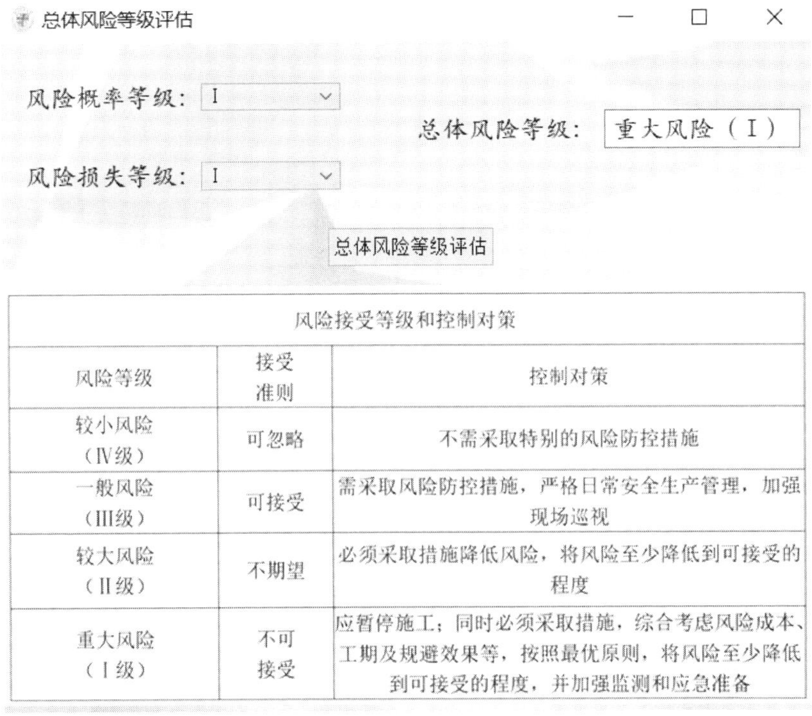

风险接受等级和控制对策		
风险等级	接受准则	控制对策
较小风险（Ⅳ级）	可忽略	不需采取特别的风险防控措施
一般风险（Ⅲ级）	可接受	需采取风险防控措施，严格日常安全生产管理，加强现场巡视
较大风险（Ⅱ级）	不期望	必须采取措施降低风险，将风险至少降低到可接受的程度
重大风险（Ⅰ级）	不可接受	应暂停施工；同时必须采取措施，综合考虑风险成本、工期及规避效果等，按照最优原则，将风险至少降低到可接受的程度，并加强监测和应急准备

图 6-6 风险接收等级及控制对策表

6.4 风险因素权重计算模块基本理论及介绍

风险因素权重计算模块设计算法是基于层次分析法建立的。在公路隧道施工的众多风险因素中，每种风险因素的相对重要性对后续风险的认识起着至关重要的作用，而权重值的大小反映了评估指标对风险影响的程度。针对风险指标权重值的问题，通常采用层次分析法来确定。

6.4.1 层次分析法

层次分析法能够通过主观地对待评测项目进行综合考量，得出各项风险因素的重要程度的相对大小，以此能够提出更有针对性的风险控制措施，对风险因素的认识也更加全面。同时因为概率神经网络在评估过程中是根据训练集的数据进行综合评估分类的，对于特定的某一隧道工程的风险因素之间的重要程度关系是无法区别的，采用层次分析法能够较好地解决这个问题。

层次分析法（Analytic Hierarchy Process，AHP）是将定性和定量解决方案结合到具有多个目标的复杂问题上的一种决策分析方法。该方法结合了定量分析和定性分析，利用评定者的经验来评估不同因素之间的相对重要性，并合理地给出每个因素的标准权重。使用权重来对每个因素的重要性进行排序，能够更有效地解决那些用定量方法难以解决的问题。

层次分析法的具体步骤如图 6-7 所示。

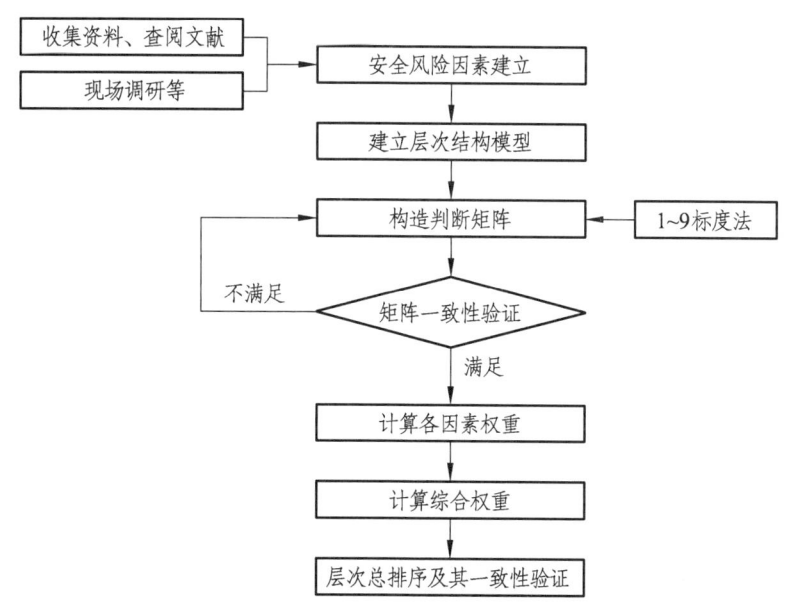

图 6-7 层次分析法流程

目前，层次分析法大都是基于某个专家的主观意识来判断每个风险因素之间的重要程度，进而计算每个因素的权重值。层次分析法通常采用 1~9 标度法进行判断矩阵的建立，如表 6-11 和表 6-12 所示。

表 6-11 1~9 标度法

标度	标度含义
1	表示两个元素相比，具有同样的重要性
3	表示两个元素相比，一个元素比另一个元素稍微重要
5	表示两个元素相比，一个元素比另一个元素明显重要
7	表示两个元素相比，一个元素比另一个元素强烈重要
9	表示两个元素相比，一个元素比另一个元素极端重要

注：2、4、6、8 为上述相邻判断的中值。

表 6-12 两两判断矩阵

判断项指标	A_1	A_2	…	A_j	…	A_n
A_1	a_{11}	a_{12}	…	a_{1j}	…	a_{1n}
…	…	…	…	…	…	…
A_i	a_{i1}	a_{i2}	…	a_{ij}	…	a_{in}
…	…	…	…	…	…	…
A_n	a_{n1}	a_{n2}	…	a_{nj}	…	a_{nn}

构造出判断矩阵后，计算判断矩阵中每行元素的平均值 $\overline{w}_i$。

$$\overline{w}_i = \sqrt[n]{\prod_{j=1}^{n} a_{ij}} \ (i=1,2,\cdots,n) \tag{6-29}$$

再对 $\overline{w}_i$ 进行归一化处理得到每个因素的权重 w_i。

$$w_i = \overline{w}_i / \sum_{i=1}^{n} \overline{w}_i \tag{6-30}$$

最后根据判断矩阵的最大特征值 $\lambda_{\max}$ 进行一致性验算。

$$\lambda_{\max} = \sum_{i=1}^{n} \frac{(Aw)_i}{nw_i} \tag{6-31}$$

$$CI = \frac{\lambda_{\max} - n}{(n-1)} \tag{6-32}$$

式中：CI——判断矩阵的一般一致性指标；
n——判断矩阵的阶数。

若 CI/RI < 0.1，则判断矩阵符合要求，否则需对判断矩阵进行再次建立并重新进行计算直到符合要求为止（表 6-13）。当所有判断矩阵符合要求时，可计算各层次指标之间的组合权重。

表 6-13 判断矩阵一致性验算表

n	1	2	3	4	5	6	7	8	9
RI	0	0	0.58	0.90	1.12	1.24	1.32	1.41	1.45

6.4.2 对层次分析法中判断矩阵的改进

从纵观层次分析法的流程可以看出，判断矩阵的构造是层次分析法的核心所在。构造一个较为客观的判断矩阵能使各个因素之间的权重分配更加合理准确，为接下来的分析工作提供稳定可靠的依据。

在隧道工程风险评估领域，通常采用专家调查法来进行两两因素的重要程度比较，从而构造出判断矩阵。在公路隧道施工专项风险评估过程中，风险因素往往并不只一个，专家们在对大量的因素之间进行两两判断时难免会出现填写不仔细，或判断不准确等情况，且 1~9 标度法用重要程度来描述因素之间的判断依据，这可能导致专家在评议过程中出现难以抉择的情况，例如标度值相差不大时，因素之间的重要程度往往难以评定。

为了解决上述问题，使构造出的判断矩阵更加符合实际情况，本节将待评定的每个因素的重要的程度划分为三个等级，每个等级用分值 1~9 来表示，如表 6-14 所示。分值越低代表其重要程度越低，反之，分值越高，代表其重要程度越高。

表 6-14 风险因素分值

分值范围	分值含义
1~3	表示待评定因素不重要
4~6	表示待评定因素比较重要
7~9	表示待评定因素非常重要

专家评定分值如表 6-15 所示。

表 6-15 专家评定分值

风险因素	x_1	x_2	x_3	⋯	x_n
分值	y_1	y_2	y_3	⋯	y_n

专家调查法统计出来的数据并不只有一个专家的评分情况，而是由多名专家进行打分评定的。将各个专家打分情况汇总为表 6-16。

表 6-16 专家评定汇总

序号	风险因素			
	x_1	x_2	…	x_n
1	y_{11}	y_{12}	…	y_{1n}
2	y_{21}	y_{22}	…	y_{2n}
…	…	…	…	…
m	y_{m1}	y_{m2}	y_1	y_{mn}

由于每个专家对于评定因素的认识不同,故而不同专家对同一因素的打分情况也不尽相同。为了能够综合考虑每个专家的打分情况,对每项因素的评分情况取平均值,即:

$$\overline{Y}_n = \frac{\sum_{m=1}^{m} y_{mn}}{m}, n=1,2,\cdots,n \tag{6-33}$$

通过求得每项风险因素得分平均值后,便可根据平均得分进行因素之间的重要程度判定。这里定义一个评分矩阵 $\boldsymbol{Y}$:

$$\boldsymbol{Y} = \begin{bmatrix} \overline{Y}_1 & \overline{Y}_2 & \cdots & \overline{Y}_n \end{bmatrix} \tag{6-34}$$

再定义判定数 A_{nn} 为:

$$A_{nn} = \begin{cases} \overline{Y}_n - \overline{Y}_n + 1, 当 \overline{Y}_n - \overline{Y}_n > 0 时 \\ \dfrac{1}{|\overline{Y}_n - \overline{Y}_n|+1}, 当 \overline{Y}_n - \overline{Y}_n < 0 时 \\ 1, 当 \overline{Y}_n - \overline{Y}_n = 0 时 \end{cases} \tag{6-35}$$

式中:$n=0,1,\cdots,n$。当 A_{nn} 不为整数时,根据四舍五入的原则进行取整处理。

于是,可以根据判定值 A_{nn} 构建新的判断矩阵作为层次分析法中的判断矩阵:

$$\boldsymbol{A} = \begin{bmatrix} A_{11} & A_{12} & \cdots & A_{1n} \\ A_{21} & A_{22} & \cdots & A_{2n} \\ \vdots & \vdots & & \vdots \\ A_{n1} & A_{n2} & \cdots & A_{nn} \end{bmatrix} \tag{6-36}$$

整理得最终判断矩阵为:

$$\boldsymbol{A} = \begin{bmatrix} 1 & A_{12} & \cdots & A_{1n} \\ A_{21} & 1 & \cdots & A_{2n} \\ \vdots & \vdots & & \vdots \\ A_{n1} & A_{n2} & \cdots & 1 \end{bmatrix} \tag{6-37}$$

6.4.3 风险因素权重计算模块操作说明

本小节主要介绍风险因素权重计算模块的具体操作以及部分功能。

风险因素权重计算模块的评估界面如图 6-8 所示。

图 6-8 风险因素权重计算界面

风险因素权重计算模块总共包含六个部分，分别是一级风险因素权重计算、工程地质因素权重计算、自然因素权重计算、设计施工因素权重计算、管理因素权重计算和综合权重计算。

在一级风险因素权重计算部分中，第一栏的"导入评分文件"需要使用者选择文件格式为*.xlsx 的 excel 评分文件，评分文件是通过专家或者相关技术人员对各个风险因素进行评分汇总而成的。点击"选择文件"后，根据相应的提示选择评分文件，完成此操作时对应的空白栏将出现选择文件的当前所在路径，如图 6-9 所示。

图 6-9 选择文件界面

选择好相应的评分文件后点击"权重计算"按钮即可自动计算出各个因素的权重，其中权重值的显示框是不可选取和更改的。在得出权重值的同时在"权重计算"按钮下方将显示判断矩阵的一致性验证结果，如图 6-10 所示。

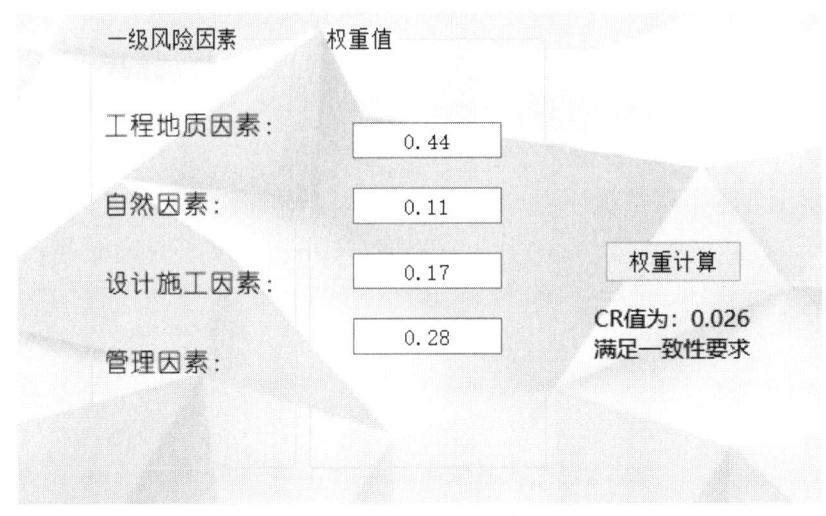

图中显示权重计算结果:
- 工程地质因素: 0.44
- 自然因素: 0.11
- 设计施工因素: 0.17
- 管理因素: 0.28

CR值为: 0.026 满足一致性要求

图 6-10 权重计算结果

6.5 金家庄隧道工程典型区段施工风险评估

6.5.1 金家庄隧道典型区段施工安全风险评估

本部分研究的是金家庄隧道工程在穿越强风化花岗岩断层破碎带时的施工安全风险评估，里程桩号为 ZK81+180～ZK81+260。在研究区段的围岩为强风化二长花岗岩，结构面发育，破碎程度高，等级为Ⅴ级，施工扰动相对较大。隧道开挖时可能出现滴水或线流现象。在典型施工区段施工易发生塌方或涌水两种风险事件。

1. 风险因素权重分析

运用层次分析法对金家庄隧道施工的每个风险因素进行权重的分配。采用专家调查法的方式对各个风险因素进行评分，评分标准参考表 6-14，整理汇总的专家评分表如表 6-17 和表 6-18 所示。

表 6-17 二级风险因素专家评分表

一级因素	二级因素	专家序号及评分情况				
		1	2	3	4	5
工程地质因素	围岩等级（BQ 值）	8	7	7	8	8
	断层破碎带	3	1	2	3	2
	偏压	3	2	1	1	1
	地震（地震烈度）	1	2	1	2	3
	埋深	2	4	1	2	1
	特殊地质	5	4	3	4	6
	地下水	8	7	9	8	7

续表

一级因素	二级因素	专家序号及评分情况				
		1	2	3	4	5
自然因素	温度	2	1	1	2	1
	降雨量	8	9	7	8	9
设计施工因素	设计参数的选取	5	6	8	5	6
	工程地质勘测	5	4	5	6	4
	开挖工法	4	6	4	5	5
	支护及时性	6	8	7	8	8
	按设计施工程度	8	5	5	4	6
	超欠挖情况	3	3	5	4	5
管理因素	监控量测	6	8	5	7	6
	超前地质预报	8	6	7	8	6
	安全意识培训	8	3	5	4	5
	施工队伍素质	8	7	8	8	7
	监督管理	6	8	9	5	6

表 6-18　一级风险因素专家评分表

一级因素	专家序号及评分情况				
	1	2	3	4	5
工程地质因素	8	7	7	8	8
自然因素	5	4	6	5	6
设计施工因素	6	5	5	6	7
管理因素	8	7	8	5	6

基于改进后的判断矩阵构建方法，对专家的评分进行判断矩阵的构建。通过构建出的二级风险因素判断矩阵计算出相对应的权重值以及对判断矩阵进行一致性验证。同时，使用开发评估系统的风险因素权重计算模块功能进行验证计算。所有的计算权重值均根据专家评分表计算得出，具体结果如下文所述。

（1）工程地质因素权重计算。

工程地质因素的判断矩阵及权重如表 6-19 所示，评估系统计算的权重结果如图 6-11 所示。

表 6-19　工程地质因素判断矩阵及权重

二级风险因素	c_1	c_{11}	c_{12}	c_{13}	c_{14}	c_{15}	c_{16}	c_{17}	权重 ω_i	一致性判断
围岩等级（BQ 值）	c_{11}	1	6	7	7	7	4	1	0.34	
断层破碎带	c_{12}	1/6	1	2	1	1	1/3	1/7	0.05	
偏压	c_{13}	1/7	1/2	1	1	1	1/4	1/7	0.04	CR 值为 0.016<0.1，满足一致性要求
地震（地震烈度）	c_{14}	1/7	1	1	1	1	1/4	1/7	0.04	
埋深	c_{15}	1/7	1	1	1	1	1/3	1/7	0.05	
特殊地质	c_{16}	1/4	3	4	4	3	1	1/4	0.13	
地下水	c_{17}	1	7	7	7	7	4	1	0.34	

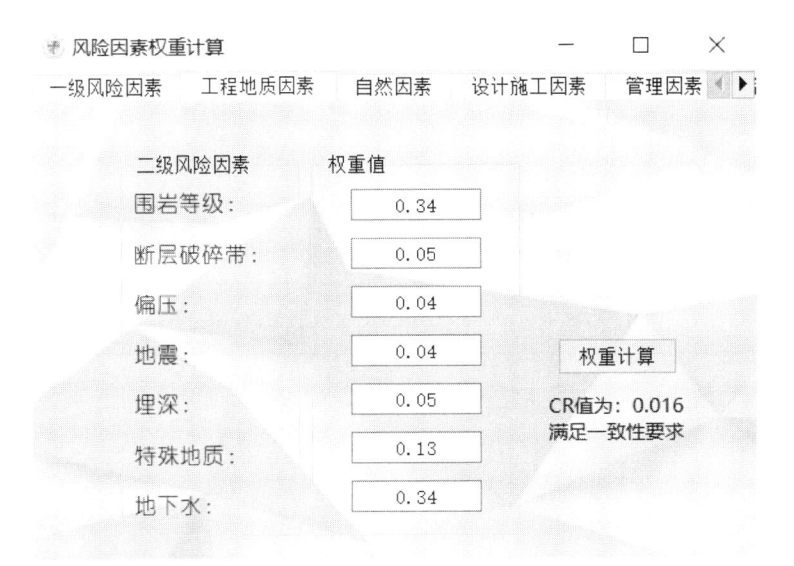

图 6-11　工程地质因素权重值

（2）自然因素权重计算。

自然因素的判断矩阵及权重如表 6-20 所示，评估系统计算的权重值如图 6-12 所示。

表 6-20　自然因素判断矩阵及权重

二级风险因素	c_2	c_{21}	c_{22}	权重 ω_i	一致性判断
温度	c_{21}	1	1/8	0.11	因元素只有两个，故满足一致性验证
降雨量	c_{22}	8	1	0.89	

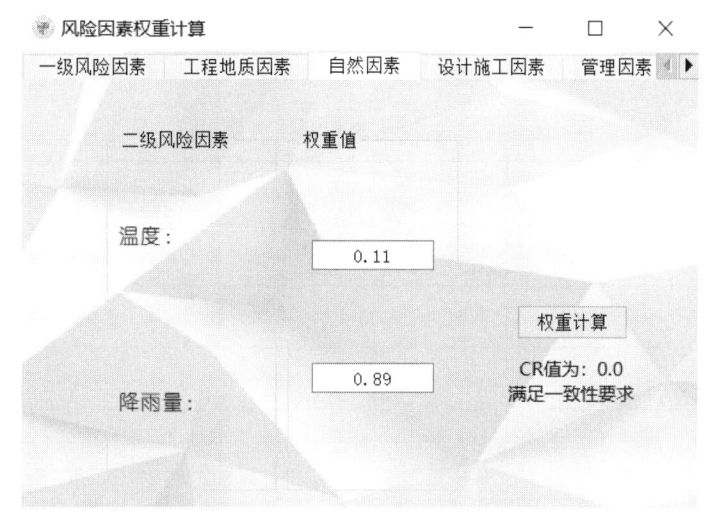

图 6-12 自然因素权重值

（3）设计施工因素权重计算。

设计施工因素的判断矩阵及权重如表 6-21 所示，评估系统计算的权重值如图 6-13 所示。

表 6-21 设计施工因素判断矩阵集权重

二级风险因素	c_3	c_{31}	c_{32}	c_{33}	c_{34}	c_{35}	c_{36}	权重 ω_i	一致性判断
设计参数的选取	c_{31}	1	2	2	1/2	1	3	0.19	
工程地质勘测	c_{32}	1/2	1	1	1/4	1/2	2	0.10	
开挖工法	c_{33}	1/2	1	1	1/4	1/2	2	0.10	CR 值为 0.011<0.1，满足一致性要求
支护及时性	c_{34}	2	4	4	1	3	4	0.38	
按设计施工程度	c_{35}	1	2	2	1/3	1	3	0.18	
超欠挖情况	c_{36}	1/3	1/2	1/2	1/4	1/3	1	0.06	

图 6-13 设计施工因素权重值

（4）管理因素权重计算。

管理因素的判断矩阵及权重如表 6-22 所示，评估系统计算的权重值如图 6-14 所示。

表 6-22 管理因素判断矩阵及权重

二级风险因素	c_4	c_{41}	c_{42}	c_{43}	c_{44}	c_{45}	权重 ω_i	一致性判断
监控量测	c_{41}	1	1/2	2	1/2	1	0.16	
超前地质预报	c_{42}	2	1	3	1/2	1	0.22	CR 值为 0.013<0.1，满足一致性要求
安全意识培训	c_{43}	1/2	1/3	1	1/4	1/3	0.08	
施工队伍素质	c_{44}	2	2	4	1	2	0.35	
监督管理	c_{45}	1	1	3	1/2	1	0.19	

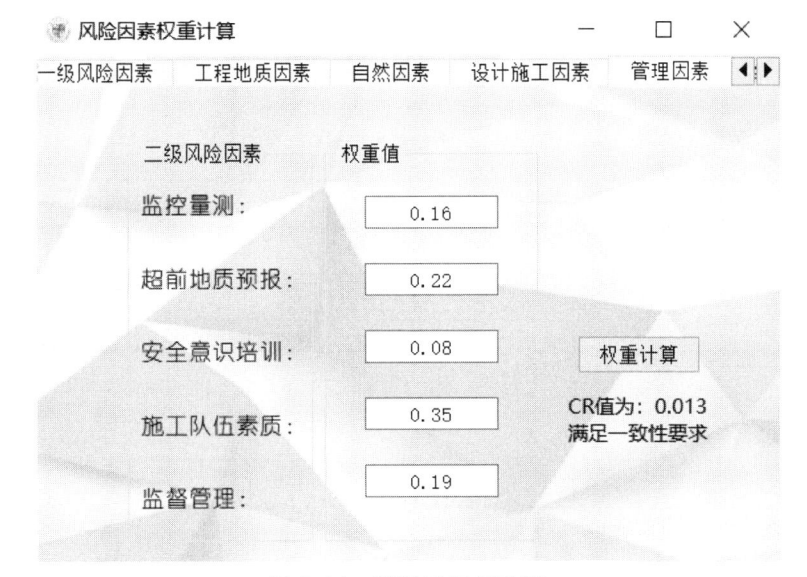

图 6-14 管理因素权重值

一级风险因素的判断矩阵及权重如表 6-23 所示，评估系统计算的权重值如图 6-15 所示。

表 6-23 一级风险因素判断矩阵及权重

一级风险因素	c	c_1	c_2	c_3	c_4	权重 ω_i	一致性判断
工程地质因素	c_1	1	3	3	2	0.44	
自然因素	c_2	1/3	1	1/2	1/3	0.11	CR 值为 0.026<0.1，满足一致性要求
设计施工因素	c_3	1/3	2	1	1/2	0.17	
管理因素	c_4	1/2	3	2	1	0.28	

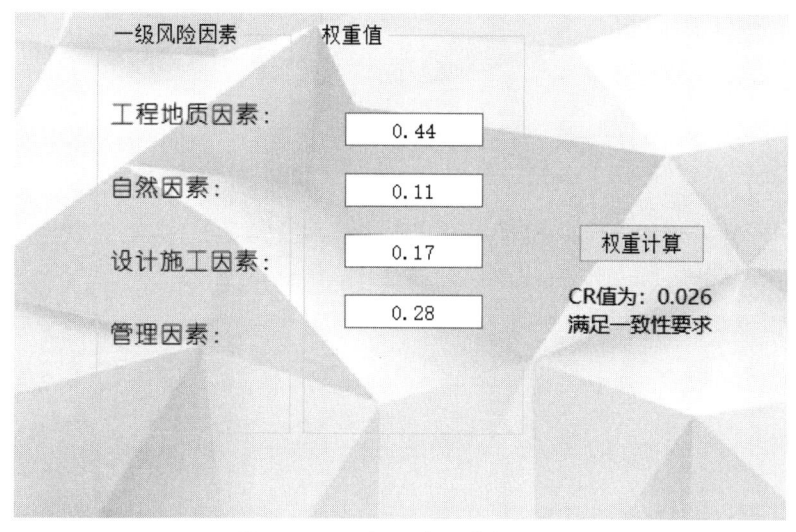

图 6-15 一级风险因素权重值

最终可以计算出各个风险因素的权重值，如表 6-24 和图 6-16 所示。

表 6-24 各风险因素权重指标

影响因素		权重
一级因素	二级因素	
工程地质因 c_1	围岩等级（BQ 值）c_{11}	0.150
	断层破碎带 c_{12}	0.022
	偏压 c_{13}	0.018
	地震（地震烈度）c_{14}	0.018
	埋深 c_{15}	0.022
	特殊地质 c_{16}	0.057
	地下水 c_{17}	0.150
自然因 c_2	温度 c_{21}	0.012
	降雨量 c_{22}	0.098
设计施工因 c_3	设计参数的选取 c_{31}	0.032
	工程地质勘测 c_{32}	0.032
	开挖工法 c_{33}	0.017
	支护及时性 c_{34}	0.065
	按设计施工程度 c_{35}	0.031
	超欠挖情况 c_{36}	0.010
管理因 c_4	监控量测 c_{41}	0.045
	超前地质预报 c_{42}	0.062
	安全意识培训 c_{43}	0.022
	施工队伍素质 c_{44}	0.098
	监督管理 c_{45}	0.053

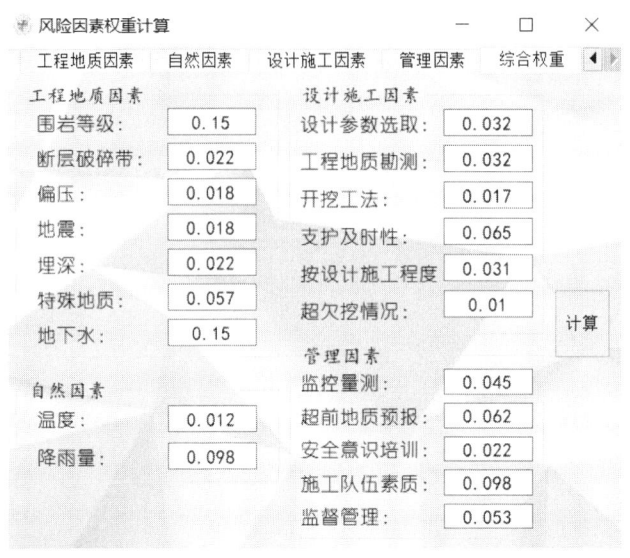

图 6-16 各风险因素最终权重值

通过层次分析法权重计算结果可以看出，一级因素指标对金家庄隧道典型段施工风险影响大小为：工程地质因素 c_1>管理因素 c_4>设计施工因素 c_3>自然因素 c_2。二级因素指标中，围岩等级 c_{11}、地下水 c_{17}、降雨量 c_{22} 和施工队伍素质 c_{44} 对隧道施工过程风险概率的影响最大。得出各个因素的影响权重之后，便可根据不同因素的影响大小进行有针对性的处理，降低隧道施工风险事件的概率。

2. 风险因素综合评价建立

本书建立的风险评价指标中，一级指标有 4 个，二级指标有 20 个。本节将根据金家庄隧道典型区段的实际情况，结合现场专业技术人员的意见，参照表 6-9 的评分标准，对 20 个二级指标进行量化评分建立评价表。

（1）工程地质因素。

① 围岩等级。

待评估区段围岩等级为Ⅳ级和Ⅴ级，根据表 6-5 的评价标准，围岩等级的综合分值为 8.5。

② 断层破碎带。

待评估区段所处上黄旗乌龙沟深断裂带，隧道施工期间穿越破碎带长度约为 10 m，根据表 6-5 的评价标准，断层破碎带的综合分值为 6。

③ 偏压。

待评估区段不存在偏压现象，根据表 6-5 的评价标准，综合分值为 0.5。

④ 地震（地震烈度）。

根据国家地震局发布的《中国地震动参数区划图》，项目施工所经区域为Ⅱ类场地，按 50 年超越概率 10%的设防标准，隧道区内抗震设防烈度为 7 度，根据表 6-5 的评价标准，地震的综合分值为 7。

⑤ 埋深。

待评估区段最大埋深为 160 m，据表 6-5 的评价标准，埋深的综合分值为 3.6。

⑥ 特殊地质。

待评估区段穿越断层破碎带 1 处，无其他特殊地质，据表 6-5 的评价标准，特殊地质的综合分值为 6。

⑦ 地下水。

待评估区段地下水较发育，风险源识别中判断可能发生涌水事故，据表 6-5 的评价标准，地下水的综合分值为 8。

（2）自然因素。

① 温度。

隧址区温度对待评估区段的施工产生的影响很小，据表 6-5 的评价标准，温度的综合分值为 2。

② 降雨量。

待评估区域的年均降水量在 424 mm 左右，据表 6-5 的评价标准，降雨量的综合分值为 3.5。

（3）设计施工因素。

① 设计参数的选取。

金家庄隧道设计参数的选取都非常合理，据表 6-5 的评价标准，综合分值为 0.5。

② 工程地质勘测。

勘测设计单位为河北省交通规划设计院，该院具有丰富的隧道工程勘测设计经验，据表 6-5 的评价标准，综合分值为 0.5。

③ 开挖工法。

待评估区段开挖工法采用的是两台阶预留核心土法，工法采用合理，据表 6-5 的评价标准，综合分值为 2.6。

④ 支护及时性。

待评估区段在施工完成后能及时地进行支护，据表 6-5 的评价标准，综合分值为 2.8。

⑤ 按设计施工程度。

待评估区段基本按照设计图纸进行施工，并且能根据施工情况进行动态调整，据表 6-5 的评价标准，综合分值为 1.8。

⑥ 超挖情况。

隧道整体采用光面爆破技术，超挖平均深度为 33 cm，据表 6-5 的评价标准，综合分值为 4.6。

（4）管理因素。

① 监控量测。

项目监控量测内容较充足，频率基本按照规范执行，但检测准确度不够，有待完善，据表 6-5 的评价标准，综合分值为 5.3。

② 超前地质预报。

该区段施工过程中均进行了超前地质预报，预报准确，能探测到掌子面前 20～30 m 围岩情况，据表 6-5 的评价标准，综合分值为 2.6。

③ 安全意识培训。

隧道施工进出口均设置专职安全人员，安全培训次数合理，但实际演练不足，还有待完善，据表 6-5 的评价标准，综合分值为 4.8。

④ 施工队伍素质。

施工人员经验较丰富，据表 6-5 的评价标准，综合分值为 1.6。

⑤ 监督管理。

大部分监管人员具有相应的专业技术水平，据表 6-5 的评价标准综合分值为 4.8。

通过对金家庄隧道 20 个风险因素进行综合评价，得到了金家庄隧道工程典型段施工风险分值，如表 6-25 所示。

表 6-25 金家庄隧道典型段施工风险分值

影响因素		综合分值
一级因素	二级因素	
工程地质因素	围岩等级（BQ 值）	8.5
	断层破碎带	6.0
	偏压	0.5
	地震（地震烈度）	7.0
	埋深	3.6
	特殊地质	6.0
	地下水	8.0
自然因素	温度	2.0
	降雨量	3.5
设计施工因素	设计参数的选取	0.5
	工程地质勘测	0.5
	开挖工法	2.6
	支护及时性	2.8
	按设计施工程度	1.8
	超欠挖情况	4.6
管理因素	监控量测	5.3
	超前地质预报	2.6
	安全意识培训	4.8
	施工队伍素质	1.6
	监督管理	4.8

3. 金家庄隧道典型区段施工风险评价结果

将金家庄隧道典型区段施工的各项风险因素的综合评分值输入到风险评估系统对应的输入框中，如图 6-17 所示。

图 6-17 待评测数据输入界面

隧道的各项风险因素综合评分值输入完成后，点击"快捷评估"按钮即可得到风险概率等级的评估结果，如图 6-18 所示。

图 6-18 风险概率等级评估结果

通过对金家庄隧道典型区段进行风险评估，得到其发生风险事件的概率等级为Ⅲ，即风险事件为"偶然发生"，为此需要采取相应的风险控制措施，尽可能把风险发生概率降至最低。

现场专业技术人员对该区段的风险后果进行了分析评估，结合表 6-2 的风险事件严重程度等级标准，得出若事故发生造成的后果等级为Ⅳ的结论，即后果等级描述为"一般"，控制对策为"需采取风险防控措施，严格日常安全生产管理，加强现场巡视"。

4. 风险事件控制对策

金家庄隧道施工塌方风险是隧道重点控制对象,并且与其他的风险事件(如涌水突泥等)有一定的耦合作用,其风险的控制措施与对策对于金家庄隧道典型区段的施工安全起着至关重要的作用。结合前文所述的对风险因素的权重分析,在一级因素指标中,工程地质因素 $c_1>$ 管理因素 $c_4>$ 设计施工因素 $c_3>$ 自然因素 c_2;在二级因素指标中,围岩等级 c_{11}、地下水 c_{17}、降雨量 c_{22} 和施工队伍素质 c_{44} 的权重占比是最大的。本小节从一级因素指标分别介绍应采取的风险控制措施。

(1)工程地质因素风险对策。

对于围岩较为破碎的情况,采取对围岩进行注浆加固的措施能有效地改善围岩的自身条件,增加围岩的强度,同时能隔断围岩中的地下水的渗入,降低施工中出现风险事件的概率,增加施工的安全性。

对于地下水的处置,防排水是关键,山岭隧道地下水的预防必须按"以堵为主,适量排放,防截排堵结合,综合治理"的原则。对于使用超前地质预报探测到的地下水丰富区段,应采用超前帷幕注浆防堵,强调结构自防水,注浆一段距离后再进行隧道的开挖。

(2)管理因素对策。

严格的施工管理制度决定了施工的安全性。金家庄隧道工程项目部在每个隧道进出口均配置了专业的安全人员进行日常安全监督工作。同时,还需加强对施工人员、管理人员的安全意识教育培训工作,如每周进行安全教育讲座、每月进行安全事故演练工作等。针对塌方、涌水等事故应成立相应的应急处理小组,提前做好应急预案,并制订相应的模拟演练营救计划,提高救援人员的专业素质。相关管理人员应不定时地对每个洞口进行安全检查工作,对安全防治工作不到位的安全人员予以适当的惩罚,对安全工作表现突出的安全人员予以表彰。

(3)设计施工因素。

严格按照"管超前、严注浆、小断面、短进尺、强支护、早封闭、勤量测"的施工原则,加强现场技术人员的管理配备。

对于围岩情况较差的地段应以 TSP(Tunnel Seismic Prediction,超前地质预报)法长距离探测与水平探孔相结合的方法,详细探得掌子面前方地质情况,及早掌握地质变化位置及情况,并适当加强预报频率及范围,确保施工安全。

严格按照相关规范进行爆破设计,不同围岩情况应有不同的爆破方案;现场炮孔施工时应有专业技术人员监督施工,严格按照设计图纸进行施工装药,以减少超挖的情况。

施工工法应随着隧道开挖掌子面情况或超前地质预报情况进行动态调整。当支护参数不足时应及时向设计方和业主反映,及时增加支护结构相应参数和数量。

应加强对围岩的监控量测工作,当发现监测数据出现异常时,应当向施工人员及时反映,并停止施工,分析出现异常数据的原因并做出相应的处置措施。

(4)自然因素。

及时了解当地的气象情况,制定好相应的极端天气情况应对措施。同时加强地面及隧道内的排水功能。

如隧道内的温度过高,应采取加强通风和洒水相结合的方式来降低温度。同时应准备好相应的防暑药物,保证施工人员的安全。

6.5.2 采取风险控制措施后的风险事件概率评估

对采取风险控制措施后的风险因素进行评价建立。以下只列出综合分值发生变化的风险因素。

（1）工程地质因素。

① 围岩等级。

对围岩进行注浆加固处理后，围岩的自身条件得到较好的改善。根据表 6-5 的评价标准，综合评判后，加固后围岩等级的综合分值为 6。

② 地下水。

对地下水进行适当的处理，据表 6-5 的评价标准，综合评判后，地下水的综合分值为 6.5。

（2）设计施工因素中的超挖情况。

对围岩进行注浆加固处理后，超挖情况会得到有效的改善。据表 6-5 的评价标准，综合评判后，超挖情况的综合分值为 3.5。

（3）管理因素。

① 安全意识培训。

采取风险控制措施后，建设单位加大了对相关人员的实际演练工作，据表 6-5 的评价标准，安全意识培训综合分值为 3。

② 监督管理。

采取风险控制措施后，建设单位加大了对施工过程的监管力度，据表 6-5 的评价标准，监督管理综合分值为 2.5。

将采取风险控制措施后金家庄隧道典型区段施工的各项风险因素的综合评分值输入到风险评估系统对应的输入框中进行风险评估，得出如图 6-19 所示的结果。

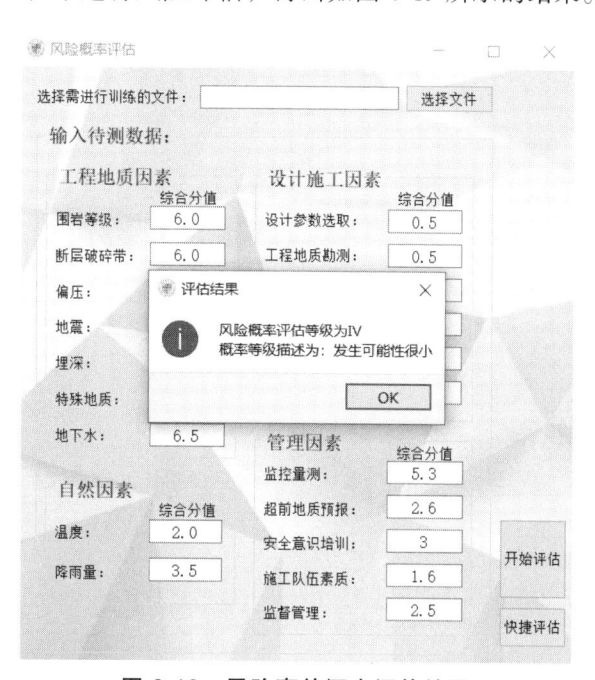

图 6-19 风险事件概率评估结果

采取风险控制措施后，隧道施工风险概率等级为Ⅳ，即"发生可能性很小"，说明采取风险控制措施能降低风险事件发生的概率。

6.6 本章小结

本章围绕公路隧道施工专项风险评估系统的开发及应用，以概率神经网络和层次分析法为理论依据，对金家庄隧道典型区段施工进行安全风险评估。

（1）以资料调研为基础建立公路隧道施工专项风险指标评价体系，为后续的评估工作做好铺垫。

（2）运用层次分析法弥补概率神经网络对于风险因素权重分配问题，对层次分析法中传统判断矩阵进行了改进，提出一种改进后的判断矩阵建立方法。

（3）以概率神经网络为理论基础，使用计算机编程语言 Python 和 GUI 应用软件开发框架 PyQt 开发出公路隧道施工专项风险评估系统。

（4）使用开发的评估系统对各个风险因素进行权重值计算，得出一级指标中金家庄隧道典型区段施工风险因素的影响大小为：工程地质因素 c_1>管理因素 c_4>设计施工因素 c_3>自然因素 c_2；二级指标中围岩等级 c_{11}、地下水 c_{17}、降雨量 c_{22} 和施工队伍素质 c_{44} 对隧道施工的影响最大。

（5）使用开发的评估系统对金家庄隧道典型区段施工进行风险评估，得出该区段施工发生风险事件的概率等级为Ⅲ，即风险事件发生概率为"偶然发生"，该区段的总体风险等级为一般风险（Ⅲ级）。针对不同的一级风险因素提出了相对应的风险控制措施，并使用开发的评估系统对采取风险控制措施后风险事件发生概率进行评估，得出采取风险措施后风险事件发生概率等级为Ⅳ，即风险事件发生概率为"发生可能性很小"的结论，说明采取风险措施能降低风险事件发生的概率。

第 7 章

特长螺旋隧道洞身开挖与支护机械化作业模式及特性

7.1 限制快速施工的重要因素节点

限制快速施工的重要因素节点主要集中在两方面，一方面是隧道施工过程中各工序之间不能合理协调与衔接的问题，另一方面是各工序内部不能顺利完成作业的问题。这些问题造成了隧道施工循环时间较长，施工效率较低的不良后果。

7.1.1 超欠挖技术控制问题

金家庄特长螺旋隧道采用上下行独立双洞四车道形式，隧道主洞洞身每延米开挖量为 150.60 m³（含仰拱开挖），隧道开挖面积大，再加上螺旋形走向，给隧道超欠挖控制带来巨大困难。根据设计，本隧道 V 级围岩变形预留量为 15 cm，平均允许超挖 10 cm，禁止欠挖。为实现此超欠挖控制，要求现场采用光面爆破形式，如图 7-1 和图 7-2 所示。

图 7-1 隧道左洞钻孔   图 7-2 隧道右洞钻孔

现场采取的措施是严格控制周边眼的长度、角度和装药量并加强对隧道走向的量测，及时复核线形。施工放样前的准备工作及原理：根据线路曲线要素表和测站导线点坐标算出测站点对应于隧道中线的里程，测出测站点至掌子面的距离和里程。算出它的设计坐标和设计拱顶高程，根据坐标反算求出测站点到掌子面的方位角，根据掌子面的设计高程与测站点的

视线高程算出测站点到掌子面的竖直角,确定该点位。现场施工采用光面爆破形式,为减轻爆破时对围岩的扰动,周边眼采用 $\phi25$ 小直径光爆药卷,并采用导爆索串装药结构,孔口堵塞长度不小于 40 cm。Ⅳ类围岩周边眼间距 $E = 65$ cm,最小抵抗线 $W = 80$ cm,相对距离 $E/W = 0.80$,周边眼装药集中度为 0.30 kg/m。Ⅳ类围岩周边间距 $E = 45$ cm,最小抵抗线 $W = 56$ cm,相对距离 $E/W = 0.80$,周边眼装药集中度为 0.30 kg/m。

根据现场调查,本隧道钻孔采用人工手持风动凿岩机钻孔,现场作业人员为 14 人,13 名钻孔人员,13 台风动凿岩机,1 名管理人员。钻孔前相关测设人员对钻孔位置进行标定,之后钻孔人员手持风动凿岩机在开挖台架作业面上按照标定好的位置进行钻孔。超欠挖效果的影响因素主要有两个:一个是钻孔参数,包括钻孔设备的选择、钻孔角度、钻孔深度、钻孔间距、钻孔数量等;另一个是装药量的多少。由于使用手持风动凿岩机进行钻孔,钻孔角度、位置甚至深度与设计参数有一定差别,造成装药爆破后效果不理想,超欠挖严重。

超欠挖的程度会直接反映在立架和湿喷两道工序上,如果发生欠挖,立架时会造成钢架设计支立位置被围岩占据,无法支立。如果发生超挖,一方面可根据立架完成后钢架到围岩表面的距离远近看出,另一方面可根据湿喷时混凝土用量的多少来反映。

现对现场记录的 60 个作业循环内反映超欠挖情况的数据进行整理分析,如表 7-1 所示。

表 7-1 第三阶段既有方案与优化方案数值计算对比

序号	进尺	立架榀数	立架时间	湿喷用量	序号	进尺	立架榀数	立架时间	湿喷用量
1	3	3	240	80.00	31	4	4	110	27.50
2	4	4	310	77.50	32	3	3	140	46.67
3	4	4	300	75.00	33	4	4	240	60.00
4	2.25	3	220	73.33	34	4	4	180	45.00
5	1.5	2	310	155.00	35	3	3	175	58.33
6	1.5	2	230	115.00	36	4	4	215	53.75
7	2.25	3	130	43.33	37	4	4	240	60.00
8	0.75	1	215	215.00	38	4	4	210	52.50
9	0.75	1	270	270.00	39	4	4	300	75.00
10	0.75	1	220	220.00	40	3	3	270	90.00
11	0.75	1	90	90.00	41	4	4	280	70.00
12	0.75	1	110	110.00	42	2	2	220	110.00
13	4	4	305	76.25	43	2	2	320	160.00
14	4	4	320	80.00	44	1.5	2	340	170.00
15	4	4	220	55.00	45	1.5	2	330	165.00
16	4	4	230	57.50	46	2	2	350	175.00
17	3	3	260	86.67	47	3	3	360	120.00
18	3	3	190	63.33	48	3	3	200	66.67

续表

序号	进尺	立架榀数	立架时间	湿喷用量	序号	进尺	立架榀数	立架时间	湿喷用量
19	3	3	220	73.33	49	1	1	220	220.00
20	3	3	260	86.67	50	1.5	2	320	160.00
21	1.5	2	255	127.50	51	2	2	290	145.00
22	1.5	2	188	94.00	52	2	2	290	145.00
23	1.5	2	180	90.00	53	2	2	195	97.50
24	2.25	3	395	131.67	54	4	4	290	72.50
25	1.5	2	160	80.00	55	4	4	280	70.00
26	1.5	2	180	90.00	56	4	4	220	55.00
27	1.5	2	130	65.00	57	4	4	240	60.00
28	1.5	2	395	197.50	58	4	4	260	65.00
29	4	4	244	61.00	59	4	4	300	75.00
30	4	4	210	52.50	60	4	4	280	70.00

1. 统计欠挖情况

通过各循环中立架榀数和立架时间求出各循环支立1榀钢架用时，绘制点线图；然后根据点线图绘制出立架时间的大概率区间；最后选取一个标准，将超过此标准的循环设定为发生欠挖的循环。

图7-3为支立1榀钢架用时点线图。由图可知，平均立架时间基本分布在40~85 min内，但由于一些特殊情况，如地质情况复杂，围岩类型变化快，会造成采用与之前相同的爆破参数进行爆破后的爆破效果不理想，在围岩较之前好的地段发生欠挖，较之前差的地段发生超挖。根据图7-3，有些循环的立架时间（大于120 min）大大超过平均时间（98.88 min），这主要是因为欠挖导致钢架支立不及时，需要在立架中途进行补炮或其他工作，才能正常完成立架作业，因而作业时间延长。经统计，在60个循环内，此情况发生了15次，即欠挖率为25%。

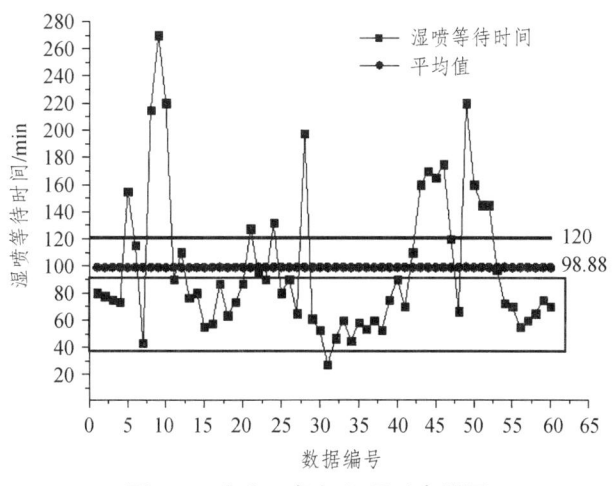

图7-3 支立1榀钢架用时点线图

2. 分析超挖情况

通过各循环湿喷作业时所用混凝土总量进行反映,首先计算各循环每延米进尺下的湿喷混凝土用量,绘制点线图;然后根据点线图选定出每延米进尺湿喷混凝土用量的大概率区间,用量超过此区间的循环说明混凝土用量较多,但考虑到湿喷手的操作水平和混凝土回弹率等因素,将各循环中每延米进尺下湿喷混凝土用量过度多于平均混凝土用量的循环看作是超挖循环,如图 7-4 所示。

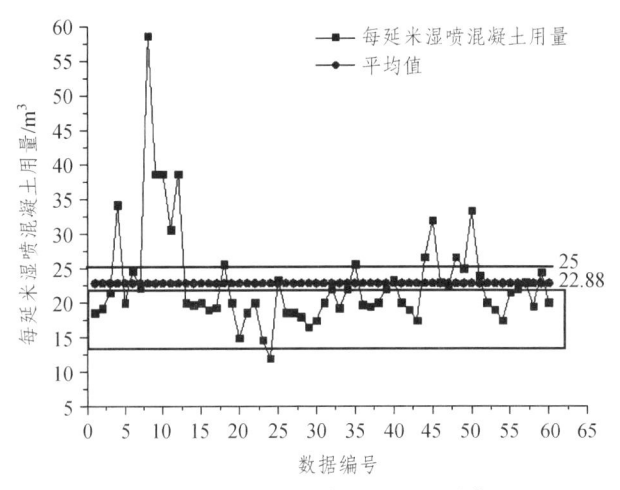

图 7-4 每延米进尺湿喷混凝土用量点线图

隧道设计初期支护中每延米湿喷混凝土量为 3.59 m³,但考虑到湿喷作业过程中的混凝土的回弹等因素,实际每延米混凝土用量必然大于 3.59 m³。通过图 7-4 可以看出,每延米进尺湿喷混凝土用量基本集中在 15~22 m³ 内,但由于湿喷手操作水平及隧道超欠挖程度的不同,湿喷每延米混凝土用量也不同,将每延米进尺湿喷混凝土用量超过 25 m³ 的循环定义为超挖循环。由图 7-4 可以看出,在 60 个循环内超挖次数为 12 次,超挖率为 20%。

根据现场调查数据,在 60 个施工循环内,由于欠挖无法立架,进行补炮的次数发生了 15 次,欠挖率为 25%,超挖的次数发生了 12 次,超挖率为 20%,因此本隧道的超欠挖发生的概率为 45%,超欠挖控制效果一般。此外,结合现场围岩情况可以进一步得知,在隧道围岩等级较好(Ⅲ级,S4a1 和 S4a2)时易发生欠挖,而在隧道围岩等级较差(S4C+和 V 级)时易发生超挖。

7.1.2 个别工序施工冲突问题

1. 湿喷作业与仰拱拆模作业冲突

通过现场跟车观察发现,由于栈桥前后仅能允许一辆车通过,因此在仰拱或下道施工时会对掌子面施工中的机械设备产生影响,尤其是隧道出渣和湿喷这两类机械设备往返频繁的作业线。图 7-5 左边所示为掌子面在进行湿喷作业,但下道同时在拆仰拱模板,造成了交通堵塞,延长了湿喷时间。

2. 出渣作业与仰拱浇筑作业冲突

图 7-5 右边所示为掌子面在进行出渣作业,但此时仰拱在进行浇筑,混凝土罐车停在栈桥上往仰拱位置进行卸料,从而使出渣车辆不能通行。在仰拱浇筑过程中,混凝土罐车需要开至栈桥上将混凝土输送到仰拱回填部位,这便堵死了掌子面与洞口的连接通道,造成了其他车辆无法通过栈桥前往掌子面或从掌子面驶向洞口,进而延长了出渣作业时间。

图 7-5 仰拱施工占用栈桥

7.1.3 各工序衔接问题

由于现场不同作业线的施工人员和所需材料设备不同,因此各工序之间的衔接时间对开挖进度影响很大。根据现场调查,除钻孔作业线和爆破作业线衔接紧密外,其他工序衔接都存在一些问题。这些问题有下一作业班组人员未及时到位,所需材料设备未能提前准备充分,机械设备忙于其他工作调用不及时等。其中,最主要的问题是作业人员不能及时到位,尤其是出渣完成后到立架的等待时间和立架完成到湿喷开始的等待时间,长时间延误的状况发生频率较高,应加强管理,一方面是机械设备的准备情况,如装载机应及时将开挖台车移至掌子面为立架提供作业空间,湿喷机应提前检查工作状况,避免在湿喷过程中发生故障;另一方面是及时通知作业人员并及时将材料运送进场。

1. 出渣与立架作业衔接

表 7-2 记录了出渣完成到立架开始的等待时间,图 7-6 为出渣完成到立架开始的衔接时间点线图。出渣完成后须使用挖掘机进行排危,排危时间已经算到出渣时间内,现统计的是排危完成到立架的间隔时间。这个时间的影响因素有钢架、钢筋网的准备情况、装载机空闲情况等。由于装载机在之前进行出渣工作,因此将钢架等材料运至掌子面然后将开挖台车推至掌子面必然需要一定时间。由图表可知,衔接时间基本集中在 0~100 min 内,也代表着目前情况下人员和设备进场的时间将近 100 min。造成衔接时间较长的原因是现场管理人员未及时通知立架人员和设备进场。由图可知,部分循环的衔接时间严重超过平均等待时间,这表示在对应循环内由于一些特殊原因(包括立架时正值饭点,立架时是夜间,工人积极性不高)造成人员长时间未进场,并且可以看到在这种情况发生后,接下来的几个循环也会发生同样的问题,这是由于现场作业一个循环的时间大致在 30 h,因此每隔一段时间就会在夜间

进行立架作业，而且会持续数天的时间。

表 7-2 出渣完成到立架等待时间数据记录表　　　　单位：min

序号	时间	序号	时间	序号	时间
1	20	21	205	41	71
2	40	22	60	42	77
3	50	23	115	43	80
4	60	24	90	44	70
5	50	25	60	45	56
6	157	26	60	46	50
7	60	27	330	47	40
8	105	28	70	48	70
9	30	29	50	49	55
10	250	30	100	50	72
11	205	31	50	51	55
12	30	32	40	52	66
13	20	33	110	53	65
14	360	34	120	54	70
15	205	35	40	55	80
16	125	36	80	56	70
17	470	37	60	57	40
18	25	38	40	58	120
19	100	39	120	59	140
20	290	40	130	60	400

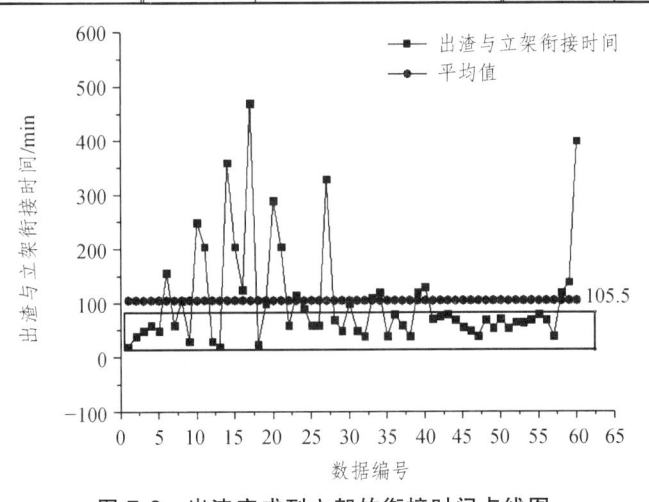

图 7-6 出渣完成到立架的衔接时间点线图

总之，造成出渣与立架衔接时间延长的主要因素是作业人员未能及时到位，其他因素如钢架未能及时准备好，胡乱摆放等发生概率很小，且基本不存在机械设备方面的问题。

2. 立架与湿喷作业衔接

表 7-3 记录了立架完成到湿喷开始的等待时间。在立架完成后，根据不同围岩类型判断是否需要超前支护，此等待时间为不包括超前支护在内的从立架完成到湿喷开始时的等待时间。

表 7-3 立架完成到湿喷开始的等待时间数据记录表　　　单位：min

序号	时间	序号	时间	序号	时间
1	60	21	104	41	40
2	30	22	100	42	25
3	100	23	50	43	50
4	120	24	480	44	40
5	60	25	240	45	30
6	10	26	90	46	55
7	90	27	110	47	60
8	200	28	40	48	75
9	160	29	110	49	40
10	210	30	50	50	60
11	172	31	50	51	40
12	120	32	70	52	180
13	40	33	80	53	60
14	20	34	110	54	30
15	40	35	120	55	130
16	60	36	160	56	110
17	615	37	60	57	160
18	55	38	70	58	500
19	45	39	80	59	130
20	20	40	120	60	110

图 7-7 为立架完成到湿喷开始的衔接时间点线图。立架完成到湿喷需要将开挖台车移开掌子面，然后湿喷机进场，商用混凝土运输车运送混凝土。根据现场调查，造成等待时间延长，不能及时进行湿喷的影响因素有两个：①拌和站和湿喷机发生故障，需要进行维修；②装载机在忙，不能及时将开挖台车移走，给湿喷提供作业空间。由图表可知，立架与湿喷衔接时间基本在 0~100 min 内，代表从立架完成通知湿喷机械和人员到相关设备和人员进场的时间将近 100 min。中间有若干循环作业的等待时间明显多于平均时间，主要是因为混凝土拌和站发生故障，不能及时拌和出混凝土。

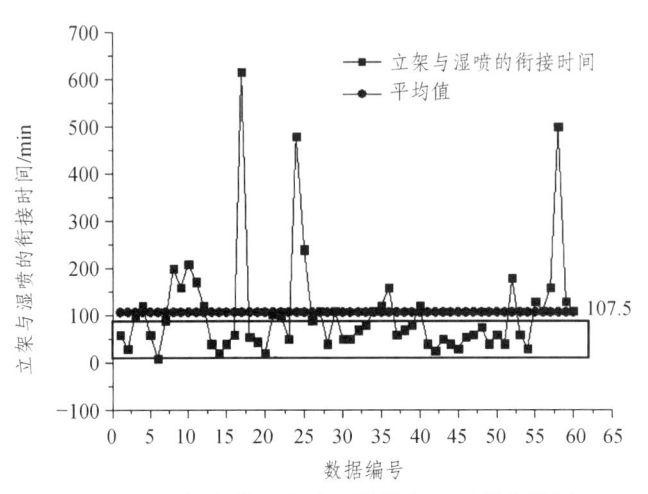

图 7-7 立架完成到湿喷开始的衔接时间点线图

总之，由于现场不同作业线的施工人员和所需材料设备不同，各工序之间存在一定的衔接时间，衔接时间的长短严重影响隧道施工进度。根据现场调查，除钻孔作业线和爆破作业线衔接紧密外，其他工序衔接均存在一些问题，有下一作业班组人员未及时进场，所需材料设备未能提前准备充分的问题，也有机械设备忙于其他工作调用不及时的问题等。其中，最主要的问题是作业人员不能及时到位，尤其是出渣完成后到立架的衔接时间、立架完成到湿喷开始的衔接时间较长的状况经常发生。

7.1.4 建设条件恶劣带来的施工效率问题

隧道地处冀北山区，冬季寒冷漫长，每年11月至次年2月份平均温度零下25℃，最低温度零下35℃。严寒天气给隧道施工主要带来两方面的影响：一方面是机械设备损坏率增加，如夜间出渣时，由于低温的影响，自卸汽车轮胎较硬，在坑洼地面行驶时爆胎概率增加；另一方面是夜间作业人员不能及时进场，工序衔接情况不好。

7.2 隧道洞身开挖与支护机械化作业模式

7.2.1 隧道洞身开挖机械化作业模式

1. 隧道钻孔爆破作业模式

目前金家庄特长螺旋隧道采用钻爆法破设计的内容包括：炮孔的布置方式、数量、孔深和角度、装药量和装药结构、起爆方法和爆破顺序等；然后通过专业的测量仪器对各炮眼进行定位，并用红色油漆醒目标出其具体位置；最后钻孔工人手持风动凿岩机按照爆破设计进行钻眼、装药、连线和爆破，本隧道采用的钻眼设备为风动凿岩机，如图7-8和图7-9所示。

气腿式风动凿岩机（图7-8）广泛用于隧道掘进工程中，风动凿岩机是按岩石破碎原理进行工作的，钻孔时气腿式风动凿岩机的活塞做高频往复运动，不断地冲击钎尾。在凿岩机活塞冲击力的作用下，尖楔状的钎头将岩石压碎并凿入一定的深度，形成一道凹痕。活塞退回后，钎子转过一定角度，活塞向前运动，再次冲击钎尾时，又形成一道新的凹痕。两道凹痕之间的扇形岩块被钎头上产生的水平分力剪碎。活塞不断地冲击钎尾，并从钎子的中心孔连续地输入压缩空气或压力水，将岩渣排出孔外，即形成一定深度的圆形钻孔，气腿支撑着凿岩机并提供工作所需的推进力。钻孔深度可选用不同规则的钻杆来实现，钻孔人员按照设定的钻孔位置和角度向掌子面围岩中钻入钻杆。

图 7-8　气腿式风动凿岩机　　　　图 7-9　工人进行钻孔作业

钻孔完成后，装药工人在台架上开始按照施工要求进行装药。装药完成后，利用装渣机械将装药台架移至安全地方，然后进行爆破。经过通风降尘，爆破人员进洞进行清危和瞎炮处理。一切正常后，随后进行出渣作业。

2. 隧道出渣作业模式

爆破作业完成后，需要将爆破下来的洞渣运至洞外，因此准备足够的装渣机械和运输车辆，确定合理的装渣运输方案，维修好线路，减少互相干扰，提高装渣效率，是加快隧道施工速度，尤其是长大公路隧道施工速度的关键。此外，还需要根据隧道长度、开挖断面的大小、围岩地质条件、一次开挖量、机械配套能力、经济性及工期要求等因素来选择洞内运输方式。

金家庄特长螺旋隧道采用无轨运输方式，单洞采用双装载机装渣配合 6 辆自卸汽车运渣的出渣作业模式，如图 7-10 所示。这种运渣方式的特点是机动灵活，不需要铺设轨道，能适用于弃渣场离洞口较远和道路坡度较大的场合；缺点是由于多采用内燃驱动，作业时排出废气，污染洞内空气，需要加强通风。

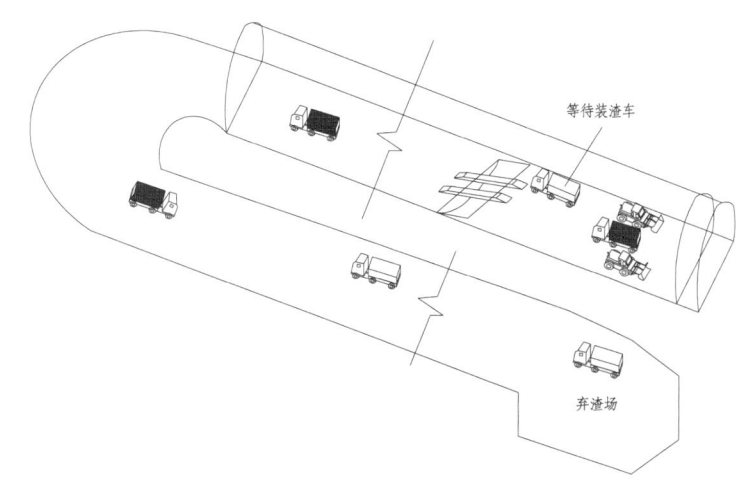

图 7-10　无轨运输出渣作业模式

7.2.2 隧道洞身支护机械化作业模式

1. 隧道立架作业模式

在隧道出渣完成后,为了保持开挖面的稳定,在围岩较破碎的地段通过支立钢拱架来阻止围岩的过度变形和承受部分松弛荷载。钢拱架具有如下性能特点:

(1)钢拱架分为型钢拱架和格栅拱架,前者能更早承载,因此广泛用于围岩情况较差的区段,而格栅拱架广泛用于围岩相对完整、坚硬的区段,两者均可以提供较大的早期支护刚度。

(2)钢拱架在安装后可以作为锚杆的后支点,同时钢筋网也可焊接在钢架上,构成联合支护,增强初期支护的整体性,改善受力条件。

2. 隧道初期支护喷射混凝土作业模式

喷射混凝土作业是初期支护最重要的一个环节,目前多使用混凝土湿喷机,按照设定好的混凝土喷射程序,将混凝土罐车中的混凝土,喷射到岩壁表面上,通过添加速凝剂,使混凝土迅速凝结成具有一定强度的支护结构,承担围岩压力。喷射混凝土的施作工艺可分为干喷、潮喷、湿喷和混合喷四种,湿喷工艺是将骨料、水泥和水按设计比例拌和均匀,用湿式喷射机压送到喷头处,再在喷头上添加速凝剂后喷出,其工艺流程如图 7-11 所示。由于湿喷混凝土具有环保、回弹率低和喷射质量好等优点,目前在隧道施工中的应用较广。

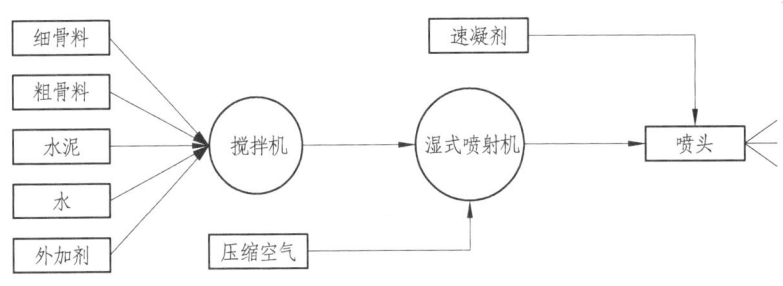

图 7-11 湿喷工艺流程

金家庄隧道采用湿喷机进行喷射作业,拌和站按设计的配合比拌和混合料;拌和好的混合料用 2~3 辆混凝土罐车连续运输到掌子面湿喷机处,然后倾泻进湿喷机料斗中,如图 7-12 所示,混凝土罐车的卸料速度要与湿喷机喷料速度相匹配,保证湿喷的连续性。根据金家庄隧道施工要求,在湿喷机喷嘴处,将速凝剂与混合料按一定比例混合,然后分块、分层均匀喷射到隧道开挖轮廓面上,如图 7-13 所示。

图 7-12 金家庄隧道湿喷卸料过程 　　图 7-13 金家庄隧道湿喷作业过程

3. 隧道二衬浇筑作业模式

在立架与喷射混凝土作业完成后，需要进行二次衬砌作业，二衬作业时机按规范要求施作，及时提供安全储备和承受后期围岩压力。金家庄隧道选用全自动液压二次衬砌模板台车（长10 m整体式二次衬砌模板台车）进行洞身二次衬砌支护作业，如图7-14所示。整个二次衬砌支护按照下列流程进行：施工准备→防水层施作→绑扎钢筋→台车就位→刷脱模剂→施作止水带（条）→预埋件安装→灌注混凝土→脱模→模板台车退出→养护。

图7-14 二衬用整体移动式模板台车

7.3 隧道洞身开挖与支护机械的单机作业特性

公路隧道快速施工涉及机械作业能力、施工技术水平和组织管理水平等众多因素，不同于技术与管理水平的难以规律化，施工机械的机械稳定性保证了施工现场机械作业能力有规律可循，保证了施工机械化配套研究的可行性。具体来讲，由于隧道围岩条件、施工技术水平、施工机械类型以及组织管理水平等不同，施工机械群的整体性能和施工能力也不相同，但在各隧道施工现场，单机械作业基本都保持着稳定的运行规律，这种稳定的运行规律体现在机械施工过程中的作业时间或作业效率，因此可通过现场记录各机械的作业时间或通过作业时间计算出作业效率作为计算机械单机作业效率的样本，然后通过概率论与数理统计方法对样本数据进行分析，最后求出样本数据的概率分布，并用此概率分布来表示机械的单机作业特性。

7.3.1 隧道洞身开挖机械的单机作业特性

金家庄隧道洞身开挖工序包括隧道钻孔与隧道出渣作业，所涉及的机械为风动凿岩机、装载机和自卸汽车三种机械设备。

1. 风动凿岩机单机作业特性

风动凿岩机的单机作业特性可通过钻孔工序下每延米进尺钻孔所用时间来反映，因此将钻孔时间细化为每延米进尺钻孔所用时间，如表7-4所示。

表 7-4 钻孔时间记录表

序号	隧道进尺/m	钻孔时间/min	每延米进尺钻孔时间/min	序号	隧道进尺/m	钻孔时间/min	每延米进尺钻孔时间/min
1	4	175	43.75	41	2	80	40.00
2	4	180	45	42	2	70	35.00
3	4	170	42.5	43	1.5	80	53.33
4	4	240	60	44	1.5	80	53.33
5	4	180	45	45	2	110	55.00
6	3	140	46.67	46	3	160	53.33
7	3	135	45	47	3	150	50.00
8	3	110	36.67	48	1	109	109.00
9	3	170	56.7	49	1.5	90	60.00
10	1.5	120	80	50	2	110	55.00
11	1.5	80	53.33	51	2	140	70.00
12	1.5	90	60	52	2	85	42.50
13	2.5	100	40	53	4	340	85.00
14	2.5	155	62	54	4	190	47.50
15	1.5	75	50	55	4	280	70.00
16	1.5	90	60	56	4	190	47.50
17	1.5	60	40	57	3	150	50.00
18	1.5	100	66.67	58	4	180	45.00
19	1.5	80	53.33	59	4	170	42.50
20	1.5	90	60	60	3	140	46.67
21	3	210	70	61	4	190	47.50
22	4	185	46.25	62	4	205	51.25
23	4	170	42.5	63	4	225	56.25
24	2.5	129	51.60	64	4	150	37.50
25	1.5	61	40.67	65	3	270	90.00
26	1.5	120	80	66	4	215	53.75
27	2.5	100	40	67	4	215	53.75
28	1	58	58	68	4	240	60.00
29	1	69	69	69	3	210	70.00
30	1	75	75	70	4	220	55.00
31	1	43	43	71	4	210	52.50
32	1.5	60	40	72	4	165	41.25

续表

序号	隧道进尺/m	钻孔时间/min	每延米进尺钻孔时间/min	序号	隧道进尺/m	钻孔时间/min	每延米进尺钻孔时间/min
33	3	120	40.00	73	3	190	63.33
34	3	140	46.67	74	4	190	47.50
35	3	110	36.67	75	4	180	45.00
36	3	280	93.33	76	4	170	42.50
37	3	126	42.00	77	4	168	42.00
38	3	115	38.33	78	3	114	38.00
39	3	120	40.00	79	3	150	50.00
40	3	140	46.67	80	3	180	60.00

下面对钻孔时间样本进行分析：

（1）每延米进尺钻孔时间的最大值与最小值分别为：

$$\text{Max} = 109.00$$

$$\text{Min} = 35.00$$

（2）借助美国学者斯特吉斯的经验公式作为确定组数时的参考，对每延米进尺钻孔时间进行分组，设为 m 组，则：

$$m = 1 + 3.322 \lg N \tag{7-1}$$

通过计算可得：

$$K = 1 + 3.322 \lg 80 \approx 7.322 \tag{7-2}$$

取整数 7，因此将数据分为 7 组，组距为：

$$d = \frac{N_{\max} - N_{\min}}{K} = \frac{109 - 35}{7} \approx 10.57 \tag{7-3}$$

因此，每延米钻孔时间数据的分组情况如表 7-5 所示。

表 7-5 每延米钻孔时间数据分组

第 m 组	1	2	3	4	5	6	7
范围	35～45.57	45.57～56.14	56.14～66.71	66.71～77.28	77.28～87.85	87.85～98.42	98.42～109
组中值	40.29	50.86	61.43	72.00	82.57	93.14	103.71
频数	29	26	13	6	3	2	1

对应的柱状图如图 7-15 所示。

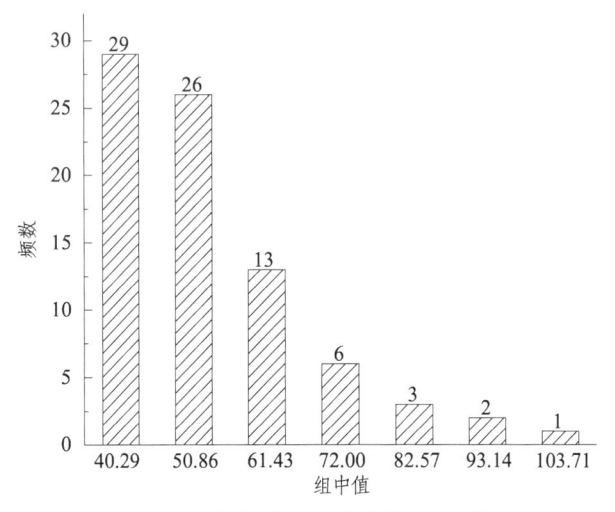

图 7-15 每延米钻孔时间统计柱状图

由图 7-15 可知，每延米实际钻孔时间服从负指数分布，样本均值为：

$$\bar{x}_{zk} = \frac{40.29 \times 29 + 50.86 \times 26 + 61.43 \times 13 + 72 \times 6 + 82.57 \times 3 + 93.14 \times 2 + 103.71 \times 1}{80} \approx 53.24 \quad (7\text{-}4)$$

负指数分布的概率密度函数为：

$$f(x;\lambda) = \lambda e^{-\lambda x}, x \geq 0 \quad (7\text{-}5)$$

λ（$\lambda > 0$）是分布的一个参数，常被称为率函数，即每单位时间发生该事件的次数。常应用最大似然估计方法估计λ的值：

$$\lambda = \frac{1}{\bar{x}_{zk}} = \frac{1}{53.24} \quad (7\text{-}6)$$

所以采用风动凿岩机每延米钻孔时间服从负指数分布，其概率分布函数为：

$$f(x;\lambda) = \lambda e^{-\lambda x} = \frac{1}{53.24} e^{-\frac{x}{53.24}} \quad (7\text{-}7)$$

2. 装载机单机作业时间特性

现场用于单洞装渣的装载机数量为2台，用于往返掌子面与弃渣场地之间运渣的自卸汽车数量为6辆。现场统计了自卸汽车往返掌子面与弃渣场地的运输时间与双装载机装满1辆自卸汽车的时间各80组，现对此作业线上的装载机与自卸汽车作业特性进行分析。

现场记录的出渣机械作业时间数据如表 7-6 所示。

表 7-6　出渣机械作业时间记录表　　　　　　　　　　单位：min

序号	自卸汽车循环运输时间	双机装渣时间	序号	自卸汽车循环运输时间	双机装渣时间
1	36	2.4	41	37	3.3
2	27	2.4	42	28	3.4
3	32	2.5	43	38	3.4
4	34	2.5	44	36	3.4

续表

序号	自卸汽车循环运输时间	双机装渣时间	序号	自卸汽车循环运输时间	双机装渣时间
5	37	2.5	45	35	3.5
6	37	2.5	46	37	3.5
7	32	2.6	47	36	3.5
8	40	2.6	48	34	3.6
9	36	2.6	49	32	3.6
10	26	2.6	50	34	3.6
11	31	2.7	51	33	3.7
12	35	2.7	52	38	3.7
13	34	2.7	53	30	3.8
14	34	2.7	54	34	3.8
15	32	2.7	55	33	3.8
16	33	2.8	56	33	3.9
17	37	2.8	57	34	3.9
18	38	2.8	58	29	3.9
19	32	2.8	59	32	4
20	39	2.8	60	30	4
21	36	2.8	61	32	4
22	35	2.9	62	33	4
23	36	2.9	63	36	4.1
24	32	2.9	64	35	4.1
25	29	3	65	34	4.2
26	32	3	66	35	4.2
27	33	3	67	35	4.2
28	31	3	68	36	4.3
29	31	3.1	69	36	4.4
30	30	3.1	70	32	4.5
31	32	3.1	71	33	4.5
32	33	3.2	72	30	4.6
33	30	3.2	73	30	4.7
34	29	3.2	74	31	4.7
35	28	3.2	75	32	4.8
36	29	3.2	76	33	3
37	33	3.2	77	33	5.1
38	34	3.2	78	32	5.5
39	33	3.3	79	31	2.6
40	29	3.3	80	30	2.8

注：自卸汽车循环运输时间指自卸汽车在不包括装渣时间在内的循环时间，即从掌子面装满渣离开到卸完渣再次返回到掌子面装渣的时间，不考虑由于其他车辆在装渣导致此车在掌子面前等待装渣的时间。弃渣场距离隧道进口为3 km，隧道累计进尺看作900 m，即自卸汽车循环运输距离为3 900×2 = 7 800 m。

通过现场观察，装满一辆自卸汽车需要一台装载机装 12 斗，两台装载机装渣则各需要 6 斗，利用同风动凿岩机作业时间相同的分析方法对现场记录的装载机装渣时间数据进行分析，组数为 7 组，组距为：

$$d = \frac{N_{\max} - N_{\min}}{K} = \frac{5.5 - 2.4}{7} \approx 0.44 \qquad (7-8)$$

因此可将双装载机装满 1 自卸汽车弃渣的时间数据整理为表 7-7。

表 7-7 装载机装渣时间数据分组

第 m 组	1	2	3	4	5	6	7
范围	2.4~2.84	2.84~3.28	3.28~3.72	3.72~4.16	4.16~4.60	4.60~5.04	5.04~5.5
组中值	2.62	3.06	3.50	3.94	4.38	4.82	5.27
频数	23	18	14	12	7	4	2

对应的柱状图如图 7-16 所示。

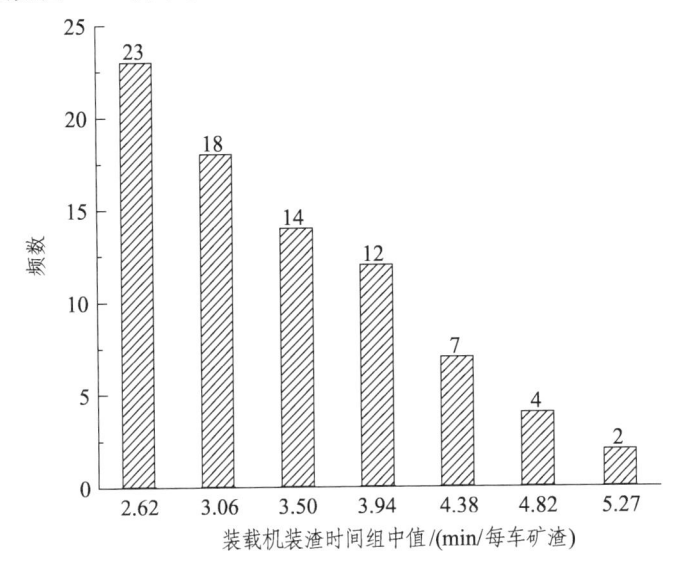

图 7-16 装载机装渣时间频率分布柱状图

通过图 7-16 可以看出，装载机装渣时间近似服从负指数分布，其密度函数为：

$$f(x) = \frac{1}{3.4} e^{-\frac{x}{3.4}} \qquad (7-9)$$

将双装载机装渣时间的期望值作为双装载机装满一辆自卸汽车弃渣的计算时间，即双装载机装满一辆自卸汽车的时间 $\overline{T}_{zm}$ 为：

$$\overline{T}_{zm} = 3.4 \text{ min} \qquad (7-10)$$

3. 自卸汽车作业时间特性

对表 7-6 中自卸汽车循环运输时间进行数理统计分析，组距为：

$$d = \frac{N_{\max} - N_{\min}}{K} = \frac{40-26}{7} = 2 \tag{7-11}$$

因此可将自卸汽车循环运输时间数据整理为表 7-8。

表 7-8 自卸汽车运输时间数据分组

第 m 组	1	2	3	4	5	6	7
范围	26~28	28~30	30~32	32~34	34~36	36~38	38~40
组中值	27	29	31	33	35	37	39
频数	4	12	18	21	15	8	2

对应的柱状图如图 7-17 所示。

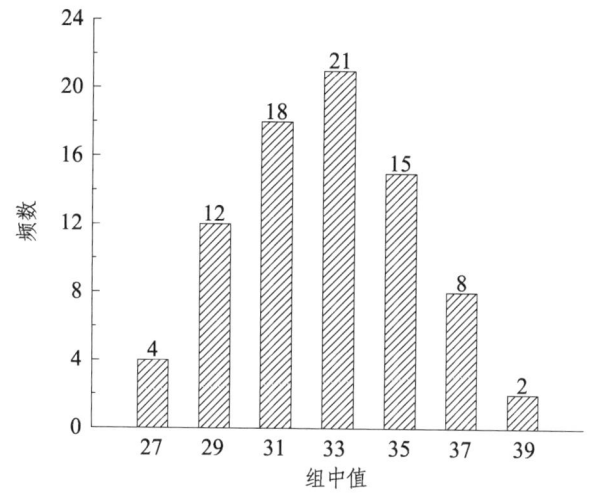

图 7-17 自卸汽车循环时间频率分布柱状图

通过图 7-17 可以看出，自卸汽车循环作业时间近似服从正态分布，样本均值 $\bar{x}$ 与样本标准差 S 分别为：

$$\bar{x} = \frac{27 \times 4 + 29 \times 12 + 31 \times 18 + 33 \times 21 + 35 \times 15 + 37 \times 8 + 39 \times 2}{80} = 33.11 \tag{7-12}$$

$$S = \sqrt{\frac{1}{80-1} \sum_{i=1}^{80} (x_i - 33.11)^2} = 2.9 \tag{7-13}$$

因此自卸汽车循环作业时间 x 服从 $N(33.11, 2.9^2)$ 的正态分布，其密度函数为：

$$f(x) = \frac{1}{\sqrt{2\pi} \times 2.9} e^{-\frac{(x-33.11)^2}{2 \times 2.9^2}} \tag{7-14}$$

取均值 33.11 min 作为实际计算的自卸汽车循环作业时间，又由于循环作业距离为 7 800 m，因此可以求得自卸汽车循环作业平均速率为：

$$V_{zx} = \frac{7\,800}{33.11} = 235.58 \text{ (m/min)} \tag{7-15}$$

7.3.2 隧道洞身支护机械的单机作业特性

金家庄隧道洞身支护采用的机械设备为用于湿喷混凝土的湿喷机、用于运送混凝土料的混凝土罐车、生产混凝土的混凝土拌和站和用于二衬浇筑的二衬台车。

1. 湿喷机作业时间特性

在掌子面立架完成后，采用湿喷机进行喷射混凝土作业，现场记录了80组湿喷机作业过程中消耗完一车混凝土罐车料的时间，进而求出湿喷机的实际喷射效率，如表7-9所示。

表7-9 湿喷机作业时间记录表

序号	喷完一车时间/min	实际湿喷速率/(m³/h)	序号	喷完一车时间/min	实际湿喷速率/(m³/h)
1	37	9.73	41	31	11.54
2	37	9.73	42	31	11.54
3	36	10	43	31	11.54
4	35	10.24	44	31	11.67
5	35	10.29	45	31	11.67
6	36	10.11	46	31	11.67
7	34	10.5	47	31	11.67
8	37	9.73	48	30	12
9	35	10.15	49	30	12
10	36	10	50	30	12
11	35	10.33	51	30	12
12	35	10.29	52	30	12
13	35	10.4	53	30	12
14	34	10.5	54	30	12
15	37	9.73	55	29	12.35
16	37	9.73	56	29	12.41
17	36	10	57	29	12.41
18	35	10.24	58	29	12.41
19	35	10.24	59	29	12.41
20	36	10.11	60	29	12.5

续表

序号	喷完一车时间/min	实际湿喷速率/(m³/h)	序号	喷完一车时间/min	实际湿喷速率/(m³/h)
21	34	10.5	61	28	12.86
22	36	10	62	28	12.86
23	34	10.59	63	28	12.86
24	34	10.59	64	28	12.86
25	33	10.77	65	28	12.86
26	33	10.77	66	27	13.13
27	33	10.91	67	27	13.33
28	33	10.91	68	27	13.33
29	33	10.91	69	27	13.33
30	33	10.91	70	27	13.55
31	33	11.05	71	27	13.47
32	32	11.11	72	26	13.67
33	32	11.11	73	27	13.21
34	32	11.25	74	26	14
35	32	11.25	75	26	14
36	32	11.35	76	25	14.48
37	32	11.35	77	25	14.3
38	32	11.35	78	26	13.9
39	32	11.35	79	23	15.56
40	31	11.54	80	24	14.88

对表 7-9 中湿喷机实际湿喷速率进行数理统计分析，组距为：

$$d = \frac{N_{\max} - N_{\min}}{K} = \frac{15.56 - 9.73}{7} \approx 0.83 \quad (7\text{-}16)$$

因此可将上述子样数据整理为表 7-10。

表 7-10 湿喷机实际湿喷速率数据分组

第 m 组	1	2	3	4	5	6	7
范围	9.73~10.56	10.56~11.39	11.39~12.22	12.22~13.05	13.05~13.88	13.88~14.71	14.71~15.56
组中值	10.15	10.98	11.81	12.64	13.47	14.30	15.14
频数	22	17	15	11	8	5	2

对应的柱状图如图 7-18 所示。

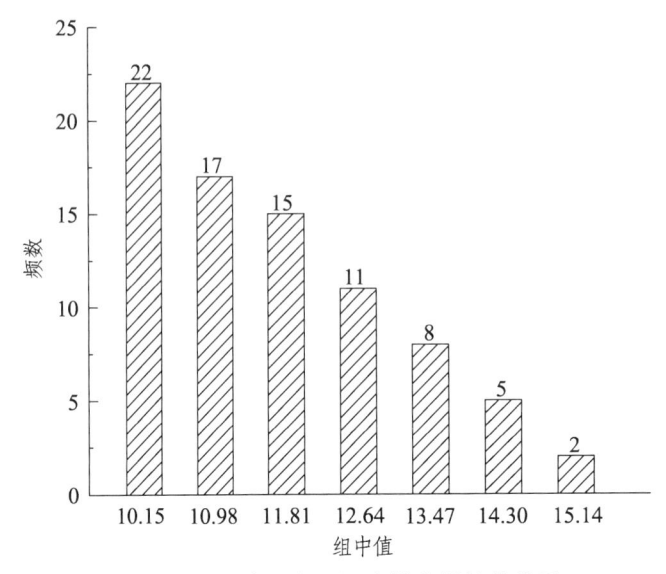

图 7-18 湿喷机实际湿喷效率频数柱状图

由图 7-18 可知，湿喷机的作业特性服从负指数分布。
样本均值为：

$$\bar{x} = \frac{10.15 \times 22 + 10.98 \times 17 + 11.81 \times 15 + 12.64 \times 11 + 13.47 \times 8 + 14.30 \times 5 + 15.14 \times 2}{80} = 11.70$$

（7-17）

所以湿喷机实际湿喷效率 x 服从负指数分布，其概率分布函数为：

$$f(x;\lambda) = \lambda e^{-\lambda x} = \frac{1}{11.70} e^{\frac{-x}{11.70}}$$

（7-18）

2. 混凝土罐车运输时间特性

在进行湿喷作业时，混凝土罐车往返掌子面与拌和站运输混凝土料，混凝土罐车的作业特性可用罐车在运输过程中的平均速率来表示，现场分别记录了 80 组罐车在拌和站的装料时间与在往返路程中的运输时间，如表 7-11 所示。

表 7-11 混凝土罐车作业时间记录表　　　　　　　　　　　　　　单位：min

序号	装料时间	平均装料时间	运输时间	序号	装料时间	平均装料时间	运输时间
1	8.6	1.43	14	41	12	2	15
2	8.6	1.43	14	42	12	2	20
3	8.6	1.43	15	43	12	2	21
4	8.7	1.45	14	44	12	2	16
5	8.7	1.45	15	45	12	2	15
6	8.9	1.48	16	46	12	2	17
7	8.9	1.48	17	47	12	2	18

续表

序号	装料时间	平均装料时间	运输时间	序号	装料时间	平均装料时间	运输时间
8	8.9	1.48	16	48	12	2	19
9	9	1.5	15	49	12	2	17
10	9	1.5	16	50	12	2	15
11	9	1.5	15	51	12	2	16
12	9	1.5	15	52	12	2	17
13	9.2	1.53	14	53	12	2	15
14	9.3	1.55	16	54	12.8	2.13	17
15	9.3	1.55	17	55	12.8	2.13	16
16	9.3	1.55	18	56	12.9	2.15	16
17	9.4	1.57	16	57	13	2.17	17
18	9.4	1.57	17	58	13	2.17	18
19	9.4	1.57	16	59	13	2.17	18
20	9.4	1.57	15	60	13	2.17	19
21	9.6	1.6	15	61	13	2.17	16
22	9.6	1.6	16	62	13	2.17	17
23	9.8	1.63	15	63	13	2.17	16
24	9.8	1.63	15	64	13	2.17	17
25	9.8	1.63	14	65	13.2	2.2	15
26	10	1.67	14	66	13.7	2.28	16
27	10	1.67	16	67	14	2.33	17
28	10	1.67	17	68	14	2.33	19
29	10	1.67	16	69	14	2.33	20
30	10	1.67	15	70	14.4	2.4	21
31	10	1.67	16	71	14.4	2.4	22
32	10	1.67	17	72	14.4	2.4	22
33	10	1.67	15	73	15	2.5	20
34	11	1.83	16	74	15	2.5	21
35	11	1.83	15	75	15.6	2.6	20
36	11	1.83	16	76	16	2.67	14
37	11	1.83	15	77	16.3	2.72	15
38	11.1	1.85	16	78	17	2.83	17
39	11.2	1.87	16	79	17	2.83	16
40	11.2	1.87	15	80	18	3	17

对表 7-11 中混凝土罐车运输时间进行数理统计分析，分组数为 7，组距为：

$$d = \frac{N_{\max} - N_{\min}}{K} = \frac{22-14}{7} \approx 1.14 \qquad (7\text{-}19)$$

因此可将上述子样数据整理为表 7-12。

表 7-12 混凝土罐车运输时间数据分组

第 m 组	1	2	3	4	5	6	7
范围	14~15.14	15.14~16.28	16.28~17.42	17.42~18.56	18.56~19.70	19.70~20.84	20.84~22
组中值	14.57	15.71	16.85	17.99	19.13	20.27	21.42
频数	5	11	15	20	13	10	6

对应的柱状图如图 7-19 所示。

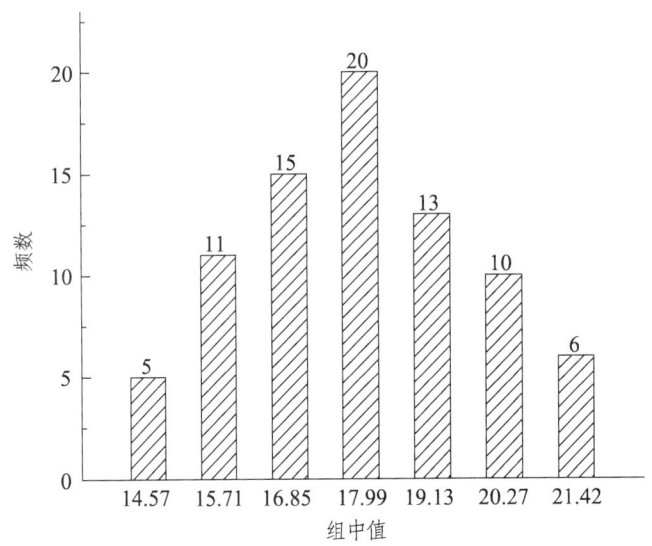

图 7-19 混凝土罐车运输时间频数柱状图

由图 7-19 可以看出，混凝土罐车运输时间近似服从正态分布，采用与自卸汽车作业时间特性同样的分析方法对其进行分析，可以得到混凝土罐车运输时间服从 $N(17.98, 2.28^2)$ 的正态分布，其密度函数为：

$$f(x) = \frac{1}{\sqrt{2\pi} \times 2.28} e^{-\frac{(x-17.98)^2}{2 \times 2.28^2}} \tag{7-20}$$

取均值 17.98 min 作为实际计算的混凝土罐车循环作业时间，又由于循环作业距离为隧道洞口距拌和站 600 m，隧道累计开挖进尺为 900 m，因此可以求得混凝土罐车循环作业速率：

$$V_{gc} = \frac{3\,000}{17.98} = 166.85 \text{ (m/min)} \tag{7-21}$$

3. 混凝土拌和站作业特性

混凝土拌和站的作业特性表示混凝土拌和站拌和混凝土的实际速率，即混凝土罐车在拌和站装每立方混凝土料所用时间。对表 7-13 中混凝土罐车平均装料时间进行数理统计分析，分组数为 7，组距为：

$$d = \frac{N_{\max} - N_{\min}}{K} = \frac{3 - 1.43}{7} \approx 0.22 \quad (7\text{-}22)$$

因此可将上述子样数据整理为表 7-13。

表 7-13 混凝土罐车平均装料时间数据分组

第 m 组	1	2	3	4	5	6	7
范围	1.43~1.65	1.65~1.87	1.87~2.09	2.09~2.31	2.31~2.53	2.53~2.75	2.75~3
组中值	1.54	1.76	1.88	2.20	2.42	2.64	2.88
频数	25	15	13	13	8	3	3

对应的柱状图如图 7-20 所示。

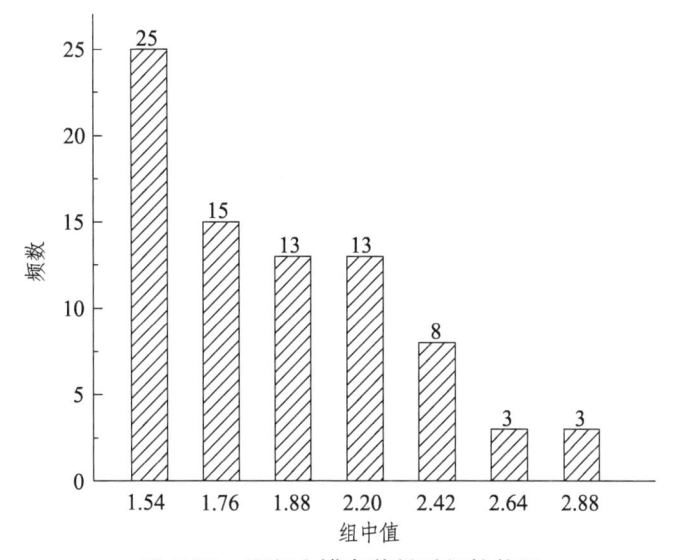

图 7-20 混凝土罐车装料时间柱状图

由图 7-20 可知，混凝土罐车的装料时间作业特性服从负指数分布。
样本均值：

$$\bar{x} = \frac{1.54 \times 25 + 1.76 \times 15 + 1.88 \times 13 + 2.20 \times 13 + 2.42 \times 8 + 2.64 \times 3 + 2.88 \times 3}{80} = 1.92 \quad (7\text{-}23)$$

所以混凝土罐车的装料时间 x 服从负指数分布，其概率分布函数为：

$$f(x;\lambda) = \lambda e^{-\lambda x} = \frac{1}{1.92} e^{\frac{-x}{1.92}} \quad (7\text{-}24)$$

4. 二衬台车作业时间特性

现场二次衬砌浇筑采用两辆混凝土罐车运送混凝土的模式，混凝土罐车首先在拌和站进行装料，装满完成后运输到二衬模板台车位置处，然后在二衬作业人员的控制下，将混凝土罐车内的混凝土倾泻至混凝土输送泵内，然后通过混凝土泵将混凝土送至二衬模板台车内。

由于二衬作业是通过混凝土输送泵将混凝土罐车送达的混凝土泵送至二衬模板台车处，因此二衬台车的作业特性可从混凝土罐车卸料时间与相邻两辆混凝土罐车卸料间隔时间来表示。

表 7-14　二衬台车每灌注一车容量为 6 m³ 混凝土料的作业时间统计　　　　单位：min

序号	浇筑时间	等待时间	总时间	序号	浇筑时间	等待时间	总时间
1	10	20	30	41	13	15	28
2	15	14	29	42	11	21	32
3	10	18	28	43	9	16	25
4	12	21	33	44	7	19	26
5	11	16	27	45	16	25	41
6	13	15	28	46	16	15	31
7	14	20	34	47	11	19	30
8	10	25	35	48	12	18	30
9	9	18	27	49	9	16	25
10	16	15	31	50	10	18	28
11	15	18	33	51	9	22	31
12	17	21	38	52	6	19	25
13	18	18	36	53	7	13	20
14	13	15	28	54	11	14	25
15	20	11	31	55	8	15	23
16	16	12	28	56	12	16	28
17	10	12	22	57	15	16	31
18	10	20	30	58	16	15	31
19	8	20	28	59	15	17	32
20	10	17	27	60	17	11	28
21	7	10	17	61	16	15	31
22	9	18	27	62	18	16	34
23	12	16	28	63	14	16	30
24	10	10	20	64	13	18	31
25	11	20	31	65	11	15	26
26	12	25	37	66	10	15	25
27	9	22	31	67	12	11	23
28	10	6	16	68	9	14	23
29	11	18	29	69	11	19	30
30	12	16	28	70	12	18	30
31	9	10	19	71	11	16	27

续表

序号	浇筑时间	等待时间	总时间	序号	浇筑时间	等待时间	总时间
32	10	12	22	72	13	15	28
33	9	13	22	73	9	17	26
34	6	18	24	74	7	16	23
35	11	15	26	75	11	11	22
36	9	16	25	76	10	10	20
37	12	18	30	77	15	13	28
38	11	20	31	78	14	16	30
39	10	22	32	79	16	15	31
40	18	15	33	80	17	15	32

表 7-14 为二次衬砌作业时每灌注一车标准容量混凝土料的时间，二衬台车的作业特性应为去除等待时间后的纯浇筑时间，现对其进行数理统计分析，分组数为 7，组距为：

$$d = \frac{N_{\max} - N_{\min}}{K} = \frac{19 - 6}{7} \approx 1.86 \quad （7-25）$$

由于浇筑时间均为整数，因此组距扩大至 2，上述子样数据整理为表 7-15。

表 7-15　二次衬砌支护每灌注一车标准容量混合料所用时间数据分组

第 m 组	1	2	3	4	5	6	7
范围	6～7	8～9	10～11	12～13	14～15	16～17	18～19
组中值	6.5	8.5	10.5	12.5	14.5	16.5	18.5
频数	6	13	22	17	10	8	4

对应的柱状图如图 7-21 所示。

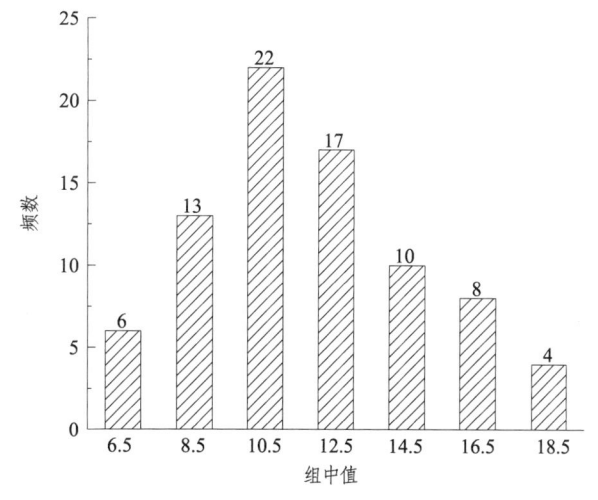

图 7-21　二衬台车作业时间特性

由图 7-21 可知，二衬台车的作业时间特性服从正态分布，即二衬台车每灌注一车容量为 6 m³ 混凝土料的时间 x 服从 $N(11.8, 4.06^2)$，其密度函数为：

$$f(x) = \frac{1}{\sqrt{2\pi} \cdot 4.06} \cdot e^{-\frac{(x-11.8)^2}{2 \times 4.06^2}} \qquad (7\text{-}26)$$

7.4 隧道洞身开挖与支护主要工序作业时间特征

金家庄隧道洞身开挖与支护主要工序指掌子面钻孔、装药爆破、出渣、立架和湿喷五步工序，这五步工序的作业时间直接影响隧道开挖进度。由于出渣与湿喷工序的作业时间与工序内机械配套水平密切相关，因此本章主要对掌子面钻孔、装药爆破和立架工序作业时间特性进行分析，出渣与湿喷工序作业时间特性在后续章节进行分析。

首先通过现场记录掌子面钻孔、装药爆破和立架三步工序的作业参数与作业时间，然后通过数理统计方法对各工序作业时间的主要影响因素及影响程度进行分析，最后对工序时间预估公式进行推导。

以金家庄特长螺旋隧道典型循环开挖进尺及施工方法为例，Ⅲ级围岩 4 m，多功能台架人工钻爆双台阶法施工；Ⅳ级围岩 2 m 或 3 m，多功能台架人工钻爆双台阶法施工；Ⅴ级围岩 0.75 m，多功能台架人工钻爆三台阶法施工，研究掌子面钻孔工序、装药爆破工序和立架工序的作业时间特征，并推导工序时间预估公式。

7.4.1 钻孔工序作业时间特征

钻孔工序采用人工手持风动凿岩机进行钻孔作业，本章选取了Ⅲ、Ⅳ、Ⅴ三种围岩各 30 组作业时间数据，由于不同等级围岩下的钻孔数量不同，因此将各钻孔工序时间换算成钻单个深度为 1 m 的孔洞所用时间，并求出不同围岩等级下的钻孔时间平均值，如图 7-22 与表 7-16 所示。

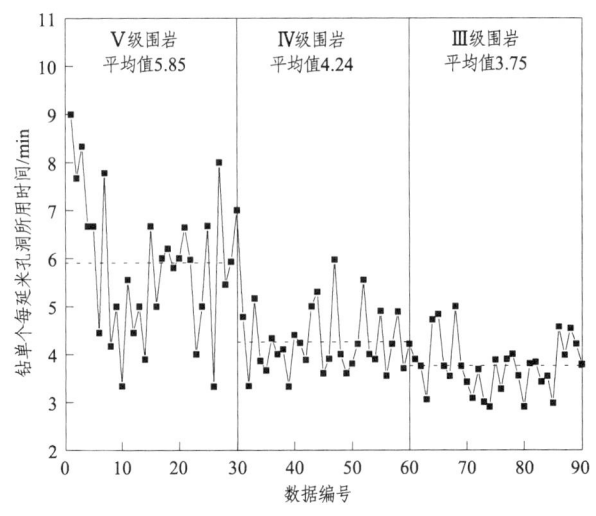

图 7-22 同等级围岩钻单个每延米孔洞所用时间

表 7-16 不同等级围岩钻单个每延米孔洞平均时间

序号	围岩等级	每延米单孔用时/min
1	V	5.85
2	IV	4.24
3	III	3.75

由图 7-22 与表 7-16 可以看出：V 级围岩钻单个每延米孔洞平均时间为 5.85 min，IV 级围岩为 4.24 min，III 级围岩为 3.75 min，说明围岩情况较好时每延米钻孔所用时间较短，因为围岩较硬时成孔较易保持，不需要重复钻孔，钻孔时间为纯钻眼时间。钻孔总时间可根据每延米钻孔所用时间、钻孔总数量、钻孔作业人数等综合确定，计算公式见式（7-27）。

$$T_1 = \frac{\alpha_1 t_1 d N_{zk}}{n_{zk}} \tag{7-27}$$

式中：T_1——钻孔总时间；
α_1——钻孔工人的熟练程度；
t_1——每延米钻孔所用时间，依据表 7-16 进行取值；
d——循环开挖进尺；
N_{zk}——单循环钻孔总数量；
n_{zk}——钻孔作业人员数量。

7.4.2 装药爆破工序作业时间特征

钻孔工作完成后，装药人员按设计每孔装药量进行装药，由于不同施工现场的装药人员和钻孔数量不同，因此将装药时间换算成每个装药人员不同进尺下的单孔装药时间，并求出平均时间，如图 7-23 与表 7-17 所示。

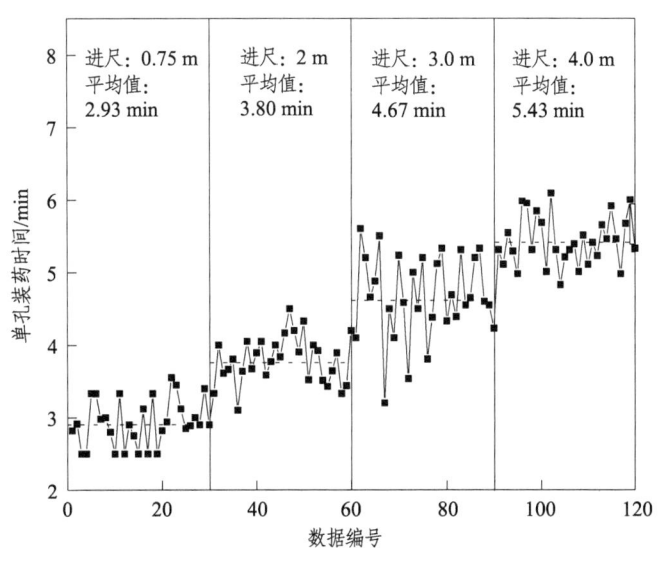

图 7-23 不同开挖进尺下单孔装药时间

表 7-17　不同开挖进尺下单孔装药平均时间

序号	循环开挖进尺/m	单孔装药平均时间/min
1	0.75	2.93
2	2.0	3.80
3	3.0	4.67
4	4.0	5.43

由图 7-23 与表 7-17 可以看出：不同开挖循环进尺下单孔装药所用时间不同，但具有一定趋势，对表 7-17 中的 4 组单孔装药平均时间数据进行拟合，拟合结果如图 7-24 所示，则单孔装药平均时间 t_2 与孔深 d 的关系为：

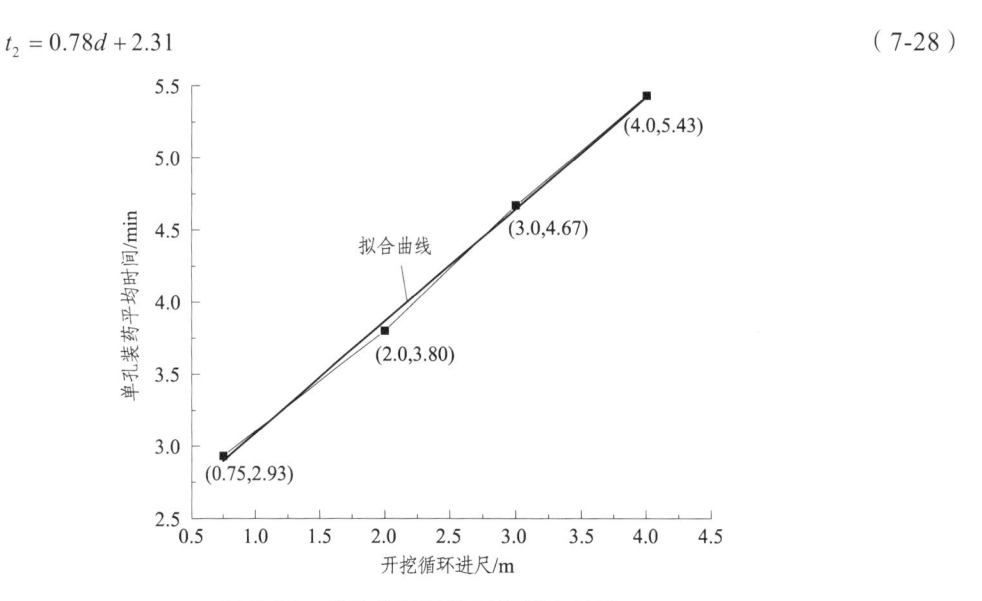

$$t_2 = 0.78d + 2.31 \tag{7-28}$$

图 7-24　单孔装药平均时间拟合结果

进一步可求出装药爆破工序作业时间 T_2 的计算公式，如式（7-29）所示。

$$T_2 = \frac{\alpha_2 N_{zk} \sum_{i=1}^{n}(0.78d_i + 2.31)}{nn_{zy}} \tag{7-29}$$

式中：α_2——装药工人的熟练程度；

n——炮眼的种类；

d_i——炮眼深度；

n_{zy}——装药作业人员数量。

7.4.3　立架工序作业时间特征

金家庄特长螺旋隧道的立架工序采用人工立架方式，作业人员多、劳动强度大。由于Ⅲ级围岩稳定性相对较好，一次开挖进尺较大，不设或者很少设置钢架，而Ⅳ、Ⅴ级围岩段围岩稳定性相对较差，施工工序相对繁多，工法选择以微台阶、三台阶或三台阶临时横撑等为主，一次开挖进尺较短，且需要设置钢架，不同等级围岩的初期支护参数如表 7-18 所示。

表 7-18 不同等级围岩的初期支护参数

围岩级别	钢架		纵向间距/m	喷射 C25 混凝土厚度/cm		锚杆/m				钢筋网	
	位置	标准		拱部边墙	仰拱	型号	位置	长度/m	纵、环间距/m	位置	标准
Ⅲ	—	—	—	12	—	$\phi 22$ 早强水泥砂浆锚杆	拱、墙	3.0	1.2×1.2	拱、墙	$\phi 8$，25×25
Ⅳ	拱、墙	18 工字钢钢架	1	24	—	$\phi 22$ 早强水泥砂浆锚杆	拱、墙	3.5	1.0×1.0	拱、墙	$\phi 8$，20×20
Ⅴ	拱、墙及仰拱	20b 工字钢钢架	0.75	26	26	RD25N 型普通中空注浆锚杆	拱、墙	3.5	1.75×1.0	拱、墙	$\phi 8$，20×20，双层

本书主要对 Ⅳ、Ⅴ 级围岩段的立架时间进行统计分析，即 Ⅳ 级围岩段每循环开挖进尺 2 m，支立钢架 2 榀；Ⅴ 级围岩段每循环开挖进尺 0.75 m，支立钢架 1 榀。由于不同等级围岩开挖进尺不同、立架参数不同，因此将其换算成不同等级围岩一次开挖后的每榀立架时间，并求出平均时间，如图 7-25 与表 7-19 所示。

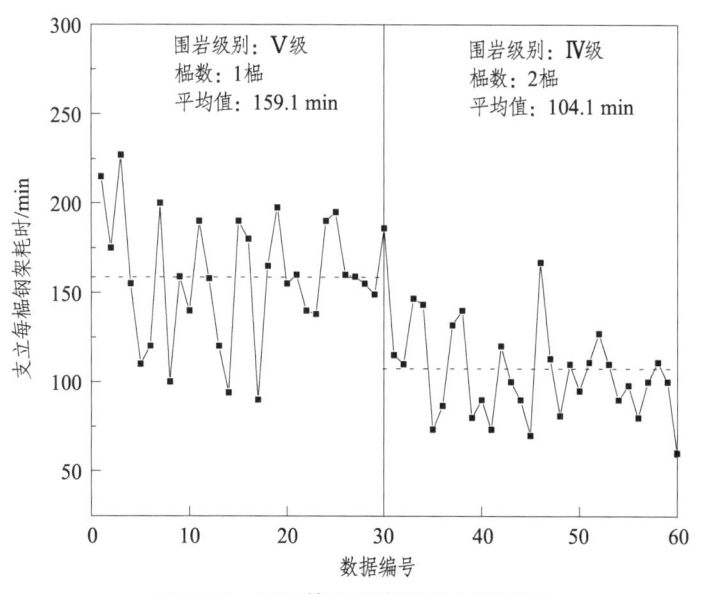

图 7-25 不同等级围岩每榀立架时间

表 7-19 不同等级围岩每榀平均立架时间

序号	围岩级别	每榀平均立架时间/min
1	Ⅴ	159.1
2	Ⅳ	104.1

由图 7-25 与表 7-19 可以看出：Ⅴ级围岩每榀平均立架时间为 159.1 min，Ⅳ级围岩每榀平均立架时间为 104.1 min。立架总时间 T_4 可根据每榀平均立架时间、立架榀数等综合确定，计算公式见式（7-30）。

$$T_4 = \alpha_3 t_3 n_{ps} \tag{7-30}$$

式中：α_3——立架工人的熟练程度；

t_3——不同等级围岩下每榀平均立架时间，依据表 7-19 进行取值；

n_{ps}——立架榀数。

7.5 主要工序作业时间计算

隧道掌子面钻孔、装药爆破、出渣、立架和湿喷这五步工序的作业时间直接决定着隧道循环总时间。本书依据金家庄特长螺旋隧道在Ⅲ、Ⅳ、Ⅴ三种不同等级围岩段的实际施工参数进行作业时间计算，计算参数如表 7-20 所示。

表 7-20 金家庄特长螺旋隧道不同围岩段施工参数

围岩级别	钻孔数量	钻孔人数	装药人数	装载机数量	自卸汽车数量	每延米混凝土设计用量/m³
Ⅲ	156	13	13	2	9	3.59
Ⅳ	145	13	13	2	9	6.12
Ⅴ	133	13	13	2	9	8

注：隧道计算累计进尺为 900 m，弃渣场离洞口距离为 3 km，湿喷混凝土回弹率 α_{ht} = 0.25，拌和站距隧道洞口距离为 500 m。

通过工序作业时间预估公式预估的计算结果如表 7-21 所示，同时给出五步工序的实际作业耗时，如表 7-22 所示。

表 7-21 五步工序计算作业耗时

围岩级别	隧道单次循环进尺/m	钻孔作业计算平均耗时/min	装药作业计算平均耗时/min	出渣作业计算平均耗时/min	立架作业计算平均耗时/min	湿喷作业计算平均耗时/min	五步工序计算总耗时/min	每延米进尺计算耗时/min
Ⅲ	4.0	153.5	55.4	117.0	—	294	619.9	155.0
Ⅳ	3.0	142.5	52.3	97.7	312.3	378	982.8	327.6
Ⅳ	2.0	95.0	42.6	58.5	208.2	252	656.3	328.2
Ⅴ	0.75	52.7	35.2	22.0	159.1	123.1	392.1	522.8

表 7-22　五步工序实际作业耗时

围岩级别	隧道单次循环进尺 /m	钻孔作业实际平均耗时 /min	装药作业实际平均耗时 /min	出渣作业实际平均耗时 /min	立架作业实际平均耗时 /min	湿喷作业实际平均耗时 /min	五步工序实际总耗时 /min	每延米进尺实际耗时 /min
Ⅲ	4.0	164.8	56.8	130.8	—	324.6	677.0	169.3
Ⅳ	3.0	144.8	54.6	139.4	312.3	355.0	1 006.1	335.4
Ⅳ	2.0	99.2	48.5	87.6	208.2	227.6	671.1	335.6
Ⅴ	0.75	44.5	32.8	34.3	159.1	140.6	411.3	548.4

由表 7-21 与表 7-22 可以看出：不同等级围岩下五步工序的计算耗时与实际耗时差距较小，每延米计算耗时与实际作业总耗时差距分别为 -8.43%、-2.32%、-2.21%和 -4.67%，因此通过预估公式计算得到的工序作业时间与实际作业时间吻合度较高，具有一定的指导意义。

7.6　本章小结

本章首先对限制快速施工的重要节点因素进行了说明，然后基于依托工程，对隧道开挖与支护机械化作业模式、单机作业特性、作业时间特征进行了分析。

（1）超欠挖控制不良、工序间的衔接不好、各作业线的协调欠佳、机械设备的配置数量不足和寒冷天气五大问题为限制快速施工的重要节点因素。

（2）由于隧道围岩条件、施工技术水平、施工机械类型以及组织管理水平等不同，施工机械群的整体性能和施工能力也不相同，但在各隧道施工现场，单机械作业基本都保持着稳定的运行规律。通过现场调查 7 大机械施工过程中的作业时间、作业效率等，利用概率论与数理统计方法分析机械作业时间或作业效率的概率分布，通过概率分布来表示机械的单机作业特性。

（3）现场调查了洞身开挖与支护作业工序的作业参数及作业时间，通过数理统计方法，对各工序作业时间特征进行分析，结合开挖参数，推导各工序作业时间预估公式，并将公式计算结果与实际作业时间进行对比，从而验证预估公式的合理性。

第 8 章 特长螺旋隧道快速施工机械化配套

8.1 机械化施工机群组成

公路隧道施工各工序内存在 2 种及以上机械设备时才可称之为机群,才会出现协同作业的问题,因此在公路隧道开挖与支护机械化施工过程中,多机种机群机械化施工作业可分为出渣工序施工机群作业,湿喷工序施工机群作业和二次衬砌工序施工机群作业,涉及的机械设备主要为装载机、自卸汽车、湿喷机、混凝土罐车、混凝土拌和站和二衬模板台车。由于隧道开挖断面及机械设备尺寸等的限制,部分机械的应用数量已经固定,因此出渣、湿喷和二衬浇筑三道工序内相关机械设备数量组合方式如下:n 辆自卸汽车+2 台装载机,组成出渣工序机械化施工机群;1 台混凝土拌和站+n 辆混凝土罐车+1 台湿喷机,组成湿喷工序机械化施工机群;1 台混凝土拌和站+n 辆混凝土罐车+1 台二次衬砌模板台车,组成二衬浇筑机械化施工机群。

8.2 机械化施工机群基础配置

公路隧道开挖与支护多机种施工机群配置,应根据具体隧道项目和机械设备的作业特性、多机种施工机群协同作业的工作特性,合理确定机群中机械设备性能与数量的配套关系,以满足洞身施工技术要求与最佳施工效率。为了实现施工工序中机械性能与数量的优化组合,需要对整个隧道出渣和湿喷工序流程提出一个需要努力实现的目标。这个目标可以简单描述为:出渣工序内当装载机装满 1 辆自卸汽车时,恰好有一辆自卸汽车在等待装渣,使装载机不发生停机等待;湿喷工序内当湿喷机湿喷完一车混凝土后,下一辆装满混凝土的罐车恰好达到湿喷现场,等待卸料,使湿喷机不停机等待罐车的到来。这样的目标情形是最理想的施工循环,既达到了稳定、连续生产的目的,也把施工成本降到了最低。当然,因为施工现场不确定因素的存在,这种理想状态是不可能实现的,但可以为宏观配置机械提供参考,将施工机群配置分为基础配置与动态配置。

根据隧道具体施工参数、单机作业特性以及多机种施工机群作业的工作特性,确定机群各机种性能与数量的合理匹配关系,这种配置可称为机群基础配置。在隧道施工机群基础配置的基础上,结合隧道每天的工程状况,如累计开挖进尺、道路情况、能见度情况等,对基础配置进行动态调整。

8.2.1 出渣施工机群中自卸汽车数量基础配置

1. 自卸汽车合理配置数量

出渣工序中，自卸汽车往返于掌子面装载机与弃渣场之间，如图 8-1 所示。由于自卸汽车出渣过程中的往返速度与洞内外道路条件、驾驶员技术、满载与空载速度差等主客观因素相关，这些因素在理论公式中考虑难度较大，因此需作以下假设：①自卸汽车需在掌子面和弃渣场之间近乎平均距离分布，保证自卸汽车出渣作业的连续性。②计算过程不涉及自卸汽车满载和空载的运输速度差，自卸车辆行驶速度 V_{zx}（m/min）取一次弃渣循环的平均速度，或通过现场统计得到行驶速度的平均值，如条件允许，应尽量取现场调研平均值。

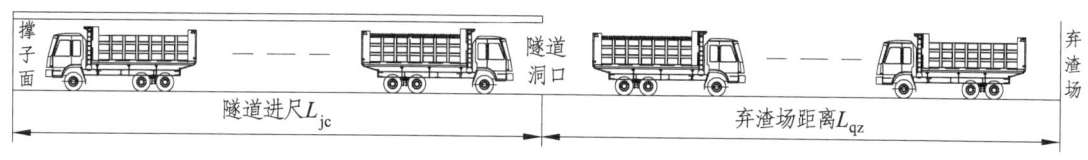

图 8-1 出渣作业模式

（1）装载机在装渣过程中，下一辆自卸车可仍在运输途中。在装载机装满一辆自卸车辆的时间内，下一辆自卸车可行驶的距离为公式（8-1），如行驶距离小于 D_c，装载机将停机等待，如大于 D_c，将有至少一辆自卸车等待装渣。

$$D_c = V_{zx} \times T_{zm} \tag{8-1}$$

式中：T_{zm}——双装载机装满一辆自卸汽车的时间；
D_c——自卸汽车可行驶的距离。

（2）基于主导机械不停机等待原则，若使装载机作业不停机，则在上一辆自卸汽车装满离开前，下一辆车便会到达掌子面处准备装渣，以自卸汽车可行驶的距离 D_c 为控制，隧道洞内外自卸汽车的总数量 n_c 应满足：

$$n_c \geqslant \frac{2(L_{qz} + L_{jc})}{D_c} \tag{8-2}$$

式中：n_c——自卸汽车的配置数量；
L_{jc}——某时刻隧道累计进尺；
L_{qz}——弃渣场到隧道洞口的距离（m）。

假设实际自卸汽车配置数量为 n_{cs}，自卸车数量配置合理性判断如表 8-1 所示。

表 8-1 自卸车数量配置合理性判断

数量对比	是否停机等待	不利影响
$n_{cs} < n_c$	停机	作业时间延长
$n_{cs} > n_c$	不停机	浪费运输能力

2. 不同出渣机械配套模式下的出渣总时间

在弃渣总量确定下，出渣总时间的长短主要取决于装载机的利用率，而装载机的利用率由自卸汽车的联合运输效率决定。

假设某隧道采用双台阶法开挖，上台阶开挖断面面积为 S_{dm}（m²），一辆自卸汽车的装渣量为 S_{zz}（m²），开挖进尺为 d_{jc}（m），查阅已有文献可知，弃渣总量 W_{qz}（m³）为：

$$W_{qz} = S_{dm} d_{jc} R \Delta \tag{8-3}$$

式中：R——岩体松胀系数，取值见表 8-2；

Δ——超挖系数，视爆破质量而定，一般取 1.15~1.25。

出渣总次数 m 应为：

$$m = \frac{W_{qz}}{S_{zz}} \tag{8-4}$$

表 8-2 岩石松胀系数 R 值

岩体级别	Ⅰ	Ⅱ	Ⅲ	Ⅳ	Ⅴ		Ⅵ	
土石名称	石质	石质	石质	石质	砂夹卵石	硬黏土	黏土	砂砾
松胀系数	1.8	1.7	1.6	1.35	1.3	1.25	1.25	1.15

（1）当自卸汽车数量 n_{cs} 配置不足时，装载机停机等待时间可由自卸车距离掌子面的长度确定。相邻两辆自卸汽车的间距 D_{cc} 为：

$$D_{cc} \geqslant \frac{2(L_{jc} + L_{qz})}{n_{cs}} \tag{8-5}$$

因此，装载机单次装渣平均延误时间 T_{yw}（min）为：

$$T_{yw} = \frac{D_{cc} - D_c}{V_{zx}} \tag{8-6}$$

考虑到隧道掌子面空间狭窄，自卸车辆掉头缓慢，设定掉头错车时间为 1 min，则出渣循环总时间 T_{cz}（min）为：

$$T_{cz} = m(T_{zm} + T_{yw} + 1) \tag{8-7}$$

（2）当自卸汽车配置数量足够时，自卸汽车不会产生延误，因此 $T_{yw} = 0$，出渣总时间 T_{cz}（min）为：

$$T_{cz} = m(T_{zm} + 1) \tag{8-8}$$

8.2.2 湿喷施工机群中混凝土罐车数量基础配置

1. 混凝土罐车合理配置数量

湿喷作业中混凝土罐车在拌和站接收混凝土料，运送至隧道掌子面，湿喷机进行湿喷作业。由于湿喷机没有储存混凝土功能，所以湿喷持续作业的先决条件是始终有一辆混凝土罐车在旁卸料，一辆湿喷机卸完料时，另一辆混凝土罐车已抵达掌子面，往返一次掌子面与混凝土拌和站。因此，湿喷作业中混凝土罐车数量计算涉及喷完一罐车混凝土时间、搅拌站混凝土装车时间和混凝土运输时间。

（1）喷完一罐车混凝土时间：假设湿喷机的喷射效率为 α（min/m³），混凝土罐车的容量为 S_{gc}（m³），则湿喷机喷射完成一罐车 S_{gc}（m³）混凝土需要的时间 T_{sp}（min）为：

$$T_{sp} = \alpha \times S_{gc} \tag{8-9}$$

（2）搅拌站混凝土装车时间：罐车在混凝土拌和站的平均装料效率为 β（min/m³），则混凝土罐车装满 S_{gc}（m³）混凝土需要的时间 T_{zl}（min）为：

$$T_{zl} = \beta \times S_{gc} \tag{8-10}$$

（3）混凝土运输时间：混凝土罐车满载行驶与空车行驶的平均运输速率为 V_{gc}（m/min），混凝土罐车从卸料完成到再次返回掌子面湿喷机处的循环时间 T_{gc}（min）为：

$$T_{gc} = T_{zl} + \frac{2(L_{jc} + L_{bh})}{V_{gc}} \tag{8-11}$$

基于湿喷机不停机等待原则，混凝土运输时间应不大于喷完一罐车混凝土的时间，混凝土罐车配置数量是否合理的判断标准如表 8-3 所示。

表 8-3 混凝土罐车数量配置合理性判断

数量对比	是否停机等待	结论
$T_{sp} > T_{gc}$	不停机	2 辆罐车可行
$T_{sp} < T_{gc}$	停机	增加 1 辆罐车

由表 8-3 已知，湿喷作业中湿喷机是否停机等待存在临界进尺，当 $T_{sp} = T_{gc}$ 时，公式（8-11）中的 L_{jc} 便为混凝土罐车数量是否增加的临界进尺，即当隧道累计进尺小于 L_{jc} 时，配置 2 辆混凝土罐车；当隧道累计进尺大于 L_{jc} 时，应配置 3 辆混凝土罐车，L_{jc} 求法如公式（8-12）所示。

$$L_{jc} = \frac{(T_{sp} - T_{zl})V_{gc}}{2} - L_{bh} \tag{8-12}$$

2. 不同湿喷机械配套模式下的湿喷总时间

（1）当混凝土罐车数量配置足够时，湿喷机不会产生延误，因此湿喷机停机等待时间 $T_{spyw} = 0$，湿喷总时间 T_{spz}（min）为：

$$T_{spz} = \frac{V_{hn} d}{\alpha_{ht}} \alpha \tag{8-13}$$

式中：V_{hn}——设计每延米混凝土用量；

d——隧道循环开挖进尺；

α_{ht}——湿喷混凝土回弹率；

α——湿喷机实际喷射效率。

（2）当混凝土罐车数量配置不足时，湿喷机停机等待时间 T_{spyw} 可由罐车循环时间与湿喷机湿喷时间确定，即：

$$T_{\mathrm{spyw}} = \frac{V_{\mathrm{hn}}d}{\alpha_{\mathrm{ht1}}S_{\mathrm{gc}}}\left[\frac{2(L_{\mathrm{jc}}+L_{\mathrm{bh}})}{V_{\mathrm{gc}}}+T_{\mathrm{zl}}-T_{\mathrm{sp}}\right] \quad (8\text{-}14)$$

因此，湿喷总时间 T_{spz} 为：

$$T_{\mathrm{spz}} = T_{\mathrm{spyw}} + \frac{V_{\mathrm{hn}}d}{\alpha_{\mathrm{ht}}}\alpha \quad (8\text{-}15)$$

8.2.3 二衬浇筑施工机群中混凝土罐车数量基础配置

现场二衬浇筑采用两辆混凝土罐车运送混凝土，混凝土罐车首先在拌和站进行装料，装满完成后运输到二衬模板台车位置处，然后在二衬作业人员的控制下，将混凝土罐车内的混凝土卸料至混凝土输送泵内，混凝土输送泵将混凝土送至二衬模板台车内。现场配置两辆混凝土罐车往返混凝土拌和站和二衬模板台车处，用以运输混凝土。根据现场调查发现，在一辆混凝土罐车向混凝土输送泵卸料完成后，需等待 6~25 min 另一辆混凝土罐车才会到达现场。这种情况产生的主要原因是浇筑罐车数量不足，存在大量的等待混凝土送达时间，这种机械配置模式不仅降低了时间利用效率，而且在等待时间较长、混凝土凝固较快时会发生堵管现象，耽误施工进度，不利于快速施工。

浇筑时间为混凝土罐车到达二衬台车处卸料时间，等待时间为一车卸料完成离开后下一辆车到达的时间，由表 7-14 可见，等待时间基本大于浇筑时间，即可在此浇筑模式下增加一辆车，形成 3 辆混凝土罐车运送混凝土作业的模式。考虑到浇筑到模板台车内的混凝土凝固需要一定时间，因此在混凝土浇筑到二衬台车腰部检查井位置时进行加车。

选择浇筑到二衬台车腰部检查井位置时再进行加车作业的原因为：在二衬作业刚开始时，泵送至二衬模板台车内的混凝土由下至上逐渐填充二衬模板，由于混凝土形成初期强度需要一定时间，因此未形成强度的混凝土会对模板台车产生一个向上的挤压力分量。若开始浇筑时速率太快，模板台车受到的挤压力分量会随着后续混凝土的泵入持续增大，容易造成模板台车的脱模。因此在刚开始时浇筑速率不应太快，使泵送进模板台车内的混凝土有一定的凝固时间，这个时间在两辆混凝土罐车参与运输混凝土的作业模式下即可满足。当混凝土浇筑到一定量时，模板内的混凝土高度达到模板台车腰部，混凝土给模板台车的向上的挤压力分量会逐渐被高处混凝土给台车向下的压力分量抵消，因此可以适当将混凝土的浇筑速率提高，采用 3 辆混凝土罐车参与浇筑作业。

8.3 隧道洞身开挖与支护机械化施工机群动态配置

在隧道洞身开挖与支护的三个施工机群作业过程中,都会出现机械设备闲忙不均,作业效率不理想的问题。在出渣工序施工机群中,如果自卸汽车配置数量不足则会出现装载机停机等待自卸汽车到来的现象,如果自卸汽车配置数量过多,则会出现排队等待装渣的现象;在湿喷工序和二次衬砌施工机群中,混凝土拌和站会出现已将混合料拌和好,但无混凝土罐车到来装料的情况;而混凝土罐车在拌和站处会出现排队等待装料的现象,在掌子面湿喷机处和二次衬砌施工现场往料斗卸料过程中,会出现排队等待卸料的现象。

隧道开挖与支护三个施工机群作业过程出现的这些情况,可以利用随机服务理论进行分析,所涉及的机械设备闲忙不均,作业效率不理想问题可以得到很好的解决。对多机种施工机群的协同作业工作特性进行分析判断,有利于保证施工机群正常作业,提高机群作业效率。

8.3.1 随机服务理论简介

当某些特定对象(顾客)进入一个组织(服务系统),在经历接纳、处理、留置、释放过程后离去,这就可视为一个"排队-服务"现象,研究这种现象的学问称为随机服务理论。在系统中将等待被服务的对象统称为顾客,这是一个广义的概念,在隧道施工中可指排队等待装渣的自卸汽车、排队等待装料或卸料的混凝土车等。为顾客提供服务的对象称为服务台,这同样是一个广义的概念,在隧道施工中可指为自卸汽车装渣的装载机、为混凝土罐车提供混凝土料的拌和站和混凝土罐车卸料的湿喷机等。根据服务系统中不同的顾客数量及到达方式结合服务台的不同服务方式,可组成不同的服务系统。以服务系统为研究对象,通过分析服务系统的运行规律,可求得如特定对象(顾客)进入系统的规律、在服务系统前的等待时间与排队长度、服务系统的忙期长短等一些关键性指标,通过对这些指标的分析与评价,反馈到服务系统中,从而更好地对服务系统进行优化,使得系统的运行费用或某些参数最优。

一个服务系统由以下几个部分组成:输入规则、排队规则、服务系统的结构、服务时间和服务规则。

1. 输入规则

输入规则指顾客到达排队系统的规律,一般用顾客到达时间的时间间隔概率分布来描述,可分为定长分布、负指数分布、爱尔朗分布、几何分布等。由前面的分析可知,自卸汽车、混凝土罐车的运输时间均服从负指数分布,因此车辆到达主导机械即服务台前的时间间隔服从负指数分布,即输入规则为负指数分布。

2. 排队规则

排队规则指顾客在服务台处接受服务的次序,一般分为等待制、损失制和混合制。等待制指当顾客到达后,如果服务台没有空闲,顾客在服务台前按照到达的先后顺序进行等待;损失制指当顾客到达系统后,如果服务台没有空闲,顾客离开;混合制的排队规则介于等待制和损失制之间,表示顾客到达后进行排队,但排队的数量有限,超过一定数量的排队长度后,顾客则会离开。隧道施工过程中当运输机械到达服务台前会进行排队等待,因此排队规则为等待制。

3. 服务系统的结构

服务系统的结构指排队系统中服务台的数量及服务台采用的服务方式等。隧道出渣过程中装载机数量为 1 台或 2 台，但同时为 1 辆自卸汽车装渣，因此均属于单服务台单队列结构，湿喷工序中混凝土罐车运输混凝土料到湿喷机处属于单服务台单队列结构，混凝土罐车前往拌和站进行装料属于双服务台双队列结构。

在确定服务系统的各个部分后，为了表示方便通常将服务系统记作：$X/Y/Z/A$。其中：X 为顾客相继到达的时间间隔分布，包括 M（代表泊松输入或者负指数服务分布）、D（定长服务分布）和 E_k（代表 k 阶爱尔朗输入或 k 阶爱尔朗服务分布）等；Y 为服务时间的分布；Z 为服务台个数；A 为系统容量限制，即允许的排队最大长度，默认为 1。

对一个服务系统进行研究就需要通过多次观测，记录顾客到达的时间间隔等数据，然后利用数理统计的方法对得到的数据进行处理，得到该系统的输入规则、排队规则、系统结构、服务时间和服务规则等参数，之后建立相应的系统模型进行研究，最终减少顾客的平均等待时间与平均等待队长，实现系统最优运行状态。

8.3.2 随机服务理论的适用性

通过对随机服务系统研究内容和研究方法的分析，并结合隧道开挖与支护三大工序的施工过程，可以看出，公路隧道施工的机群作业特性是完全可以采用该理论进行研究的。以"装渣-运输"过程为例，验证采用该方法的可行性。

出渣过程中，运渣用的自卸汽车依次到达掌子面装载机处，等待并依次装渣，装满后驶向弃渣场卸渣并再次返回到掌子面装载机处等待装渣。在这个过程中装载机每次装渣时间互不影响，自卸汽车的运输速率也不受其他车辆的影响，因此，可认为顾客到达也就是自卸汽车到达装载机处的概率是独立分布的。

将实测时间 t 分为 n 段，每份时间长为 $\Delta t = \dfrac{t}{n}$，在 Δt 内，有自卸汽车到达的可能性为 $\lambda \Delta t = \dfrac{\lambda \times t}{n}$（$\lambda$ 为单位时间内汽车到达率）。相应地，在同样长的时间里没有汽车到达的概率为 $1 - \lambda \Delta t = 1 - \dfrac{\lambda \times t}{n}$。所以在 n 个 Δt 内，有 m 辆自卸汽车到达掌子面装载机处的概率为：

$$P_{n(m)} = \frac{n!}{m!(n-m)!} \times \lambda \times \left(\frac{\Delta t}{n}\right)^m \times \left(1 - \lambda \frac{\Delta t}{n}\right)^{n-m} \quad (8\text{-}16)$$

当时间无穷大，即 $n \to \infty$ 时，$P_{n(m)} = \dfrac{(\lambda \times \Delta t)^m \times \mathrm{e}^{-\lambda \times \Delta t}}{m!}$。

显然，该函数为负指数分布，也就是说平稳状态下自卸汽车到达装载机处的时间服从负指数分布形式。

设在（0，x）这段时间内装载机处没有一辆自卸汽车离开的概率为：

$$P_{m(0)} = \frac{(\lambda \times \Delta t)^0 \times e^{-\lambda \times \Delta t}}{0!} = e^{-\lambda \times x} \tag{8-17}$$

则在（0，x）这段时间内装载机处至少有一辆自卸汽车离开的概率为：

$$P_x = 1 - P_{n(0)} = 1 - e^{-\lambda \times x} \tag{8-18}$$

显然该概率为负指数分布。

根据随机服务理论，"装渣-运输"过程中以自卸汽车为顾客，以装载机为服务台的排队模型符合 $M/M/1/N$。

在实践中，通过前文统计的隧道出渣过程中装载机装满1辆自卸汽车矿渣的时间和自卸汽车的运输时间可以看出，这两项时间均服从负指数分布。所以在出渣过程中，自卸汽车有时候表现为密集到达，有时候表现为松散到达，表面上没有确定的规律性，但通过数理统计可以看到，在若干次出渣循环的时间内，自卸汽车到达掌子面装载机处的时间分布是相同的。

因此出渣工序"装渣-运输"服务过程的排队模型服从 $M/M/1$ 类型，同理可得湿喷工序内"装料-运输"和"湿喷-运输"服从 $M/M/1$ 类型。

通过上述分析可以看出：

（1）随机服务理论研究的内容与本课题所要进行研究的内容是相同的；

（2）在逻辑层次上，本课题研究的公路隧道洞身开挖与支护机械协同作业模式与随机服务理论研究的作业模式也是相同的；

（3）在施工实践中，现场施工调查得到的公路隧道洞身开挖与支护机械单机作业规律函数适用于随机服务理论中的排队规律函数。

因此，采用随机服务理论研究本课题是合适的、恰当的。

8.3.3 隧道出渣子系统"装渣-运渣"模型构建

出渣工序是将爆破下来的洞渣运输至洞外指定位置，假定出渣系统中有 m 辆自卸汽车出渣，每次出渣循环的洞渣量等于若干次 m 辆自卸汽车出渣循环的洞渣量，也等于若干次自卸汽车的循环量。由出渣作业模式可知，虽然掌子面前用于装渣的装载机数量为2台，但每次只能对1辆自卸汽车进行装渣作业，仍属于单服务台模式，因此出渣系统的服务结构为单服务台排队系统中标准的 $M/M/1$ 模型。

由于系统状态的概率一般是随着时刻 t 而变化，所以在时刻 t、系统状态为 n 的概率用 $P_n(t)$ 表示；在时间区间 $[t_1, t_2]$ 内有 n 辆自卸汽车到达的概率即为 $P_n(t_1, t_2)$。对充分小的 t，在时间区间 $[t, t+\Delta t]$ 内有一辆自卸汽车到达的概率与 t 无关，而与区间长 Δt 成正比，即：

$$P_1(t, t+\Delta t) = \lambda \Delta t + o(\Delta t) \tag{8-19}$$

式中：$o(\Delta t)$——$\Delta t \to 0$ 时关于 Δt 的高阶无穷小；

λ——单位时间内有一辆自卸汽车到达的概率。

所以在[t, $t+\Delta t$)的时间内没有自卸汽车到达的概率为：

$$P_0(t,t+\Delta t) = 1 - \lambda\Delta t + o(\Delta t) \tag{8-20}$$

设：m——出渣系统中，运输洞渣的自卸汽车总数量；

S_n——出渣系统中，装载机处的自卸汽车数量为 n 的状态；

$P_n(t)$——某一时刻 t，出渣系统处于 S_n 状态的概率；

P_n——出渣系统处于稳定状态时各种状态的概率；

μ_1——装载机服务率，即装载机单位时间内平均装车数量。

在任意时刻 t，出渣系统处于某一状态，经过时间 Δt，在 $t+\Delta t$ 时刻，出渣系统处于 S_n 状态（$0 < n \leq m$），出渣子系统在[t, $t+\Delta t$)的时间内有以下四种可能：

（1）t 时刻为状态 S_n，$t+\Delta t$ 时刻为状态 S_n，在这段时间 Δt 内，自卸汽车数量未发生变化，原因是没有一辆自卸汽车到达，没有一辆自卸汽车离开。

（2）t 时刻为状态 S_n，$t+\Delta t$ 时刻为状态 S_n，在这段时间 Δt 内，自卸汽车数量未发生变化，原因是有一辆自卸汽车到达，有一辆自卸汽车离开。

（3）t 时刻为状态 S_{n+1}，$t+\Delta t$ 时刻为状态 S_n，在这段时间 Δt 内，自卸汽车少了一辆，原因是没有一辆自卸汽车到达，有一辆自卸汽车离开。

（4）t 时刻为状态 S_{n-1}，$t+\Delta t$ 时刻为状态 S_n，在这段时间 Δt 内，自卸汽车多了一辆，原因是有一辆自卸汽车到达，没有一辆自卸汽车离开。

这四种情况的概率见表 8-4。

表 8-4　四种情况概率分布

序号	概率	公式编号
（1）	$P_n(t)(1-\lambda\Delta t)(1-\mu_1\Delta t)$	（8-21）
（2）	$P_n(t) \times \lambda\Delta t \times \mu_1\Delta t$	（8-22）
（3）	$P_{n+1}(t) \times (1-\lambda\Delta t) \times \mu_1\Delta t$	（8-23）
（4）	$P_{n-1}(t) \times \lambda\Delta t \times (1-\mu_1\Delta t)$	（8-24）

以上四种情况互斥，则在 $t+\Delta t$ 时刻，出渣系统处于状态 S_n 的概率 $P_n(t+\Delta t)$ 应是这四项之和，即：

$$P_n(t+\Delta t) = P_n(t)(1-\lambda\Delta t - \mu_1\Delta t) + P_{n+1}(t)\mu_1\Delta t + P_{n-1}(t)\lambda\Delta t + o(\Delta t) \tag{8-25}$$

于是得：

$$\frac{P_n(t+\Delta t) - P_n(t)}{\Delta t} = \mu_1 P_{n+1}(t) + \lambda P_{n-1}(t) - (\lambda + \mu_1)P_n(t) + \frac{o(\Delta t)}{\Delta t} \tag{8-26}$$

令 $\Delta t \to 0$，得到关于 $P_n(t)$ 的微分差分方程：

$$\frac{dP_n(t)}{dt} = \mu_1 P_{n+1}(t) + \lambda P_{n-1}(t) - (\lambda + \mu_1)P_n(t) \quad n = 1, 2, 3, \cdots, m; \tag{8-27}$$

当 $n = 0$ 时，则只有上述（1）、（2）、（3）三种情况，这时出渣系统处于状态 S_0 的概率为：

$$P_0(t+\Delta t) = P_0(t)(1-\lambda\Delta t)(1-\mu_1\Delta t) + P_1(t)(1-\lambda\Delta t)\mu_1\Delta t + P_0(t)\lambda\Delta t\mu_1\Delta t \tag{8-28}$$

同理可得：

$$\frac{dP_0(t)}{dt} = \mu_1 P_1(t) - \lambda P_0(t) \tag{8-29}$$

当 $t \to \infty$ 时，施工机群趋于稳定，此时：

$$\lim_{t \to \infty} P_n(t) = P_n$$

$$\frac{dP_n(t)}{dt} = \frac{dP_n}{dt} = 0$$

所以：

$$\begin{cases} \dfrac{dP_n(t)}{dt} = \dfrac{dP_0}{dt} = \mu_1 P_1 - \lambda P_0 = 0 \\ (\lambda + \mu_1)P_n(t) = \mu_1 P_{n+1}(t) + \lambda P_{n-1}(t) \end{cases} \tag{8-30}$$

此式可通过状态转移图（图 8-2）直观表示。

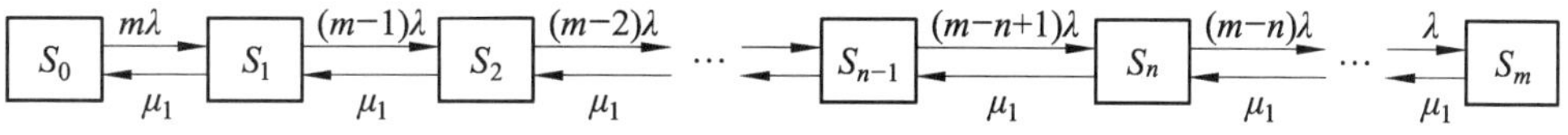

图 8-2 状态转移图

所以根据图 8-2 可以看出：

$$P_1 = P_0 \frac{m\lambda}{\mu_1}\ ;\quad P_2 = P_0 \frac{m(m-1)\lambda^2}{\mu_1^2}\ ;\quad P_3 = P_0 \frac{m(m-1)(m-2)\lambda^3}{\mu_1^3}\ ;\quad P_n = P_0 \frac{m!\lambda^n}{(m-n)!\mu_1^n} \tag{8-31}$$

由正则性条件 $\sum_{n=0}^{m} P_n = 1$ 得：

$$P_0 = \left[1 + \sum_{n=1}^{m} \frac{m!\lambda^n}{(m-n)!\mu_1^n}\right]^{-1} \quad (n=1,\ 2,\ 3,\ \cdots,\ m) \tag{8-32}$$

进一步得到自卸车在装载机前的排队长度为：

$$L_q = P_0\left[\sum_{n=2}^{m}(n-1)\frac{m!\lambda^n}{(m-n)!\mu_1^n}\right] = m - (1-P_0)\left[1 + \text{int}\left(\frac{\mu_1}{\lambda}\right)\right] \tag{8-33}$$

出渣工序内装载机装渣-自卸汽车出渣的联合作业系数 K 为：

$$K = (1-P_0) \times 100\% \tag{8-34}$$

8.3.4 隧道湿喷子系统"湿喷-运料"模型构建

隧道湿喷子系统由混凝土罐车与湿喷机构成，混凝土罐车在拌和站接满料后前往湿喷机处，湿喷机进行湿喷作业，湿喷机湿喷完一罐车混凝土后罐车再次返回到拌和站接料进行循环作业。

设：m_2——湿喷子系统中运输混凝土料的罐车数量；

S_n^2——在任意时刻 t，湿喷机处有 n 辆罐车的状态；

$P_n^2(t)$——在任意时刻 t，湿喷系统处于状态 S_n^2 的概率；

P_n^2——湿喷系统处于稳定状态时的概率；

λ_2——单位时间内每辆混凝土罐车到达湿喷机的到达率；

μ_2——湿喷机的服务率（湿喷机在单位时间内可喷射完成的罐车数量）。

采用与出渣系统相同的分析方法，得到：

$$P_0^2 = \left[1 + \sum_{n=1}^{m_2} \frac{m_2! \lambda_2^n}{(m_2-n)! \mu_2^n}\right]^{-1} \quad (n=1, 2, 3, \cdots, m_2) \tag{8-35}$$

进一步得到混凝土罐车在湿喷机前的排队长度为：

$$L_q^2 = P_0^2 \left[\sum_{n=2}^{m_2} (n-1) \frac{m_2! \lambda_2^n}{(m_2-n)! \mu_2^n}\right] = m_2 - \left(1 - P_0^2\right)\left[1 + \text{int}\left(\frac{\mu_2}{\lambda_2}\right)\right] \tag{8-36}$$

湿喷工序内湿喷机湿喷-混凝土罐车运输的联合作业系数 K_2 为：

$$K_2 = (1 - P_0^2) \times 100\% \tag{8-37}$$

8.3.5 隧道二衬浇筑子系统"灌注-运料"模型构建

二衬浇筑子系统由二衬模板台车与混凝土罐车构成，混凝土罐车依次到达二衬模板台车处等待灌注，灌注完成后返回拌和站装料。

设：m_3——二衬浇筑系统中运输混凝土料的罐车数量；

S_n^3——在任意时刻 t，二衬模板台车处有 n 辆混凝土罐车的状态；

$P_n^3(t)$——在任意时刻 t，二衬浇筑子系统处于状态 S_n^3 的概率；

P_n^3——二衬浇筑子系统处于稳定状态时的概率；

λ_3——单位时间内每辆混凝土罐车到达二衬模板台车处的到达率；

μ_3——二衬模板台车的服务率（二衬模板台车在单位时间内可灌注罐车的数量）。

采用与出渣系统相同的分析方法，得到：

$$P_0^3 = \left[1 + \sum_{n=1}^{m_3} \frac{m_3! \lambda_3^n}{(m_3-n)! \mu_3^n}\right]^{-1} \quad (n=1, 2, 3, \cdots, m_3) \tag{8-38}$$

进一步得到混凝土罐车在二衬模板台车前的排队长度为：

$$L_q^3 = P_0^3 \left[\sum_{n=2}^{m_3} (n-1) \frac{m_3! \lambda_3^n}{(m_3-n)! \mu_3^n}\right] = m_3 - \left(1 - P_0^3\right)\left[1 + \text{int}\left(\frac{\mu_3}{\lambda_3}\right)\right] \tag{8-39}$$

二衬浇筑工序内二衬模板台车灌注-混凝土罐车运料的联合作业系数 K_3 为：

$$K_3 = (1 - P_0^3) \times 100\% \tag{8-40}$$

8.4 隧道洞身开挖与支护机械化配套结果

依托金家庄特长螺旋隧道工程，对现场施工中的出渣机群、湿喷机群和二衬机群进行配置，同时比较不同机械配套模式下的施工控制指标。现场施工参数及计算工况如表8-5所示。

表 8-5 计算参数及工况

双装载机装满1辆自卸汽车的时间 T_{zm}/min	自卸汽车循环运输速率 V_{zx}/（m/min）	弃渣场与隧道洞口的距离 L_{qz}/m	混凝土罐车循环运输速率 V_{gc}/（m/min）	湿喷机湿喷效率 α/（min/m³）
3.4	235.58	3 000	166.85	5.13
二衬台车浇筑效率 γ/（min/m³）	混凝土罐车斗容 S_{gc}/m³	自卸汽车斗容 S_{zz}/m³	拌和站与隧道洞口距离 L_{bh}/m	拌和站拌和混凝土效率 β/（min/m³）
1.97	6	16	600	1.92

8.4.1 机群基础配置结果

1. 出渣总时间

以隧道累计进尺 L_{jc} 为 1 050 m 作为算例，由公式（8-2）可得双装载机不停机等待所需的自卸汽车数量：

$$n_{cy} \geqslant \frac{2(L_{qz} + L_{jc})}{D_c} = \frac{2(L_{qz} + L_{jc})}{V_{zx} \times T_{zm}} = \frac{2(3\,000 + 1\,050)}{235.58 \times 3.4} \approx 10.11$$

因此，当隧道累计进尺为 1 050 m 时，现场应配置 10 辆自卸汽车以上才能满足装载机的装载效率。

在调查初期，金家庄螺旋隧道配备 6 辆自卸汽车出渣作业，上台阶开挖断面面积 S_{dm} 为 97.5 m²，自卸汽车的容量 S_{zz} 为 16 m²，掌子面开挖循环进尺为 d_{jc} 为 4 m，由公式（8-4）可得出渣总次数 m 为：

$$m = \frac{W_{qz}}{S_{zz}} = \frac{S_{dm} d_{jc} R \Delta}{S_{zz}} = \frac{97.5 \times 4 \times 1.6 \times 1.2}{16} = 46.8$$

式中：岩石松胀系数取 1.6，超挖系数取 1.2。计算结果取整可得出渣总车数 m 为 47 车。

（1）当现场实际配置的自卸汽车数量大于 10 时，延误时间 T_{yw} 为 0，代入式（8-7）可求得出渣总时间：

$$T_{cz} = m(T_{zm} + 1) = 47(3.4 + 1) = 206.8 \, (\text{min})$$

（2）现场配置自卸汽车 n_{cs} 为 6 辆，小于 10 辆，此时，由公式（8-5）、（8-6）和（8-7）可得延误时间和出渣总时间分别为：

$$T_{yw} = \frac{D_{cc} - D_c}{V_{zx}} = \frac{1350 - 235.58 \times 3.4}{235.58} = 2.33 \, (\text{min})$$

$$T_{cz} = m(T_{zm} + T_{yw} + 1) = 47(3.4 + 2.33 + 1) = 316.34 \, (\text{min})$$

同理，可分别得出自卸车数量 n_{cs} 为 7、8、9 和 10 辆时的延误时间和出渣总时间，如图 8-3 所示。

根据图 8-3 可知，随着自卸汽车配置数量的增加，出渣延误时间逐渐缩短，在自卸汽车配置数量达到 11 辆时，延误时间为 0，此时出渣总时间最短，车辆数大于 11 辆时，出渣总时间和延误时间不改变。考虑到购置车辆的成本、车辆过多造成洞内空气污染及延误时间长短等因素，最后确定在当前进尺下单洞增加 4 辆自卸汽车，形成 10 辆自卸汽车出渣配合双装载机装渣的机械配套模式，可将循环进尺为 4 m 的出渣循环总时间缩短 107.74 min。

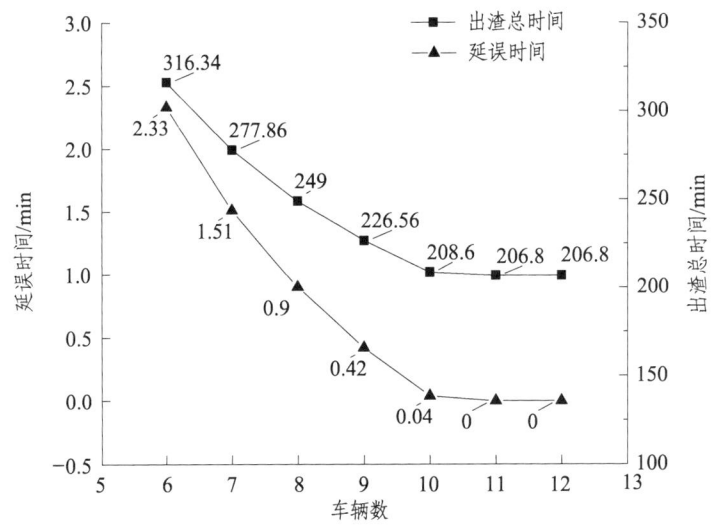

图 8-3 不同出渣机械配置下的延误时间和出渣总时间

2. 湿喷总时间

通过现场调查分析，湿喷机实际喷射效率 $\alpha = 5.13$ min/m³，混凝土罐车容量 $S_{gc} = 6$ m³，混凝土罐车在拌和站的装料效率 $\beta = 1.92$ min/m³，混凝土罐车的平均行驶速率 $V_{gc} = 166.85$ m/min，拌和站到隧道洞口的距离 $L_{bh} = 600$ m，则湿喷机湿喷一罐车的混凝土料所需时间 T_{sp} 为：

$$T_{sp} = \alpha \times S_{gc} = 5.13 \times 6 = 30.78 \, (\text{min})$$

装满一罐车混凝土料所需时间 T_{zl} 为：

$$T_{zl} = \beta \times S_{gc} = 1.92 \times 6 = 11.52 \, (\text{min})$$

2 辆混凝土罐车配合 1 台湿喷机的模式下，由公式（8-11）可得，增加罐车数量的临界进尺为：

$$L_{jc} = \frac{V_{gc}(T_{sp} - T_{zl})}{2} - L_{bh} = \frac{166.85 \times (30.78 - 11.52)}{2} - 600 \approx 1007 \text{ m}$$

因此，当隧道修建到累计进尺为 1 007 m 时，应增加 1 辆混凝土罐车，形成 3 辆混凝土罐车运送混凝土的模式。

（1）当现场实际配置的混凝土罐车数量满足湿喷机的作业效率时，延误时间 T_{spyw} 为 0。以Ⅳ级围岩，循环进尺 3 m 为例，每延米设计混凝土用量 $V_{hn} = 6.12 \text{ m}^3$，回弹率 $\alpha = 25\%$，根据公式（8-12）求湿喷总时间：

$$T_{spz} = \frac{V_{hm}d}{\alpha_{ht}}\alpha = \frac{6.12 \times 3}{0.25} \times 5.13 \approx 376.75 \text{ (min)}$$

（2）当现场实际配置的混凝土罐车数量不满足湿喷机的作业效率时，以隧道累计进尺 1 500 m，配置 2 辆混凝土罐车为例，延误时间 T_{spyw} 根据公式（8-13）计算：

$$T_{spyw} = \frac{V_{ht}d}{\alpha_{ht}S_{gc}}\left(\frac{2(L_{jc} + L_{bh})}{V_{gc}} + T_{zl} - T_{sp}\right) = 72.34 \text{ (min)}$$

所以有延误情况下的 1 500 m 进尺的湿喷总时间为：

$$T_{spz} = T_{spyw} + \frac{V_{hn}d}{\alpha_{ht}}\alpha = 72.34 + 376.75 \approx 449.09 \text{ (min)}$$

通过计算可知，在混凝土罐车配置数量充足的条件下，湿喷总时间不会随着累计进尺的增加而增加，湿喷总时间为 376.75 min，当到达临界进尺 1 007 m 时若不增加混凝土罐车数量，在 1 500 m 时，湿喷总时间则会增加至 449.09 min，延长循环湿喷作业时间 72.34 min。

3. 二衬浇筑总时间

现场调查了三组二衬浇筑过程，浇筑时长分别为 482 min、418 min 和 631 min，在二衬浇筑方案进行优化后，即在二衬混凝土罐车浇筑 10 车，方量为 60 m³ 时，增加一辆混凝土罐车，形成三辆混凝土罐车运输混凝土的模式。对方案优化后的二衬浇筑时间进行计算，如图 8-4 所示。计算得到的浇筑时长将缩短为 391 min、353 min 和 566 min，缩短时间分别为 91 min、65 min 和 65 min，因此这种机械配套模式可将二衬浇筑时长至少缩短一个小时。

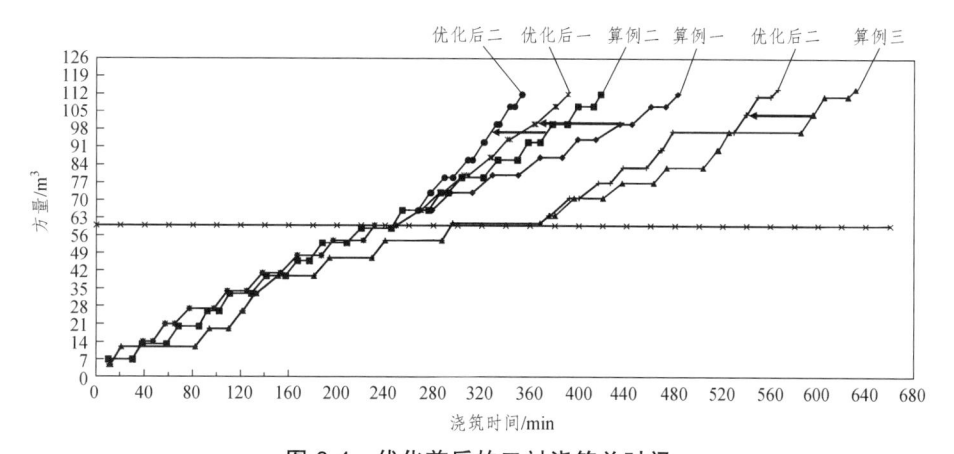

图 8-4 优化前后的二衬浇筑总时间

8.4.2 机群动态配置结果

系统运行状态指标指出渣子系统、湿喷子系统和二衬浇筑子系统在运行过程中的机械平均排队长度与联合作业系数两项指标。

机械的平均排队长度指标指附属机械在循环运输作业过程中在主导机械前排队等待的平均长度,即出渣过程中自卸汽车在装载机前排队等待装渣的平均长度,湿喷过程中混凝土罐车在湿喷机前等待卸料的平均排队长度,二衬浇筑过程中混凝土罐车在二衬台车前等待卸料的平均排队长度。在机群基础配置中,当附属机械配置数量不能满足主导机械的作业效率时,主导机械会发生停机等待,不会发生排队现象,但是在实际动态作业过程中,各种因素都会影响机群系统的运行,因此会出现机械设备闲忙不均的问题,即存在平均排队长度。根据实践经验,附属机械的平均排队长度应在 2 台左右,以保证主导机械的作业效率。

联合作业系数指标即主导机械的利用率,直接反映了主导机械在施工过程中的利用程度,也可间接反映工序运行过程中的连续性,即出渣过程中装载机进行装渣作业时的利用率,湿喷过程中湿喷机进行湿喷作业时的利用率,二衬浇筑过程中二衬模板台车进行灌注混凝土作业时的利用率。机群的合理配置,应该以主导机械能够连续不断工作为基础,实践经验表明,当联合作业系数 $K < 80\%$ 时,主导机械处于一个较为频繁停机的作业状态;当 K 介于 $80\% \sim 90\%$ 时,会偶尔出现停机等待附属机械到来的状况;当 $K \geq 90\%$ 时,机群系统基本处于一个稳定的工作状态。前文中依据随机服务理论推导出了机群系统排队长度和联合作业系数计算公式,结合机械的单机作业特性,计算不同配套模式下的系统运行状态指标。

1. 出渣子系统中自卸汽车平均排队长度及机群联合作业系数

在第 7 章 7.3 节中统计了现场七大机械的单机作业特性,其中自卸汽车的平均循环运输速率为 235.58 m/min,在隧道累计进尺为 1 050 m 时,自卸汽车循环运输时间为 $T_{cc} = 34.38$ min,双装载机装满一辆自卸汽车的时间 $T_z = 3.4$ min,所以系统运行指标中的单位时间内每辆自卸汽车到达率 λ 和装载机服务率分别为:

$$\lambda = \frac{1}{T_{cc}} = \frac{1}{34.38} = 0.029$$

$$\mu_1 = \frac{1}{T_z} = \frac{1}{3.4} = 0.294$$

根据公式(8-31)、(8-32)和(8-33)分别求出不同机械配套模式下的出渣子系统初始状态概率、平均排队长和联合作业系数,如表 8-6 所示。

表 8-6 出渣工序系统运行指标计算结果

自卸汽车配置数量 m	单位时间内每辆自卸汽车到达率 λ	装载机服务率 μ	出渣子系统初始状态概率 P_0	装载机处自卸汽车平均排队长 L_q	装载机-自卸汽车联合作业系数 K
6	0.029	0.294	0.49	0.39	50.99%
7	0.029	0.294	0.42	0.57	58.49%
8	0.029	0.294	0.34	0.79	65.53%
9	0.029	0.294	0.28	1.08	72.03%
10	0.029	0.294	0.22	1.43	77.91%
11	0.029	0.294	0.17	1.86	83.08%
12	0.029	0.294	0.13	2.38	87.5%

2. 湿喷机处混凝土罐车等待卸料的平均排队长及机群联合作业系数

混凝土罐车的平均循环运输速率 V_{gc} 为 166.85 m/min，在隧道累计进尺为 1 500 m 时，混凝土罐车循环运输时间为 T_{gc} = 36.69 min，湿喷机湿喷完一混凝土罐车料的时间 T_{sp} = 30.78 min，所以系统运行指标中的单位时间内每辆混凝土罐车到达率 λ_2 和湿喷机服务率分别为：

$$\lambda_2 = \frac{1}{T_{gc}} = \frac{1}{36.69} = 0.027$$

$$\mu_2 = \frac{1}{T_{sp}} = \frac{1}{30.78} = 0.032$$

根据公式（8-34）、（8-35）和（8-36）分别求出不同机械配套模式下的湿喷子系统初始状态概率、平均排队长和联合作业系数，如表 8-7 所示。

表 8-7 湿喷工序系统运行指标计算结果

混凝土罐车配置数量 m_2	单位时间内每辆罐车到达率 λ_2	湿喷机服务率 μ_2	湿喷子系统初始状态概率 $P_{0２}$	湿喷机处罐车平均排队长 $L_{q２}$	湿喷机-混凝土罐车联合作业系数 K_2
2	0.027	0.032	0.24	0.49	75.68%
3	0.027	0.032	0.088	1.18	91.23%

3. 二衬台车处混凝土罐车等待卸料的平均排队长及机群联合作业系数

混凝土罐车的平均循环运输速率 V_{gc} 为 166.85 m/min，在隧道累计进尺为 900 m 时，混凝土罐车循环运输时间为 T_{gc} = 29.50 min，二衬台车灌注完一混凝土罐车料的时间 T_{ec} = 11.8 min，所以系统运行指标中的单位时间内每辆混凝土罐车到达率 λ_3 和二衬台车服务率 μ_3 分别为：

$$\lambda_3 = \frac{1}{T_{gc}} = \frac{1}{29.50} = 0.034$$

$$\mu_3 = \frac{1}{T_{ec}} = \frac{1}{11.8} = 0.085$$

根据公式（8-37）、（8-38）和（8-39）分别求出不同机械配套模式下的二衬浇筑子系统初始状态概率、平均排队长和联合作业系数，如表8-8所示。

表8-8 二衬浇筑工序系统运行指标计算结果

混凝土罐车配置数量 m_3	单位时间内每辆罐车到达率 λ_3	二衬模板台车服务率 μ_3	二衬浇筑子系统初始状态概率 P_0^2	二衬台车机处罐车平均排队长 L_q^3	二衬台车-混凝土罐车联合作业系数 K_3
2	0.034	0.085	0.47	0.42	52.83%
3	0.034	0.085	0.28	0.85	71.78%

8.5 现场机械化施工方案优化应用

8.5.1 出渣工序机械化施工方案优化应用

结合工序作业时间及系统运行状态指标，对出渣机械化配套方案进行优化，如表8-9所示。可以看出，当自卸汽车配置数量为10时，虽然出渣总时间为208.6 min，但排队长度为1.43，联合作业系数为77.91%＜80%，依据实践经验，主导机械装载机基本处于频繁停机等待情况，因此应将自卸汽车配置数量增加5辆至单洞11台自卸汽车的运输模式，从而实现出渣工序的有序进行。

表8-9 不同出渣机械化配套方案的施工控制指标

自卸汽车配置数量 m	延误时间 T_{yw}	出渣总时间 T_{cz}	装载机处自卸汽车平均排队长 L_q	装载机-自卸汽车联合作业系数 K
6	2.33	316.34	0.39	50.99%
7	1.51	277.86	0.57	58.49%
8	0.9	249.00	0.79	65.53%
9	0.42	226.56	1.08	72.03%
10	0.04	208.6	1.43	77.91%
11	0	206.8	1.86	83.08%
12	0	206.8	2.38	87.5%

8.5.2 湿喷工序机械化施工方案优化应用

结合工序作业时间及系统运行状态指标，对湿喷机械化配套方案进行优化，如表8-10所示。可以看出，当混凝土罐车配置数量增加至3辆时，湿喷总时间最短，且罐车排队长度为1.18，联合作业系数为91.23%＞90%，说明这种机械配套模式下湿喷机不会发生停机等待现象，湿喷作业有序平稳进行。

表 8-10 不同湿喷机械化配套方案的施工控制指标

混凝土罐车配置数量 m_2	湿喷总时间 T_{sp}/min	湿喷子系统初始状态概率 P_0^2	湿喷机处罐车平均排队长 L_q^2	湿喷机-混凝土罐车联合作业系数 K_2
2	449.09	0.24	0.49	75.68%
3	376.75	0.088	1.18	91.23%

8.5.3 二衬浇筑工序机械化施工方案优化应用

结合工序作业时间及系统运行状态指标，对二衬浇筑机械化配套方案进行优化，如表 8-11 所示。可以看出，当混凝土罐车配置数量增加至 3 辆时，二衬浇筑时间分别缩短 91 min、65 min 和 65 min，由于二衬浇筑过程中灌入至模板台车内的混凝土凝固需要一定时间，因此需要使二衬台车有一定的停机等待时间。

表 8-11 不同二衬浇筑机械化配套方案的施工控制指标

混凝土罐车配置数量 m_3	二衬浇筑作业时间 T_{ec}/min	二衬浇筑子系统初始状态概率 P_0^2	二衬台车处罐车平均排队长 L_q^3	二衬台车-混凝土罐车联合作业系数 K_3
2	482/418/631	0.47	0.42	52.83%
3	391/353/566	0.28	0.85	71.78%

8.6 工序间作业衔接与协调优化

1. 提前通知作业人员，按时进场

当隧道开挖进尺确定后，掌子面各施工工序的作业时间基本确定。由于各工序作业人员和机械设备从接到通知到进场需要一定时间，因此应根据上一工序作业完成时间提前通知下一工序作业人员进场，并准备好相应的材料和设备，使上一工序作业完成后下一工序能及时开始，缩短工序衔接时间。

2. 不同作业线作业时机应进行预见性协调

掌子面在进行出渣和湿喷作业时，相关机械设备会频繁驶过仰拱栈桥处。当栈桥处进行仰拱回填或拆模立模作业时便会占用栈桥通道。因此，若掌子面出渣或湿喷作业与仰拱回填或拆模立模作业同时进行，则会造成栈桥处交通堵塞，使掌子面作业车辆无法进出，从而耽误开挖进度，因此仰拱浇筑时机应根据掌子面作业工序进行预见性管理，尽量在掌子面立架作业时进行，并且一个立架循环中仅回填单侧仰拱，下一个立架循环时回填另一侧仰拱，这样可以实现仰拱作业线对掌子面作业线的影响程度最小。

现场需要混凝土的作业工序应依据"掌子面湿喷为主，仰拱及二衬浇筑为辅，保持合理步距下动态调整主次顺序"的原则，即混凝土罐车的安排应首先满足掌子面湿喷作业的要求，在掌子面湿喷要求满足后其余车辆分配到仰拱或二衬浇筑作业中，当掌子面到仰拱的步距或掌子面到二衬的步距将超过安全距离时，应将车辆率先配备给仰拱或二衬浇筑作业，对率先浇筑工序及次要浇筑工序进行动态调整。

8.7 钻爆法施工机械化配套分析软件

钻爆法施工机械化配套分析软件是基于 C#语言编制的一套具有隧道施工管理与机械化配套计算功能的综合软件。软件具备三大功能：隧道施工基本信息录入与查询、出渣与湿喷机械配套计算和五步工序作业时间预估。软件的登录界面及工作界面如图 8-5 和图 8-6 所示。

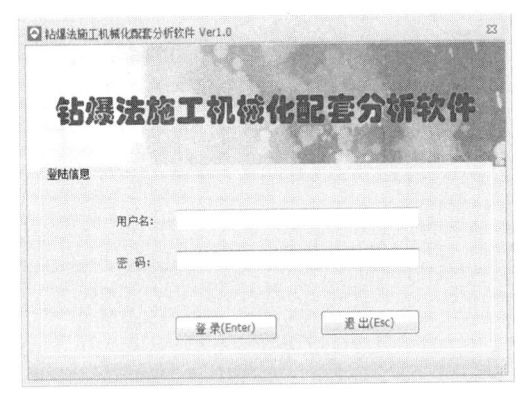

图 8-5　软件登录界面

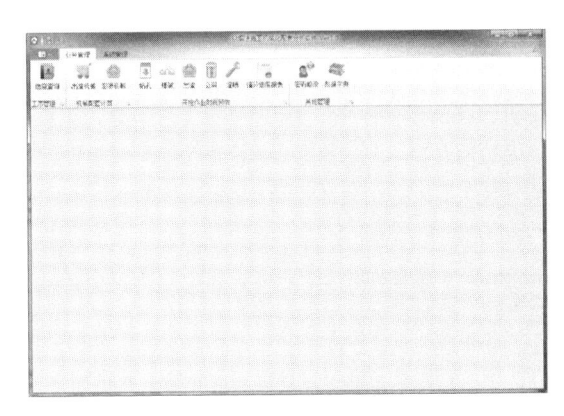

图 8-6　软件工作界面

8.7.1 隧道施工基本信息录入与查询

隧道施工基本信息录入与查询功能主要是给现场施工人员与管理人员远程了解施工进度及施工参数提供一个平台。具体操作方式为：点击软件工作界面左上角的信息查询菜单，出现图 8-7 所示界面，软件提供了工作面、施工开始桩号、施工结束桩号、围岩级别、施工方法、隧道累计进尺和日期 7 项查询条件，用户可通过输入其中 1 项或多项参数查询相应的施工信息记录表。在空白处右键鼠标选择"新建"选项，出现基本信息录入界面，包括：基本信息、钻孔数量及位置、爆破作业参数、出渣排危作业参数、封闭岩面作业参数、立拱架作业参数、超前支护作业参数、挂钢筋网参数、喷混凝土作业参数和循环作业时间，如图 8-8 所示。

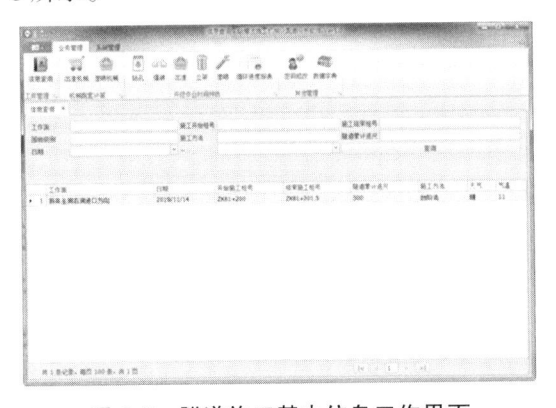

图 8-7　隧道施工基本信息工作界面

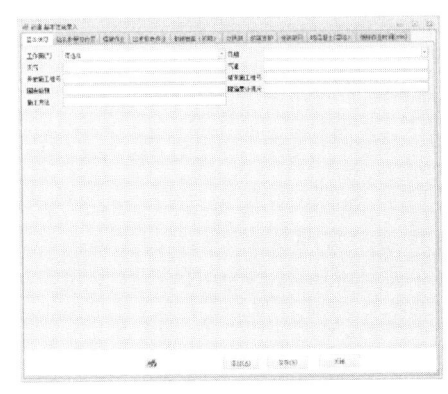

图 8-8　隧道施工基本信息录入界面

在各项施工信息录入界面中，除现场实际施工参数外，还加入了设计参数，相关人员可提前通过软件菜单栏的数据字典将设计参数录入软件中，在基本信息录入时可自动调取，用作设计参数与实际参数对比，如图 8-9 所示。

图 8-9　实际施工参数与设计参数比较

在输入完成隧道施工基本信息后，点击"保存"返回到图 8-7 所示界面，用户可通过右键选择"打印"选项，打开需要打印的施工信息，并进行打印，隧道施工信息录入表打印界面如图 8-10 所示。

图 8-10　隧道施工信息录入表打印界面

8.7.2 工序作业时间预估

将推导的隧道掌子面钻孔、装药爆破、出渣、立架和湿喷五步工序的作业时间预估工序程序化，用户通过输入隧道各施工工序的基本参数，部分参数软件可提供参考值，输入完成后，软件自动计算出工序预估作业时间，如图 8-11 ~ 图 8-15 所示。在五步工序预估作业时间计算完成后，点击菜单栏中的循环进度报表，输入各工序间的衔接时间，从而计算一个开挖循环总时间，如图 8-16 所示，点击"打印"，生成循环时间报表，供隧道管理人员参考，如图 8-17 所示。

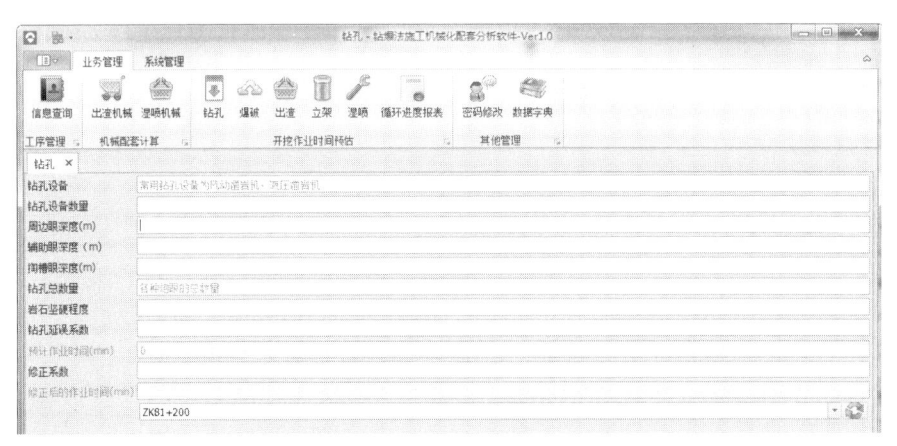

图 8-11 钻孔工序作业时间预估

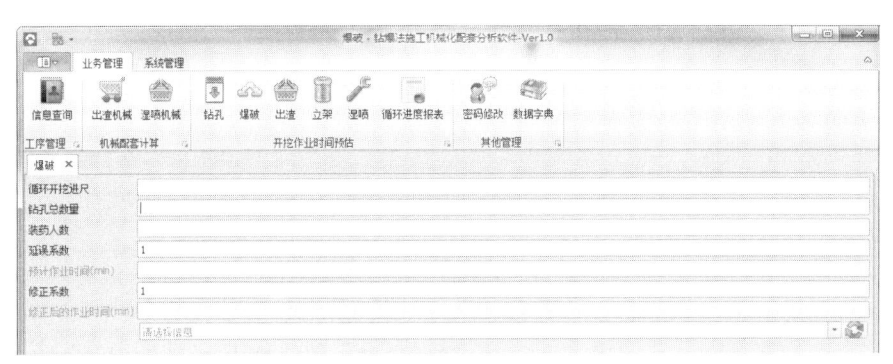

图 8-12 装药爆破工序作业时间预估

图 8-13 出渣工序作业时间预估

图 8-14 立架工序作业时间预估

图 8-15 湿喷工序作业时间预估

图 8-16 循环进度报表界面

图 8-17 循环进度报表打印界面

8.7.3 机械化配套方案计算

1. 出渣机械配套计算

将出渣与湿喷机群基础配置相关成果程序化，开发了机械化配套方案计算功能。在出渣机械配套计算中，通过输入隧道累计进尺、弃渣场离洞口距离、装载机数量、自卸汽车斗容、装载机斗容和自卸汽车的平均行驶速率六项基本参数软件自动计算出自卸汽车最优配置数量，即在输入的出渣模式下，使装载机不停机等待的自卸汽车最低配置数量。

将不同出渣机械配套模式下出渣总时间与延误时间相关公式程序化，形成不同出渣机械配套模式分析功能，点击下方的不同配套模式分析选项，出现图 8-18 所示界面，用户可通过输入隧道基本参数及出渣机械配置数量，获取相应配套方案下的自卸汽车延误时间和出渣总时间，作为购置出渣机械时的参考。

图 8-18 不同出渣机械配套模式分析

2. 湿喷机械配套计算

同出渣机械配套计算类似，将湿喷机群基础配置相关成果程序化，通过输入拌和站离洞口距离、混凝土罐车斗容、湿喷机湿喷效率、拌和站装料效率和混凝土罐车平均行驶速率五项基本参数，软件自动计算出增加混凝土罐车的合理进尺，即在此进尺后为使混凝土罐车的供料效率满足湿喷机的湿喷效率，让湿喷机不停机等待而将混凝土罐车数量由原来2辆增加至3辆的临界进尺，界面如图8-19所示。

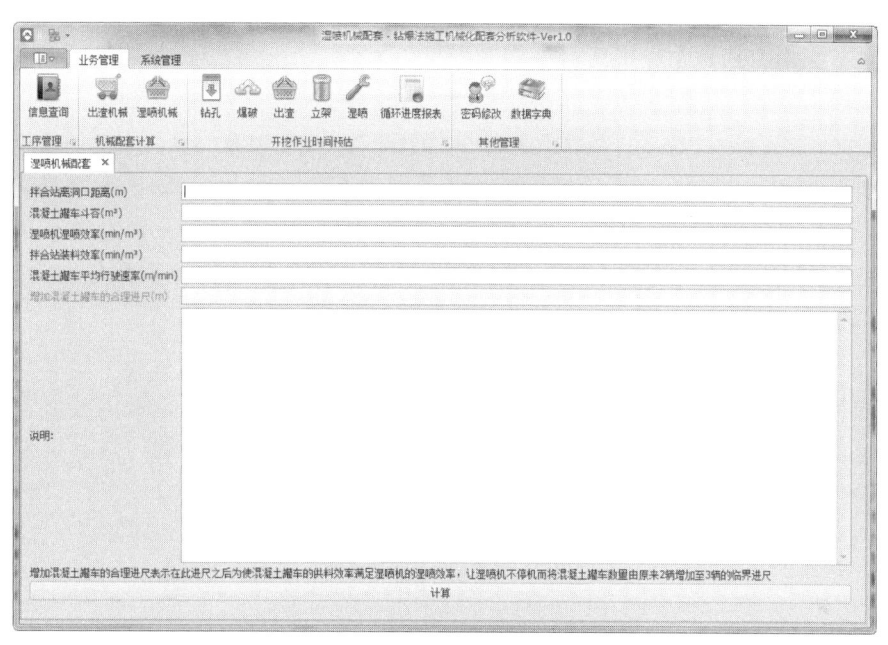

图 8-19　湿喷机械配套计算界面

8.8　本章小结

（1）对三处工序机群进行机械配置：出渣机群配置的结果为保证装载机不停机等待前提下自卸汽车配置数量，优化指标为不同出渣机械配置模式下的装载机停机时间和出渣总时间；湿喷机群配置的结果为保证湿喷机不停机等待前提下增加混凝土罐车数量的合理进尺，优化指标为不同湿喷机械配置模式下的湿喷总时间；二衬浇筑机群配置的结果为保证二衬浇筑质量及模板台车不停机等待前提下的增加混凝土罐车的时机，优化指标为不同二衬浇筑机械配置模式下的二衬总时间。

（2）机群动态配置采用随机服务理论，首先介绍了随机服务理论的概念及适用范围，从而说明在此问题中应用随机服务理论是恰当的。然后依据随机服务理论对三处工序机群进行系统模型构建，最后求得系统运行状态指标：系统平均排队长度与机群联合作业系数，作为机群施工配置的优化指标。

（3）机群基础配置结果为：在隧道累计进尺达到1 050 m时，出渣工序内采用11辆自卸汽车装渣配合双装载机装渣的模式，会使出渣过程中装载机不停机等待自卸汽车的到来，相比于原先6辆自卸汽车的出渣的模式,可将循环进尺为4 m的出渣循环总时间缩短107.74 min;在隧道累计进尺达到1 007 m时,应该将湿喷工序内用于往返掌子面与拌和站间运输混凝土的罐车数量由原来2辆增加至3辆,才能使湿喷机不停机等待混凝土罐车的到来,循环进尺3 m下的湿喷总时间为376.75 min;在二衬浇筑工序中,当二衬混凝土浇筑到二衬模板台车腰部检查井位置时,将罐车数量由原来的2辆增加至3辆,二衬浇筑总时长将至少缩短一个小时。

(4) 机群动态配置结果为:机群动态配置考虑的指标为机械平均排队长度与联合作业系数。出渣子系统中自卸汽车配置数量分别为6、7、8、9、10、11和12辆时,自卸汽车平均排队长度分别为0.39、0.57、0.79、1.08、1.43、1.86和2.38,装载机-自卸汽车联合作业系数分别为50.99%、58.49%、65.53%、72.03%、77.91%、83.08%和87.5%;湿喷子系统中罐车配置数量分别为2和3辆时,罐车平均排队长度分别为0.49和1.18,湿喷机-混凝土罐车联合作业系数分别为75.68%和91.23%;二衬浇筑子系统中罐车配置数量分别为2和3辆时,罐车平均排队长度分别为0.42和0.85,湿喷机-混凝土罐车联合作业系数分别为52.83%和71.78%。

(5) 开发了钻爆法施工机械化配套分析软件,本软件集隧道施工基本信息录入与查询、出渣与湿喷机械配套计算和五步工序作业时间预估三大功能于一身,可供隧道管理人员远程了解隧道施工进度,提前安排出渣与湿喷机械和计算隧道施工工期,具有很强的现实应用价值。

第 9 章 隧道施工通风控制技术

9.1 隧道施工通风控制标准

为了保护隧道及地下工程施工过程中工作人员的安全健康,同时也为了保证施工安全和施工进度,各国都制定了隧道及地下工程工作环境的相关标准。

9.1.1 国内标准

综合《公路隧道施工技术规范》《铁路隧道设计规范》《铁路隧道施工规范》《水利水电工程施工组织设计规范》和《煤矿安全规程》等相关规范,总结归纳我国对公路、铁路、水利、煤矿和地铁等行业中隧道及地下工程施工期的环境标准如下:

(1)氧气(O_2)体积浓度≥20%。
(2)含有10%以上游离二氧化硅(SiO_2)的粉尘浓度≤2 mg/m³。
(3)温度≤28 ℃。
(4)噪声≤90 dB。
(5)瓦斯隧道中,距爆破点 20 m 以内的瓦斯体积浓度<1.0%,巷道内的瓦斯体积浓度<0.75%,掌子面的瓦斯体积浓度≥1.5%时,隧道内的所有工作人员必须疏散撤离至安全地点。隧道内各地点的瓦斯最大浓度容许值如表 9-1 所示。

表 9-1 瓦斯隧道各地点瓦斯最大浓度容许值　　　　单位:%

地点	最大浓度容许值
低瓦斯工区任意处	0.50
局部瓦斯积聚处	2.00
开挖工作面处	1.50
回风巷和工作面回风流中	1.00
距爆破地点 20 m 范围内	1.00
煤层爆破后工作面风流中	1.00
距电器开关和局扇 10 m 范围内	0.50
距电动机开关 20 m 范围内	1.50
竣工后隧道内任意处	0.50

(6)钻爆法施工的隧道,隧道内的风速应满足:全断面开挖时,6 m/s≥风速≥0.15 m/s,

分步开挖时，6 m/s ≥ 风速 ≥ 0.25 m/s；瓦斯隧道的微瓦斯、低瓦斯工区 ≥ 0.25 m/s，高瓦斯、瓦斯突出工区最低风速宜适当增大；瓦斯积聚处风速 ≥ 1 m/s。

（7）掘进机（TBM）施工的隧道，设计风速 ≥ 0.5 m/s。

（8）其他有害气体最大浓度容许值如表 9-2 所示。

表 9-2 隧道及地下工程工作区域有害气体最大浓度容许值

有害气体名称	最大容许体积浓度/%	最大容许浓度/（mg/m³）
一氧化碳（CO）	0.002 4	30
氮氧化物（NO$_x$）换算成二氧化氮（NO$_2$）	0.000 25	5
二氧化硫（SO$_2$）	0.000 5	15
硫化氢（H$_2$S）	0.000 66	10
氨（NH$_3$）	0.004	—

（9）其他粉尘最大浓度容许值如表 9-3 所示。

表 9-3 隧道及地下工程工作区域粉尘最大浓度容许值

粉尘类别	时间加权平均容许浓度/（mg/m³）	
	总尘	呼尘
10% ≤ 游离二氧化硅（SiO$_2$）含量 ≤ 50%	1	0.7
50% ≤ 游离二氧化硅（SiO$_2$）含量 ≤ 80%	0.7	0.3
游离二氧化硅（SiO$_2$）含量 > 80%	0.5	0.2

9.1.2 国外标准

国外对各工程工作区域的环境卫生标准的研究起步较早，综合日本、德国的相关规范和《国际化学品安全卡》（ISCS），国外对隧道与地下工程的有害气体限值规定如表 9-4 所示。

表 9-4 国外隧道及地下工程有害气体最大浓度容许值

有害气体名称	德国		日本	
	最大容许体积浓度/（mg/L）	最大容许浓度/（mg/m³）	最大容许体积浓度/（mg/L）	最大容许浓度/（mg/m³）
一氧化碳（CO）	30	33	50	57
二氧化碳（CO$_2$）	5 000	9 000	5 000	9 000
二氧化氮（NO$_2$）	5	9	5	9
二氧化硫（SO$_2$）	2	5	5	13
硫化氢（H$_2$S）	10	14	5	7

9.2 隧道施工通风方式

依据通风过程中通风动力的不同，可将隧道与地下工程施工通风方式分为机械通风和自然通风。

机械通风的动力主要来源于机械设备，需利用风机、风管等通风设备，使洞外新鲜空气和洞内的废气按事先设计好的路线流动，其形式主要分为压入式通风、抽出式通风、混合式通风、巷道式通风和风箱式通风。机械通风是隧道施工过程中的主要通风方式。

自然通风则是在不借助任何机械设备提供通风动力的前提下，通过开挖竖井或其他辅助坑道，利用隧道内外的温度差和气压差等自然因素，使隧道内外的空气能够自然流动，其优点是可大幅减少能源消耗，通风过程中产生的噪声较小，但也有通风效率较低，排除隧道内有害气体和粉尘的周期较长，受工程所处的自然条件和隧道施工工法的限制等缺点。自然通风方式主要运用于长度较短的隧道和隧道的运营通风中，如图 9-1 所示。

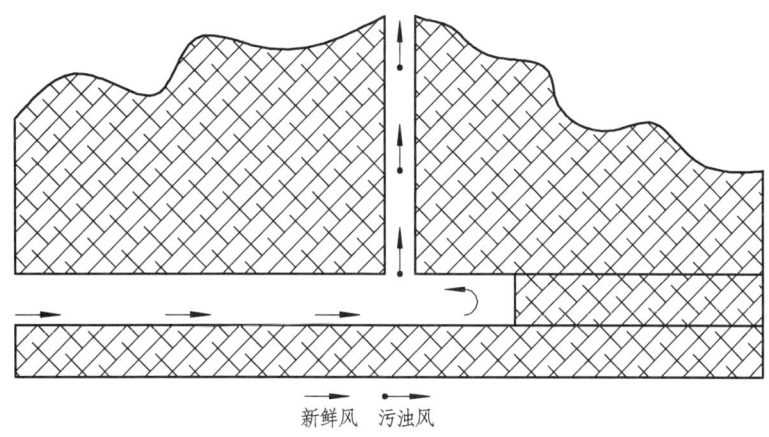

图 9-1　竖井式自然通风示意图

1. 压入式通风

压入式通风是隧道施工通风中最常见的机械通风方式，其原理是利用洞口处布置的轴流风机（当洞外的风速较快，空气环境较好时，轴流风机也可布置在距隧道口一定距离的隧道内）吸入新鲜空气，将隧道外的新鲜风通过风管输送到隧道掌子面附近，新鲜风流经工作面稀释有害气体和粉尘，污浊风则流经隧道洞身并排出到隧道外，一般采用柔性风管，其具体布置如图 9-2 所示。

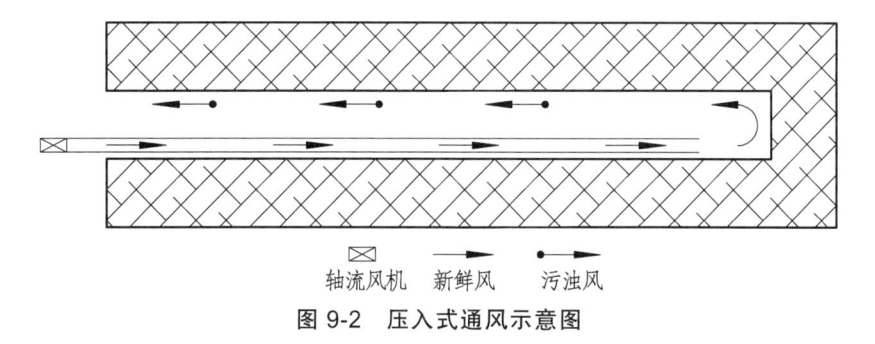

图 9-2　压入式通风示意图

2. 抽出式通风

抽出式通风分为负压抽出式和正压压出式，前者将轴流风机布置在隧道外，利用风机、风管使隧道内形成负压环境，新鲜风从隧道洞身进入，而污浊风则通过风管向隧道外排出，由于负压的存在，故只能采用刚性风管；而正压压出式通风方式则是将轴流风机布置在隧道内掌子面附近，利用轴流风机吸收掌子面附近的污浊风并通过风管向隧道外排出，由于风机布置靠近掌子面，会影响掌子面的正常施工。抽出式通风成本较高，通风效率较低，故采用较少。两种抽出式通风方式具体布置如图 9-3 所示。

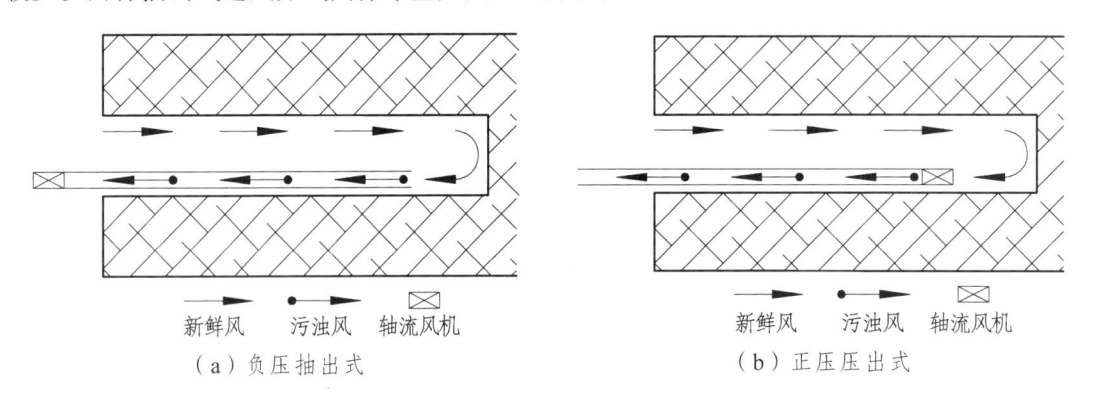

（a）负压抽出式　　　　（b）正压压出式

图 9-3　抽出式通风示意图

3. 混合式通风

混合式通风是将压入式通风和抽出式通风相结合，通过隧道外布置的轴流风机将新鲜风运送至掌子面，再在洞口另外布置一台轴流风机将隧道内的污浊风吸出隧道外（负压抽出式），或是在隧道内布置一台轴流风机将掌子面附近的污浊风压出隧道外（正压压出式）。混合式通风方式一般运用于对工作环境要求较高的隧道中，并且要求隧道具有足够的净空，能够同时安装两套通风设备，但会导致隧道内的管线复杂，成本增加。两种混合式通风方式布置如图 9-4 所示。

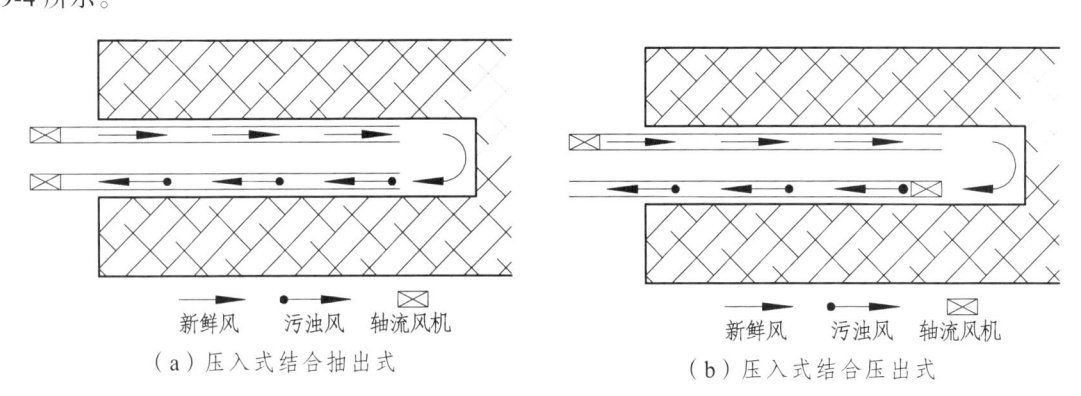

（a）压入式结合抽出式　　　　（b）压入式结合压出式

图 9-4　混合式通风示意图

4. 巷道式通风

对于双线隧道和具有平行导洞的隧道而言，在隧道开挖到一定阶段后，通过横通道将两隧道相连，利用提前布置的射流风机的增压和引流作用，将一个隧道作为引入新鲜风的送风道，另外一个隧道作为排出污浊风的排风道，从而搭建一个整体通风系统，送风道一侧的掌子面污浊风从横通道流入排风道，与排风道一侧的污浊风混合并一同排出隧道外，这种通风方式在瓦斯隧道中运用较多，其具体布置如图 9-5 所示。

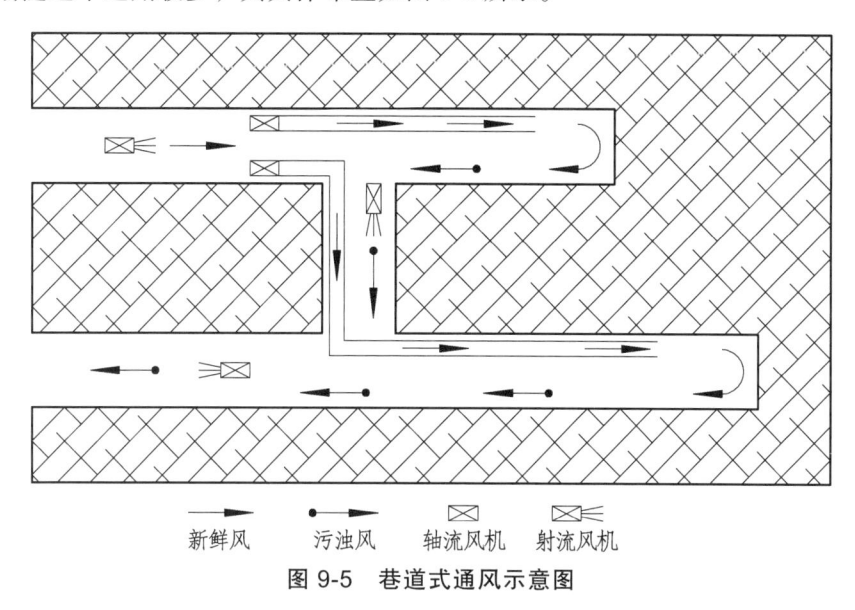

图 9-5 巷道式通风示意图

5. 风箱式通风

风箱式通风是近几年新型的通风方式，主要运用于设有斜井或横洞的特长隧道当中，其原理是在斜井洞外布置轴流风机向洞内已搭建好的风箱提供新鲜风，风箱作为存储新鲜风的设备，再由风箱端部布置的轴流风机向各掌子面进行供风，混有有害气体和粉尘的污浊风从斜井或横洞向外排出，其具体布置如图 9-6 所示。

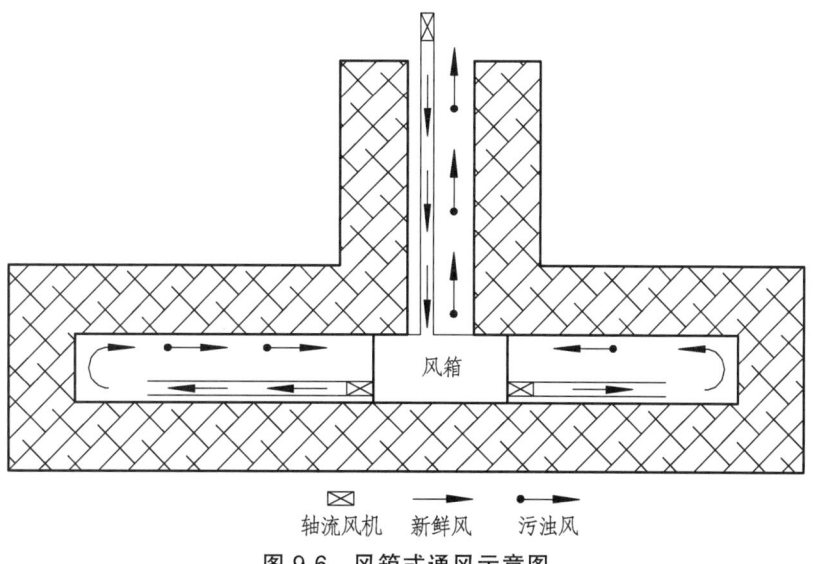

图 9-6 风箱式通风示意图

9.3 隧道施工通风理论计算方法

1. 掌子面需风量计算

隧道施工过程中，掌子面所需风量应该按照隧道内最多同时工作人数、允许最低风速、排除炮烟情况、稀释内燃机废气情况、瓦斯等有毒有害气体涌出量等因素综合计算确定。

（1）按隧道内最多同时工作人数计算需风量。

$$Q_1 = m \times q \times k \tag{9-1}$$

式中：m——隧道内最多同时工作人数；

q——每人每分钟呼吸所需新鲜空气量，一般隧道取 3 m³/min，瓦斯隧道取 4 m³/min；

k——风量备用系数。

（2）按隧道内允许最低风速计算需风量。

$$Q_2 = v \times S \times 60 \tag{9-2}$$

式中：v——隧道内允许最低风速，全断面开挖时取 0.15 m/s，分部开挖时取 0.25 m/s；

S——隧道开挖断面面积。

（3）按排除炮烟情况计算需风量。

$$Q_3 = \frac{7.8}{t} \times \sqrt[3]{G(SL)^2} Q_1 = m \times q \times k \tag{9-3}$$

式中：t——爆破后通风时间；

G——开挖面一次爆破耗药量；

S——隧道开挖断面面积；

L——炮烟抛掷长度，$L = 15 + G/5$。

（4）按稀释内燃机废气情况计算需风量。

$$Q_4 = g \times \sum N \times K \tag{9-4}$$

式中：g——单位功率稀释内燃机废气所需新鲜风量；

N——内燃机额定功率；

K——内燃机利用率系数。

（5）按稀释瓦斯气体计算需风量。

$$Q_5 = \frac{q_0 \times K_0}{C} \tag{9-5}$$

式中：q_0——瓦斯气体绝对涌出量；

K_0——瓦斯气体涌出不均匀系数；

C——隧道内瓦斯允许浓度。

综合考虑以上因素，隧道施工过程中掌子面需风量按 Q_1、Q_2、Q_3、Q_4 中的最大值取用，即：

$$Q_{需} = \max(Q_1, Q_2, Q_3, Q_4, Q_5) \tag{9-6}$$

2. 风机供风量计算

根据掌子面需风量的计算结果，考虑风管的百米漏风率，进一步计算得到风机的供风量。

$$Q_{供} = \eta \times Q_{需} \tag{9-7}$$

式中：η——漏风系数，$\eta = (1-\beta)^{-L/100}$；

β——风管百米漏风率；

L——风管长度；

$Q_{需}$——掌子面需风量。

3. 系统风压计算

在隧道施工通风过程中，系统风压等于动压与静压之和。为了将足够的新鲜风送到隧道工作面以满足作业人员的基本需求，并排除和稀释有害气体，新鲜空气从隧道外经过风管输送到掌子面时具有一定的速度，以便产生动压；而风流速度在通风管道中也不断降低，这是由于风流需要克服管道的阻力，即管道静压，静压包括摩擦阻力和局部阻力。

4. 动压计算

$$H_{动} = \frac{1}{2} \times \rho \times v^2 \tag{9-8}$$

式中：ρ——空气密度；

v——管道出口风速，$v = Q_{需}/A$；

A——管道断面面积。

5. 静压计算

（1）摩擦阻力。

$$h_f = \frac{\alpha \times L \times U}{A^3} \times Q^2 \tag{9-9}$$

式中：α——摩擦阻力系数；

L——管道长度；

U——管道断面周长；

A——管道断面面积；

Q——管道内风流流量，$Q = \sqrt{Q_{需} \times Q_{供}}$。

（2）局部阻力。

$$h_z = \frac{1}{2} \times \frac{\xi \times \rho}{A^2} \times Q^2 \tag{9-10}$$

式中：ε——局部阻力系数；

ρ——空气密度；

A——管道断面面积；

Q——管道内风流流量，$Q = \sqrt{Q_{需} \times Q_{供}}$。

（3）静压。

$$H_{静} = h_f + h_z \tag{9-11}$$

式中：h_f——管道摩擦阻力；

h_z——管道局部阻力。

（4）系统风压。

$$H = H_{动} + H_{静} \tag{9-12}$$

式中：$H_{动}$——动压；

$H_{静}$——静压。

6. 风机输入功率计算

$$W = \frac{Q_{供} \times H \times K}{60 \times 1\,000 \times \eta_1 \times \eta_2 \times \eta_2} \tag{9-13}$$

式中：$Q_{供}$——风机供风量；

H——系统风压；

K——功率储备系数；

η_1——风机全压效率；

η_2——电动机效率；

η_3——传动效率。

7. 风机的选用与风管的选型

对于风机的选择，根据隧道与地下工程的实际施工方案，确定通风长度等量值，从而选择风机工作风量、风压和风机功率均不小于计算所得的风机供风量、系统风压和风机输入功率的风机即可满足隧道施工通风的供风要求。

对于风管的选择，主要影响因素是风管的类型和风管的直径。运用于隧道施工通风的风管可分为柔性风管和刚性风管，柔性风管具有重量轻、管节长、接头少、安装容易等优点，但也具有强度低、耐疲劳性差、无法承受负压等缺点；刚性风管的优点是摩擦阻力较小、抗冲击和耐磨性好、能承受负压且不易变形，其缺点是重量大、管节短、接头多、搬运安装较为烦琐。

在实际工程中，应综合考虑多方面因素，选择适用于工程实际的风机和风管等通风设备。

9.4 本章小结

本章主要从理论方面对隧道施工通风技术进行了研究。

（1）总结归纳国内外隧道及地下工程施工过程中污染物的控制标准，并以《公路隧道施工技术规范》为标准进行对比分析。

（2）介绍了隧道施工通风的几种常用方式，并对比分析了自然通风、压入式、抽出式、混合式、巷道式和风箱式等多种通风方式的优缺点以及适用条件。

（3）简述了隧道施工通风过程中掌子面的需风量按隧道内最多同时工作人数、洞内最小风速、排除炮烟能力、稀释内燃机废气中的最大值选取，同时也对系统风压和风机输入功率的计算公式进行了阐述，提出了风机和风管等通风设备的选型依据。

第 10 章 曲线隧道施工通风关键参数

10.1 隧道施工通风数值模拟基本理论

1. 基本假定

在使用 FLUENT、ADINA 等流体计算软件对隧道施工通风进行数值模拟时，为了方便分析流体在隧道内的运动特性，对隧道中的气体作出如下假定：

（1）假定隧道内气体都是不可压缩的。隧道施工通风阶段，隧道内的气体都为低速气流，马赫数均小于 0.3，并且由于隧道内外的温度、气压一般变化不大，气体的体积和密度的变化对计算结果的影响很小，因此可将隧道施工通风过程中的气流看作不可压缩气体。

（2）假定隧道内气体都是连续介质。即认为流体质点间是没有空隙的，单位时间内流过各个断面的流体质量是一定的，由于气体分子直径远远小于气体分子间的间隙，因此可将隧道施工通风过程中的气流看作连续介质。

（3）假定隧道壁面无法传热导热，隧道内流体运动时不产生热能，隧道内的气体在转移过程中不会发生任何化学反应，因此可将隧道壁面视为等温，将流体视为恒温。

2. 控制性方程

任何物体在运动转移过程中，都要遵循一定的物理定律。在隧道施工通风的研究分析中，一般将隧道内的气流看作紊流，在分析其运动规律时，这些气流需遵循质量守恒、动量守恒以及能量守恒三大定律。

（1）质量守恒方程（连续性方程）。

$$\frac{\partial \rho}{\partial t} + \frac{\partial (\rho u)}{\partial x} + \frac{\partial (\rho v)}{\partial y} + \frac{\partial (\rho w)}{\partial z} = 0 \tag{10-1}$$

式中：ρ——流体密度；

u——速度在 x 方向上的分量；

v——速度在 y 方向上的分量；

w——速度在 z 方向上的分量。

（2）动量守恒方程（纳维-斯托克方程）。

$$\frac{\partial (\rho u)}{\partial t} + \nabla \partial (\rho u V) = \rho f_x + \frac{\partial \tau_{xx}}{\partial x} + \frac{\partial \tau_{yx}}{\partial y} + \frac{\partial \tau_{zx}}{\partial z} - \frac{\partial P}{\partial x} \tag{10-2}$$

$$\frac{\partial (\rho v)}{\partial t} + \nabla \partial (\rho v V) = \rho f_y + \frac{\partial \tau_{yy}}{\partial y} + \frac{\partial \tau_{xy}}{\partial x} + \frac{\partial \tau_{zy}}{\partial z} - \frac{\partial P}{\partial y} \tag{10-3}$$

$$\frac{\partial(\rho w)}{\partial t}+\nabla\partial(\rho wV)=\rho f_z+\frac{\partial \tau_{zz}}{\partial z}+\frac{\partial \tau_{xz}}{\partial x}+\frac{\partial \tau_{yz}}{\partial y}-\frac{\partial P}{\partial z} \qquad (10\text{-}4)$$

式中：f_x、f_y、f_z——x、y、z 方向上的广义单元质量力；

τ_{xx}、τ_{yy}、τ_{zz}、τ_{xy}、τ_{xz}——黏性应力在不同方向上的分量。

（3）能量守恒方程。

$$\frac{\partial(\rho E)}{\partial t}+\nabla[V(\rho E+\rho)]=\nabla\left[k\nabla T-\sum_j H_j J_j+(\tau_{\text{eff}} V)\right]+S_h \qquad (10\text{-}5)$$

式中：E——流体总能量；

k——有效热传导系数；

h_j——组分 j 的焓；

J_j——组分 j 的扩散通量；

S_h——用户自定义的热源项与化学反应热之和。

3. 计算参数与边界条件

利用 Gambit 软件进行三维模型的建立，隧道计算长度取 300 m，横断面尺寸采用金家庄特长隧道实际尺寸，断面面积 120.46 m²，隧道掌子面位于 X—Y 平面，风管直径取 1.5 m，FLUENT 中部分计算参数设置见表 10-1。

本章在对曲线隧道施工通风数值模拟分析研究中，边界条件具体设置如下：

（1）入口边界条件。

风管末端设置为速度入口边界，假定风管出口风速均匀分布且速度方向垂直于风管出口断面，依据供风量的多少对风速进行取值。

（2）出口边界条件。

隧道出口设置为自由流出边界，以确保控住域中的流体可自由流出。

（3）壁面边界条件。

隧道壁面和风管壁面均采用无滑移固定壁面边界，隧道壁面的粗糙度高度取 0.09，粗糙度系数取 0.55。

表 10-1　FLUENT 部分计算参数

参数名称	参数设置
空间属性	三维
速度属性	绝对速度
梯度选项	基于单元格林-高斯方法
算法	隐式算法
时间属性	非定常流
非定常流算法	一阶隐式算法
多孔算法	表面速度
湍流模型	k-epsilon
操作压力/Pa	101 325
重力加速度/（m/s²）	-9.81

10.2 曲线隧道洞内风流流场影响因素分析

隧道施工通风的实际过程中，开启轴流风机后，新鲜风将通过风管的运输从距掌子面一定距离的风管末端射流进入隧道空间内，并逐渐带动周围气体沿隧道向前运动，当风流流动一定距离并到达掌子面时，部分气流会贴附掌子面运动，另一部分则会经掌子面反射弹回，之后的风流则从远离风管出口的一侧隧道空间向外流出。由于施工通风过程中的风流绝大多数处于紊流状态（雷诺数 $Re > 2\,000$），且经常受到隧道壁面和掌子面的影响，从而导致风流从风管末端射流进入隧道后，在其内部的流动状态以及分布规律极其复杂。本节通过数值模拟，分析研究不同曲率半径、风管末端不同风速、风管末端距掌子面不同距离和风管悬挂不同位置情况下的隧道内风流流动状态以及分布规律。

10.2.1 曲率半径对风流流场影响分析

1. 计算模型与工况拟定

为研究施工通风过程中不同曲率半径的隧道内部风流流场分布情况，分别建立曲率半径 $R = 2\,000$ m、860 m、300 m、150 m，风管末端风速 $V = 22$ m/s，风管末端距掌子面距离 $D = 15$ m，风管悬挂于隧道上部的 4 种工况模型进行分析，计算模型如图 10-1 所示，计算工况见表 10-2。

（a）工况 1（$R=2\,000$ m）

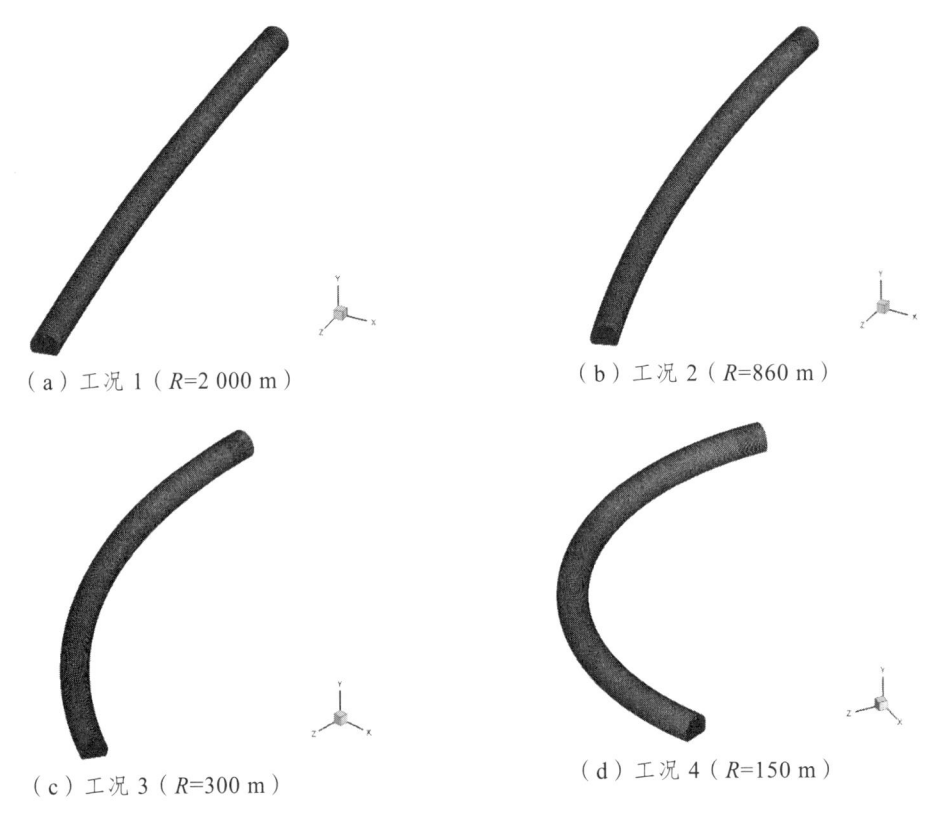

（b）工况 2（$R=860$ m）

（c）工况 3（$R=300$ m）

（d）工况 4（$R=150$ m）

图 10-1 不同曲率半径隧道整体模型

表 10-2 曲率半径对风流流场影响分析工况

工况	曲率半径 R /m	风管末端风速 V /(m/s)	风管末端距掌子面距离 D /m	风管悬挂位置
工况 1	2 000	22	15	隧道上部
工况 2	860	22	15	隧道上部
工况 3	300	22	15	隧道上部
工况 4	150	22	15	隧道上部

2. 计算结果分析

图 10-2～图 10-5 分别为 4 种工况下距掌子面 1 m 和 50 m 断面的风速云图。可以看出，随着曲率半径的减小，掌子面和距掌子面 50 m 断面的风速分布逐渐由左右对称转变为左右非对称，距掌子面 50 m 断面风速分布的非对称性表现最为明显，隧道外侧风速（左侧）明显大于隧道内侧（右侧）风速。

（a）距掌子面 1 m 断面　　　（b）距掌子面 50 m 断面

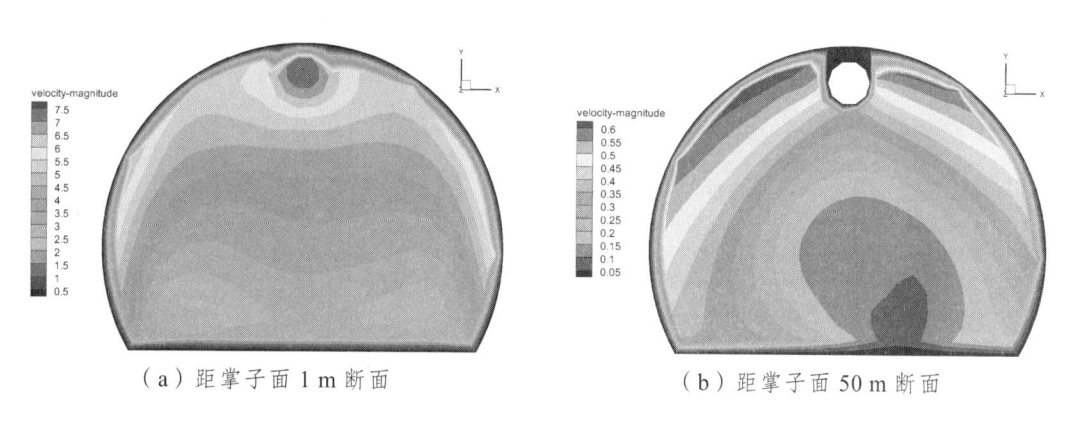

图 10-2 工况 1（R=2 000 m）断面风速云图（单位：m/s）

（a）距掌子面 1 m 断面　　　（b）距掌子面 50 m 断面

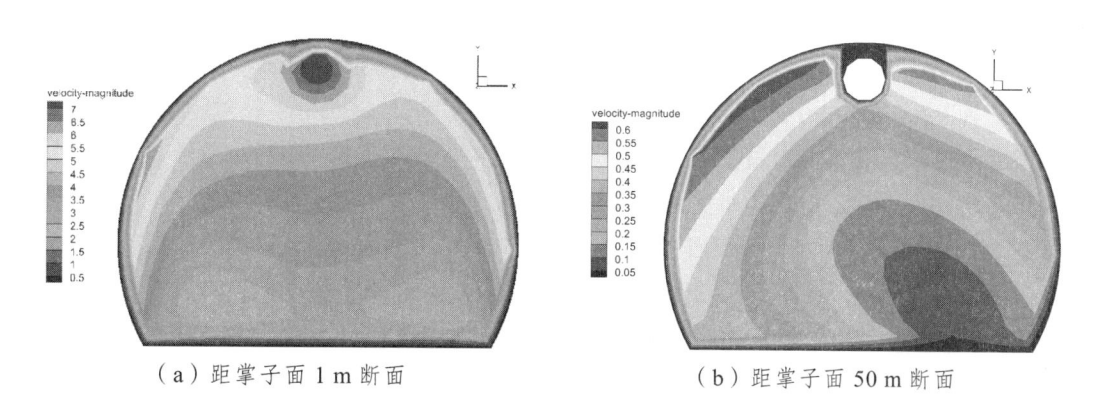

图 10-3 工况 2（R=860 m）断面风速云图（单位：m/s）

(a)距掌子面 1 m 断面　　　　　　　　（b）距掌子面 50 m 断面

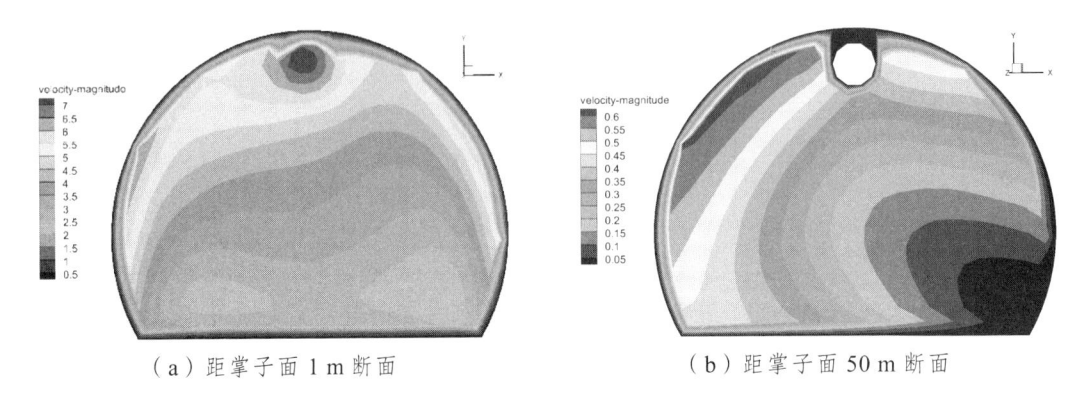

图 10-4　工况 3（R=300 m）断面风速云图（单位：m/s）

(a)距掌子面 1 m 断面　　　　　　　　（b）距掌子面 50 m 断面

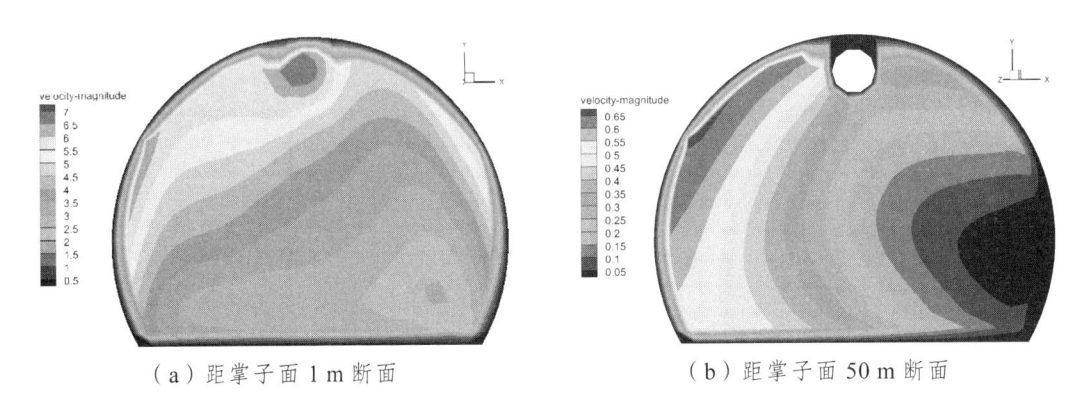

图 10-5　工况 4（R=150 m）断面风速云图（单位：m/s）

分析 4 种工况下距掌子面 1 m 断面的风速分布情况，最大风速区域均出现在风管布置高度的位置，并且随着曲率半径的减小而降低，分别为 7.51 m/s、7.49 m/s、7.35 m/s、7.01 m/s；最小风速区域则随着曲率半径的减小，逐渐由拱底向隧道内侧拱脚处移动。

分析 4 种工况下距掌子面 50 m 断面的风速风速情况，最大风速区域均出现在隧道外侧拱肩，分别为 0.63 m/s、0.63 m/s、0.62 m/s、0.66 m/s，可以看出曲率半径对距掌子面 50 m 断面的最大风速值影响不大；最小风速区域则随着曲率半径的减小，逐渐由隧道拱底向隧道内侧拱脚移动，再由隧道内侧拱脚向隧道内侧拱腰移动。

图 10-6 为距掌子面 50 m 断面在水平高度 3.5 m 处的风速分布曲线，其中横坐标为负代表隧道外侧，横坐标为正代表隧道内侧，横坐标为 0 代表隧道中线位置。由图可以看出，工况 1（R = 2 000）风速大致呈 U 形分布，这与直线隧道风速分布规律大致相同，随着曲率半径的减小，断面风速的非对称分布越发明显，隧道外侧风速逐渐增大，隧道内侧风速逐渐减小。

（a）工况 1（R=2 000 m）　　　　　　　　（b）工况 2（R=860 m）

（c）工况 3（R=300 m）　　　　　　　　（d）工况 4（R=150 m）

图 10-6　距掌子面 50 m 断面水平高度 3.5 m 风速分布曲线

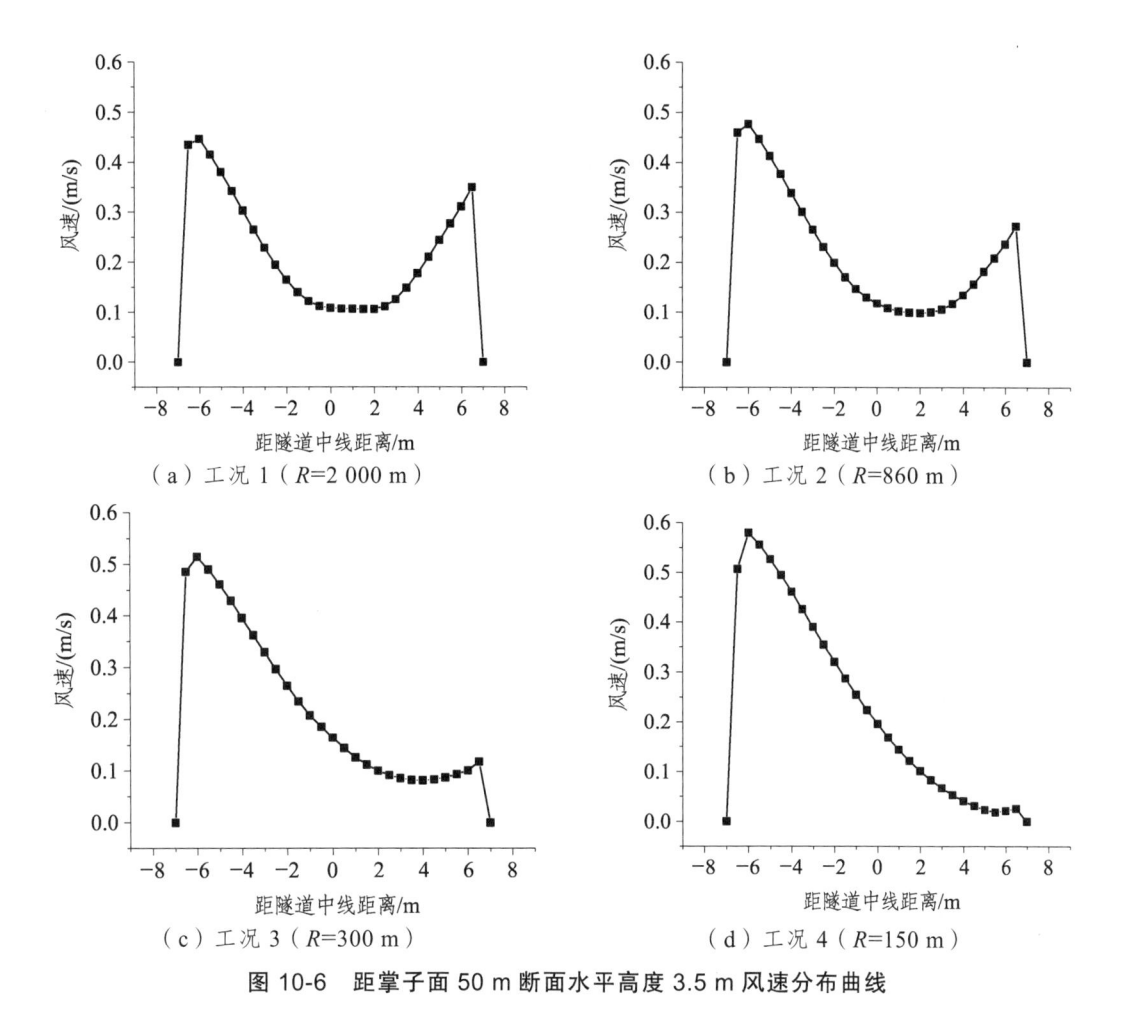

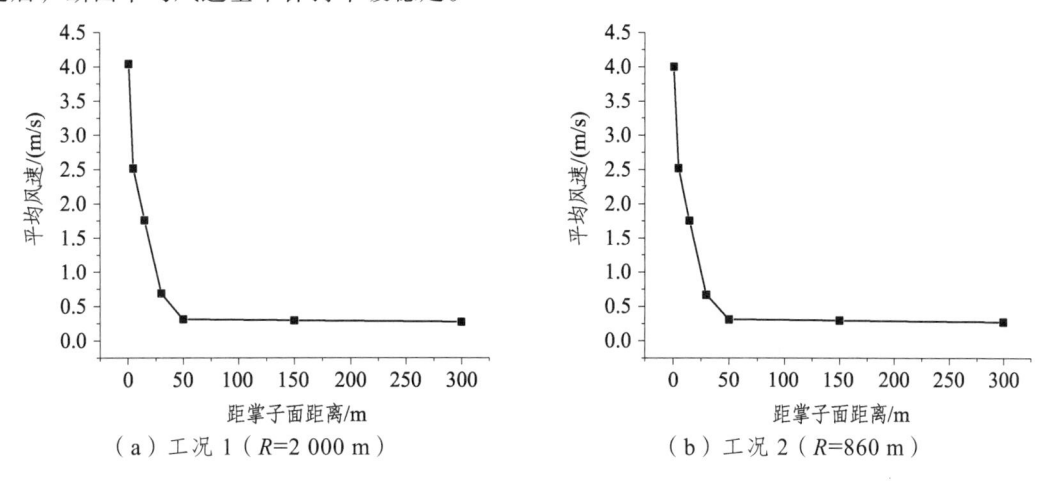

图 10-7 为各断面平均风速沿程分布曲线。可以看出，4 种工况下隧道断面的平均风速值和沿程变化规律基本一致，距掌子面 1 m 断面的平均风速最大，达到 4 m/s，随着距掌子面距离的增大，断面平均风速急剧减小，并在距掌子面 50 m 断面处下降至最小值 0.29 m/s，在此之后，断面平均风速基本保持平缓稳定。

（a）工况 1（R=2 000 m）　　　　　　　　（b）工况 2（R=860 m）

（c）工况3（R=300 m）　　　　　（d）工况4（R=150 m）

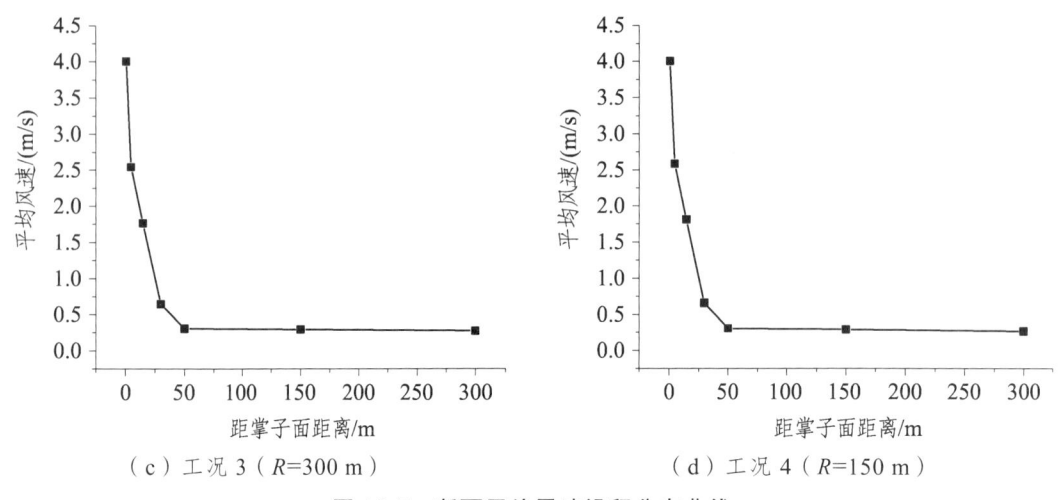

图 10-7　断面平均风速沿程分布曲线

10.2.2　风管末端距掌子面距离对风流流场影响分析

1. 计算模型与工况拟定

为研究施工通风过程中风管末端距掌子面距离对隧道内部风流流场的影响，分别建立风管出口距掌子面距离 D = 5 m、15 m、25 m、35 m，曲率半径 R = 300 m，风管出口风速 V = 22 m/s，风管悬挂于隧道上部的 4 种工况模型进行分析，计算模型如图 10-8 所示，计算工况见表 10-3。

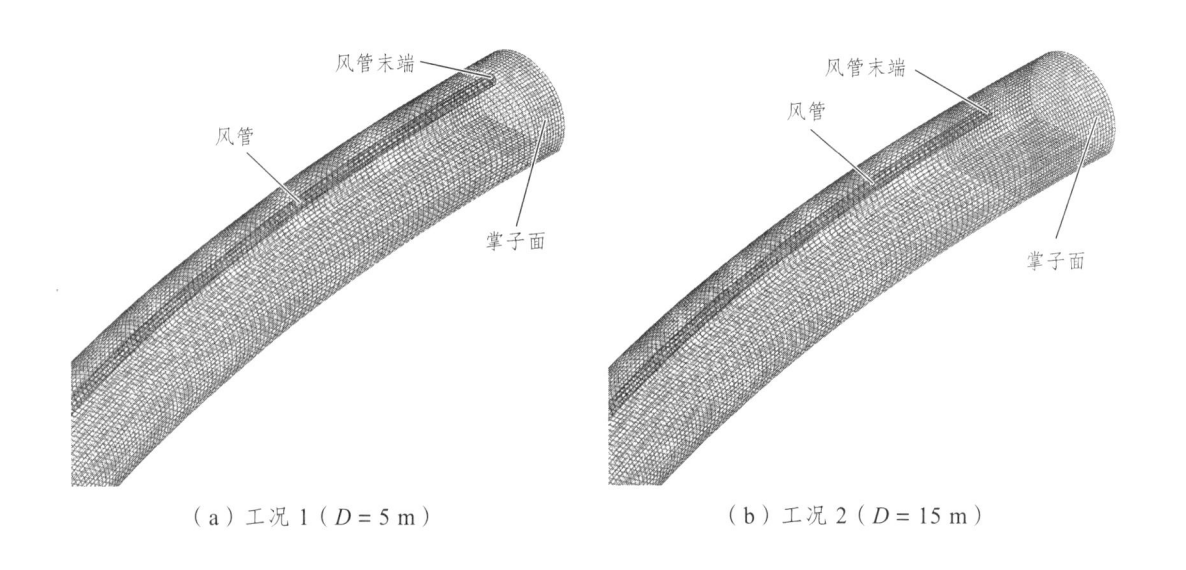

（a）工况1（D = 5 m）　　　　　（b）工况2（D = 15 m）

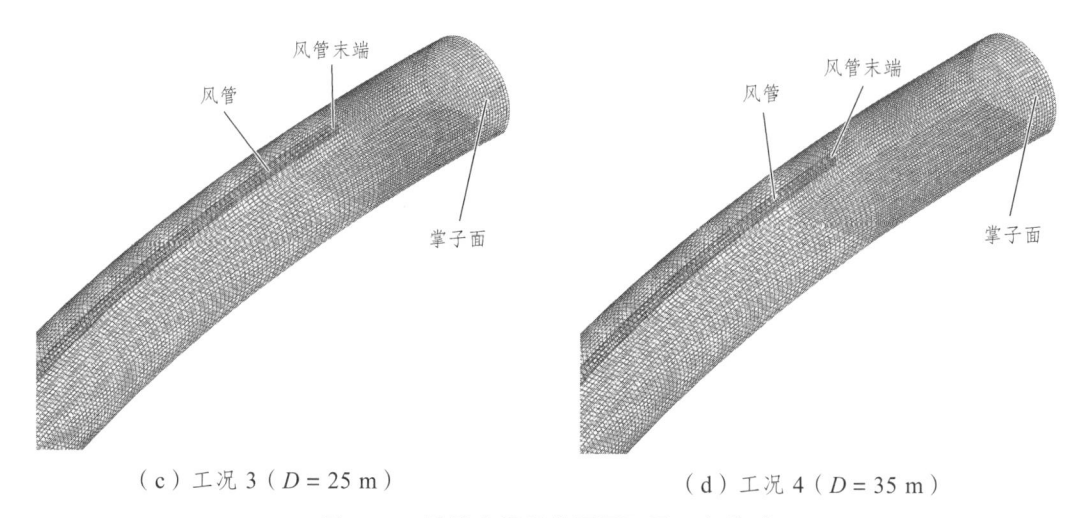

（c）工况 3（$D = 25$ m）　　　　　　　　　（d）工况 4（$D = 35$ m）

图 10-8　风管末端距掌子面不同距离模型

表 10-3　风管末端距掌子面距离对风流流场影响分析工况

工况	曲率半径 R /m	风管末端风速 V /（m/s）	风管末端距掌子面距离 D /m	风管悬挂位置
工况 1	300	22	5	隧道上部
工况 2	300	22	15	隧道上部
工况 3	300	22	25	隧道上部
工况 4	300	22	35	隧道上部

2. 计算结果分析

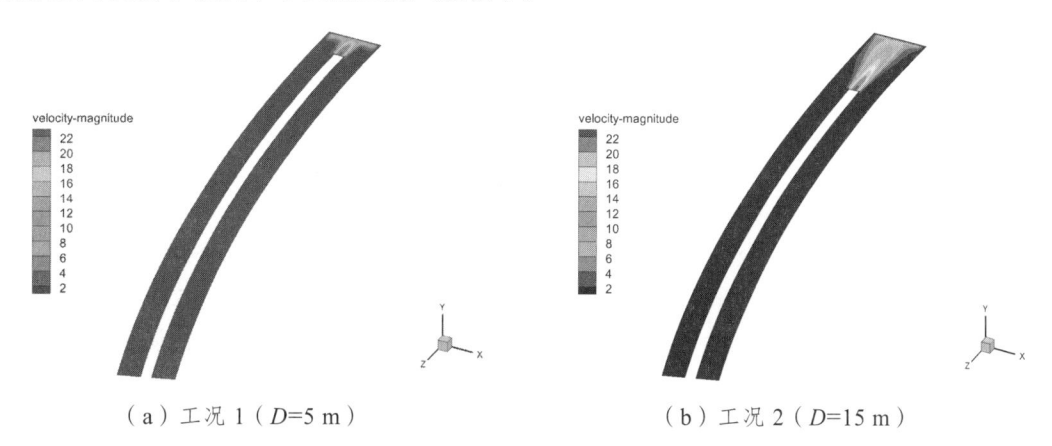

图 10-9 为 4 种工况下水平高度 9.25 m（风管中心线高度位置）的风速云图。可以看出，当 $D \geqslant 15$ m 时，随着风管末端距掌子面距离的增大，掌子面附近的风速逐渐降低，这是由于气流从风管出口自由射出以后，将带动周围原本静止的气体一起运动，射流宽度逐渐发展而射流速度逐渐降低，在射程达到 15 m 后，中心速度明显衰减，产生的卷吸现象也逐渐消失。当 $D \leqslant 5$ m 时，由于距离较短，风管出口射出的风流无法完全带动周围气体一起运动，导致射流发展不充分，故而掌子面附近的风速较小。

（a）工况 1（$D=5$ m）　　　　　　　　　（b）工况 2（$D=15$ m）

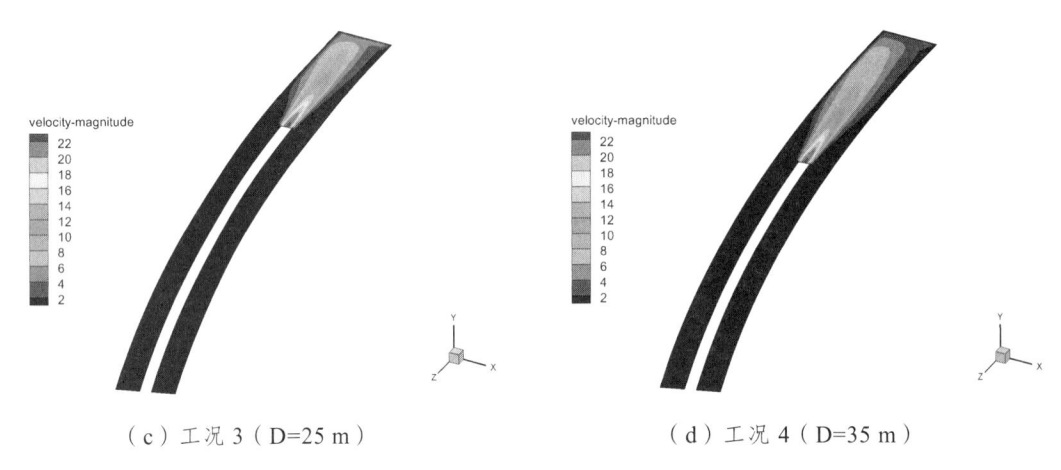

（c）工况 3（D=25 m）　　　　　　　　（d）工况 4（D=35 m）

图 10-9　水平高度 9.25 m 截面风速云图（单位：m/s）

图 10-10 为各断面平均风速随风管末端距掌子面距离的变化曲线。可以看出，在掌子附近范围内，断面平均风速在风管末端距掌子面 15 m 和 25 m 时保持较大值，而在断面距掌子面距离超过 30 m 后，断面平均风速随着风管末端距掌子面距离的增大而增大，但是在距掌子面 150 m 以后的区域，断面平均风速基本相同。

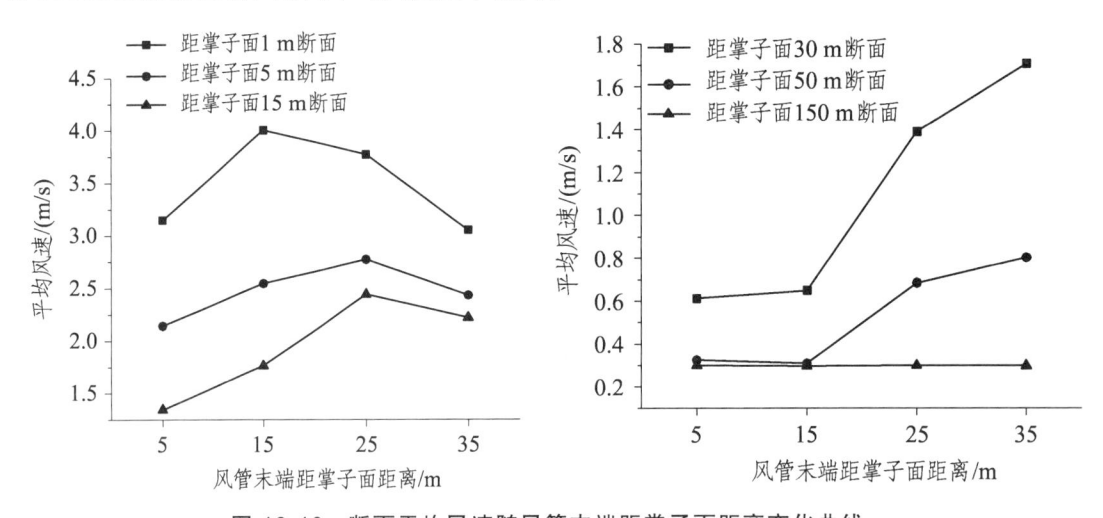

图 10-10　断面平均风速随风管末端距掌子面距离变化曲线

10.2.3　风管悬挂位置对风流流场影响分析

1. 计算模型与工况拟定

为研究施工通风过程中风管悬挂位置对隧道内部风流流场的影响，分别建立风管悬挂于隧道上部、隧道内侧、隧道外侧，曲率半径 $R=300$ m，风管末端风速 $V=22$ m/s，风管末端距掌子面距离 $D=15$ m 的 3 种工况模型进行分析，风管悬挂于隧道上部、内侧和外侧的示意图和模型图如图 10-11～图 10-13 所示，计算工况见表 10-4。

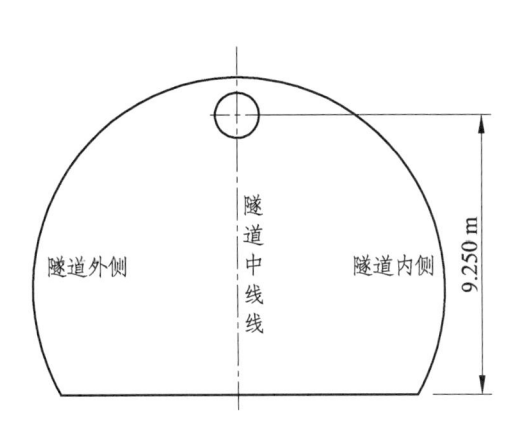

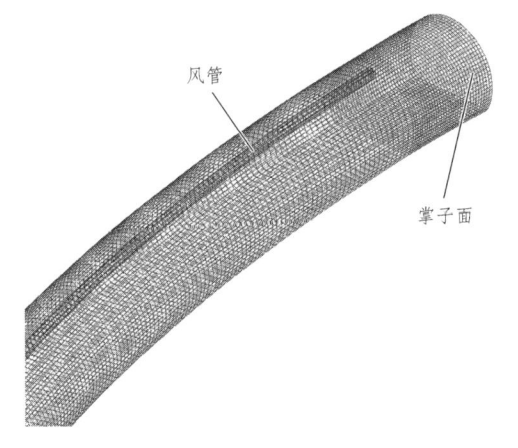

(a) 风管布置示意图 　　　　　　　　　　(b) 模型局部网格

图 10-11　工况 1（风管悬挂于隧道上部）模型示意图

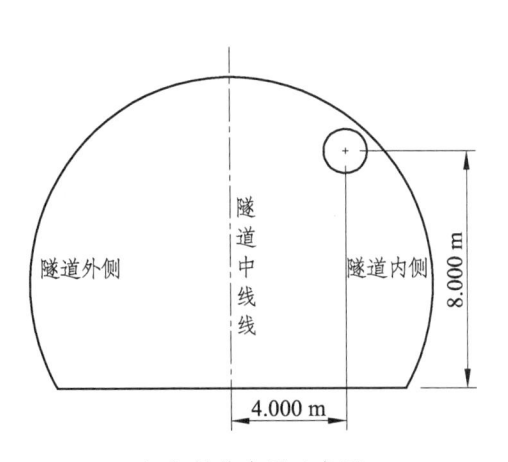

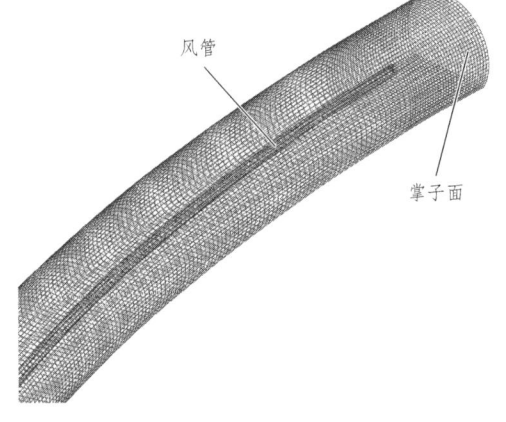

(a) 风管布置示意图 　　　　　　　　　　(b) 模型局部网格

图 10-12　工况 2（风管悬挂于隧道内侧）模型示意图

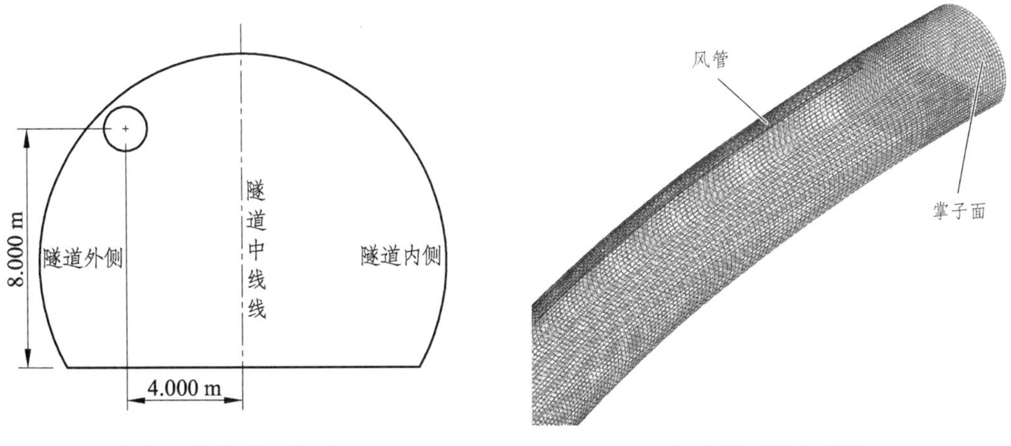

(a) 风管布置示意图 　　　　　　　　　　(b) 模型局部网格

图 10-13　工况 3（风管悬挂于隧道外侧）模型示意图

表 10-4　风管悬挂位置对风流流场影响分析工况

工况	曲率半径 R /m	风管末端风速 V /(m/s)	风管末端距掌子面距离 D /m	风管悬挂位置
工况 1	300	22	15	隧道上部
工况 2	300	22	15	隧道内侧
工况 3	300	22	15	隧道外侧

2. 计算结果分析

图 10-14～图 10-16 分别为 3 种工况下距掌子面 1 m 和 50 m 断面的风速云图。可以看出，风管悬挂位置对隧道内各断面的风速分布有着较大影响，对于距掌子面 50 m 的断面的风速分布规律大致表现为靠近风管一侧风速较小，而远离风管一侧的风速较大。

（a）距掌子面 1 m 断面　　　　　（b）距掌子面 50 m 断面

图 10-14　工况 1（风管悬挂于隧道上部）断面风速云图（单位：m/s）

（a）距掌子面 1 m 断面　　　　　（b）距掌子面 50 m 断面

图 10-15　工况 2（风管悬挂于隧道内侧）断面风速云图（单位：m/s）

（a）距掌子面 1 m 断面　　　　　（b）距掌子面 50 m 断面

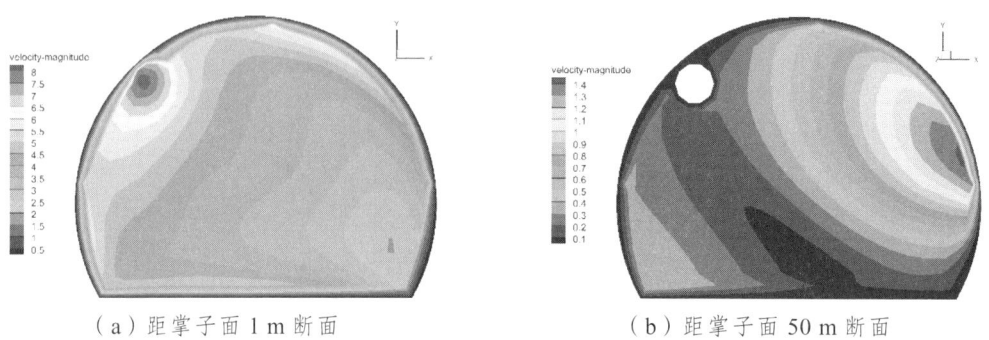

图 10-16　工况 3（风管悬挂于隧道外侧）断面风速云图（单位：m/s）

由图 10-14~图 10-16 可知，工况 1（风管在隧道上部）距掌子面 1 m 断面的最大风速区域出现在隧道顶部，而最小风速区域位于隧道拱底位置，风速基本呈由上到下逐渐减小的分布规律；距掌子面 50 m 断面的最大风速区域则出现在隧道外侧拱肩，而最小风速区域位于隧道内侧拱脚位置，风速从隧道外侧拱肩向隧道内侧拱脚逐渐降低。工况 2（风管在隧道内侧）距掌子面 1 m 断面的最大风速区域出现在隧道内侧拱肩，而最小风速区域位于隧道外侧拱脚位置，风速从隧道内侧拱肩向隧道外侧拱脚位置逐渐降低；距掌子面 50 m 断面的最大风速区域出现在隧道外侧拱脚，而最小风速区域位于隧道拱底位置，隧道外侧风速最大，隧道中部风速最小。工况 3（风管在隧道外侧）距掌子面 1 m 断面的最大风速区域出现在隧道外侧拱肩，而最小风速区域位于隧道内侧拱脚位置，这与工况 2（风管在隧道内侧）的掌子面风速分布情况基本相反；距掌子面 50 m 断面的最大风速区域出现在隧道内侧拱肩，而最小风速同样位于隧道拱底位置，隧道内侧风速最大，隧道中部风速最小。

图 10-17 为距掌子面 50 m 断面在水平高度 3.5 m 位置的风速分布曲线。从图中可以看出，3 种工况下风速均呈 U 形分布，即隧道中部风速小，隧道两侧风速相对较大。由前述分析可知，影响隧道内断面风速分布的两个主要因素分别为曲率半径和风管悬挂位置，曲率半径对该断面风速分布状态的影响表现在隧道外侧风速大于隧道内侧风速，风管悬挂位置对该断面风速分布状态的影响则表现在靠近风管一侧的风速小于远离风管一侧的风速。工况 1（风管悬挂于隧道上部）呈现曲线隧道最基本的风速分布规律，即隧道外侧风速大于隧道内侧风速。分析工况 2（风管悬挂于隧道内侧），该断面风速分布状态同时受到曲率半径和风管悬挂位置的影响，两种因素相互叠加使得隧道外侧风速远大于隧道内侧风速。而对于工况 3（风管悬挂于隧道外侧），由于曲率半径和风管悬挂位置两种的因素的相互抵消，导致隧道内侧风速略大于隧道外侧风速，由此可知，风管悬挂位置对断面风速分布状态的影响大于曲率半径对其的影响。

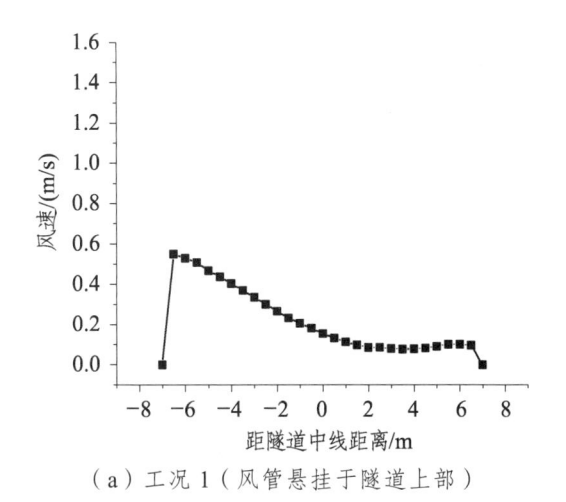

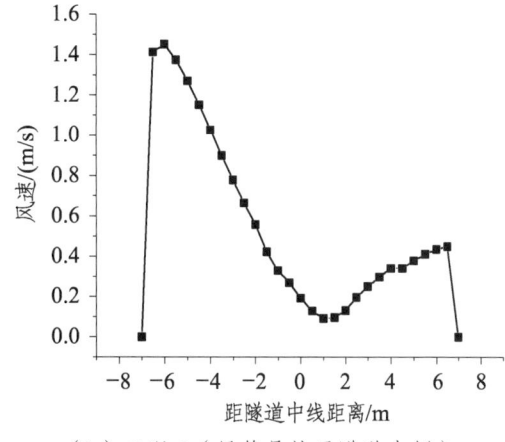

（a）工况 1（风管悬挂于隧道上部） （b）工况 2（风管悬挂于隧道内侧）

（c）工况 3（风管悬挂于隧道外侧）

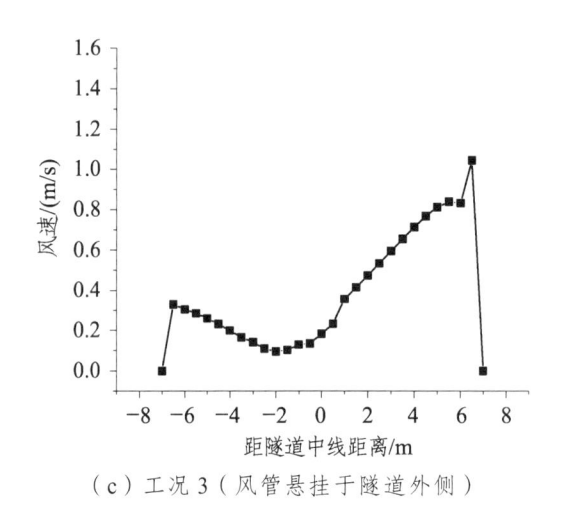

图 10-17　距掌子面 50 m 断面水平高度 3.5 m 风速分布曲线

10.3　曲线隧道施工通风沿程阻力损失分析

10.3.1　隧道通风阻力理论分析

后续将对"风机-风管-隧道"系统进行数值模拟，而风机工作风压需要通过隧道通风阻力确定，因此本节将采用理论方法对直线隧道通风阻力进行计算，确定不同需风量的风机风压，进而通过数值模拟研究在给定风机风压条件下，直线隧道和曲线隧道通风沿程阻力损失的差异性。

压入式隧道施工通风阻力损失主要分为两部分，即局部阻力损失和摩擦阻力损失。局部阻力是风流流经突然扩大或缩小、转弯交叉等的管路时，产生的能量消耗，主要发生在风机进风口、风管出风口和转角处。摩擦阻力损失是风流与隧道或风管侧壁摩擦以及空气分子间的扰动和摩擦而产生的能量消耗，主要发生在风管和隧道壁。曲线隧道和风管的沿程阻力是局部阻力与摩擦阻力的总和，为便于工程计算，统一视为相应直线隧道的沿程阻力。局部阻力与摩擦阻力计算：

$$P_2 - P_1 = \lambda \frac{L}{d_e} \frac{\rho}{2} v^2 + \xi \frac{\rho}{2} v^2 \tag{10-6}$$

式中：P_1、P_2——隧道断面全压；

λ——沿程阻力系数；

L——断面 1 和 2 距离；

d_e——当量直径；

ρ——空气密度；

v——风速；

ξ——局部阻力系数。

本工程相应断面、长度的直线隧道通风阻力损失计算参数及计算过程如下：

隧道当量直径 d_{sd} 为 8.397 m，面积为 88.755 m²。风管直径 d_{fg} 为 1.5 m。隧道和风管的沿程阻力损失系数 λ 分别取 0.047 和 0.018。空气密度 ρ 取 1.225 kg/m³。本书主要研究直线与曲线隧道沿程阻力损失差异性，暂不考虑风管漏风影响，风机送风量 Q_{sf} 等于需风量 Q_0。

1. 送风机风量

风机送风量：

$$Q_{sf} = Q_0 \tag{10-7}$$

2. 通风阻力

（1）风管阻力。

风管沿程阻力：

$$\begin{aligned}
h_{f-fg} &= \lambda \cdot \frac{L}{d_{fg}} \cdot \frac{v_{fg}^2}{2} \cdot \rho \\
&= 0.018 \cdot \frac{1\,000 + 30 - 15}{1.5} \cdot \left(\frac{Q_0}{\frac{3.14 \cdot (1.5)^2}{4}}\right)^2 \cdot \frac{1}{2} \cdot 1.225 \\
&= 2.389\,35 Q_0^2
\end{aligned}$$

风机入口局部阻力：

$$\begin{aligned}
h_{x-fj} &= \xi \cdot \frac{v_{fg}^2}{2} \cdot \rho \\
&= 0.5 \cdot \left(\frac{Q_0}{\frac{3.14 \cdot (1.5)^2}{4}}\right)^2 \cdot \frac{1}{2} \cdot 1.225 \\
&= 0.098\,09 Q_0^2
\end{aligned}$$

风管出口局部阻力：

$$\begin{aligned}
h_{x-fg} &= \frac{1}{2} \cdot \rho v_{fg}^2 \\
&= \frac{1}{2} \cdot 1.225 \cdot \left(\frac{Q_0}{\frac{3.14 \cdot (1.5)^2}{4}}\right)^2 \\
&= 0.196\,17 Q_0^2
\end{aligned}$$

风管总阻力：

$$\begin{aligned}
H_{fg} &= h_{f-fg} + h_{x-fj} + h_{x-fg} \\
&= 2.683\,61
\end{aligned}$$

（2）隧道阻力。

隧道沿程阻力：

$$h_{\text{f-sd}} = \lambda \cdot \frac{L}{d_{\text{sd}}} \cdot \frac{v_{\text{sd}}^2}{2} \cdot \rho$$

$$= 0.047 \cdot \frac{1000-15}{8.397} \cdot \left(\frac{Q_0}{88.755}\right)^2 \cdot \frac{1}{2} \cdot 1.225$$

$$= 0.00035 Q_0^2$$

隧道出口局部阻力：

$$h_{\text{x-sd}} = \xi \cdot \frac{v_{\text{sd}}^2}{2} \cdot \rho$$

$$= 1 \cdot \left(\frac{Q_0}{88.755}\right)^2 \cdot \frac{1}{2} \cdot 1.225$$

$$= 0.00008 Q_0^2$$

隧道总阻力：

$$H_{\text{sd}} = h_{\text{f-sd}} + h_{\text{x-sd}}$$

$$= 0.00051 Q_0^2$$

3. 系统通风总阻力

$$H = H_{\text{fg}} + H_{\text{sd}}$$

$$= 2.68412 Q_0^2$$

10.3.2 隧道通风阻力数值仿真分析

1. 工况拟定

隧道施工通风的研究中，一般将隧道内的气流看作紊流，其运动规律遵循风压-风量对应关系，确定施工需风量，即可得隧道通风阻力。

对应表 10-5 中四种风速工况，研究不同风机全压输入下，即相同长度、断面的直线隧道与半径 $R = 200 \sim 10000$ m 的曲线隧道沿程阻力损失的差异性。

表 10-5 各需风量下系统总风阻

通风参数	工况 1	工况 2	工况 3	工况 4
需风量 Q_0/（m³/s）	20	30	40	50
系统总风阻/Pa	1074	2416	4295	6711
风管风速/（m/s）	11	17	23	28
隧道风速/（m/s）	0.225	0.338	0.451	0.563

2. 控制方程

隧道施工通风的研究中，一般将隧道内的气流看作紊流，其运动规律遵循质量守恒、动量守恒以及能量守恒三大定律。

（1）质量守恒方程。

任何流体问题都满足质量守恒方程，即：单位时间内流体微元体中质量的增加等于同一时间间隔流入该单元的净质量。质量守恒方程又称为连续性方程，即：

$$\frac{\partial \rho}{\partial t} + \rho \mathrm{div} u = 0 \tag{10-8}$$

式中：ρ——流体密度；

u——速度矢量，u、v、w 为质量沿 x、y、z 三个方向上的速度；

div——拉普拉斯算子。

（2）动量守恒方程。

动量守恒定律表示：微元体中流体动量对时间的变化率等于外界作用在该微元体上的各种力之和，该定律实际上为牛顿第二定律。由动量守恒定律知动量的改变率等于外力做功的总和，写出动量守恒方程并做变化得：

$$\rho \frac{\partial u}{\partial t} + \rho u \cdot \mathrm{div} u = \rho F + \mathrm{div} \sigma \tag{10-9}$$

式中：F——微元体上的体力；

ρ——流体密度；

σ——因分子黏性作用而产生的作用在微元体上的黏性应力；

u——速度矢量。

（3）能量守恒方程

能量守恒定律是具有热交换的流动系统必须满足的条件。该定律可表述为：微元体中能量的增加率等于进入微元体的净热能量加上体积力和面积力对微元体所做的功，该定律实际上是热力学第一定律，写出能量守恒方程：

$$\frac{\partial (\rho T)}{\partial t} + \mathrm{div}(\rho u T) = \mathrm{div}\left[\frac{\kappa}{c_\mathrm{p}} \cdot \mathrm{grad} T\right] + S_\mathrm{T} \tag{10-10}$$

式中：c_p——比热容；

T——热力学温度；

κ——流体传热系数；

S_T——流体的内热源及由于黏性作用而使流体机械能转换为热能的部分，有时简称 S_T 为黏性耗散项。

3. 几何模型及网格划分

采用前处理软件 GAMBIT，进行直线以及不同半径曲线（$R = 200 \sim 10\,000$ m）隧道施工通风数值模型的建立、边界条件设置，导入流体分析软件 FLUENT 进行求解器设置以及数值计算。隧道洞口和整体网格模型（$R = 200$ m）如图 10-18 所示。数值模型采用六面体划分，网格数量为 408 168，最小网格体积为 3.447×10^{-3} m³。为减小隧道洞口边界效应的影响，建立长、宽、高分别大于 3 倍隧道直径的空气域。

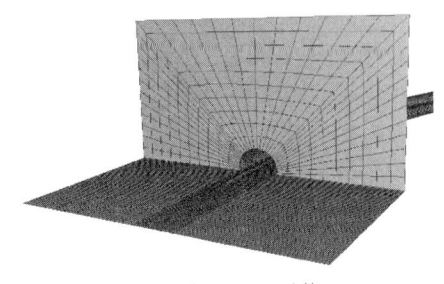

（a）隧道入口网格　　　　　　　　　（b）隧道整体网格

图 10-18　数值模型

4. 边界条件

参考现有隧道施工通风研究，数值计算模型边界条件设置如下：

（1）风机、隧道和风管壁面均采用 Wall 边界，隧道壁粗糙度取 0.2 m，风机和风管壁粗糙高度取 0.001 m；

（2）斜井外部空气域采用 Pressure outlet 边界，指定标准大气压；

（3）风机进风口采用 Fan 边界，按表 10-5 分别设定四种工况下的风机全压。

5. 计算结果与分析

（1）数值模型计算精度分析。

首先对数值模型可靠性进行分析。根据直线隧道通风数值结果，由式（10-6）计算不同风速工况下，隧道流场稳定段（距工作面 400～1 000 m）的沿程阻力损失系数，列于表 10-6 中。直线隧道沿程阻力损失系数的数值结果与理论取值符合较好，误差在 1.5% 以内，数值模型具有合理性。

表 10-6　直线隧道沿程阻力损失系数

工况	风机风压/Pa	隧道风速/(m/s)	隧道沿程阻力损失系数 λ 数值结果	隧道沿程阻力损失系数 λ 理论计算取值	相对误差/%
1	1 074	0.225	0.046 3	0.047	-1.5
2	2 416	0.338	0.047 1	0.047	0.3
3	4 295	0.451	0.047 2	0.047	0.5
4	6 711	0.563	0.047 3	0.047	0.7

（2）隧道沿程阻力损失。

由于风管出口向掌子面射流，风流受掌子面约束形成回风，致使掌子面附近流场分布较复杂。如图 10-19 所示，隧道中存在涡流，部分风流回流，阻力损失较复杂，不能简单通过式（10-6）计算隧道沿程阻力损失。当与掌子面距离大于 100 m 时，隧道中风流流向一致，不存在回流。因此取距掌子面大于 100 m 的隧道段进行沿程阻力损失研究。

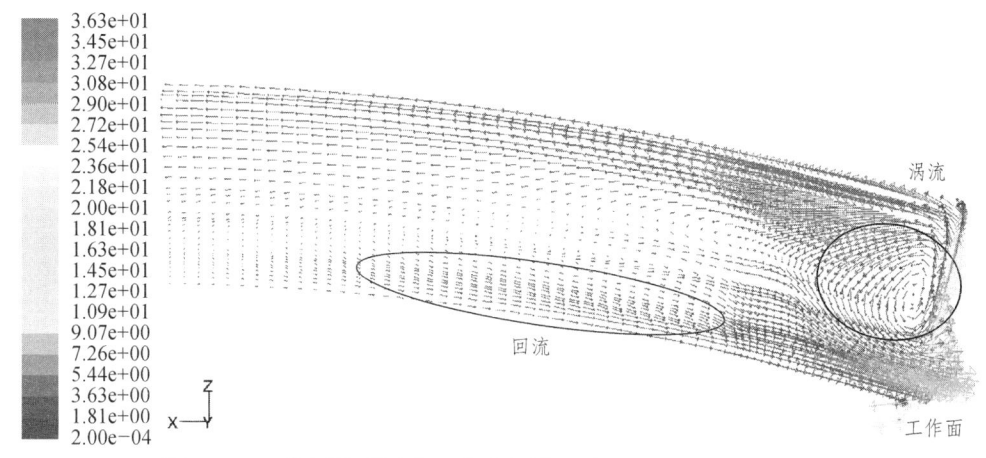

图 10-19　掌子面附近水平流速矢量图（R=200 m，距地 3 m）

① 沿纵向分布。

工况 1（隧道风速 0.225 m/s）和工况 4（隧道风速 0.563 m/s）在不同曲线半径下，隧道沿程阻力损失系数沿纵向分布曲线如图 10-20 所示。由图可知：

· 与掌子面距离 100～400 m，受掌子面附近风流的影响，隧道沿程阻力损失系数量值较大，且波动较大，沿纵向呈现先增加后减小，再增加的趋势；

· 与掌子面距离大于 400 m，隧道流场分布较均匀，沿程阻力损失系数趋于稳定；

· 曲线半径为 200～10 000 m 的条件下，隧道沿程阻力损失系数发展稳定所需距离约为 400 m；

· 工况 4 隧道风速较工况 1 大，隧道沿程阻力损失系数波动更大。

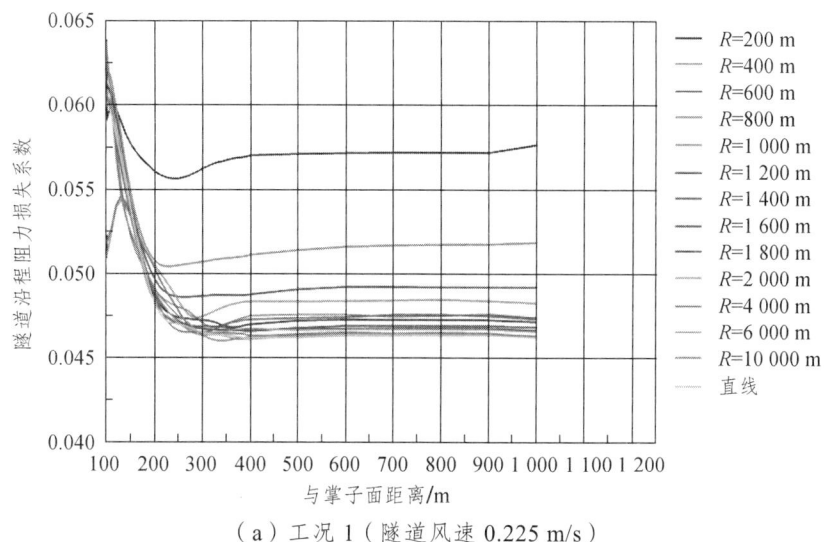

（a）工况 1（隧道风速 0.225 m/s）

（b）工况4（隧道风速0.563 m/s）

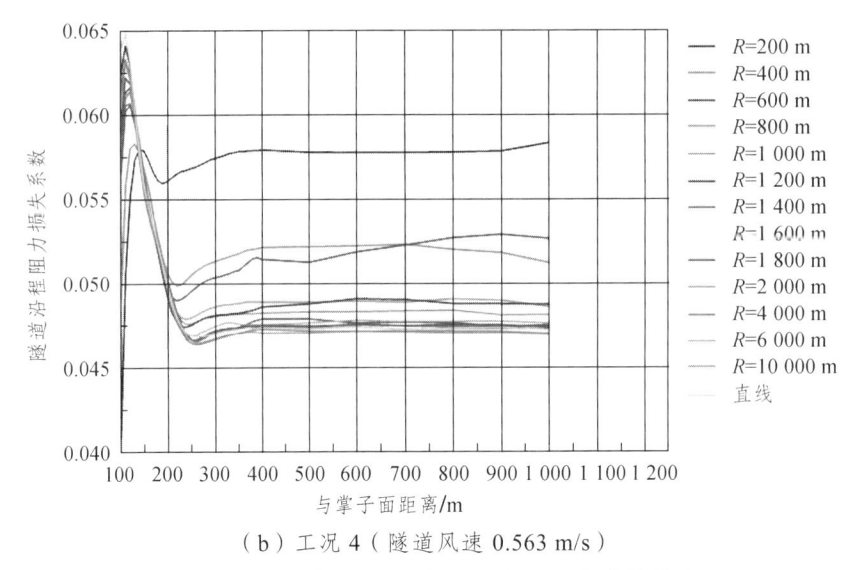

图10-20 隧道沿程阻力损失系数沿纵向变化曲线

② 随曲线半径、风速变化。

由于与掌子面距离大于400 m，隧道沿程阻力损失系数发展稳定，因此取400~1 000 m范围隧道平均沿程阻力损失系数计算结果，分析其随曲线半径和隧道风速的变化关系。将不同曲线半径、不同隧道风速下，隧道沿程阻力损失系数绘制成图10-21所示曲线。由图可知：

· 计算工况隧道断面平均风速为0.225~0.563 m/s，同一曲线半径下，隧道沿程阻力损失系数受风速影响较小。

· 随着曲线半径的减小，隧道沿程阻力损失系数不断增加，计算工况下，直线隧道约为0.047，而200 m曲线半径下约为0.057，增幅约为20%，曲线半径对隧道沿程阻力损失系数影响较大。

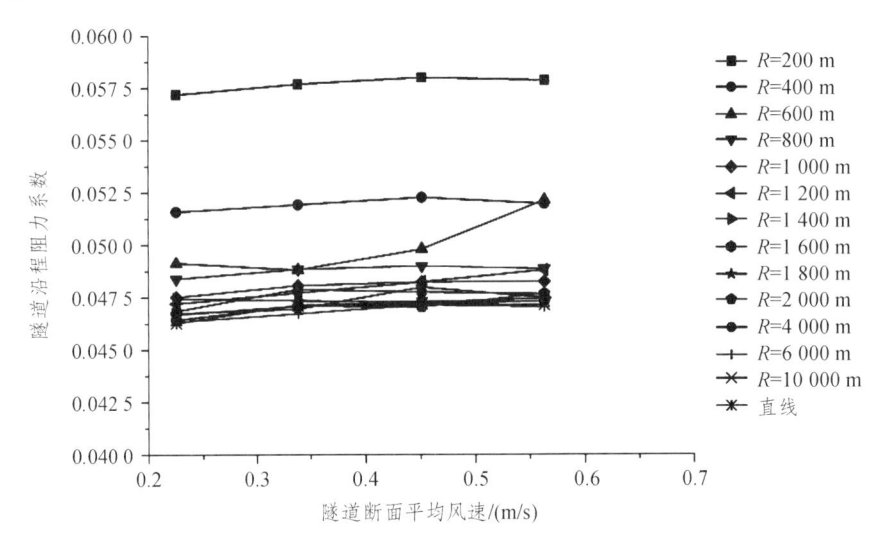

图10-21 隧道沿程阻力损失系数随风速变化曲线

由于受风速影响较小，将工况1~4隧道沿程阻力损失系数平均值作为计算结果，不同曲线半径下，直线隧道与曲线隧道沿程阻力损失系数之比如图 10-22 所示。

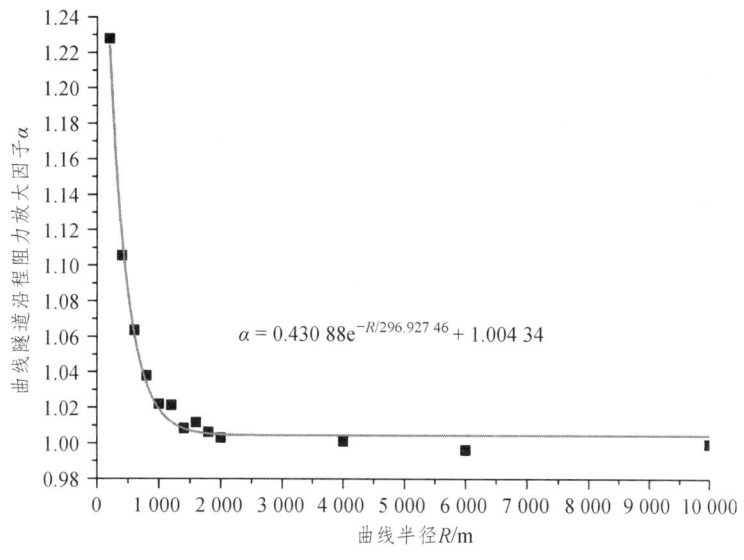

图 10-22 曲线隧道沿程阻力损失系数放大因子

当曲线半径小于 2 000 m 时，随着曲线半径的减小，隧道沿程阻力损失系数增加幅度较大；当曲线半径大于 2 000 m 时，曲线半径对隧道沿程阻力损失系数的影响较小。由此拟合出曲线隧道沿程阻力损失系数计算公式为：

$$\lambda' = \alpha\lambda \tag{10-11}$$

式中：λ'——曲线隧道施工通风沿程阻力损失系数；

λ——直线隧道施工通风沿程阻力损失系数；

α——曲线隧道施工通风沿程阻力损失系数放大因子，$\alpha = 0.43088 \mathrm{e}^{-R/296.92746} + 1.00434$；

R——曲线隧道半径。

上述公式可为不同曲线半径的隧道施工通风沿程阻力计算提供参考。实际工程隧道曲线半径 $R = 860$ m，根据公式（10-11），计算可得施工通风沿程阻力损失系数为 0.048。

（3）风管沿程阻力损失。

① 沿纵向分布。

风管全长 1 015 m，考虑风机进口和风管出口的影响，取 30~930 m 进行沿程阻力损失系数研究。工况 1（风管风速 11 m/s）和工况 4（风管风速 28 m/s）在不同隧道半径条件下，风管的沿程阻力损失系数沿纵向变化曲线如图 10-23 所示。由图可知：

· 与风机距离 30~100 m，风管沿程阻力损失系数呈现先减小后略微增加趋势；

· 与风机距离大于 100 m，风管沿程阻力损失系数较稳定；

· 隧道曲线半径对风管沿程阻力损失系数稳定距离影响不大；

· 工况 4 风管风速较工况 1 大，风管沿程阻力损失系数波动变化不明显。

（a）工况 1（风管风速 6 m/s）

（b）工况 4（风管风速 28 m/s）

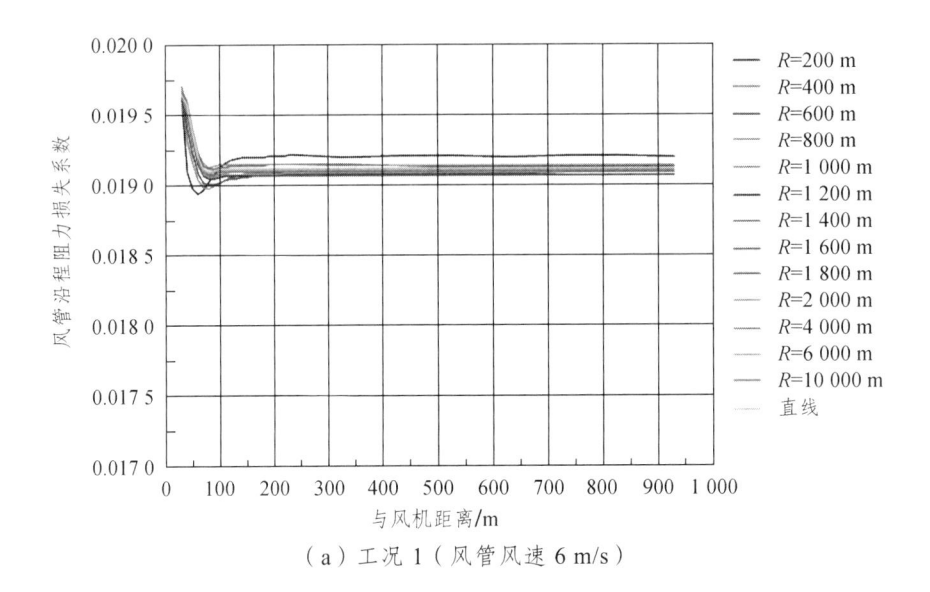

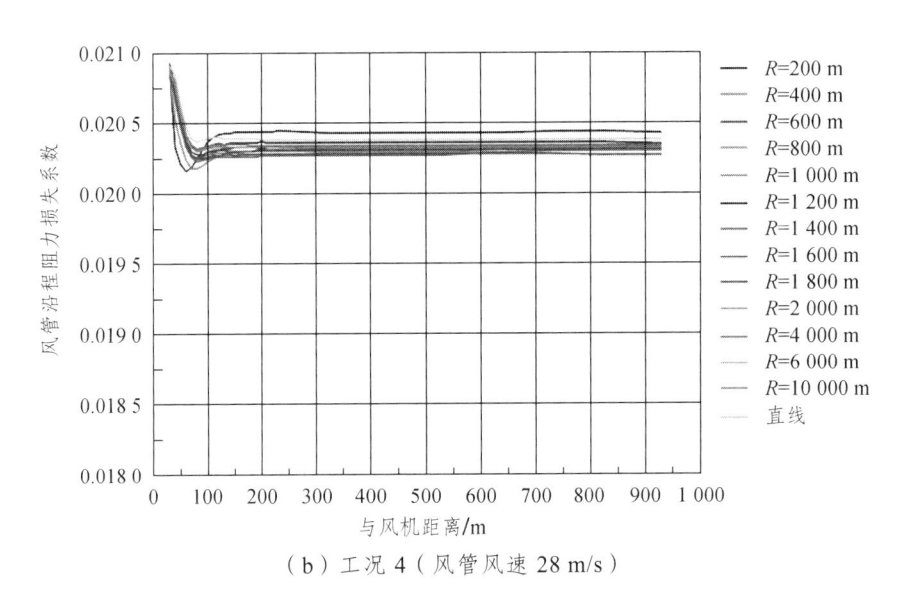

图 10-23　风管沿程阻力损失系数沿纵向变化曲线

② 随曲线半径、风速变化。

与风机距离大于 100 m，风管沿程阻力损失系数发展稳定，考虑风管出口对沿程阻力损失系数的影响，取 100～930 m 范围风管平均沿程阻力损失系数为研究对象，分析隧道曲线半径、风管风速对其影响规律。根据数值计算结果，不同曲线半径下，风管沿程阻力损失系数随风速的变化曲线如图 10-24 所示。

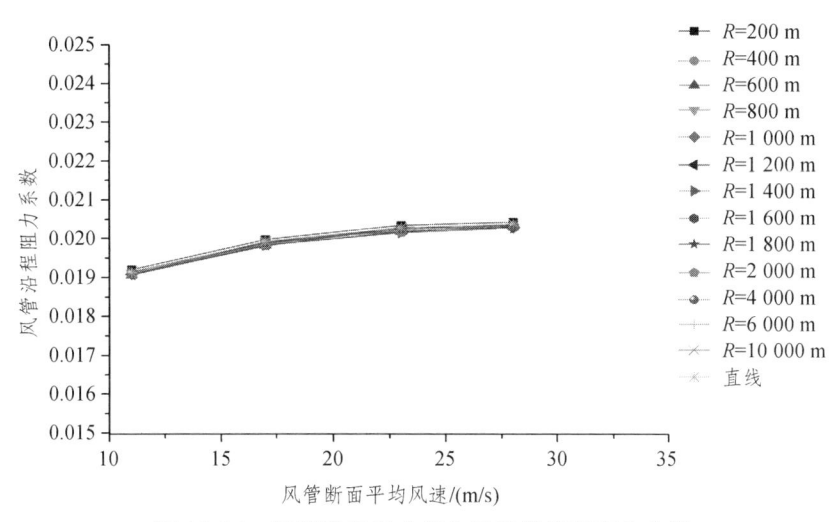

图 10-24　风管沿程阻力损失系数随风速变化曲线

由图 10-24 可知：

• 同一风速下，风管沿程阻力损失系数几乎不受隧道曲线半径（$R = 200 \sim 10\,000$ m）影响，其原因在于，风管直径 1.5 m 远小于计算工况最小隧道曲线半径 200 m，隧道转角就风管而言可视为平缓过渡，因此进行风管沿程阻力计算时，可不考虑隧道曲线半径对其影响。

• 计算工况风管断面平均风速为 11~28 m/s，而风管沿程阻力损失系数由 0.019 增加至 0.02，增幅为 5%，斜率逐渐减小最终趋于平缓。由此可知，风管风速对风管沿程阻力损失影响较小。

计算工况下，风管沿程阻力损失系数受隧道曲线半径和风管风速影响较小，因此可取直线隧道下的风管沿程阻力损失系数进行风阻计算。

10.4　风仓隔板风道组合式通风阻力分析

"风仓+隔板风道"组合式通风，结合了风仓式和隔板风道式两种通风方式，适用于斜井进单（双）正洞施工通风。其原理是用隔板将斜井隔出一定面积作为进风道，并在斜井与正洞交叉处修建用于储风的风仓，风仓与风道连接。新鲜风由斜井风道进入风仓，再通过风仓内部风机和外接风管送到各掌子面。

"风仓+隔板风道"组合式通风具有以下优点：

（1）隔板风道进风，缩短了风管送风距离，减小风阻；

（2）风仓临时储风，根据各掌子面的需风量调节风量供给，灵活可靠；

（3）通风效果好，效率高。本章主要采用数值计算方法，对隔板风道沿程阻力特性和风仓局部阻力特性进行研究，分析各因素对其影响规律，研究成果可为理论计算和通风设计提供参考。

10.4.1　隔板高度对风道沿程阻力影响分析

1. 计算模型与工况拟定

"风仓+隔板风道"组合式通风布置如图 10-25 所示，为研究隔板风道高度对其沿程阻力特性的影响，取隔板距地高度为 3.25 m、4 m、4.75 m 和 5.5 m，对应隔板风道高度分别为 2.75 m、2 m、1.25 m 和 0.5 m，隔板风道横截面面积为 15.30 m²、9.83 m²、5.02 m² 和 1.31 m²，隔板布置如图 10-26 所示。

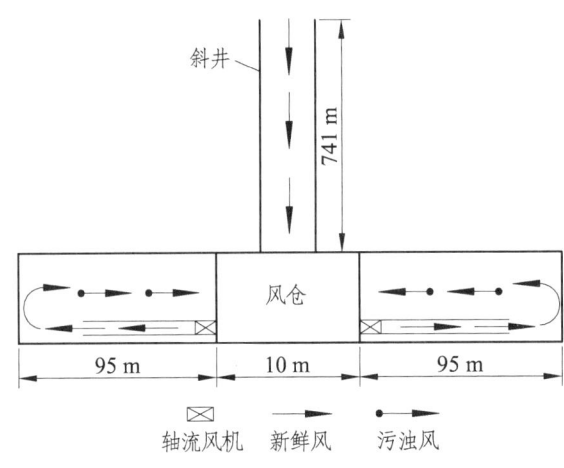

图 10-25　"风仓+隔板风道"组合式通风布置

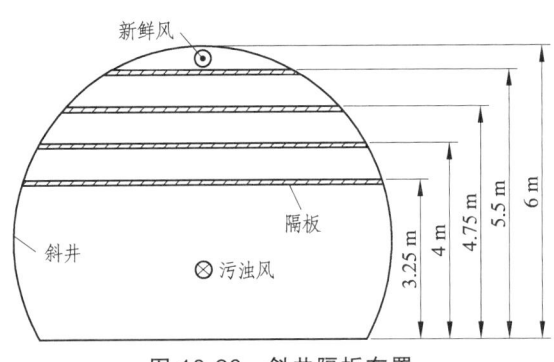

图 10-26　斜井隔板布置

数值计算模型如图 10-27 所示。设置隔板风道入口为速度边界 velocity-inlet，风速为 8 m/s。隔板风道壁面主要由两部分构成，即风道侧壁（斜井内壁面）和隔板。风道侧壁一般为喷射混凝土等初期支护，如图 10-28 所示，其粗糙高度受施工质量影响较大，本节取 0.2 m 进行计算。隔板一般选用受力性能较好的钢板等材料，如图 10-29 所示，取粗糙高度为 0.05 m。在隔板风道中每 50 m 布置一处风压监测面，对风道入口和风道、风仓连接区域加密监测面，每 10 m 布置一处，监测面布置如图 10-30 所示。计算工况见表 10-7。

(a) 整体模型网格　　　　　　　　(b) 隔板风道网格

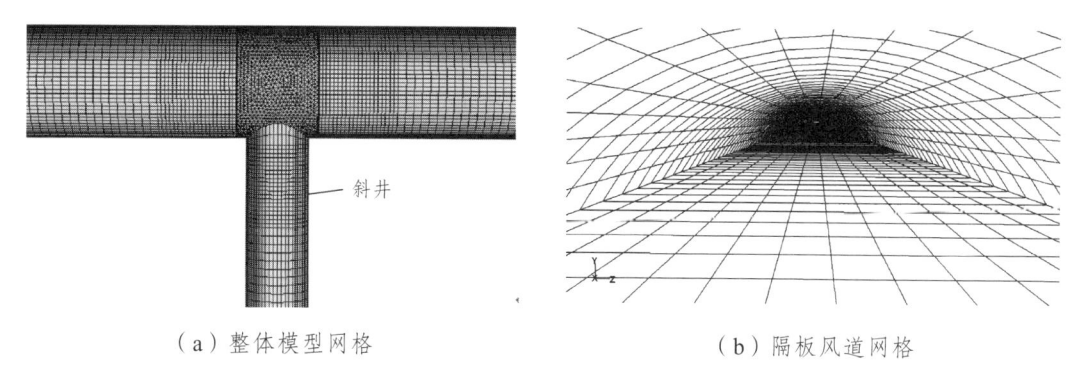

图 10-27　数值计算模型

图 10-28　斜井初期支护　　　　　图 10-29　U 形钢材隔板示意图

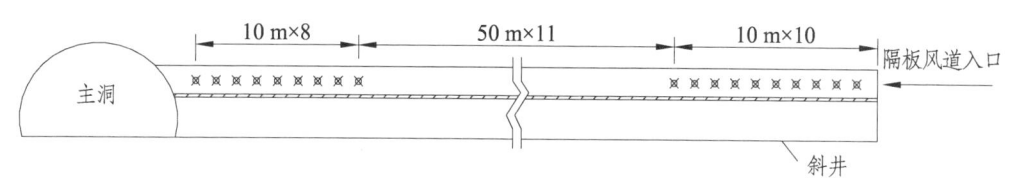

图 10-30　隔板风道风压监测面布置图

表 10-7　隔板风道面积对沿程阻力影响计算工况

工况	隔板高度 h /m	风道横截面面积 S/m²	风道风速 v/(m/s)	风道侧壁粗糙度 RH/m	隔板粗糙度 Rh/m
工况 1	3.25	15.30	8	0.2	0.05
工况 2	4.00	9.83			
工况 3	4.75	5.02			
工况 4	5.50	1.31			

2. 计算结果分析

(1) 隔板风道风压损失。

考虑风道进口和出口计算结果受边界和分流的影响，取距入口 10 m 和 730 m 断面风压值计算隔板风道内风压损失，如表 10-8 所示。

工况 1~4，隔板高度由 3.25 m 增加至 5.5 m，依次增加 0.75 m，隔板风道沿程阻力损失量由 439 Pa 迅速增加至 4 060 Pa，沿程风阻损失率（沿程风阻占总风压比率）由约 14%增加至约 97%。由此可知，当主隧道开挖距离和隔板风道进口风速一定时，随着隔板高度增加，风道沿程风阻损失量及占比迅速增加。为保证有足够的风压动力将新鲜风送入掌子面，应保证风道隔板具有足够的高度，即保证隔板风道进风面积。

表 10-8　隔板风道风压监测结果统计

工况	隔板高度/m	隔板风道全压/Pa 距入口 10 m	隔板风道全压/Pa 距入口 730 m	风压损失量/Pa	风压损失率/%
工况 1	3.25	3 066	2 627	439	14.31
工况 2	4.00	1 741	1 089	652	37.46
工况 3	4.75	1 522	324	1 198	78.69
工况 4	5.50	4 192	132	4 060	96.86

（2）隔板风道沿程阻力损失系数。

根据各监测断面的风压值，可计算相邻断面的沿程阻力损失，计算出隔板风道各段沿程阻力损失系数分布情况，如图 10-31 所示。各工况下，0~100 m 受进口端部影响，沿程阻力损失系数呈现先下降后稳步回升趋势，100~700 m 沿程阻力系数发展稳定，700~740 m 受风道出口分流的影响，沿程阻力损失系数略有下降。取 100~700 m 沿程阻力损失系数平均值作为隔板风道沿程阻力损失系数。工况 1~4，隔板高度由 3.25 m 增加至 5.5 m，沿程阻力损失系数由 0.051 78 增加至 0.078 17。

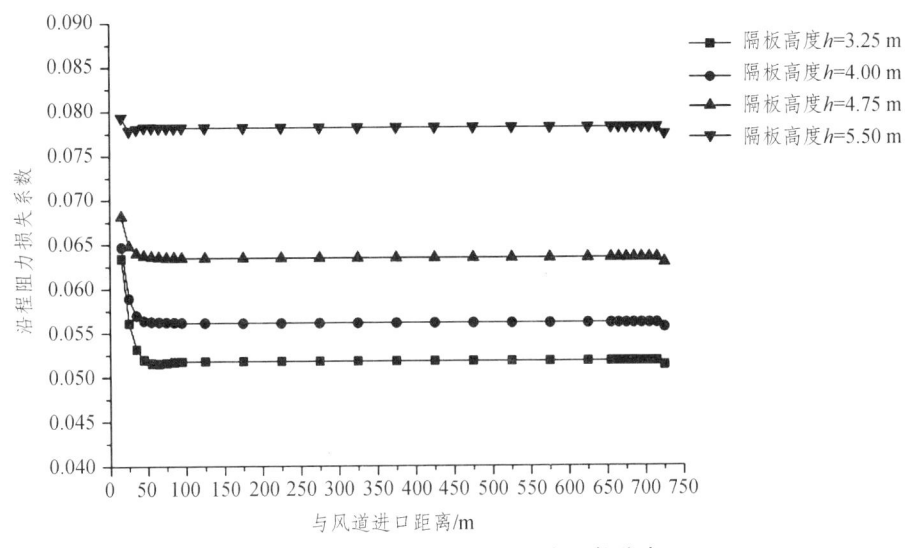

图 10-31　隔板风道沿程阻力系数分布

隔板高度与沿程阻力损失系数关系近似成一元二次函数分布，拟合曲线如图 10-32 所示，拟合关系式为：

$$\lambda = 0.004\,62h^2 - 0.028\,8h + 0.097\,07 \quad (10\text{-}12)$$

由拟合关系式可知，随着隔板高度增加，风道沿程阻力损失系数迅速增加，变化速率逐渐增加。本节工况下，根据隔板高度取值可计算风道沿程阻力损失系数。

实际设置隔板高度时，应根据隔板风道沿程阻力损失和现场运输车辆高度等因素综合考虑，本节工况建议取 4~4.5 m。为便于研究，后文隔板高度取 4 m 进行计算。

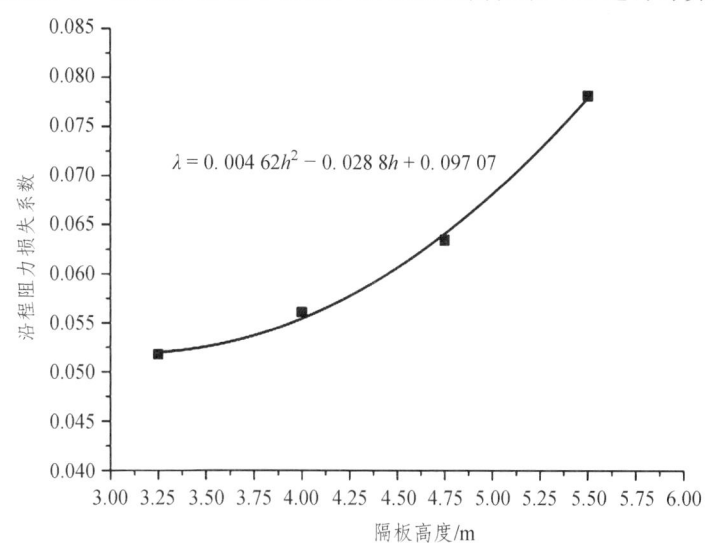

图 10-32　隔板风道沿程阻力系数与隔板高度关系曲线

10.4.2　风速对风道沿程阻力影响分析

1. 计算模型与工况拟定

"风仓+隔板风道"组合式通风，隔板风道可为一个甚至多个掌子面同时送风，风道内风速变化范围较大，不同风速对应不同沿程阻力损失。本节将对不同风速下隔板风道沿程阻力特性进行研究，取风速为 4 m/s、8 m/s、12 m/s 和 16 m/s 四种工况。隔板高度取 4 m，隔板风道面面积为 9.83 m²。四种工况分别对应风道风量为 2 359 m³/min、4 718 m³/min、7 078 m³/min 和 9 437 m³/min。风道侧壁粗糙度取 0.2 m，隔板粗糙度取 0.05 m，计算工况见表 10-9。监测面设置及数值计算模型同 10.4.1 节所述。

表 10-9　隔板风道风速对沿程阻力影响计算工况

工况	风道风速 v /(m/s)	风道风量 Q /(m³/min)	隔板高度 h /m	风道面积 A /m²	风道侧壁粗糙度 RH /m	隔板粗糙度 Rh /m
工况 1	4	2 359	4	9.83	0.2	0.05
工况 2	8	4 718				
工况 3	12	7 078				
工况 4	16	9 437				

2. 计算结果分析

（1）隔板风道风压损失。

根据计算结果，隔板风道内风压损失如表 10-10 所示。工况 1~4，随着风道风速由 4 m/s 增加至 16 m/s，风道内进口风压由 432 Pa 增加至 6 959 Pa，风压损失量由 163 Pa 迅速增加至 2 605 Pa，而各工况的风压损失率保持约 37% 不变。因此，当主隧道开挖距离和隔板高度（或隔板风道面积）一定时，随着隔板风道风速增加，风道内风压损失量增加，风压损失量占系统总风阻的比率受风速影响不大。

表 10-10 隔板风道风压监测结果统计

工况	风道风速/(m/s)	隔板风道全压/Pa 距入口 10 m	隔板风道全压/Pa 距入口 730 m	风压损失量/Pa	风压损失率/%
工况 1	4	432	268	163	37.83
工况 2	8	1 741	1 089	652	37.46
工况 3	12	3 916	2 450	1 466	37.44
工况 4	16	6 959	4 354	2 605	37.44

（2）隔板风道沿程阻力损失系数。

风道内沿程阻力损失系数沿风道分布曲线如图 10-33 所示。当风道风速为 4 m/s 和 8 m/s 时，沿程阻力损失系数先减小后趋于稳定；当风速为 12 m/s 和 16 m/s 时，沿程阻力损失系数则先减小后逐步回升至稳定。各工况下，沿程阻力损失系数在风道内 100~700 m 发展稳定，可取 100~700 m 的平均值进行沿程风阻计算，并且稳定值约为 0.056 12。因此，计算工况下，风速在 4~16 m/s 范围，对应风量为 432~6 959 m^3/min，风道沿程阻力损失系数受风速影响不大。

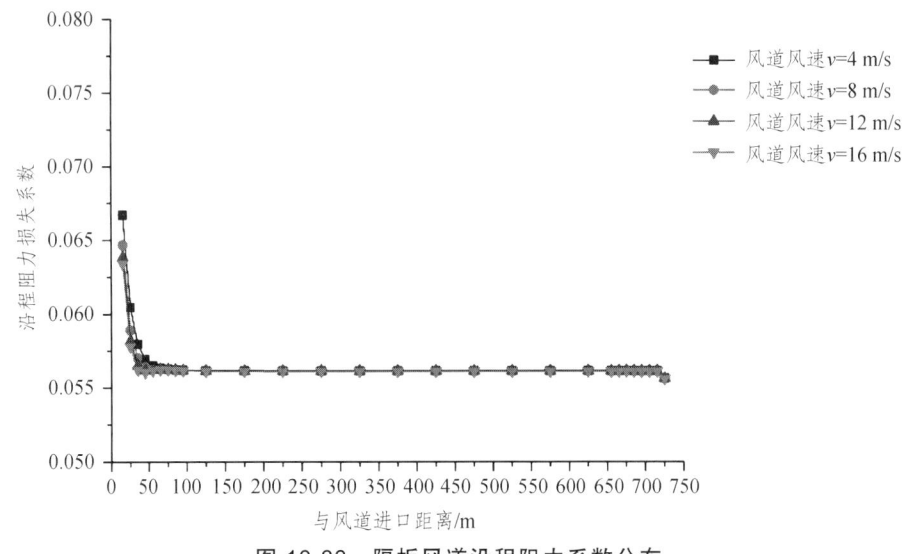

图 10-33 隔板风道沿程阻力系数分布

10.4.3 风仓高度对风仓局部阻力影响分析

如图 10-34 所示，工业中的 T 形分流三通结构，由总管和 a、b 支管构成，由于总管中来流的冲击、总管截面积变化、支管流向变化等因素，具有较大的局部阻力损失。本章所研究的"风仓+隔板风道"组合式通风，风流由斜井中的隔板风道汇聚到风仓，再由风仓通过风管流向两侧掌子面，如图 10-35 所示，其局部阻力计算方法可类比于 T 形分流三通。

图 10-34 T 形分流三通示意图

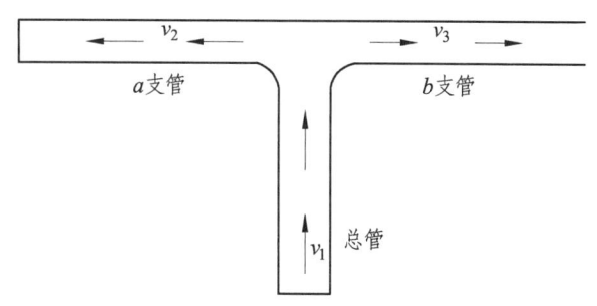

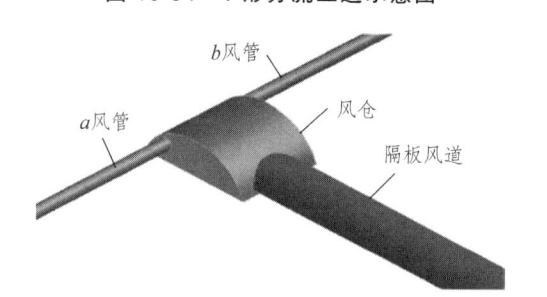

图 10-35 风仓通风结构示意图

三通结构局部阻力系数计算如下：

$$\zeta_{12} = \frac{2 \times (p_1 - p_2)}{\rho v_1^2} = \frac{p_1 - p_2}{p_{d1}} \tag{10-13}$$

$$\zeta_{13} = \frac{2 \times (p_1 - p_3)}{\rho v_1^2} = \frac{p_1 - p_3}{p_{d1}} \tag{10-14}$$

式中：ζ_{12}、ζ_{13}——总管分别与 a、b 两支管的局部阻力损失系数；

p_1——总管的全压；

p_2、p_3——a、b 两支管的全压；

v_1——总管的风速；

ρ——管内气体的密度；

p_{d1}——总管的动压。

上述计算中，总管与支管的之间压力损失 p_1-p_2、p_1-p_3，包括局部阻力损失和沿程阻力损失两部分，但由于三通结构长度对于总的风流路程而言相对较短，沿程阻力损失量占三通的总阻力损失的比例较小，因此近似将 p_1-p_2 和 p_1-p_3 作为三通的局部阻力损失，计算局部阻力损失系数。另外，公式中压力所在断面的选取也至关重要。应选择总管和支管中气流发展较均匀段，进而计算出局部阻力损失的附加影响。

1. 计算模型与工况拟定

为研究风仓高度对其局部阻力特性的影响，如图 10-36 所示，取风仓底板距地面 3.25 m、4 m、4.75 m，对应风仓高度分别为 4.62 m、3.87 m 和 3.12 m，风仓横截面面积为 45.87 m²、35.97 m²、26.58 m²。风仓长度取 10 m，宽度为 12.9 m，不设置导流板。数值计算模型如图 10-37 所示，由于风仓中流场较为复杂，压力梯度变化较大，为使结果尽可能接近真实情况，因此对风仓网格进行加密。设置风仓入口风速为 8 m/s。风仓多采用表面较为平整的钢板，取粗糙高度为 0.001 m。为确定气流发展较均匀的断面，从而采集稳定的压力值，对风仓上、下游加密风压监测面每 1 m 布置一处，如图 10-38 所示。计算工况见表 10-11。

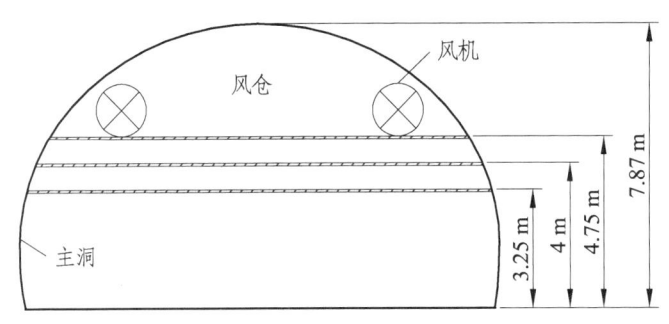

图 10-36 风仓高度取值示意图

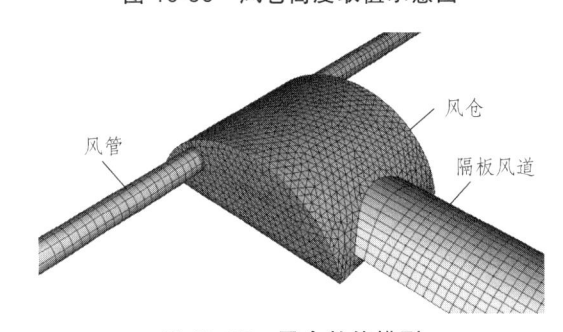

图 10-37 风仓数值模型

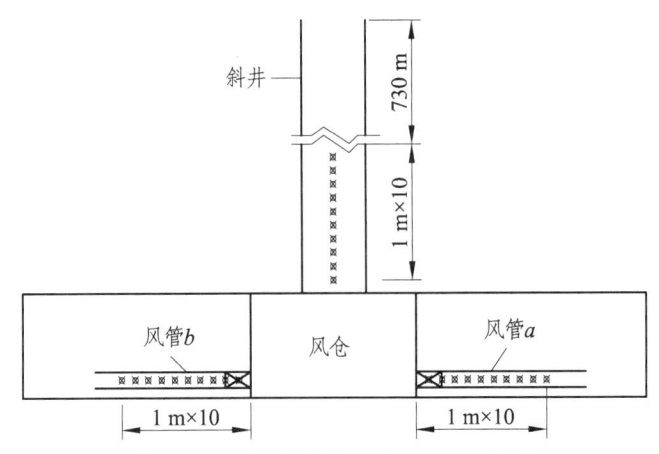

图 10-38 风仓上下游风压监测面布置

表 10-11 风仓高度对局部阻力影响计算工况

工况	风仓底板距地高度 h/m	风仓高度 H/m	风仓横截面积 S/m²	风道风速 v/(m/s)	风仓壁面粗糙度 RH(Rh)/m
工况 1	3.25	4.62	45.87		
工况 2	4.00	3.87	35.97	8	0.001
工况 3	4.75	3.12	26.58		

2. 计算结果分析

（1）压力稳定断面选取。

现以工况 1 为例，进行隔离风道和风管压力稳定断面选取。

将隔板风道监测面动压绘制成图 10-39 所示曲线。根据曲线可知，隔板风道动压沿程分布比较稳定，相邻断面动压差值在 0.2 Pa 以内，几乎不受风仓局部影响。

隔板风道监测面全压如图 10-40 所示。随着与风仓距离的减小，隔板风道全压值也在逐渐减小，两者近似成线性关系。这是沿程风阻损失所造成的，根据沿程阻力计算公式 $h_\mathrm{f} = \lambda \dfrac{L}{d} \dfrac{\rho v^2}{2}$，空气流过的距离 L 与沿程风阻损失 h_f 成正比。

隔板风道相邻监测断面全压差如图 10-41 所示。根据曲线可知，当与风仓距离 1~10 m，隔板风道相邻断面全压差值波动在 0.2 Pa 以内，差值稳定在 0.9 Pa 左右，此压差值为沿程风阻损失，受风仓局部阻力损失影响较小。因此，可取距风仓 2 m 断面压力值（P_1、P_d1）进行风仓局部阻力计算。

同理，将 a 风管监测断面全压、压差绘制为图 10-42 和图 10-43 所示曲线。由于风管与风仓断面差异较大，风仓局部阻力损失对风管影响程度和范围均较隔板风道大，全压差波动约 160 Pa，影响距离为 0~2 m，因此选取距风仓 3 m 的风管断面压力值（P_{12}）进行风仓局部阻力计算。由于对称性，b 风管取相同距离的压力值。

根据计算结果，工况 2 和工况 3 条件下，隔板风道与风管受风仓局部阻力损失影响范围与工况 1 相差不大，因此三种工况下取相同压力稳定断面。

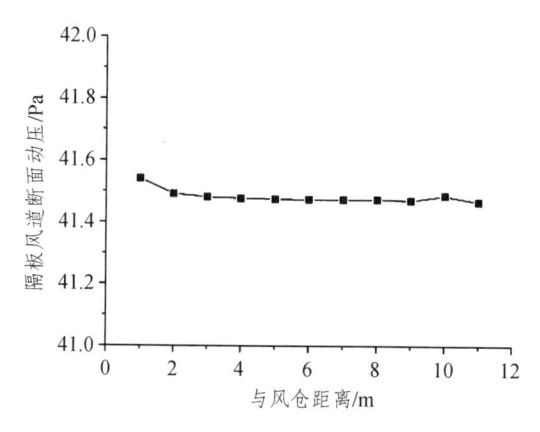

图 10-39 隔板风道监测面动压

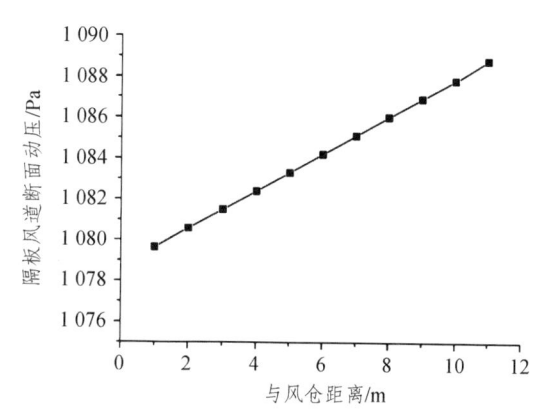

图 10-40 隔板风道监测面全压

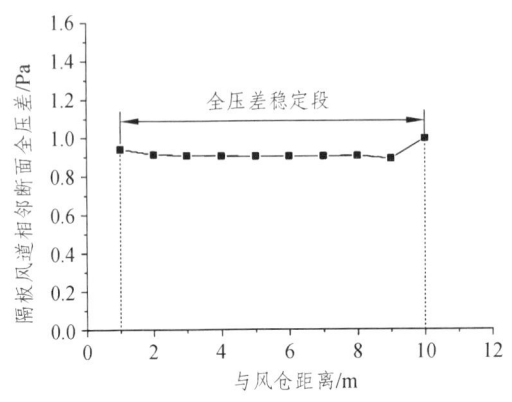

图 10-41 隔板风道监测面全压差

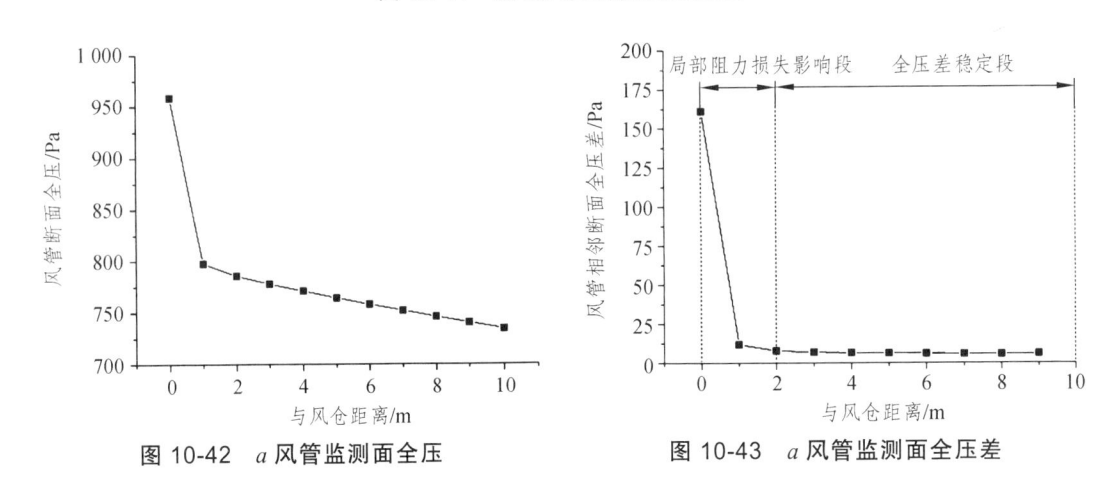

图 10-42 a 风管监测面全压

图 10-43 a 风管监测面全压差

（2）风仓风压损失。

根据各工况断面压力计算结果可得表 10-12。由于风仓结构的对称性，以及风仓 a、b 侧风管长度、隧道开挖进尺均相等，相同工况下，风仓在 a、b 风管两侧的局部阻力损失系数 ζ_{12} 和 ζ_{13} 基本相等。而不同工况下，风仓局部阻力损失系数存在差异。

工况 1 与工况 2 相比，前者风仓高度较后者大 0.75 m，局部阻力损失系数较后者大 0.5 左右，即增加了风仓高度反而会造成更大的局部阻力损失，这与通常所认为的增加风仓高度有利于减小局部阻力损失相矛盾。图 10-44、图 10-45 分别为工况 1 和工况 2 风仓中心横断面流场矢量图。由于隔板风道高度为 4 m，工况 1 风仓底板低于其 0.75 m，当空气从隔板风道进入风仓后，冲击风仓壁面，并在风仓底板形成涡流，造成压力损失。而工况 2 风仓底板与隔板风道等高，无法提供空间形成涡流。因此，工况 2 风仓局部阻力损失系数较工况 1 小。

工况 3 与工况 2 相比，前者风仓高度减小 0.75 m，即风仓底板高于隔板风道底板，此时，当空气从隔板风道进入风仓时，由于断面的减小，空气冲击进口处，将造成更大的压力损失，如图 10-46 所示。因此，工况 3 风仓局部阻力损失系数较工况 2 大 2 左右。

由上述计算结果可知，过大和过小的风仓高度，都将增加风仓局部阻力损失。将风仓底板与隔板风道底板设置在同一水平高度，有利于减小风仓局部阻力损失，本节计算工况下取 4 m 为宜。后文取风仓底板高度为 4 m 进行研究。

第 10 章
曲线隧道施工通风关键参数

表 10-12 风仓局部阻力损失统计

工况	风仓底板高度 h/m	风道断面全压 P_1/Pa	a 风管断面全压 P_2/Pa	b 风管断面全压 P_3/Pa	ζ_{12}	ζ_{13}	ζ均值
工况 1	3.25	1 081	778	778	7.30	7.30	7.30
工况 2	4.00	1 051	770	771	6.76	6.75	6.76
工况 3	4.75	1 137	768	769	8.81	8.77	8.79

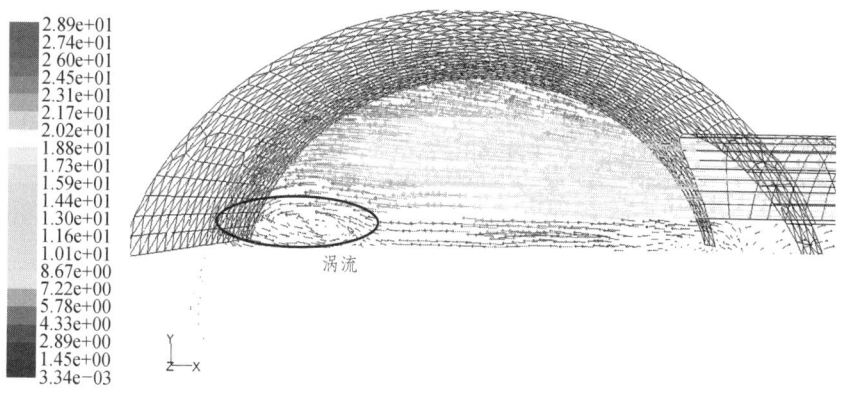

图 10-44 风仓中心横断面流场矢量图（工况 1）

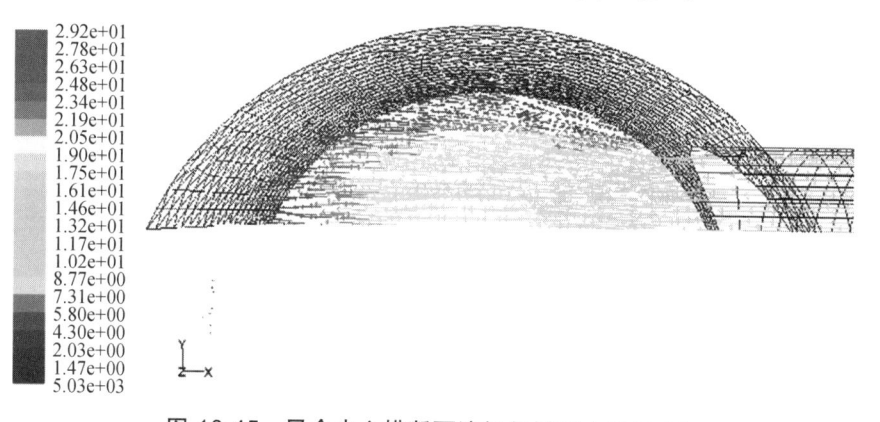

图 10-45 风仓中心横断面流场矢量图（工况 2）

图 10-46 风仓中心横断面流场矢量图（工况 3）

10.5 本章小结

本章利用数值模拟软件 FLUENT，以曲率半径、风管末端风速、风管末端距掌子面距离和风管悬挂位置等因素作为研究对象，分析研究了在不同因素影响下的隧道内风流流场和瓦斯气体扩散规律，并对曲线隧道施工通风沿程阻力、风仓隔板风道组合式通风阻力进行了研究。

1. 风流流场分析

（1）曲率半径对隧道内的风流流场的影响主要体现在对断面的风速分布状态上。随着曲率半径的减小，断面的风速分布状态逐渐由对称分布变为非对称分布，主要表现为隧道外侧风速大于隧道内侧风速，并且非对称性随着曲率半径的减小而越发明显。

（2）风管末端风速则对隧道内的风速大小有着巨大影响，而对断面风速分布规律无明显影响。随着风管末端风速的增大，隧道内各位置的风速大小也随之增大。

（3）风管末端距掌子面距离 D 仅对掌子面附近区域风流流场有明显影响。当 $D \geq 15$ m 时，掌子面附近的风速随风管末端距掌子面距离的增大而减小；而当 $D < 15$ m 时，因射流产生的卷吸效应发展不充分等因素，掌子面附近的风速也低于 $D = 15$ m 工况条件下的风速。

（4）风管悬挂位置对隧道断面的风速分布规律有着较大影响，距掌子面 15 m 以外区域的断面风速分布主要表现为靠近风管一侧风速较小而远离分管一侧的风速较大。

2. 瓦斯扩散规律分析

（1）曲率半径对瓦斯扩散规律的影响主要体现在各断面瓦斯分布状态上。随着曲率半径的减小，瓦斯浓度的不均分布越发明显，瓦斯积聚区域逐渐向隧道内侧拱脚处移动，在实际工程中，此处应加强局部通风。

（2）风管末端风速对隧道内各区域的瓦斯浓度值有着巨大影响。随着风管末端风速的增大，隧道内瓦斯浓度值逐渐降低，在实际工程中，保持足够的新鲜风供风速度是降低隧道内瓦斯浓度的有效途径。

（3）风管末端距掌子面的距离对掌子面附近的瓦斯浓度也有着不小影响。风管末端越靠近掌子面，掌子面的瓦斯浓度值则越低，但是在距掌子面 1~15 m 空间范围内，瓦斯浓度则随着风管末端距掌子面距离的增大而减小，在实际工程中，应综合考虑多方面影响因素，合理选择风管出口距掌子面的距离，距离太远会导致新鲜风无法输送至掌子面，而距离太近则会影响其他施工作业，风管末端距掌子面距离一般选为 15 m。

（4）风管悬挂位置不仅是造成断面瓦斯不均匀分布的重要原因，还对掌子面附近区域的瓦斯浓度值有着一定影响。在曲线隧道中，风管悬挂于隧道外侧对减小掌子面附近区域的瓦斯浓度起着积极作用，在实际工程中，宜将风管布置在曲线隧道外侧。

3. 曲线隧道施工通风沿程阻力分析

（1）随着曲线半径的减小，隧道沿程阻力损失系数逐渐增加。当曲线半径大于 2 000 m 时，可不考虑曲率的影响。根据直线隧道沿程阻力损失计算方法及直线、曲线隧道沿程阻力差异性，拟合出曲线隧道施工通风沿程阻力损失系数计算公式。

（2）计算工况下，隧道风速对隧道沿程阻力损失系数影响较小。

（3）与掌子面距离 100~400 m 时，隧道沿程阻力损失系数呈现先增后减再增加的趋势，与掌子面距离大于 400 m 时，隧道沿程阻力损失系数发展较稳定。

（4）计算工况下，风管沿程阻力损失系数受隧道曲线半径和风管风速影响较小。

（5）与风机距离 30~100 m，风管沿程阻力损失系数呈现先减小后略微增加的趋势，当与风机距离大于 100 m 时，风管沿程阻力损失系数发展稳定。

4. 风仓隔板风道组合式通风阻力分析

（1）当主隧道开挖距离和隔板风道进口风速一定时，随着隔板高度增加，风道沿程阻力损失系数迅速增加，两者近似成一元二次函数关系，并拟合出计算公式。

（2）风道沿程阻力损失系数沿风道纵向非均匀分布。距入口 0~100 m，风道沿程阻力损失系数呈现先下降后稳步回升趋势；距入口 100~700 m，风道沿程阻力系数发展稳定；距入口 700~740 m，受风道出口分流的影响，沿程阻力损失系数略有下降。

（3）风道沿程阻力损失系数受风速影响不大。

（4）过大和过小的风仓高度，都将增加风仓局部阻力损失，风仓底板与隔板风道底板在同一水平高度，有利于减小风仓局部阻力损失。

（5）风仓局部阻力损失系数几乎不受风速影响。

第 11 章

金家庄特长隧道施工通风方案设计优化

11.1 金家庄隧道开挖概况

金家庄特长隧道分为 3 个工区进行施工,主线进口段工区分别承担右线 1 599 m、左线 1 832 m 的掘进工作量;主线出口段工区分别承担右线 1 072 m、左线 1 018 m 的掘进工作量;斜井工区向右线进出口端分别掘进 715 m 和 718 m,向左线进出口端分别掘进 686 m 和 692 m,各工区施工任务如图 11-1 所示。

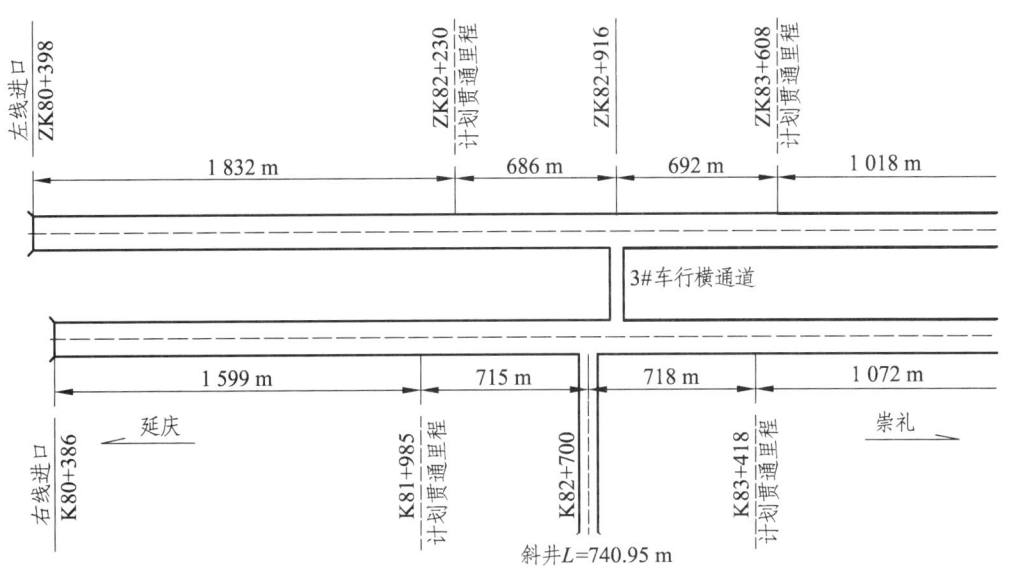

图 11-1 金家庄特长隧道施工任务示意图

11.2 既有通风方案分析

11.2.1 主洞掌子面需风量计算

(1)按隧道内最多同时工作人数计算需风量。

$$Q_1 = m \times q \times k = 100 \times 3 \times 1.2 = 360 \text{ m}^3/\text{min}$$

式中:m——隧道内最多同时工作人数(人),取 100 人;

q——每人每分钟呼吸所需新鲜空气量,取 3 m³/min;

k——风量备用系数,取 1.2。

（2）按隧道内允许最低风速计算需风量。

$$Q_2 = v \times S \times 60 = 0.15 \times 120.46 \times 60 = 1084 \text{ m}^3/\text{min}$$

式中：v——隧道内允许最低风速，取 0.15 m/s；

　　　S——隧道开挖断面面积，取 120.46 m²。

（3）按排除炮烟计算需风量。

$$Q_3 = \frac{7.8}{t} \times \sqrt[3]{G(SL)^2} = \frac{7.8}{30} \times \sqrt[3]{400 \times (120.46 \times 95)^2} = 973 \text{ m}^3/\text{min}$$

式中：t——爆破后通风时间，取 30 min；

　　　G——开挖面一次爆破耗药量，取 400 kg；

　　　S——隧道开挖断面面积，取 120.46 m²；

　　　L——炮烟抛掷长度，取 95 m。

（4）按稀释内燃机废气计算需风量。

$$Q_4 = g \times \sum N \times K = 4 \times 935 \times 0.6 = 2244 \text{ m}^3/\text{min}$$

式中：g——单位功率稀释内燃机废气所需新鲜风量，取 4 m³/min·kW；

　　　N——内燃机额定功率，取 935 kW；

　　　K——内燃机利用率系数，取 0.6。

综上所述，主洞掌子面的需风量 $Q_{需} = \max(Q_1, Q_2, Q_3, Q_4) = 2244 \text{ m}^3/\text{min}$。

11.2.2　斜井掌子面需风量计算

（1）按隧道内最多同时工作人数计算需风量。

$$Q_1 = m \times q \times k = 60 \times 3 \times 1.2 = 206 \text{ m}^3/\text{min}$$

式中：m——隧道内最多同时工作人数，取 60 人；

　　　q——每人每分钟呼吸所需新鲜空气量，取 3 m³/min；

　　　k——风量备用系数，取 1.2。

（2）按隧道内允许最低风速计算需风量。

$$Q_2 = v \times S \times 60 = 0.15 \times 40.4 \times 60 = 364 \text{ m}^3/\text{min}$$

式中：v——隧道内允许最低风速，取 0.15 m/s；

　　　S——隧道开挖面面积，取 40.4 m²。

（3）按排除炮烟计算需风量。

$$Q_3 = \frac{7.8}{t} \times \sqrt[3]{G(SL)^2} = \frac{7.8}{30} \times \sqrt[3]{150 \times (40.4 \times 45)^2} = 206 \text{ m}^3/\text{min}$$

式中：t——爆破后通风时间，取 30 min；

G——开挖面一次爆破耗药量，取 150 kg；

S——隧道开挖面面积，取 40.4 m²；

L——炮烟抛掷长度，取 45 m。

（4）按稀释内燃机废气计算需风量。

$$Q_4 = g \times \sum N \times K = 4 \times 645 \times 0.6 = 1548 \, \text{m}^3/\text{min}$$

式中：g——单位功率稀释内燃机废气所需新鲜风量，取 4 m³/min·kW；

N——内燃机额定功率，取 645 kW；

K——内燃机利用率系数，取 0.6。

综上所述，斜井掌子面的需风量 $Q_{需} = \max(Q_1, Q_2, Q_3, Q_4) = 1548 \, \text{m}^3/\text{min}$。

11.2.3 主线进出口工区既有通风方案

根据金家庄特长隧道实际工程情况，综合考虑隧道断面尺寸、掘进长度、开挖方法、出渣方式等因素，确定进出口工区均采用直径为 1.8 m 的风管进行压入式通风。左线进口工区承担最大通风长度 1 832 m，右线进口工区承担最大通风长度 1 599 m，左线出口工区承担最大通风长度 1 018 m，右线出口工区承担最大通风长度 1 072 m。

1. 风机供风量计算

采用压入式通风方式时，需要利用风管进行新鲜空气输送，这时则需考虑风管漏风率的影响。依据风管厂提供的技术指标，进出口工区采用的风管百米漏风率可控制在 1.5%以内，主线进出口工区的风机供风量按式（11-1）计算，计算结果如表 11-1 所示。

$$Q_{供} = \eta \times Q_{需} \tag{11-1}$$

式中：η——漏风系数，$\eta = (1-\beta)^{-\frac{L}{100}}$；

β——风管百米漏风率，取 1.2%；

L——风管长度，按最大通风长度取值；

$Q_{需}$——掌子面需风量。

表 11-1　主线进出口工区风机供风量

位置	最大通风距离/m	百米漏风率	漏风系数	风机供风量/(m³/min)
左线进口	1 832	1.5%	1.319	2 960
右线进口	1 599	1.5%	1.273	2 857
左线出口	1 018	1.5%	1.166	2 617
右线出口	1 072	1.5%	1.176	2 634

2. 系统风压计算

系统风压等于动压与静压之和，而静压则包括摩擦阻力和局部阻力。主线进出口工区的动压、摩擦阻力、局部阻力计算公式如下，系统风压计算结果如表 11-2 所示。

（1）动压。

$$H_{动}=\frac{1}{2}\times\rho\times v^2 \tag{11-2}$$

式中：ρ——空气密度，取 1.29 kg/m³；

v——管道出口风速，$v=\frac{Q_{需}}{A}$，取 14.70 m/s；

A——管道断面面积，取 2.545 m²。

（2）摩擦阻力。

$$h_{\mathrm{f}}=\frac{\alpha\times L\times U}{A^3}\times Q^2 \tag{11-3}$$

式中：α——摩擦阻力系数，取 0.002 3；

L——管道长度，按最大通风长度取值；

U——管道断面周长，取 5.655 m；

A——管道断面面积，取 2.545 m²；

Q——管道内风流流量，$Q=\sqrt{Q_{需}\times Q_{供}}$。

（3）局部阻力。

$$h_{z}=\frac{1}{2}\times\frac{\xi\times\rho}{A^2}\times Q^2 \tag{11-4}$$

式中：ξ——局部阻力系数，取 0.853；

ρ——空气密度，取 1.29 kg/m³；

A——管道断面面积，取 2.545 m²；

Q——管道内风流流量，$Q=\sqrt{Q_{需}\times Q_{供}}$。

表 11-2　主线进出口工区系统风压　　　　　　　　　　　　　单位：Pa

位置	动压	摩擦阻力	局部阻力	系统风压
左线进口	139.38	2 667.07	156.73	2 964
右线进口	139.38	2 246.86	151.27	2 538
左线出口	139.38	1 310.29	138.57	1 589
右线出口	139.38	1 388.76	139.47	1 668

3. 风机输入功率计算

主线进出口工区风机输入功率按下式计算，计算结果如表 11-3 所示。

$$W=\frac{Q_{供}\times H\times K}{60\times 1\,000\times \eta_1\times \eta_2\times \eta_3} \tag{11-5}$$

式中：$Q_{供}$——风机供风量；

H——系统风压；

K——功率储备系数，取 1.4；

η_1——风机全压效率，取 0.95；

η_2——电动机效率，取 0.95；

η_3——传动效率，取 0.95。

表 11-3 主线进出口工区风机输入功率

位置	K	η_1	η_2	η_3	风机输入功率/kW
左线进口	1.4	0.95	0.95	0.95	239
右线进口	1.4	0.95	0.95	0.95	198
左线出口	1.4	0.95	0.95	0.95	114
右线出口	1.4	0.95	0.95	0.95	120

通过对金家庄特长隧道进出口工区风机供风量、系统风压、风机输入功率进行计算，对左线进口工区配置 1 台 SDF-No13（2×132 kW）轴流风机，右线进口工区配置 1 台 SDF-No12.5（2×110 kW）轴流风机，左线出口工区配置 1 台 SDF-No12.5（2×110 kW）轴流风机，右线出口工区配置 1 台 SDF-No12.5（2×110 kW）轴流风机。

主线进出口工区风机选型见表 11-4，主洞洞口轴流风机现场布置如图 11-2 所示。

表 11-4 主线进出口工区风机选型

位置	风机供风量/(m³/min)	系统风压/Pa	风机型号	风管直径/m	最大风量/(m³/min)	最大风压/Pa
左线进口	2 960	2 964	SDF-No13	1.5	3 300	5 920
右线进口	2 857	2 538	SDF-No12.5	1.5	2 950	5 355
左线出口	2 617	1 589	SDF-No12.5	1.5	2 950	5 355
右线出口	2 634	1 668	SDF-No12.5	1.5	2 950	5 355

图 11-2 主洞洞口轴流风机现场布置

11.2.4 斜井工区既有通风方案

1. 第一阶段既有通风方案

斜井开挖阶段，采取压入式通风方案，如图11-3所示。在斜井洞口布置安装1台轴流风机，并配置直径1.5 m的柔性风管向斜井开挖面供风，污浊风沿斜井流出，最大通风距离740.95 m，此阶段的风机供风量、系统风压和风机输入功率分别如表11-5～表11-7所示。

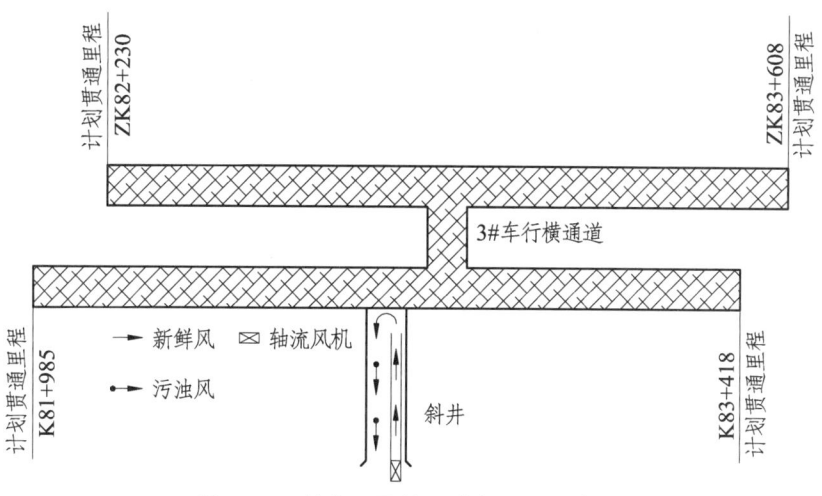

图11-3 斜井工区第一阶段通风示意图

表11-5 斜井工区第一阶段风机供风量

位置	最大通风距离/m	百米漏风率	漏风系数	风机供风量/(m³/min)
斜井	740.95	1.5%	1.118	1 731

表11-6 斜井工区第一阶段系统风压　　　　　　　　　　　　　　单位：Pa

位置	动压	摩擦阻力	局部阻力	系统风压
斜井	289.07	1 083.37	131.16	1 504

表11-7 斜井工区第一阶段风机输入功率

位置	K	η_1	η_2	η_3	风机输入功率/kW
斜井	1.4	0.95	0.95	0.95	71

通过对金家庄特长隧道斜井工区第一阶段风机供风量、系统风压、风机输入功率进行计算，对斜井工区第一阶段配置1台SDF-No10.5（2×45 kW）轴流风机，风机选型见表11-8。

表11-8 斜井工区第一阶段风机选型

位置	风机供风量/(m³/min)	系统风压/Pa	风机型号	风管直径/m	最大风量/(m³/min)	最大风压/Pa
斜井	1 731	1 504	SDF-No10.5	1.5	1 736	3 859

2. 第二阶段既有通风方案

斜井开挖完成后，向右线进口方向掘进 300 m，向右线出口方向掘进至贯通，同样采取压入式通风方案，如图 11-4 所示。在斜井洞口布置安装 2 台轴流风机，其中 1 台轴流风机配置直径 1.5 m 的柔性风管向右线进口方向供风，另 1 台轴流风机配置直径 1.6 m 的柔性风管向右线出口方向供风，污浊风途经隧道并沿斜井流出，右线进口方向最大通风距离 1 040.95 m，右线出口方向最大通风距离 1 458.95 m，此阶段的风机供风量、系统风压和风机输入功率分别如表 11-9 ~ 表 11-11 所示。

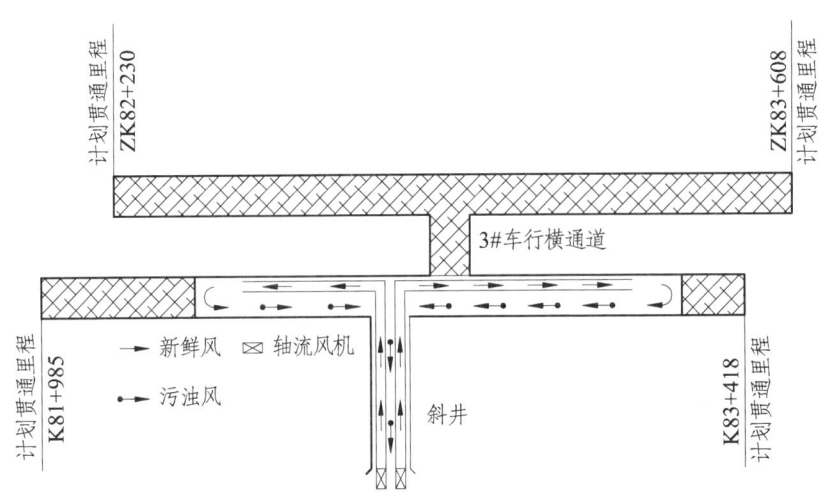

图 11-4 斜井工区第二阶段通风示意图

表 11-9 斜井工区第二阶段风机供风量

位置	最大通风距离/m	百米漏风率	漏风系数	风机供风量/(m³/min)
右线进口	1 040.95	1.5%	1.170	2 626
右线出口	1 458.95	1.5%	1.247	2 799

表 11-10 斜井工区第二阶段系统风压　　　　　　　　　单位：Pa

位置	动压	摩擦阻力	局部阻力	系统风压
右线进口	289.07	3 347.10	288.44	3 925
右线出口	223.14	3 618.80	237.36	4 080

表 11-11 斜井工区第二阶段风机输入功率

位置	K	η_1	η_2	η_3	风机输入功率/kW
右线进口	1.4	0.95	0.95	0.95	281
右线出口	1.4	0.95	0.95	0.95	311

通过对金家庄特长隧道斜井工区第二阶段风机供风量、系统风压、风机输入功率进行计算，对斜井工区第二阶段配置 2 台 SDF-No14（2×160 kW）大功率轴流风机分别向右线进出

口方向供风。风机选型见表 11-12，风机现场布置如图 11-5 所示。

表 11-12　斜井工区第二阶段风机选型

位置	风机供风量 /(m³/min)	系统风压 /Pa	风机型号	风管直径 /m	最大风量 /(m³/min)	最大风压 /Pa
右线进口	2 626	3 925	SDF-No14	1.5	4 116	6 860
右线出口	2 799	4 080	SDF-No14	1.6	4 116	6 860

图 11-5　斜井工区风机现场布置

3. 第三阶段既有通风方案

待右线出口方向贯通后，向右线进口方向继续掘进，从左线开始分别向进出口方向掘进，该阶段采用巷道式通风方案，如图 11-6 所示。在距斜井洞口 200 m 和 500 m 处各布置安装 1 台射流风机（30 kW），在距斜井底部 100 m 处布置安装 2 台轴流风机，其中 1 台轴流风机配置直径 1.5 m 的柔性风管向右线进口方向供风，另 1 台轴流风机配置直径 1.8 m 的柔性风管，同时向左线进出口两个方向供风，污浊风在射流风机的引流作用下从右线出口排出。右线进口方向最大通风距离 815 m，左线进口方向最大通风距离 958 m，左线出口方向最大通风距离 964 m，此阶段的风机供风量、系统风压和风机输入功率分别如表 11-13～表 11-15 所示。

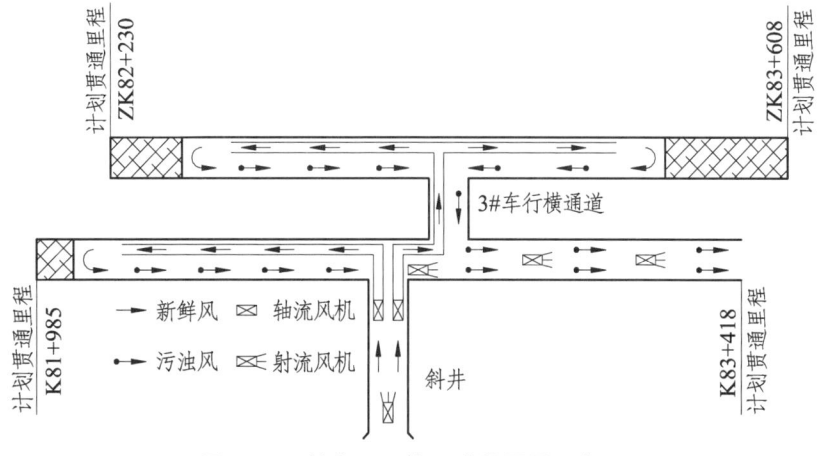

图 11-6　斜井工区第三阶段通风示意图

表 11-13　斜井工区第三阶段风机供风量

位置	最大通风距离/m	百米漏风率	漏风系数	风机供风量/（m³/min）
右线进口	815	1.5%	1.131	2 538
左线出口	958	1.5%	—	5 190
	964	1.5%	—	

表 11-14　斜井工区第三阶段系统风压　　　　　　　　　　　　　　　　　单位：Pa

位置	动压	摩擦阻力	局部阻力	系统风压
右线进口	289.07	2 532.75	278.77	3 101
左线进口	139.38	2 973.84	549.61	3 803

表 11-15　斜井工区第三阶段风机输入功率

位置	K	η_1	η_2	η_3	风机输入功率/kW
右线进口	1.4	0.95	0.95	0.95	215
左线进口	1.4	0.95	0.95	0.95	538

通过对金家庄特长隧道斜井工区第三阶段风机供风量、系统风压、风机输入功率的计算，对斜井工区第三阶段配置 1 台 SDF-No12.5（2×110 kW）轴流风机向右线进口方向供风，配置 1 台 SDF-No18（2×200 kW）超大功率轴流风机向左线进出口方向同时供风，但该风机仍难满足功率要求，风机选型见表 11-16。

表 11-16　斜井工区第三阶段风机选型

位置	风机供风量/（m³/min）	系统风压/Pa	风机型号	风管直径/m	最大风量/（m³/min）	最大风压/Pa
右线进口	2 538	3 101	SDF-No12.5	1.5	2 912	5 355
左线进口	5 190	3 803	SDF-No18	1.8	5 792	5 124

11.3　斜井工区通风方案优化

随着施工进度的推进，斜井工区的通风长度不断增加，在进入第二阶段施工过程后，隧道内出现粉尘积聚且难以排出的现象（图 11-7），不但严重拖慢了隧道工程进度，而且对现场工作人员的人身安全造成了极大的威胁。

图 11-7 洞内粉尘积聚难以排出

通过对斜井工区各风管出口风速进行现场实测（表 11-7，图 11-8），得到了风管流出的新鲜风风量远低于掌子面理论需风量这一重要结论，同时这也是导致掌子面粉尘积聚且难以排出的主要原因。通过对隧道内风管布置情况进行实地调查，分析金家庄特长隧道斜井工区施工通风的重点以及难点如下：

（1）斜井坡度大且为上坡，通风排尘难度较大；

（2）斜井断面小，难以满足为正洞供风的风管布置要求，无法布置多根风管独立控制各个掌子面的供风量；

（3）采用无轨运输，隧道内行驶车辆较多，排出的污染物较多，并且易导致风筒布破坏；

（4）斜井与正洞正交，风管需转角 90°进入主洞，并且为配合其他工序作业，风管在洞内多处发生弯折（图 11-9），风管布置不顺畅，导致通风效率损失较大；

（5）随着通风距离不断加长，风量沿程损失越来越大，通风效果较差。

表 11-17 风管出口风速风量现场实测

风管位置	风速实测值 /（m/s）	风量实测值 /（m³/min）	理论风速 /（m/s）	理论风量 /（m³/min）	是否满足要求
右线出口	4.67	496	21.17	2 244	不满足
右线进口	3.36	405	18.61	2 244	不满足

图 11-8 现场测试

图 11-9　风管多处发生弯折

11.3.1　斜井工区第二阶段通风方案优化

根据金家庄特长隧道实际情况，对既有施工通风方案进行优化改进，计划采用"隔离风道+风箱+压入式"通风方案。在斜井与隧道右线交叉位置（里程 K82+700）设置风箱，风箱距隧道底部 4 m，依据现场施工对隧道净空的要求，确定风箱高度 2.5 m，长度 20 m，宽度 10 m。同时在距斜井底部 4 m 位置利用钢板作一隔层，为斜井顶部隔离出一连通洞外与风箱的独立风道，并在距离斜井洞口 200 m 和 500 m 处分别布置 1 台射流风机（30 kW）为风箱进行供风。在风箱端部安装轴流风机并配备风管，即可向各个掌子面单独供风。

斜井开挖完成后，向右线进口方向掘进 300 m，向左线出口方向掘进至贯通，计划采用"隔离风道+风箱+压入式"通风方案，如图 11-10 所示。在风箱端部布置安装 2 台轴流风机，分别配备 1.5 m 的柔性风管向右线进出口方向供风。新鲜风通过隔离风道进入风箱，再由风箱端部的轴流风机输送至各个掌子面，污浊风从风箱和隔离风道下方排出，右线进口方向最大通风距离 300 m，右线出口方向最大通风距离 718 m，此阶段的风机供风量、系统风压和风机输入功率如表 11-18～表 11-20 所示。

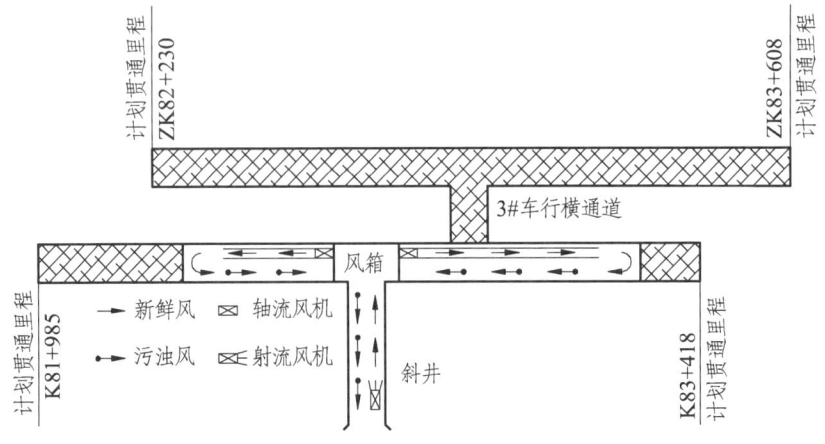

图 11-10　斜井工区第二阶段优化后通风示意图

表 11-18　斜井工区第二阶段优化后风机供风量

位置	最大通风距离/m	百米漏风率	漏风系数	风机供风量/（m³/min）
右线进口	300	1.5%	1.046	2 348
右线出口	718	1.5%	1.115	2 503

表 11-19　斜井工区第二阶段优化后系统风压　　　　　　　　单位：Pa

位置	动压	摩擦阻力	局部阻力	系统风压
右线进口	289.07	862.51	257.90	1 410
右线出口	289.07	2 200.54	174.93	2 665

表 11-20　斜井工区第二阶段优化后风机输入功率

位置	K	η_1	η_2	η_3	风机输入功率/kW
右线进口	1.4	0.95	0.95	0.95	91
右线出口	1.4	0.95	0.95	0.95	182

通过对金家庄特长隧道斜井工区第二阶段风机供风量、系统风压、风机输入功率进行计算，对斜井工区第二阶段配置 2 台 SDF-No12.5（2×110 kW）轴流风机分别向右线进出口方向供风。风机选型见表 11-21。

表 11-21　斜井工区第二阶段优化后风机选型

位置	风机供风量/（m³/min）	系统风压/Pa	风机型号	风管直径/m	最大风量/（m³/min）	最大风压/Pa
右线进口	2 348	1 410	SDF-No12.5	1.5	2 912	5 355
右线出口	2 503	2 665	SDF-No12.5	1.5	2 912	5 355

11.3.2　斜井工区第三阶段通风方案优化

待右线出口方向贯通后，向右线进口方向继续掘进，从左线开始分别向进出口方向掘进，计划采用"风箱+巷道式"通风方案，如图 11-11 所示。在风箱端部布置安装 3 台轴流风机，均配备 1.5 m 的柔性风管分别向右线进口方向、左线进口方向和左线出口方向供风。在斜井与右线交叉处设置风门，仅在行车或其他作业需要时开放，新鲜风通过斜井进入风箱，再由风箱端部的轴流风机输送至各个掌子面，污浊风流经风箱下方和横通道，并从右线出口方向排出。右线进口方向最大通风距离 715 m，左线进口方向最大通风距离 572 m，左线出口方向最大通风距离 864 m，此阶段的风机供风量、系统风压和风机输入功率如表 11-22～表 11-24 所示。

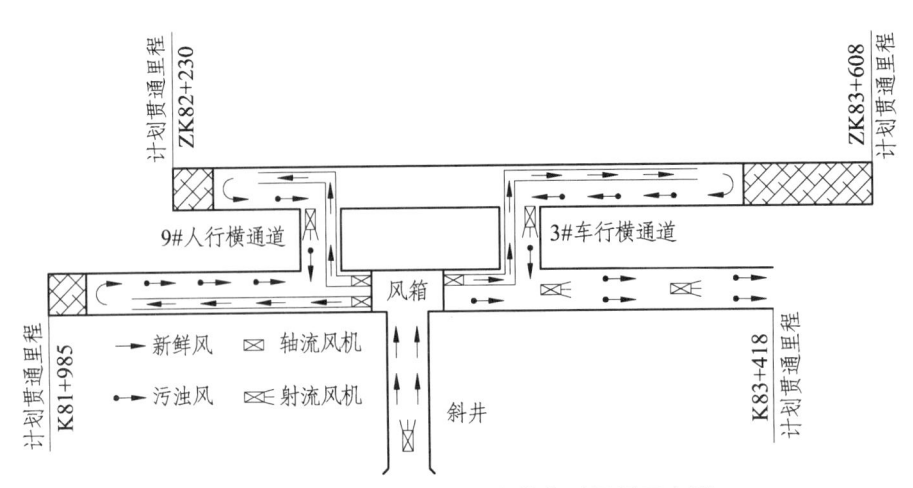

图 11-11 斜井工区第三阶段优化后通风示意图

表 11-22 斜井工区第三阶段优化后风机供风量

位置	最大通风距离/m	百米漏风率	漏风系数	风机供风量/（m³/min）
右线进口	715	1.5%	1.114	2 500
左线进口	572	1.5%	1.090	2 446
左线出口	864	1.5%	1.139	2 556

表 11-23 斜井工区第三阶段优化后系统风压　　单位：Pa

位置	动压	摩擦阻力	局部阻力	系统风压
右线进口	289.07	2 219.33	274.60	2 783
左线进口	289.07	1 713.15	268.67	2 271
左线出口	289.07	2 704.07	280.75	3 274

表 11-24 斜井工区第三阶段优化后风机输入功率

位置	K	η_1	η_2	η_3	风机输入功率/kW
右线进口	1.4	0.95	0.95	0.95	190
左线进口	1.4	0.95	0.95	0.95	152
左线出口	1.4	0.95	0.95	0.95	228

通过对金家庄特长隧道斜井工区第三阶段风机供风量、系统风压、风机输入功率进行计算，对斜井工区第三阶段配置 2 台 SDF-No12.5（2×110 kW）轴流风机向右线进口方向和左线进口方向供风，另配置 1 台 SDF-No13（2×132 kW）轴流风机向左线出口方向供风。风机选型见表 11-25。

表 11-25　斜井工区第三阶段优化后风机选型

位置	风机供风量/(m³/min)	系统风压/Pa	风机型号	风管直径/m	最大风量/(m³/min)	最大风压/Pa
右线进口	2 500	2 783	SDF-No12.5	1.5	2 912	5 355
左线进口	2 446	2 271	SDF-No12.5	1.5	2 912	5 355
左线出口	2 556	3 274	SDF-No13	1.5	3 300	5 920

11.3.3　优化前后通风方案对比

通过对金家庄特长隧道既有通风方案和优化后通风方案风机供风量、系统风压和风机输入功率的计算，优化后的通风方案具有以下优点：

（1）优化后的通风方案具有良好的经济性。斜井工区通风方案优化前后的风机配备以及风管长度见表 11-26 和表 11-27。

表 11-26　斜井工区第二阶段通风方案优化前后风机配备

通风方案	轴流风机/台 2×110 kW	轴流风机/台 2×160 kW	射流风机/台 30 kW	风管/m 1.5 m	风管/m 1.6 m
既有通风方案	—	2		1 041	1 459
优化后通风方案	2	—	2	1 018	

对于斜井工区第二阶段，既有通风方案需配备 2 台 SDF-No14（2×160 kW）大功率轴流风机，直径 1.5 m 柔性风管 1 041 m，直径 1.6 m 柔性风管 1 459 m；而优化后的通风方案，仅需配备 2 台 SDF-No12.5（2×110 kW）轴流风机，直径 1.5 m 柔性风管 1 018 m。

表 11-27　斜井工区第三阶段通风方案优化前后风机配备

通风方案	轴流风机/台 2×110 kW	轴流风机/台 2×132 kW	轴流风机/台 2×200 kW	射流风机/台 30 kW	风管/m 1.5 m	风管/m 1.8 m
既有通风方案	1	—	1	5	815	1 650
优化后通风方案	2	1	—	6	2 151	

对于斜井工区第三阶段，既有通风方案配备 1 台 SDF-No12.5（2×110 kW）轴流风机，1 台 SDF-No18（2×200 kW）超大功率轴流风机，直径 1.5 m 柔性风管 815 m，直径 1.8 m 柔性风管 1 650 m，依然无法满足左线各掌子面需风量要求；而优化后的通风方案仅需配备 2 台 SDF-No12.5（2×110 kW）轴流风机和 1 台 SDF-No13（2×132 kW）轴流风机，直径 1.5 m 柔性风管 2 151 m 即可满足各掌子面需风量要求。

综上所述，优化后的通风方案不仅减少了大功率和超大功率轴流风机的使用，节约了风管长度。同时，隔离风道和风箱的日常维护工作量较小，相比既有通风方案，大幅度节省了人工和维护费用。

（2）优化后的通风方案具有良好的适用性。能够保证每个工作面配置一台独立的风机为其供风，可以单独对各个工作面的风量进行有效调节，解决了洞内3个掌子面同时施工时，斜井断面无法安装3个风机单独向各工作面供风的问题，并且能够在满足斜井净空和交通运输最小空间的条件下，使进风断面最大化，减少了风管转弯次数，有效地降低了通风阻力，第二阶段将斜井上端隔离出风道作为进风道，第三阶段则将整个斜井作为进风道。

（3）优化后的通风方案具有一定便捷性。风箱底板及两端使用钢板焊接封闭，并采用工字钢进行加固和固定，施工成本较低，安装拆除容易，并可随着隧道掘进长度的加大而延长，具有良好的灵活性。在隧道完全贯通后，风箱可直接拆除，不会对隧道净空尺寸和交通行车造成影响。

11.4 斜井工区隧道风仓+风管通风特性分析

对于长大曲线隧道通风，不仅要考虑曲线隧道通风阻力的增加，还要考虑长大隧道的通风接续以及多工作面的分风。

王峰等对曲线隧道通风沿程阻力损失进行了深入研究，并首次提出计算方法。夏正年和李治强等提出曲线隧道施工通风采用串联风机的压入式通风方案。豆小天等以西秦岭隧道斜井工区施工通风为依托，从方案比选、效果监测等方面阐述了斜井通风技术，分析了风仓方案的通风效果。李秀春等和陈海峰等对风仓内风流场进行数值模拟，研究不同风仓参数对风机效率的影响。周水强针对压入式及风仓式通风洞内的CO浓度分布进行数值模拟，研究表明风仓式通风能大幅度延长通风距离。刘国平针对引汉济渭秦岭隧洞施工通风，研究了小风室通风方案的可行性，并通过现场检测验证其效果。张恒等对特长隧道风仓接力通风关键参数及其效果进行了研究，表明在正洞与斜井交叉部位设置密封的风仓，形成接力通风，能大幅度延长通风距离，提高通风效率，改善洞内空气质量。

对于金家庄螺旋隧道斜井工区，可选的通风方式包括：风管式通风、风管+风箱式通风、隔离风道+风管式通风。对于采用隔离风道+风管式通风已经进行了专门的分析，下面针对风管式通风、风管+风箱式通风进行分析。

11.4.1 计算模型与工况拟定

"风仓+风管"组合式通风布置如图11-12所示，计算模型见图11-13。为研究风仓与风管通风的差异，取风管的直径为1.5 m，风仓设置在斜井与主隧道交叉点的主隧道顶部，其尺寸为20 m×9.5 m×2.5 m（长×宽×高）。

为了对比风管设置位置、风仓与风管通风效果的差异以及风仓中部设置隔板对通风分风量的影响，拟定6种工况进行分析，如表11-28所示。

计算中采用在斜井入口处设置单风机供风，风机风压为3 000 Pa。

(a)"外侧风管"通风布置

(b)"内侧风管"通风布置

(c)"外侧左右风管"通风布置

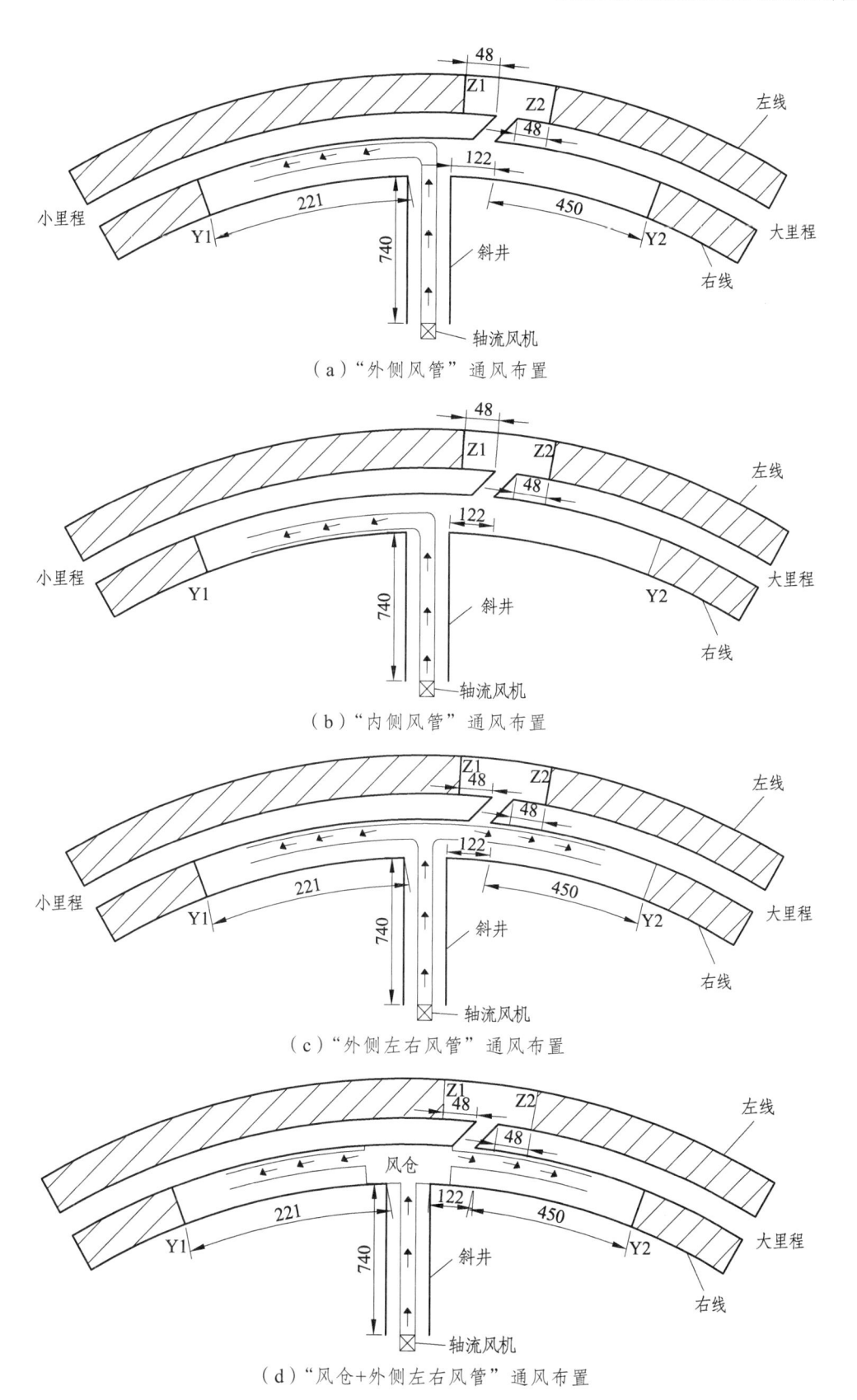

(d)"风仓+外侧左右风管"通风布置

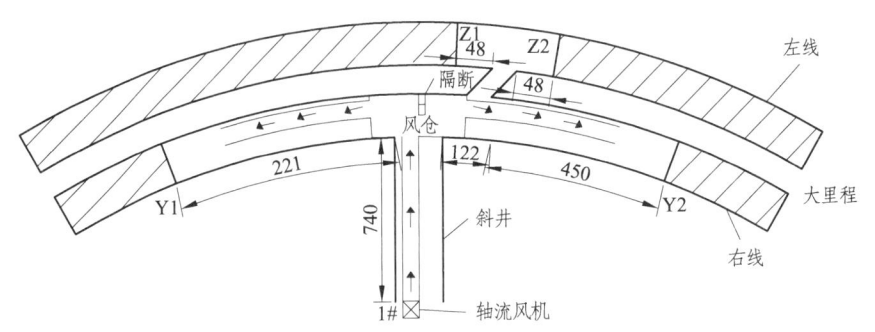

（e）"风仓+外侧左右风管"+风仓隔板通风布置

图 11-12 风管、风仓特性分析工况布置

图 11-13 整体计算模型

表 11-28 各工况总风量及两侧风量汇总

工况	通风方式	风管布置位置	供风工作面个数
Ⅰ	风管通风	曲线隧道外侧	1
Ⅱ	风管通风	曲线隧道内侧	1
Ⅲ	风管通风	曲线隧道外侧	2
Ⅳ	风仓与风管组合通风	曲线隧道外侧	2
Ⅴ	风仓中部设短隔板与风管组合通风	曲线隧道外侧	2
Ⅵ	风仓中部设长隔板与风管组合通风	曲线隧道外侧	2

11.4.2 计算结果及风量曲线

计算结果如图 11-14～图 11-20 及表 11-29 所示。

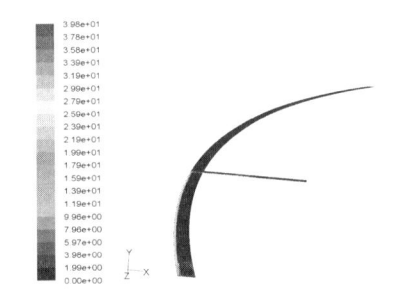

（a）"外侧风管"通风流场风速云图 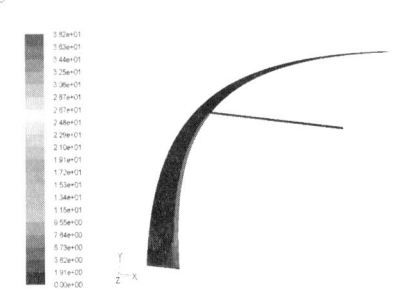　　（b）"内侧风管"通风流场风速云图

(c)"外侧左右风管"通风流场风速云图  (d)"风仓+左右风管"通风流场风速云图

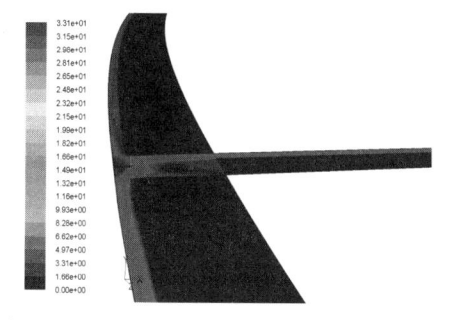

(e)"风仓短隔板+左右风管"通风流场风速云图 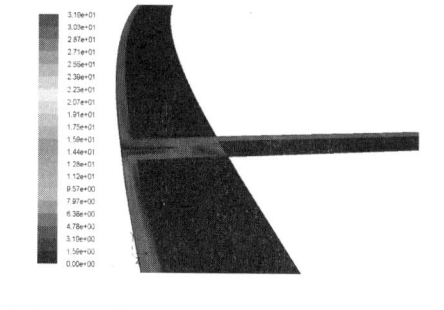 (f)"风仓长隔板+左右风管"通风流场风速云图

图 11-14　风管、风仓设置各工况通风流场风速云图（单位：m/s）

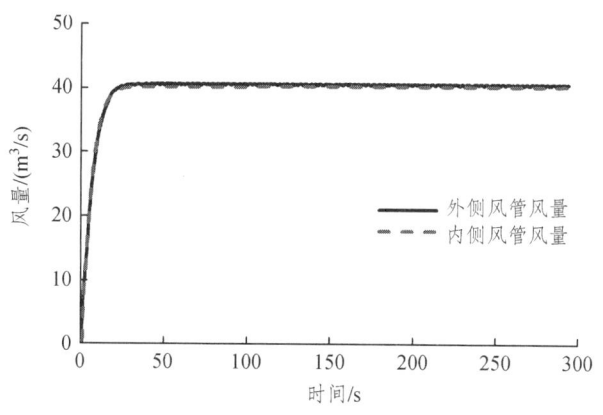

图 11-15　风管内外布置对风量影响对比

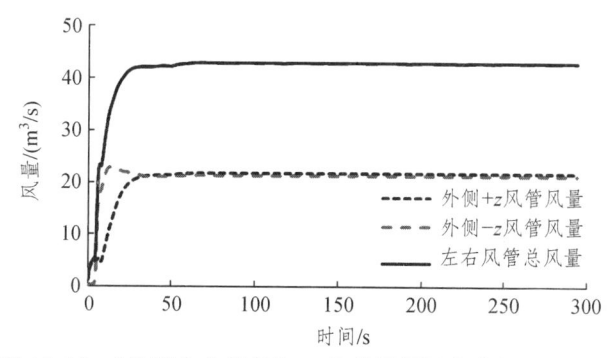

图 11-16　"外侧左右风管"工况总风量及左右侧风量曲线

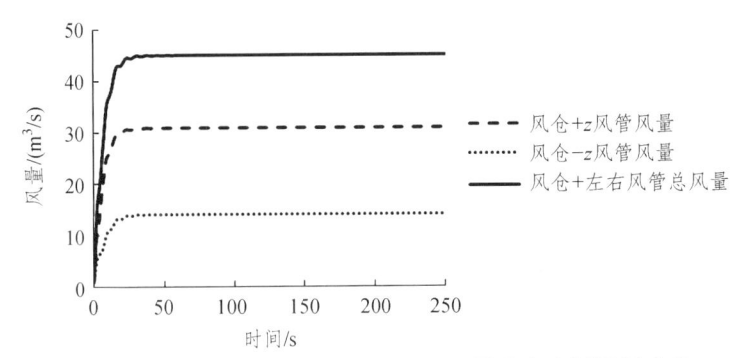

图 11-17 "风仓+左右风管"工况总风量及左右侧风量曲线

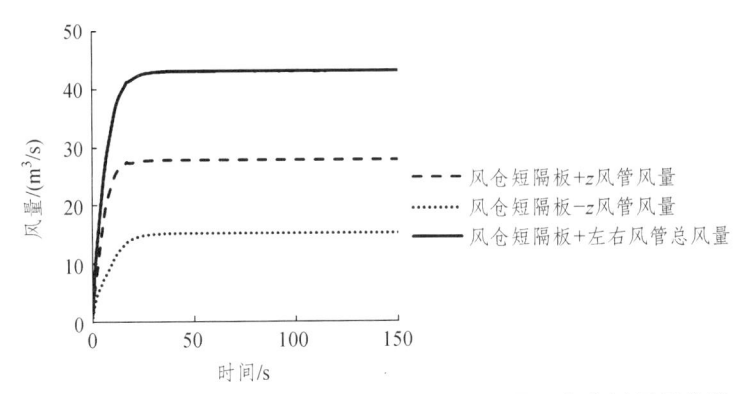

图 11-18 "风仓短隔板+左右风管"工况总风量及左右侧风量曲线

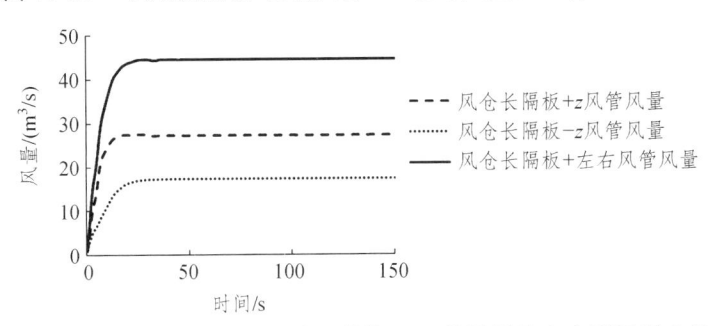

图 11-19 "风仓长隔板+左右风管"工况总风量及左右侧风量曲线

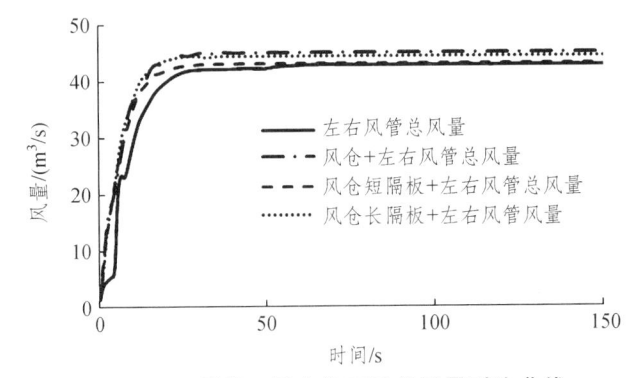

图 11-20 风管、风仓各工况总风量对比曲线

表 11-29　各工况总风量及两侧风量汇总　　　　　　　　　　　单位：m³/s

工况	风管+z 侧风量	风管-z 侧风量	总风量
Ⅰ-外侧风管	40.6	—	40.6
Ⅱ-内侧风管	40.3	—	40.3
Ⅲ-外侧左右风管	21.7	21.2	42.9
Ⅳ-风仓+左右风管	31.0	14.1	45.1
Ⅴ-风仓短隔板+左右风管	27.9	15.2	43.1
Ⅵ-风仓长隔板+左右风管	27.2	17.3	44.5

11.4.3　计算结果分析

从各工况计算得到的风量计算结果可以看出：

（1）金家庄螺旋隧道斜井工区，风管设置于隧道内侧或外侧对风量的影响很小，可以根据需要选择设置位置。

（2）在为左右两侧工作面供风情况下，"风仓+风管组合"的通风方式比仅设置风管的通风方式风量有所增加，但是增加的风量较小。

（3）在风仓内设置隔板比不设置隔板的情况下，风量有所降低，设置长隔板的总风量比设短隔板的风量略大，说明适当加长隔板长度对于减小局部阻力损失是有利的。

（4）在为左右两侧工作面供风情况下，设置风管的通风方式左右两侧的风量比较均衡，而"风仓+风管组合"的通风方式由于两侧隧道长度差异，使左右两侧的风量分配也有较大差异。

（5）在"风仓+风管组合"的通风方式中，可以通过调节风仓中隔板的长度，合理分配风量。

11.5　斜井工区隧道风仓+风管通风模型试验

下面将采用模型试验方法，对风仓与风管通风的特性开展试验研究。

11.5.1　试验模型的尺寸确定

结合工况-Ⅲ（"外侧左右风管"通风）与工况-Ⅳ（"风仓 + 外侧左右风管"通风）布置，通过模型试验方法，测试其通风效果。

根据前面的相似理论，取相似比为 1∶38，确定出模型试验区域的尺寸，如图 11-21 所示。

(a) 压入式风管通风

(b) 压入式风仓+风管通风

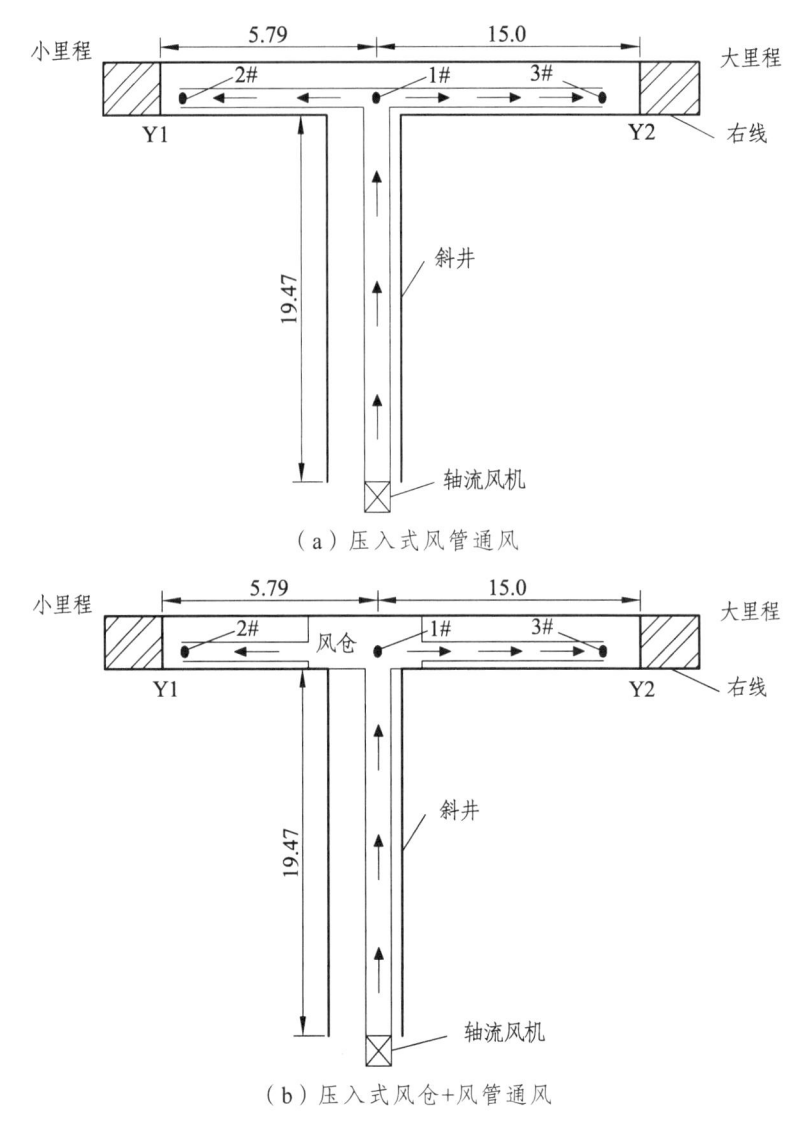

图 11-21 模型试验区域尺寸示意图（单位：m）

实际工程中，主隧道的截面面积为 90.9 m²，斜井隧道的截面面积为 40.4 m²，根据相似比可以得出模型试验中所采用的主隧道的截面面积为 0.063 m² 及斜井隧道的截面面积为 0.028 m²。模型隧道的截面均采用正方形，于是得到主隧道模型的尺寸为 25 cm×25 cm，斜井隧道模型的尺寸为 16.7 cm×16.7 cm。

11.5.2 试验模型的加工及设备选取

实际工程中，隧道风管的直径 $D=1.5$ m，模型试验中用 PVC 管进行替代。根据相似比，得出 PVC 管的内径 $D_s=4$ cm。参考数值计算中，风仓的尺寸为 20 m×9.5 m×2.5 m（长×宽×高），模型试验中风仓的尺寸为 53 cm×25 cm×6.6 cm（长×宽×高）。

隧道采用有机玻璃加工，隧道试验模型如图 11-22 所示。

（a）斜井段隧道及风管模型 　　（b）主隧道及风管模型

（c）斜井段隧道及主隧道整体模型

图 11-22　隧道及斜井试验模型

试验中的风机采用 CZ550 型离心风机，标定通风风量 Q = 960 m³/h = 16 m³/min，能够满足模型试验通风需风量要求。

风速测试采用 TSI 公司的风速传感器，风速测试范围为 0～60 m/s。

试验中采用日本图技公司的 GRAPHTEC 900 数据采集仪进行风速曲线的采集记录，各设备如图 11-23 所示。

（a）CZ550 离心风机 　　（b）GRAPHTEC 900 数据采集仪

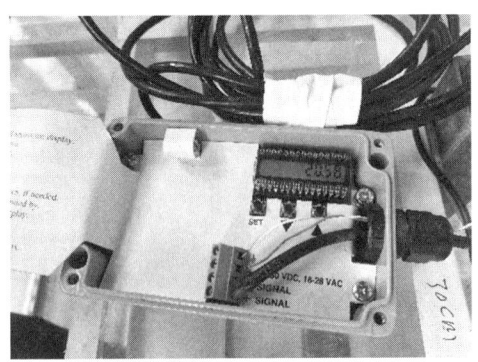

（c）TSI 风速采集仪　　　　　　　　（d）设备连接及数据采集

图 11-23　模型试验设备

11.5.3　试验测试及结果分析

本节测试在保持斜井隧道段的风机风量一致的情况下，风仓通风与风管通风的差异。测试得到两种工况下各个监测点的风速及风量情况如表 11-30 所示，风速曲线如图 11-24、图 11-25 所示。

表 11-30　各工况测点风速及累计通风量汇总

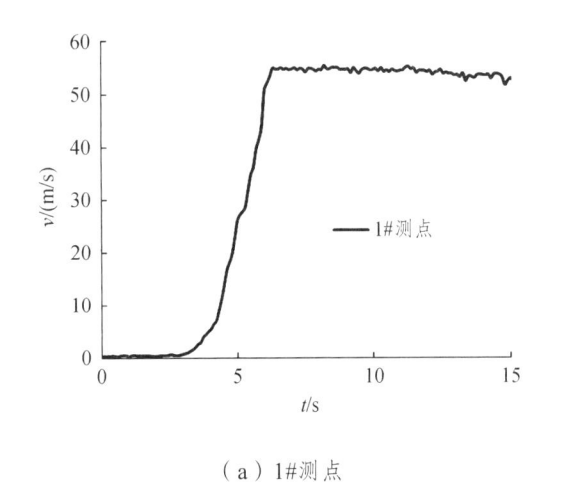

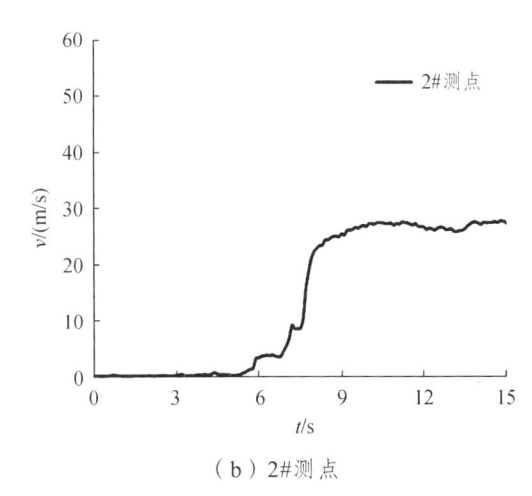

工况	1#测点 风速/(m/s)	1#测点 风量/(m³/s)	2#测点 风速/(m/s)	2#测点 风量/(m³/s)	3#测点 风速/(m/s)	3#测点 风量/(m³/s)
Ⅰ-风管通风	55	0.069	27.4	0.034	25.5	0.032
Ⅱ-风管+风仓通风	55	0.069	36.2	0.045	17.5	0.022

（a）1#测点　　　　　　　　（b）2#测点

（c）3#测点

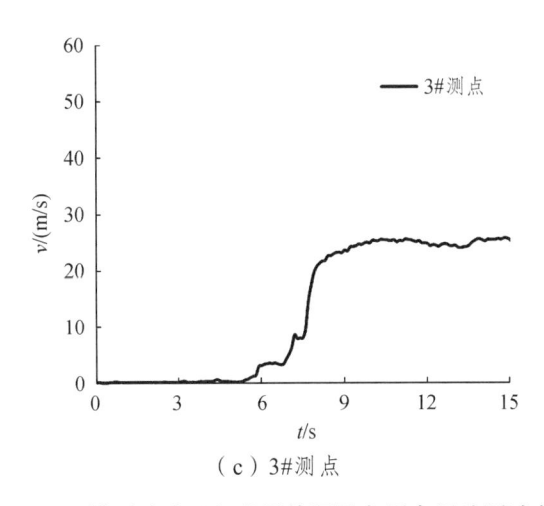

图 11-24 模型试验压入式风管通风各测点风速测试曲线

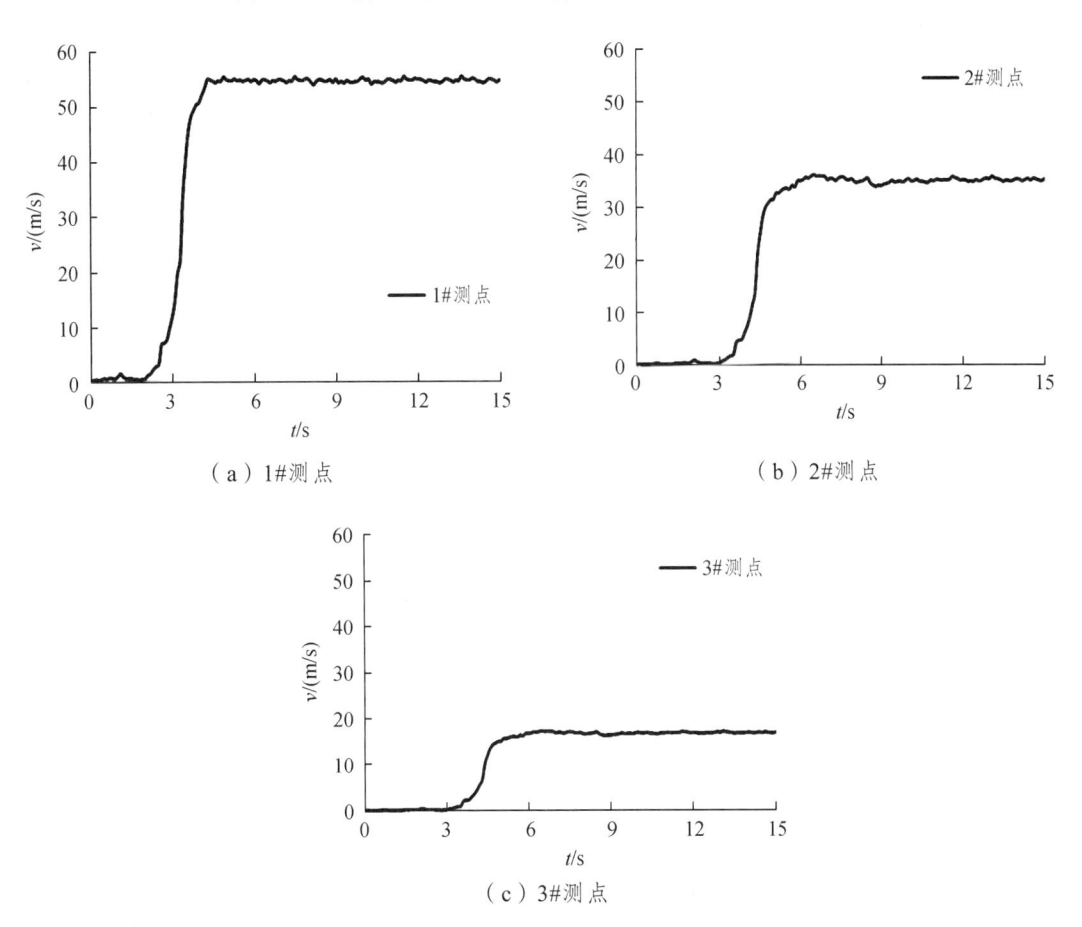

（a）1#测点

（b）2#测点

（c）3#测点

图 11-25 模型试验压入式风管+风箱通风各测点风速测试曲线

11.5.4 试验结果分析

采用风管通风与风管+风仓通风情况下，模型试验与数值计算的两侧工作面分风的比率对比如表 11-31 所示。

表 11-31 各工况测点风速及累计通风量汇总

工况		2#测点 风量/（m³/s）	3#测点 风量/（m³/s）	两侧风量比
Ⅰ-风管通风	模型试验	0.034	0.032	1.06
	数值计算	21.7	21.2	1.02
Ⅱ-风管+风仓通风	模型试验	0.045	0.022	2.05
	数值计算	31.0	14.1	2.20

通过风管通风与风管+风仓通风方式的模型试验结果可以看出：

（1）模型试验中的风速大于相似理论分析要求的最小风速 11.9 m/s，通风流场处于自模区范围内。

（2）模型试验中的主风管的风量与两侧分风管风量的总和略有差异，说明加工的试验模型存在一定的漏风现象，但漏风量<5%，对试验测试结果影响较小。

（3）模型试验得到的两侧风量的比率与数值计算所得结果基本一致，实现了相互印证，说明所得到的风管、风仓的通风特性研究的结论是可信的。

11.6 金家庄特长隧道斜井工区通风数值模拟

隧道在采用钻爆法施工时，爆破完成后会在掌子面附近区域产生一氧化碳（CO）、二氧化碳（CO_2）、二氧化氮（NO_2）等有毒有害气体，而这些气体将对施工作业人员的生命安全造成极大威胁。因此，如何快速有效地引入新鲜风稀释并排出隧道内的有毒有害气体是隧道施工通风的重要环节。本章将针对金家庄特长隧道斜井工区第二阶段和第三阶段，利用 FLUENT 流体计算软件进行三维数值模拟，研究分析爆破产生的一氧化碳（CO）在隧道内部的运移扩散规律。

11.6.1 通风理论计算

1. 需风量与供风量计算

由第 9.3 节中计算公式可计算主洞掌子面需风量与风机供风量。

（1）主洞需风量。

① 按洞内最多施工人数计算需风量。

$$Q_1 = k \times m \times q = 1.15 \times 120 \times 3.0 = 414 \, \text{m}^3/\text{min}$$

② 按爆破排烟计算需风量。

$$Q_3 = \frac{7.8}{t} \times \sqrt[3]{G(SL)^2} = \frac{7.8}{30} \times \sqrt[3]{434 \times (120.46 \times 102)^2} = 1048 \, \text{m}^3/\text{min}$$

③ 按稀释内燃机排放尾气计算需风量。

$$Q_3 = k \times g \times \sum(N_i) = 0.6 \times 4 \times 935 = 2244 \, \text{m}^3/\text{min}$$

④ 按洞内最低允许风速计算需风量。

$$Q_4 = 60 \times v \times S = 60 \times 0.15 \times 120.46 = 1084 \, \text{m}^3/\text{min}$$

$$Q_{需} = \max(Q_1, Q_2, Q_3, Q_4) = 2244 \, \text{m}^3/\text{min}$$

（2）主洞供风量。

采用风管压入式通风时，风管百米漏风率 β 取 1.5%，代入不同通风阶段主洞开挖长度 L，即可计算相应阶段各掌子面的供风量：

$$Q_{供} = (1-\beta)^{-\frac{L}{100}} \times Q_{需} = (1-0.015)^{-\frac{L}{100}} \times 2244$$

采用风仓与隔板风道组合式通风，风道漏风量由施作效果决定，目前研究对其取值暂时没有统一规定，这里将其视作密封，即不考虑风道漏风量，后续可根据研究对其进行修正，风管段仍按上述方法计算。

2. 掌子面爆破炮烟计算

（1）炮烟抛掷长度计算。

隧道掌子面爆破后，炮烟抛掷长度计算公式为：

$$L = 15 + G/5 \tag{11-6}$$

式中：L——炮烟抛掷长度；

G——爆破炸药用量，本隧道取 400 kg。

计算可得掌子面炮烟抛掷长度为 95 m。

（2）炮烟浓度计算。

隧道掌子面爆破后，CO 初始浓度计算公式为：

$$c = Gb/LA \tag{11-7}$$

式中：c——CO 初始体积浓度；

G——爆破炸药用量，本隧道取 400 kg；

b——每千克炸药爆炸所产生的有害气体，取 0.04；

L——炮烟抛掷长度；

A——隧道开挖断面面积，本隧道取 120.46 m²。

计算得到掌子面 CO 初始体积浓度为 1 398 mg/L，为便于软件计算，换算可得 CO 初始摩尔浓度为 1 446 mg/L。规范中规定 CO 体积浓度控制标准为 24 mg/L，换算为摩尔浓度差异性较小，因此不再单独换算。

11.6.2 既有通风方案与优化方案

1. 第一阶段通风

将右线隧道开挖作为第一阶段通风，此阶段最大开挖里程和既有通风方案如图 11-26 所示，在距斜井洞口 30 m 处设置两台 SDF（D）-No13 型轴流风机，风机工作风压为 0~5 800 Pa。轴流风机外接直径为 1.5 m 的柔性风管，分别向右线进口和出口掌子面压入新鲜风，污浊风由斜井排出。由于斜井较长，此方案风管送风距离长，风阻沿程损失较大，因此考虑对其进行优化。

第一阶段优化通风方案如图 11-27 所示，采用风仓与隔板风道组合式通风，即斜井上部空间隔出一定面积作为进风道，并在右线与斜井交叉位置的隧道中修建风仓，新鲜风由斜井风道进入风仓，再通过风仓内部风机和外接风管送到右线进出口掌子面，污浊风由斜井底部空间排出。此方案采用大断面风道送风，减少风管送风距离，减少风压损失，并且可调整风仓风机开关和档位，灵活向掌子面送风。

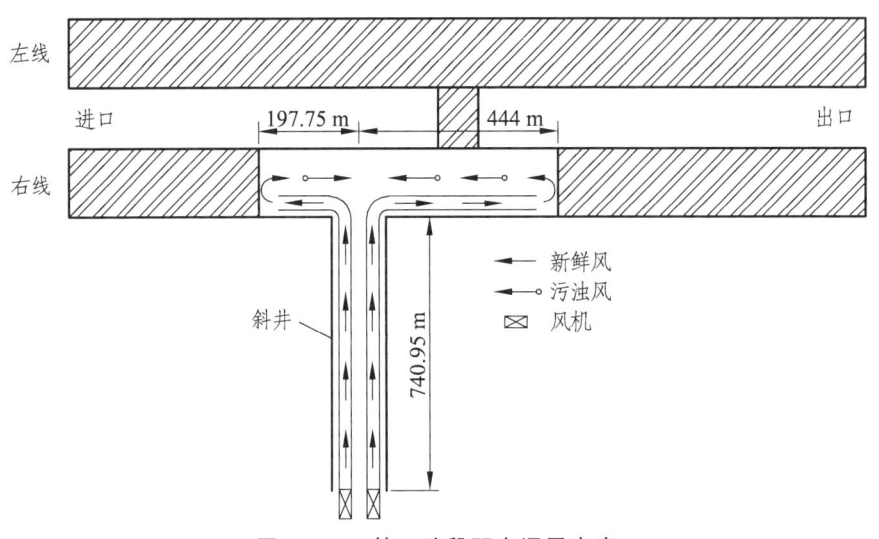

图 11-26 第一阶段既有通风方案

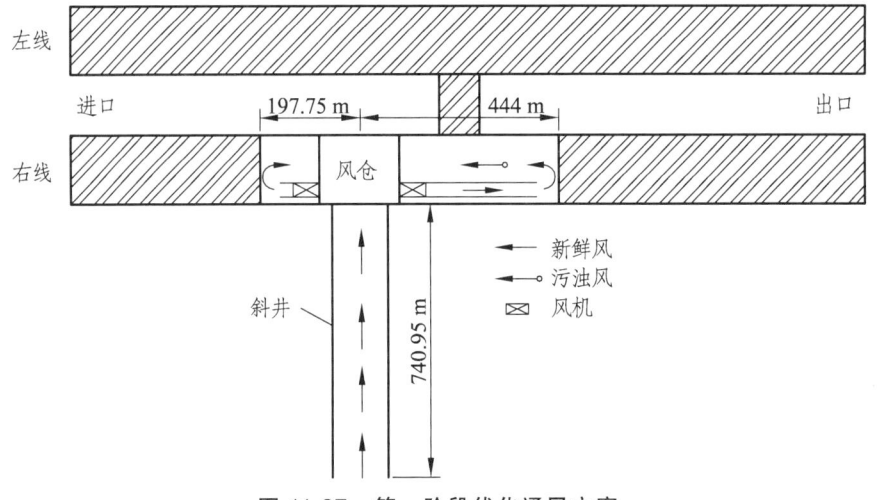

图 11-27 第一阶段优化通风方案

2. 第二阶段通风

将左右线隧道同时开挖作为第二阶段通风，此阶段最大开挖里程和既有通风方案如图11-28所示。斜井洞口配置两台轴流风机，受风机供风量限制，每台风机仅能对单个掌子面供风。一台风机向右线进口掌子面供风，与第一阶段类似；通过调节风管阀门，另一台风机可向右线出口或左线进口或出口掌子面供风，污浊风由斜井排出。此通风方案最多仅能满足两个掌子面同时施工，并且存在风管沿程风压损失大等缺点。

第二阶段优化通风方案如图11-29所示，仍采用风仓与隔板风道组合式通风。新鲜风由斜井上部空间的风道进入，并由风仓风机送至掌子面，污浊风由斜井下部空间排出。优化方案利用风仓储风-分风的优势，在风仓中增加一台风机，最多可满足三个掌子面同时施工，加快施工进度。

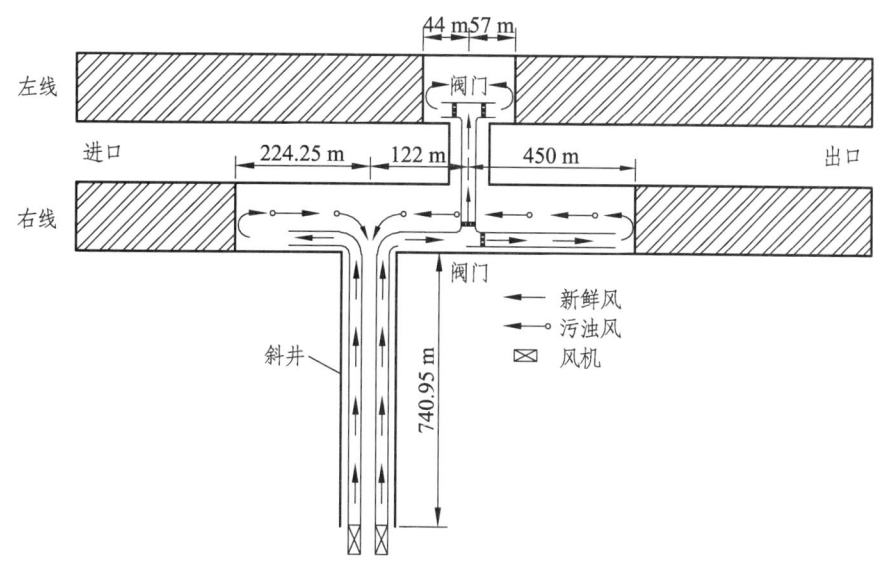

图 11-28 第二阶段既有通风方案

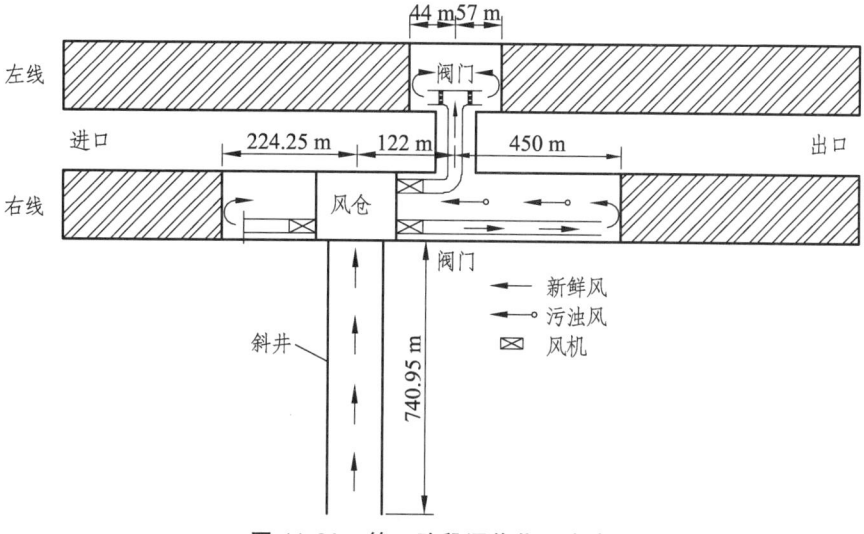

图 11-29 第二阶段通优化风方案

3. 第三阶段通风

将右线出口方向隧道贯通作为第三阶段通风，此阶段最大开挖里程和既有通风方案如图 11-30 所示。考虑到从斜井洞口至各掌子面送风距离较长，风压损失较大，而右线出口方向隧道已经贯通，利用贯通的隧道作为进风道，向各掌子面送风，从而减小风阻。此阶段既有通风方案为：将两台轴流风机布置在右线出口方向的隧道内，与横通道距离 50 m，一台风机向右线进口掌子面供风，另一台风机向左线进口或出口掌子面供风，污浊风由斜井排出。此方案虽充分利用已贯通隧道作为风道，减小风阻，但将风机设置在洞内，风机进风口由于具有较大负压，可能倒吸掌子面压出的污染气体，出现污染气体回流，导致污染气体在洞内难以排出。

第三阶段优化通风方案如图 11-31 所示，仍采用风仓与隔板风道组合式通风。新鲜风由斜井上部风道进入并送至掌子面，污浊风由斜井下部空间和右线出口排出，既减小通风阻力，又能保证新鲜风与污浊风有效分离，各行其道，避免污染气体回流。

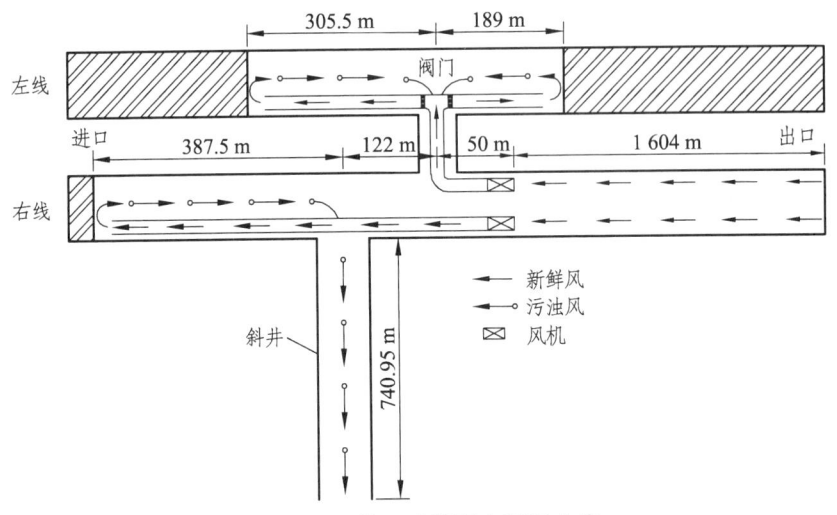

图 11-30　第三阶段既有通风方案

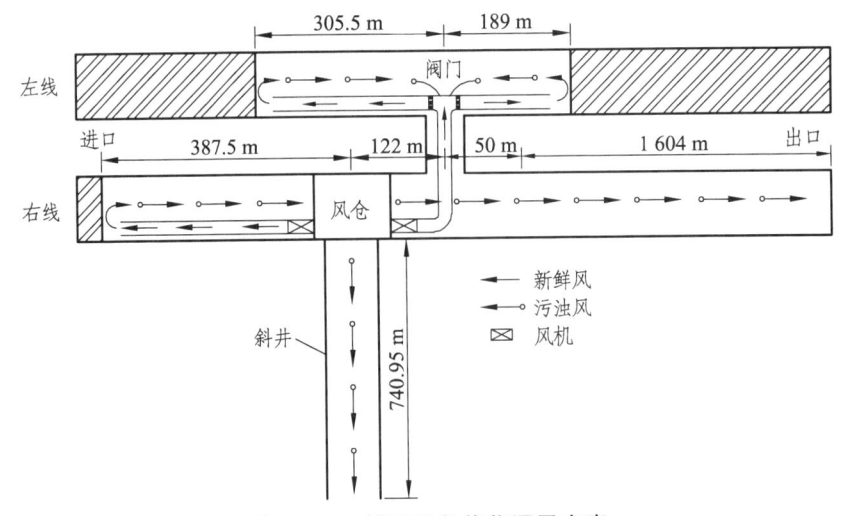

图 11-31　第三阶段优化通风方案

11.6.3 通风方案数值模拟

1. 第一阶段通风数值模拟

（1）计算模型及工况拟定。

如图 11-32 所示，采用流体计算前处理软件 GAMBIT，将"风机-风管-隧道"整个系统流体区域作为计算对象，建立 1∶1 三维通风模型。其中，图 11-32（a）为整体模型，根据第一阶段开挖进尺建立，考虑到斜井洞口边界效应影响，建立 55 m×47 m×25 m（长×宽×高）的空气域，既有方案与优化方案整体模型相似，不再单独列出。图 11-32（b）和（c）分别为既有方案斜井洞口、斜井与右线交叉处模型图。图 11-32（d）和（e）分别为优化方案斜井洞口、斜井与右线交叉处模型图，数值模型参数如表 11-32 所示，风道隔板高度取 4 m，为简化计算，设风仓关于斜井对称布置，长度取 10 m，风仓底部高度取 4 m，风仓风机采用曲线内侧轴线布置。考虑到计算准确性、时长等因素，模型大部分采用六面体和楔形划分，风仓附近区域采用四面体划分，并对风仓、掌子面区域进行局部网格加密。

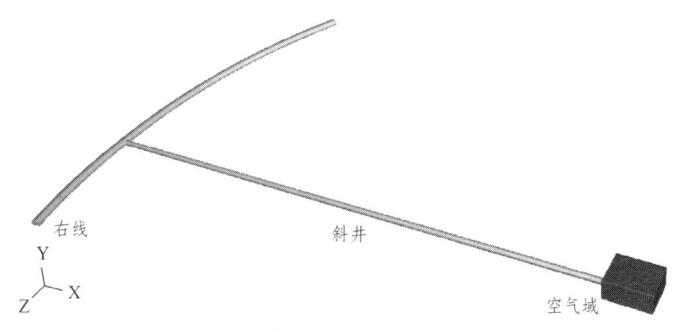

（a）整体模型

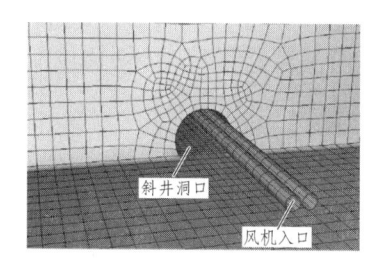

（b）既有通风方案斜井洞口

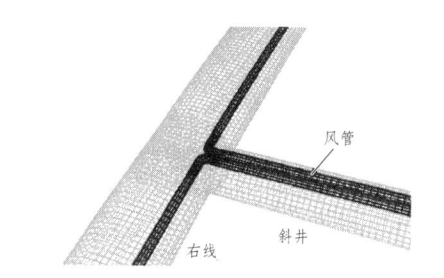

（c）既有通风方案斜井与右线交叉位置

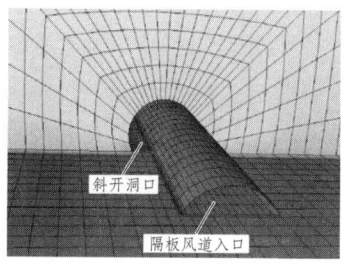

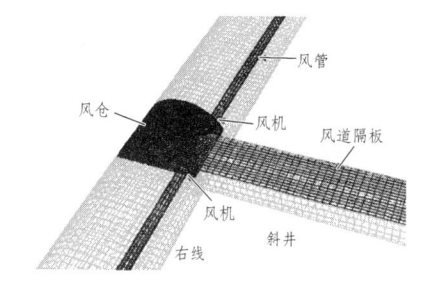

（d）优化通风方案斜井洞口

（e）优化通风方案斜井与右线交叉位置

图 11-32 第一阶段通风数值模型

表 11-32　数值模型参数

通风参数	隔板高度/m	风仓底板高度/m	风仓长度/m	风机布置方式
数值模型设置	4	4	10	曲线内侧轴线布置

将模型导入流体计算软件 FLUENT 进行参数设置及求解。边界条件及参数设置如下：

① 壁面边界。

主线隧道、斜井、风道隔板、风仓以及风管侧壁均采用无滑移壁面 Wall，粗糙高度分别设置为 0.2 m、0.2 m、0.05 m、0.001 m 和 0.001 m。

② 风机入口。

风机入口设置为风扇边界 Fan，压力阶跃（pressure jump）根据轴流风机实际工作时的风压值设定。

③ 空气域。

隧道洞口空气域设置为压力出口边界（pressure outlet），设置其相对气压值为 0，模拟压力远场状态。

计算时仅考虑单个掌子面施工，通过比较两种方案在不同风机风压（0~6 000 Pa）条件下的风管风量结果，比较方案优劣。多个掌子面同时施工时，对风量值影响较小，可将单个掌子面计算结果进行叠加，因此不再单独研究。

（2）计算结果分析。

第一阶段既有方案与优化方案风机风压-风量曲线如图 11-33 所示。

图 11-33（a）为右线进口方向通风计算结果，虚线为供风量要求值。由于既有方案采用传统风管压入式通风，风管距离较长，漏风量更多，供风量要求值更大，而优化方案采用风仓与隔板风道组合式通风，斜井取消了风管压入，采用风道送风，漏风量减小，因此供风量要求值较既有方案小，既有方案与优化方案供风量要求值分别为 2 586 m^3/min 与 2 312 m^3/min。实线为风机在不同风压下的风量结果。随着风压从 1 000 Pa 增加至 6 000 Pa，既有方案风机风量由 1 035 m^3/min 增加至 2 473 m^3/min，增量为 1 438 m^3/min，优化方案由 1 837 m^3/min 增加至 4 490 m^3/min，增量为 2 653 m^3/min，后者增量更大。现场采用 SDF（D）-No13 型轴流风机，实际工作风压为 0~5 800 Pa，采用既有通风方案，虚线与实线不相交，即无法满足供风量要求，而采用优化方案，则能满足要求。

图 11-33（b）为右线出口方向通风计算结果。既有方案与优化方案供风量要求值分别为 2 684 m^3/min 与 2 400 m^3/min。随着风压从 1 000 Pa 增加至 6 000 Pa，既有方案风机风量由 942 m^3/min 增加至 2 242 m^3/min，增量为 1 300 m^3/min，优化方案由 1 419 m^3/min 增加至 3 448 m^3/min，增量为 2 029 m^3/min。同理可得，风机工作风压范围内，既有通风方案无法满足供风量要求，优化方案则能满足要求。

(a) 右线进口方向

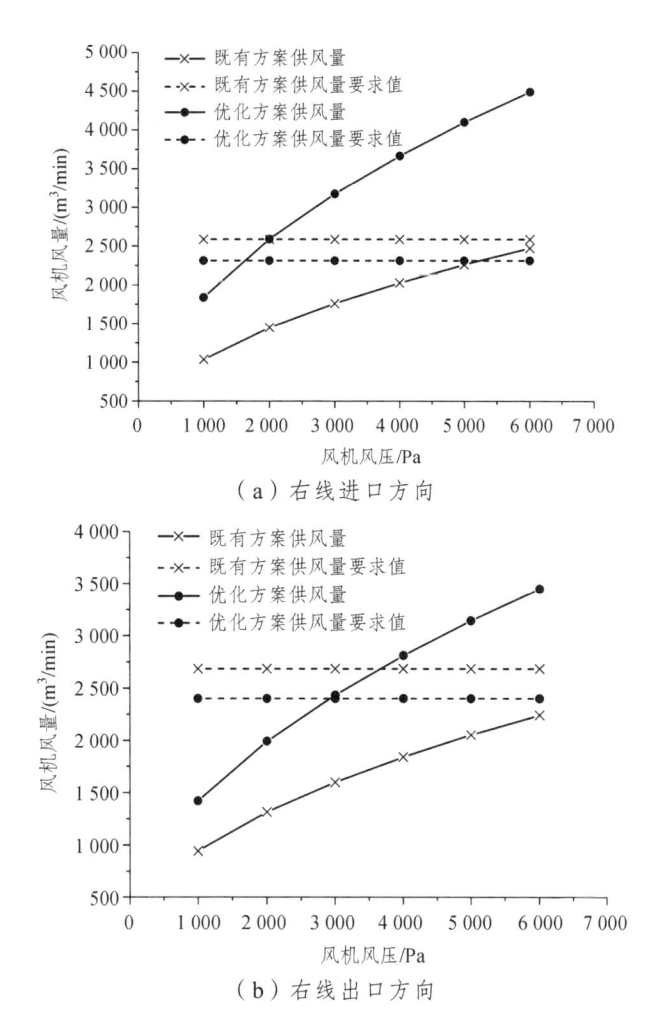

(b) 右线出口方向

图 11-33 第一阶段既有方案与优化方案风机风压-风量曲线

进一步计算可得，既有方案最大风量工况和优化方案满足供风量要求工况下，风机相关工作参数，如表 11-33 所示。采用既有方案，即使风机达到最大风压 5 800 Pa，仍不能满足供风量要求，而采用优化方案，右线进口和出口方向对应风机风压分别为 1 700 Pa 和 3 000 Pa，可满足要求，并且较既有方案能大幅度降低风机总功率，具有改善通风效果、降低能耗的优势。

表 11-33 第一阶段既有方案与优化方案数值计算对比

方案	掌子面	需风量/(m³/min)	风机参数					
			风机风压/Pa	供风量要求值/(m³/min)	供风量计算值/(m³/min)	是否满足要求	功率/kW	总功率/kW
既有方案	右线进口	2 244	5 800	2 586	2 432	不满足	235	448
	右线出口		5 800	2 684	2 205	不满足	213	
优化方案	右线进口		1 700	2 312	2 389	满足	68	190
	右线出口		3 000	2 400	2 434	满足	122	

2. 第二阶段通风数值模拟

（1）计算模型及工况拟定。

如图 11-34 所示，采用流体计算前处理软件 GAMBIT，将"风机-风管-隧道"整个系统流体区域作为计算对象，建立 1∶1 三维通风模型。其中，图 11-34（a）为整体模型，根据第二阶段开挖进尺建立，考虑到斜井洞口边界效应影响，建立 55 m × 47 m × 25 m（长 × 宽 × 高）的空气域，既有方案与优化方案整体模型相似，不再单独列出。图 11-34（b）和（c）分别为既有方案与优化方案斜井与右线交叉处模型图。数值模型参数如表 11-34 所示，风道隔板高度取 4 m，风仓关于斜井对称，长度取 10 m，风仓底部高度取 4 m。考虑到计算准确性、时长等因素，模型大部分采用六面体和楔形划分，风仓附近区域采用四面体划分，并对风仓、掌子面区域进行局部网格加密。

将模型导入流体计算软件 FLUENT 进行参数设置及求解。边界条件及参数设置同 11.4.1 节所述。

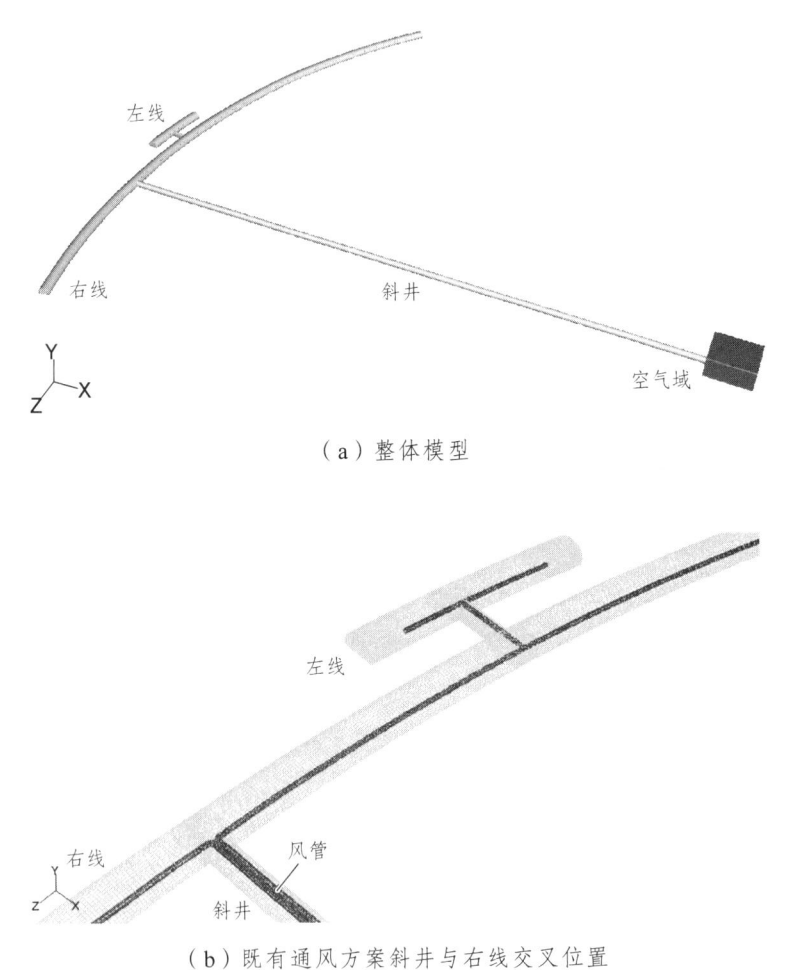

（a）整体模型

（b）既有通风方案斜井与右线交叉位置

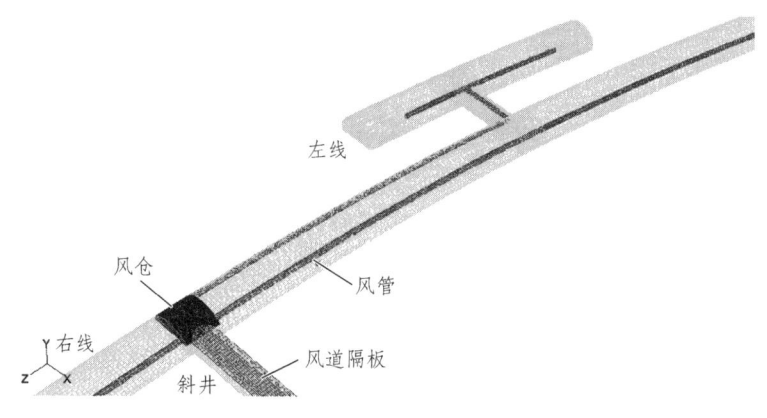

（c）优化通风方案斜井与右线交叉位置

图 11-34　第二阶段通风数值模型

表 11-34　数值模型参数

通风参数	隔板高度/m	风仓底板高度/m	风仓长度/m	风机布置方式
数值模型设置	4	4	10	曲线内侧轴线布置

（2）计算结果分析。

第二阶段既有方案与优化方案风机风压-风量曲线如图 11-35 所示。

图 11-35（a）为左线进口方向通风计算结果。虚线为供风量要求值，既有方案与优化方案供风量要求值分别为 2 585 m³/min 与 2 311 m³/min。实线为风机在不同风压下的风量结果，随着风压从 1 000 Pa 增加至 6 000 Pa，既有方案风机风量由 965 m³/min 增加至 2 313 m³/min，增量为 1 348 m³/min，优化方案由 1 663 m³/min 增加至 4 063 m³/min，增量为 2 400 m³/min。风机工作风压范围内，既有通风方案无法满足供风量要求，优化方案则能满足要求。

图 11-35（b）为左线出口方向通风计算结果。既有方案与优化方案供风量要求值分别为 2 590 m³/min 与 2 316 m³/min。随着风压从 1 000 Pa 增加至 6 000 Pa，既有方案风机风量由 960 m³/min 增加至 2 300 m³/min，增量为 1 340 m³/min，优化方案由 1 605 m³/min 增加至 3 918 m³/min，增量为 2 313 m³/min。风机工作风压范围内，既有通风方案无法满足供风量要求，优化方案则能满足要求。

图 11-35（c）为右线进口方向通风计算结果。既有方案与优化方案供风量要求值分别为 2 596 m³/min 与 2 321 m³/min。随着风压从 1 000 Pa 增加至 6 000 Pa，既有方案风机风量由 1 024 m³/min 增加至 2 447 m³/min，增量为 1 423 m³/min，优化方案由 1 773 m³/min 增加至 4 330 m³/min，增量为 2 557 m³/min。风机工作风压范围内，采用既有通风方案，无法满足供风量要求，采用优化方案则能满足要求。

图 11-35（d）为右线出口方向通风计算结果。既有方案与优化方案供风量要求值分别为 2 737 m³/min 与 2 447 m³/min。随着风压从 1 000 Pa 增加至 6 000 Pa，既有方案风机风量由

902 m³/min 增加至 2 141 m³/min，增量为 1 239 m³/min，优化方案由 1 290 m³/min 增加至 3 129 m³/min，增量为 1 839 m³/min。风机工作风压范围内，既有通风方案无法满足供风量要求，优化方案则能满足要求。

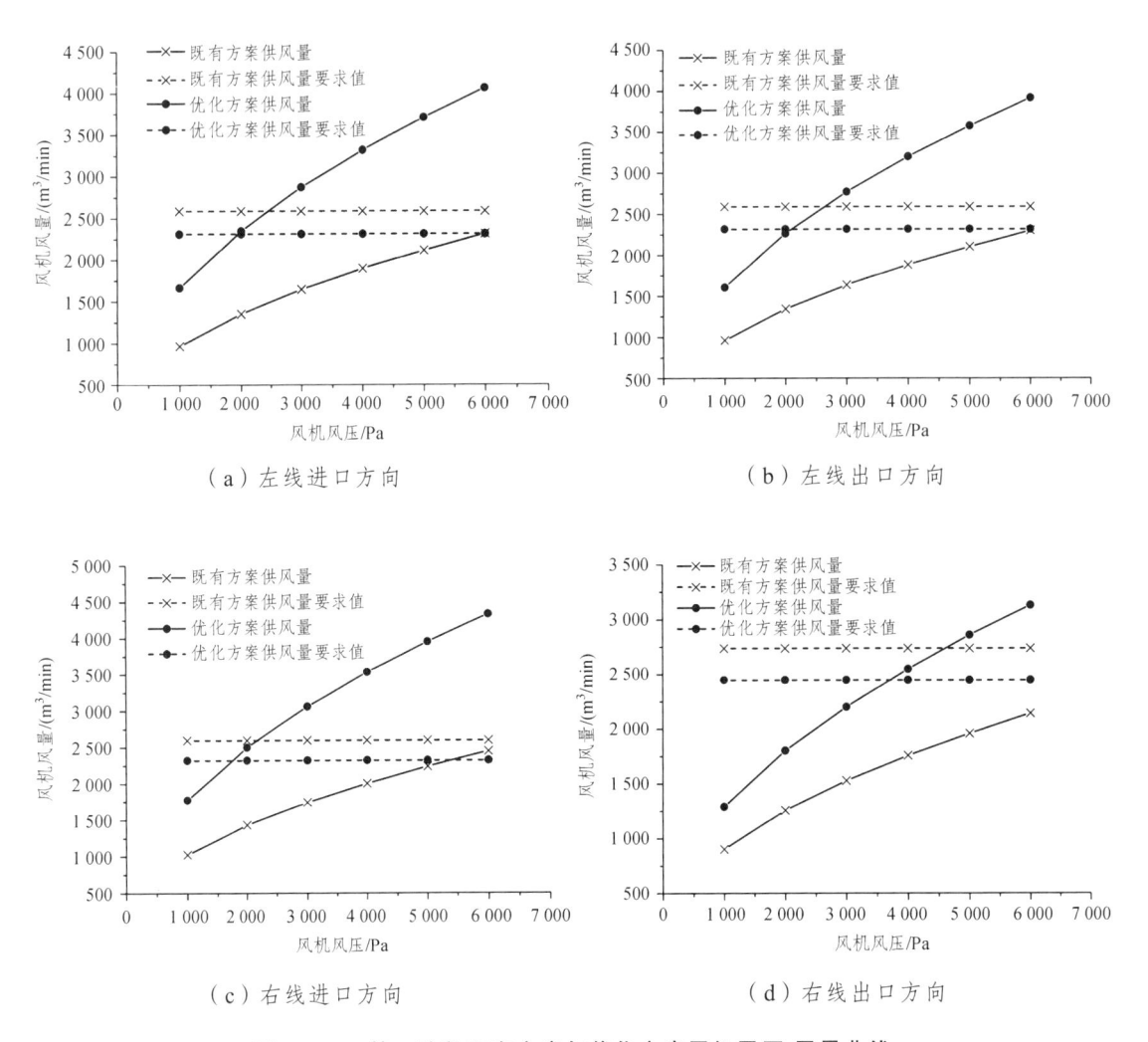

(a) 左线进口方向

(b) 左线出口方向

(c) 右线进口方向

(d) 右线出口方向

图 11-35 第二阶段既有方案与优化方案风机风压-风量曲线

进一步计算可得，既有方案最大风量工况和优化方案满足供风量要求工况下，风机相关工作参数，如表 11-35 所示。采用既有方案，即使风机达到最大风压 5 800 Pa，仍不能满足供风量要求，而采用优化方案，左线进、出口和右线进、出口方向对应风机风压分别为 2 000 Pa、2 200 Pa、1 800 Pa 和 3 800 Pa，可满足要求，并且较既有方案能大幅度降低风机总功率。

第11章 金家庄特长隧道施工通风方案设计优化

表 11-35 第二阶段既有方案与优化方案数值计算对比

方案	掌子面	需风量/(m³/min)	风机参数					总功率/kW
			风机风压/Pa	供风量要求值/(m³/min)	供风量计算值/(m³/min)	是否满足要求	功率/kW	
既有方案	左线进口	2 244	5 800	2 585	2 274	不满足	220	875
	左线出口		5 800	2 590	2 262	不满足	219	
	右线进口		5 800	2 596	2 406	不满足	233	
	右线出口		5 800	2 737	2 105	不满足	203	
优化方案	左线进口		2 000	2 311	2 346	满足	78	393
	左线出口		2 200	2 316	2 373	满足	87	
	右线进口		1 800	2 321	2 370	满足	71	
	右线出口		3 800	2 447	2 480	满足	157	

3. 第三阶段通风数值模拟

（1）计算模型及工况拟定。

如图 11-36 所示，采用流体计算前处理软件 GAMBIT，将"风机-风管-隧道"整个系统流体区域作为计算对象，建立 1∶1 三维通风模型。其中，图 11-36（a）为整体模型，根据第三阶段开挖进尺建立，考虑到斜井洞口和右线出口边界效应影响，建立 55 m×47 m×25 m（长×宽×高）的空气域，既有方案与优化方案整体模型相似，不再单独列出。图 11-36（b）和（c）分别为既有方案与优化方案斜井与右线交叉处模型图。数值模型参数如表 11-36 所示，风道隔板高度取 4 m，风仓关于斜井对称，长度取 10 m，风仓底部高度取 4 m。考虑到计算准确性、时长等因素，模型大部分采用六面体和楔形划分，风仓附近区域采用四面体划分，并对风仓、掌子面区域进行局部网格加密。

将模型导入流体计算软件 FLUENT 进行参数设置及求解。边界条件及参数设置同 11.4.1 节所述。

由于既有方案将风机布置在隧道内，风机进风口处于负压区，可能倒吸掌子面压出的污染气体，出现回流问题。因此本节除了比较两种方案在不同风机风压（0~6 000 Pa）条件下风管风量结果，还对污染气体运移规律进行研究。

污染气体运移计算考虑最不利工况，即左线进口和右线进口方向掌子面同时开挖。不考虑风管漏风，风管出口风量均为 2 244 m³/min。污染气体仅考虑 CO，掌子面炮烟抛掷长度为 95 m，掌子面 CO 初始浓度为 1 398 mg/L。CO 气体监测点布置在距离掌子面 5 m、50 m、100 m、200 m 和 300 m 处，距地面 1.6 m，沿隧道中轴线布置，监测面布置在斜井入口、右线隧道出口和风机进口。

（a）整体模型

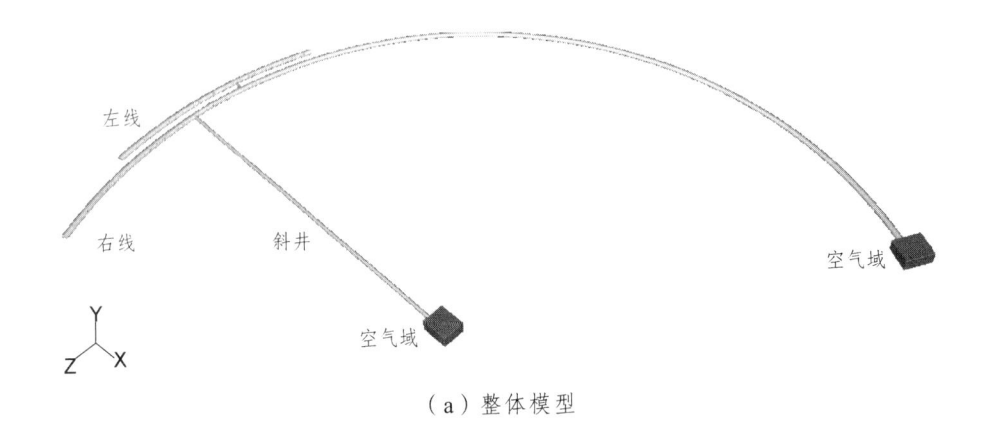

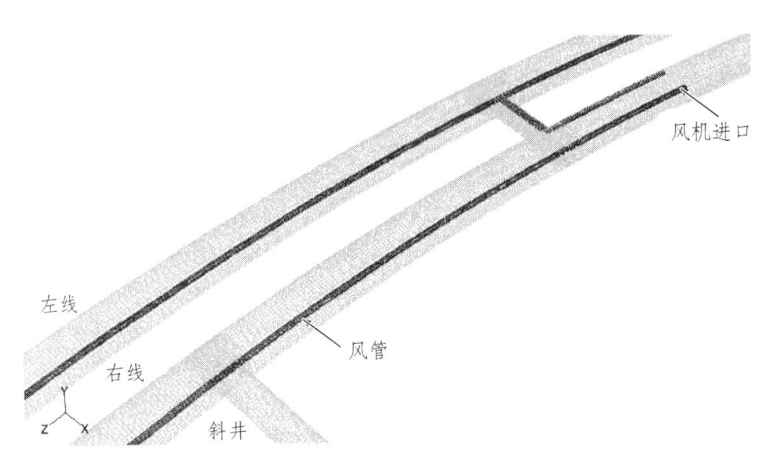

（b）既有通风方案斜井与右线交叉位置

（c）优化通风方案斜井与右线交叉位置

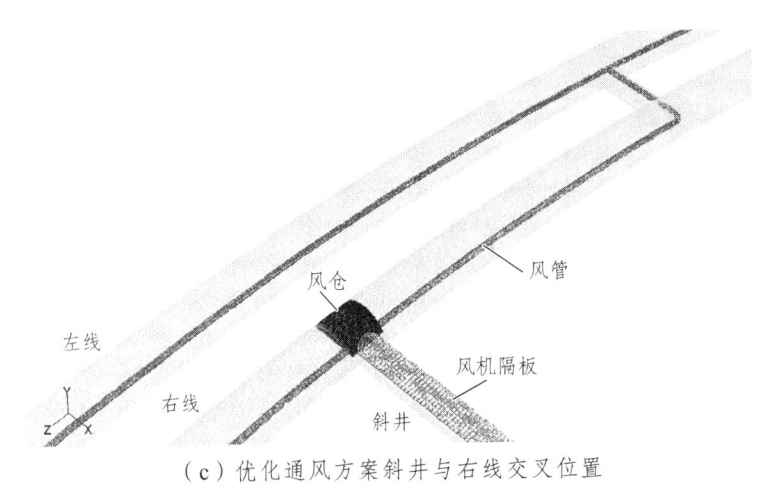

图 11-36　第三阶段通风数值模型

第 11 章
金家庄特长隧道施工通风方案设计优化

表 11-36 数值模型参数

通风参数	隔板高度/m	风仓底板高度/m	风仓长度/m	风机布置方式
数值模型设置	4	4	10	曲线内侧轴线布置

（2）计算结果分析。

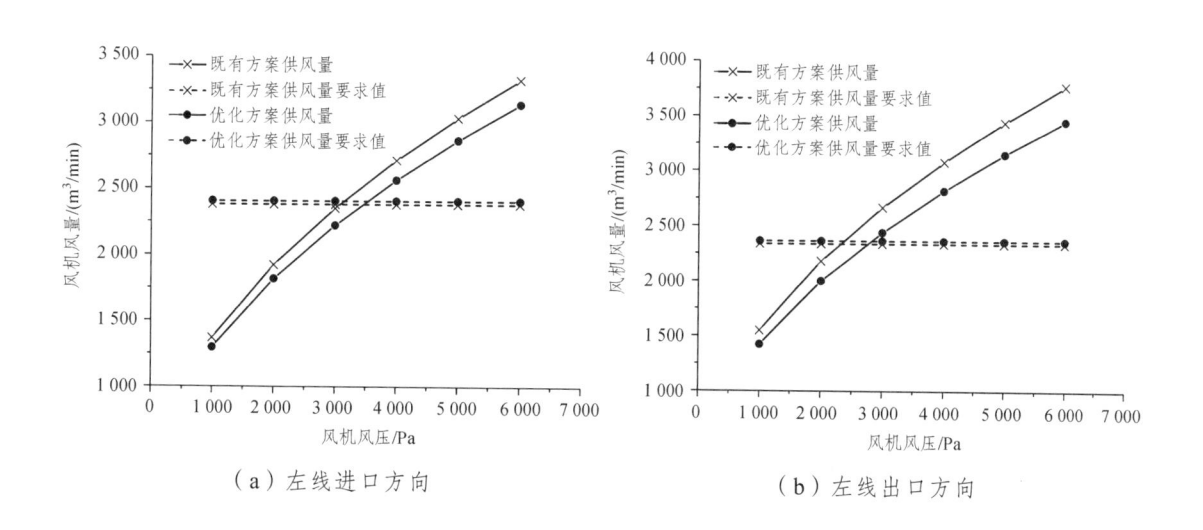

① 风机风压-风量特性。

第三阶段既有方案与优化方案风机风压-风量曲线如图 11-37 所示。

图 11-37（a）为左线进口方向通风计算结果。虚线为供风量要求值，此阶段既有方案利用已打通的右线出口隧道作为进风道，大大缩短风管压入距离，故供风量要求值相应减小，既有方案与优化方案供风量要求值分别为 2 379 m³/min 与 2 405 m³/min。实线为风机在不同风压下的风量结果，随着风压从 1 000 Pa 增加至 6 000 Pa，既有方案风机风量由 1 368 m³/min 增加至 3 324 m³/min，增量为 1 956 m³/min，优化方案由 1 296 m³/min 增加至 3 139 m³/min，增量为 1 843 m³/min。两种方案下风机风压-风量曲线较为接近，既有方案略大，风机工作风压范围内，均能满足供风量要求。

图 11-37（b）为左线出口方向通风计算结果。既有方案与优化方案供风量要求值分别为 2 337 m³/min 与 2 363 m³/min，两者相差不大。随着风压从 1 000 Pa 增加至 6 000 Pa，既有方案风机风量由 1 548 m³/min 增加至 3 774 m³/min，增量为 2 226 m³/min，优化方案由 1 421 m³/min 增加至 3 454 m³/min，增量为 2 033 m³/min。两种方案下风机风压-风量曲线较为接近，既有方案略大，风机工作风压范围内，均能满足供风量要求。

图 11-37（c）为右线进口方向通风计算结果。既有方案与优化方案供风量要求值分别为 2 442 m³/min 与 2 379 m³/min。随着风压从 1 000 Pa 增加至 6 000 Pa，既有方案风机风量由 1 299 m³/min 增加至 3 138 m³/min，增量为 1 839 m³/min，优化方案由 1 493 m³/min 增加至 3 629 m³/min，增量为 2 136 m³/min。两种方案下风机风压-风量曲线较为接近，优化方案略大，风机工作风压范围内，均能满足供风量要求。

（a）左线进口方向

（b）左线出口方向

（c）右线进口方向

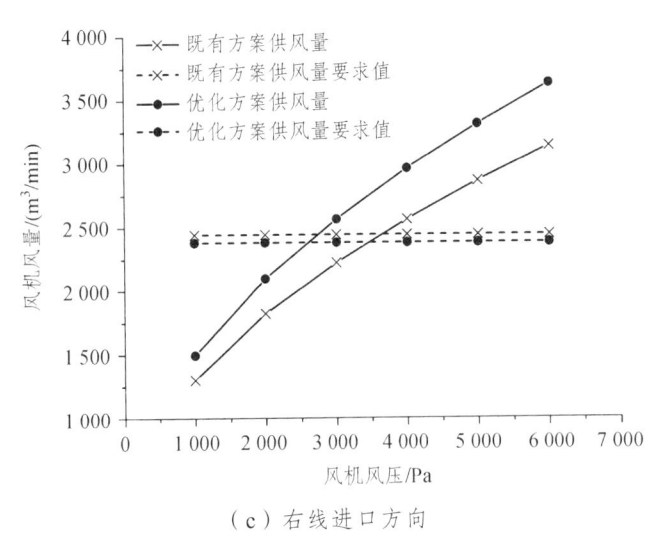

图 11-37　第三阶段既有方案与优化方案风机风压-风量曲线

进一步计算可得，既有方案和优化方案满足供风量要求工况下，风机相关工作参数，如表 11-37 所示。采用既有方案，左线进、出口和右线进口风机风压分别为 3 200 Pa、2 400 Pa 和 3 700 Pa，可满足供风量要求，优化方案风机风压分别为 3 600 Pa、2 900 Pa 和 2 700 Pa，可满足供风量要求，两种方案风机总功率相近，优化方案略低。

表 11-37　第三阶段既有方案与优化方案数值计算对比

方案	掌子面	需风量/(m³/min)	风机参数					
			风机风压/Pa	供风量要求值/(m³/min)	供风量计算值/(m³/min)	是否满足要求	功率/kW	总功率/kW
既有方案	左线进口	2 244	3 200	2 379	2 427	满足	129	376
	左线出口		2 400	2 337	2 386	满足	95	
	右线进口		3 700	2 442	2 464	满足	152	
优化方案	左线进口		3 600	2 405	2 425	满足	146	371
	左线出口		2 900	2 363	2 394	满足	116	
	右线进口		2 700	2 379	2 431	满足	109	

② 污染气体运移规律。

采用既有方案，风机入口 CO 平均浓度随时间变化曲线如图 11-38 所示。

通风 0~7 min，风机利用右线出口方向已打通隧道作为进风道，将新鲜风压入掌子面，此时间段内掌子面污染气体未到达风机位置，因此风机入口 CO 浓度为 0。

通风 7~12 min，污染气体开始进入风机。图 11-39 为通风 10 min 后 CO 浓度水平分布云图（距离地面 5 m），此时左线进口方向污染气体正由横通道向风机位置运移，右线进口方向由于开挖距离稍长，运移稍有延后。图 11-40 为通风 10 min 后风机入口水平流速矢量图（距离地面 5 m），受风机入口负压区吸力影响，部分污染气体进入风机，并重新压入掌子面，因此风机入口 CO 浓度升高直至到达浓度峰值。

通风 12～16 min，此时间段内一部分污染气体由斜井排出，另一部分回到掌子面附近，风机入口 CO 浓度降低直至到达谷值。由于左线进口和右线进口方向风机分别位于隧道曲线外侧和内侧，CO 分布不均，因此两者风机入口 CO 浓度峰值和谷值存在差异，但峰值和谷值出现时间几乎一致。

通风 16～90 min，污染气体重复前述运移规律，风机入口 CO 浓度重复出现峰值和谷值。随着污染气体不断与新鲜风混合稀释，峰值和谷值浓度差异性减小。

通风 90～120 min，风机入口 CO 浓度峰值和谷值不再明显，并且由于污染气体不断由斜井排出，风机入口 CO 浓度值总体呈下降趋势，但仍大于 CO 浓度控制标准 24 mg/L^3。

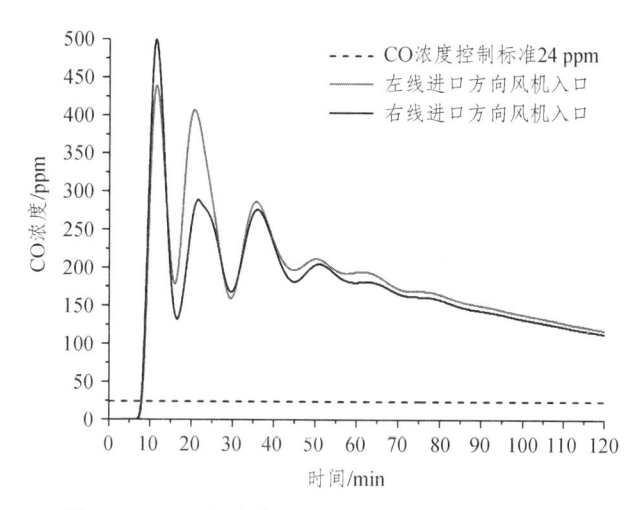

图 11-38　既有方案风机入口 CO 浓度-时间曲线

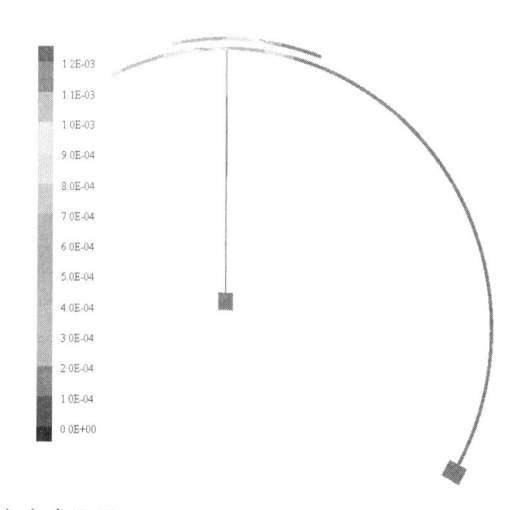

图 11-39　既有方案通风 10 min 后 CO 浓度水平分布云图（距离地面 5 m）

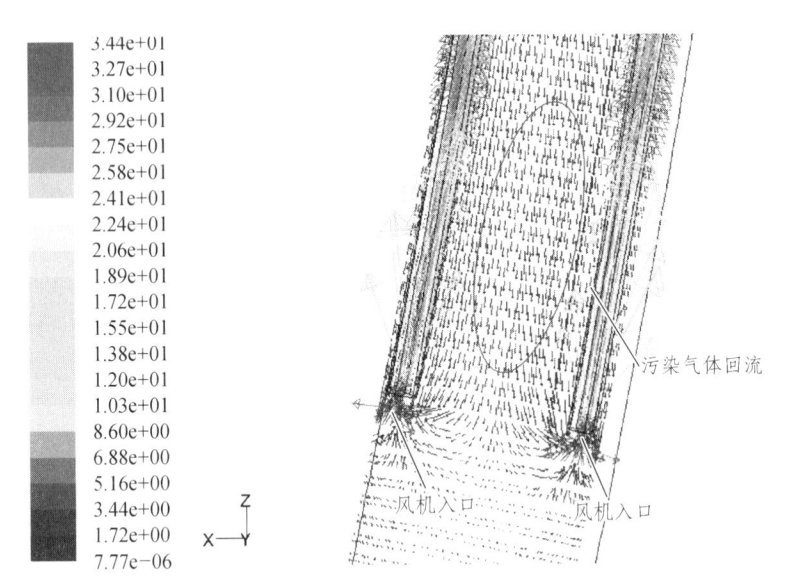

图 11-40 既有方案通风 10 min 后风机入口水平流速矢量图（距离地面 5 m）

图 11-41 为两种方案掌子面附近测点 CO 浓度随时间变化曲线。

图 11-41（a）和（b）为既有方案左线进口和右线进口掌子面测点结果。通风 0~60 min，受污染气体回流影响，各测点 CO 浓度值呈现周期性波动变化，通风 60~120 min，测点 CO 浓度呈平稳降低趋势，未达到 CO 浓度控制标准。

图 11-41（c）和（d）为优化方案左线进口和右线进口掌子面测点结果。距掌子面 5 m 和 50 m 测点，CO 初始浓度为 1 446 mg/L，随着新鲜风压入，浓度值不断降低，通风约 10 min 可降至控制标准以下。距掌子面 100 m、200 m 和 300 m 测点，随着污染气体从掌子面压出，各测点 CO 浓度依次由 0 升高达到峰值随后降低，通风约 20 min 可降至控制标准以下。优化方案掌子面测点 CO 浓度降至控制标准以下后，不再回升。

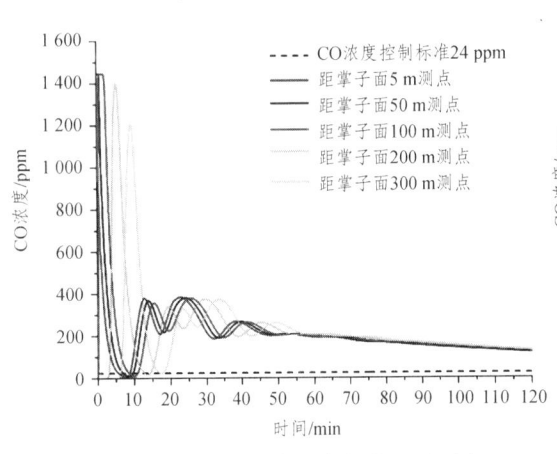

（a）既有方案左线进口方向掌子面测点

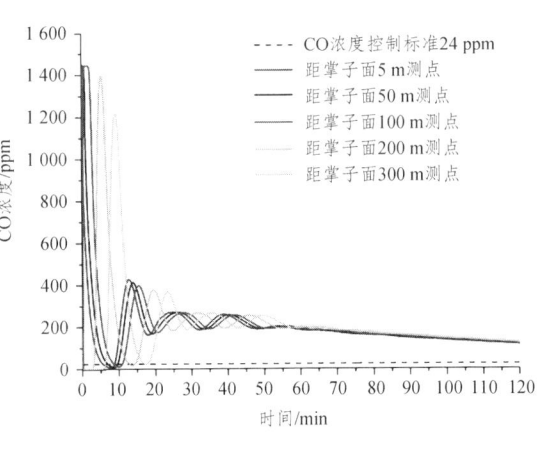

（b）既有方案右线进口方向掌子面测点

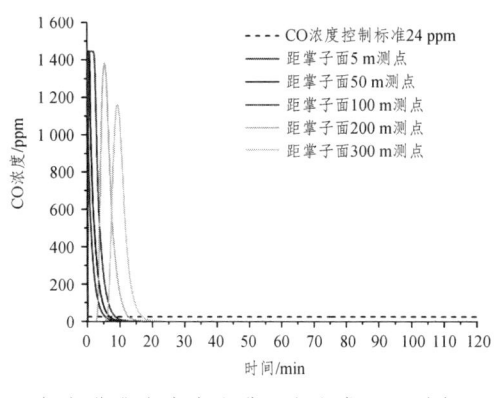

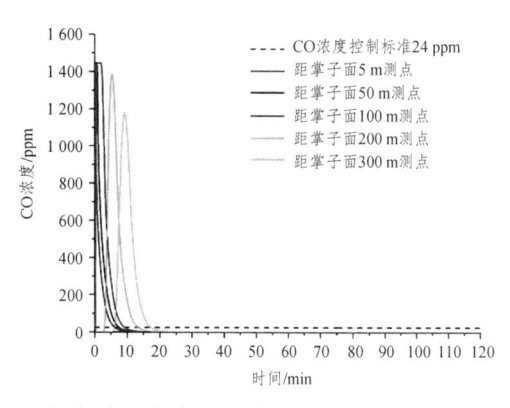

(c）优化方案左线进口方向掌子面测点　　　　（d）优化方案右线进口方向掌子面测点

图 11-41　掌子面测点 CO 浓度-时间曲线

图 11-42 为两种方案斜井洞口与右线隧道出口 CO 浓度随时间变化曲线。

采用既有方案，新鲜风由右线隧道出口进入，污染气体由斜井压出，因此右线隧道出口 CO 浓度保持为 0。通风 50 min 后，污染气体运移至斜井洞口，斜井洞口 CO 平均浓度增加至峰值，后逐渐降低。由于污染气体回流，因此斜井洞口 CO 浓度呈波动趋势，总体呈缓慢下降趋势。

采用优化方案，新鲜风由斜井上部的隔板风道进入风仓，后压入各掌子面，污染气体由斜井下部空间和右线隧道出口共同排出，新鲜风与污染气体分道而行，可避免污染气体回流。由于斜井距离掌子面较近，因此通风约 25 min 后，右线进口方向部分污染气体首先运移至斜井洞口，斜井洞口 CO 平均浓度不断升高达到峰值，后逐渐降低至控制标准以下。通风约 45 min 后，右线进口和左线进口方向污染气体运移至右线隧道出口，右线隧道出口 CO 平均浓度不断升高，由于左线进口和右线进口方向污染气体运移存在时间差，因此出现两次峰值，由于右线出口方向里程较长，污染气体运移过程中充分和新鲜风混合，所以 CO 浓度峰值较斜井洞口小，但运移时间跨度更长。通风约 90 min 后，绝大部分污染气体可通过斜井和右线隧道出口，隧道内 CO 浓度降至控制标准 24 mg/L 以下。

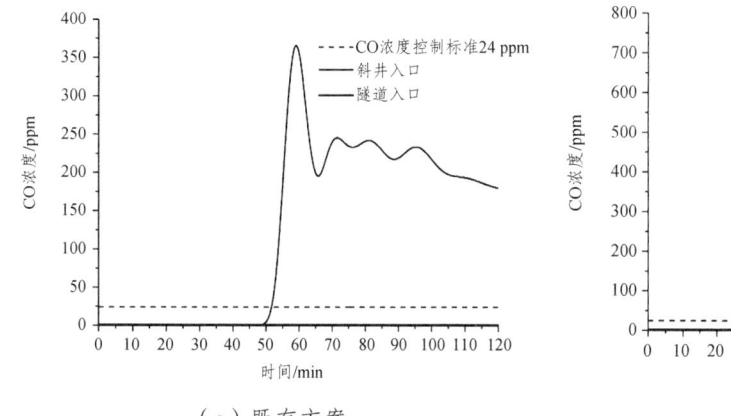

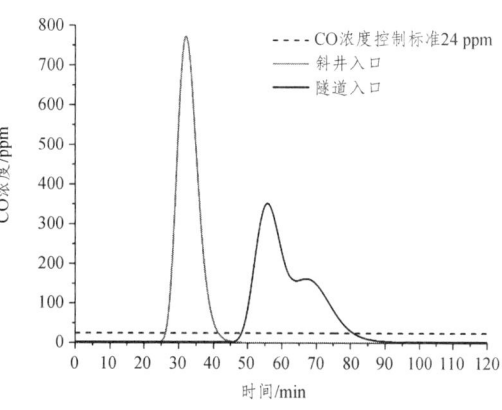

（a）既有方案　　　　　　　　　　　　（b）优化方案

图 11-42　斜井洞口与右线隧道出口 CO 浓度-时间曲线

两种方案 CO 浓度水平分布（距离地面 1.6 m）如图 11-43 和图 11-44 所示。

采用既有方案，通风 15 min，左线和右线进口方向掌子面污染气体大部分运移至斜井与右线交叉口处，由于风机吸入部分污染气体，并重新压入至掌子面，因此掌子面又出现 CO 聚集现象。通风 30 min，大部分污染气体进入斜井中部位置。通风 60 min，大部分污染气体运移至斜井洞口。通风 90 min，隧道中剩余污染气体仍不断向斜井洞口移动，隧道中 CO 浓度处于较高状态，无法满足要求。

（a）通风 60 min　　　　　　　　　　（b）通风 90 min

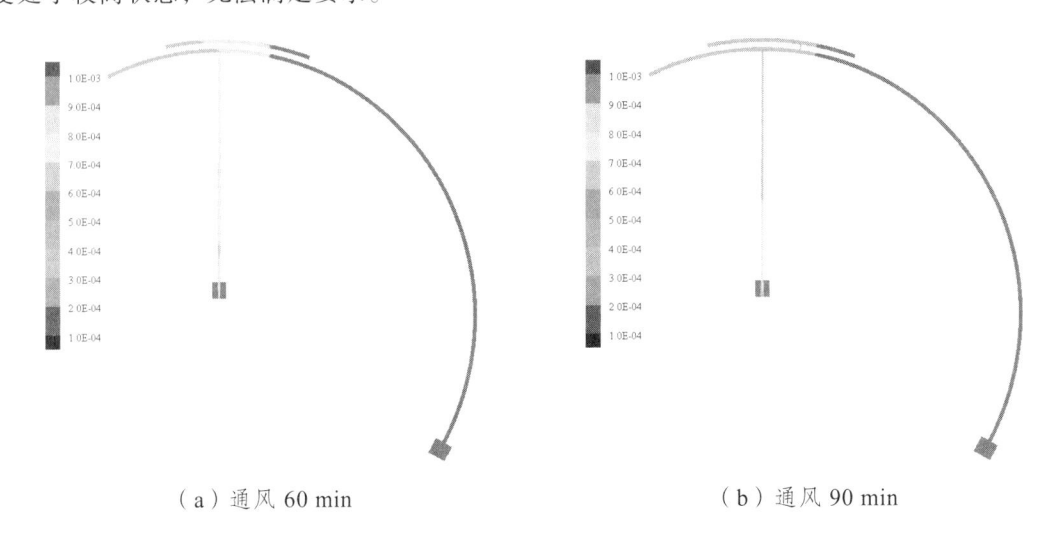

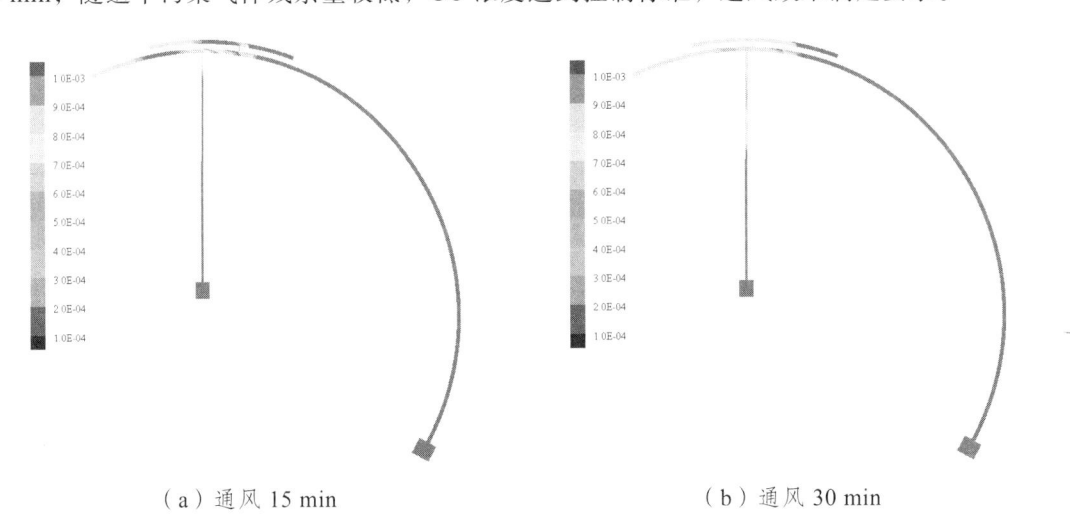

图 11-43　既有方案 CO 浓度水平分布云图（距离地面 1.6 m）

采用优化方案，通风 15 min，右线进口方向掌子面污染气体大部分运移至斜井，右线进口方向剩余污染气体和左线进口方向污染气体沿右线出口方向运移，掌子面 CO 浓度处于较低状态。通风 30 min，大部分污染气体由斜井洞口排出，其余部分仍旧向右线出口运移。通风 60 min，斜井中污染气体浓度处于较低水平，剩余部分污染气体由右线出口排出。通风 90 min，隧道中污染气体残余量较低，CO 浓度达到控制标准，通风效果满足要求。

（a）通风 15 min　　　　　　　　　　（b）通风 30 min

(c) 通风 15 min   (d) 通风 30 min

(e) 通风 60 min   (f) 通风 90 min

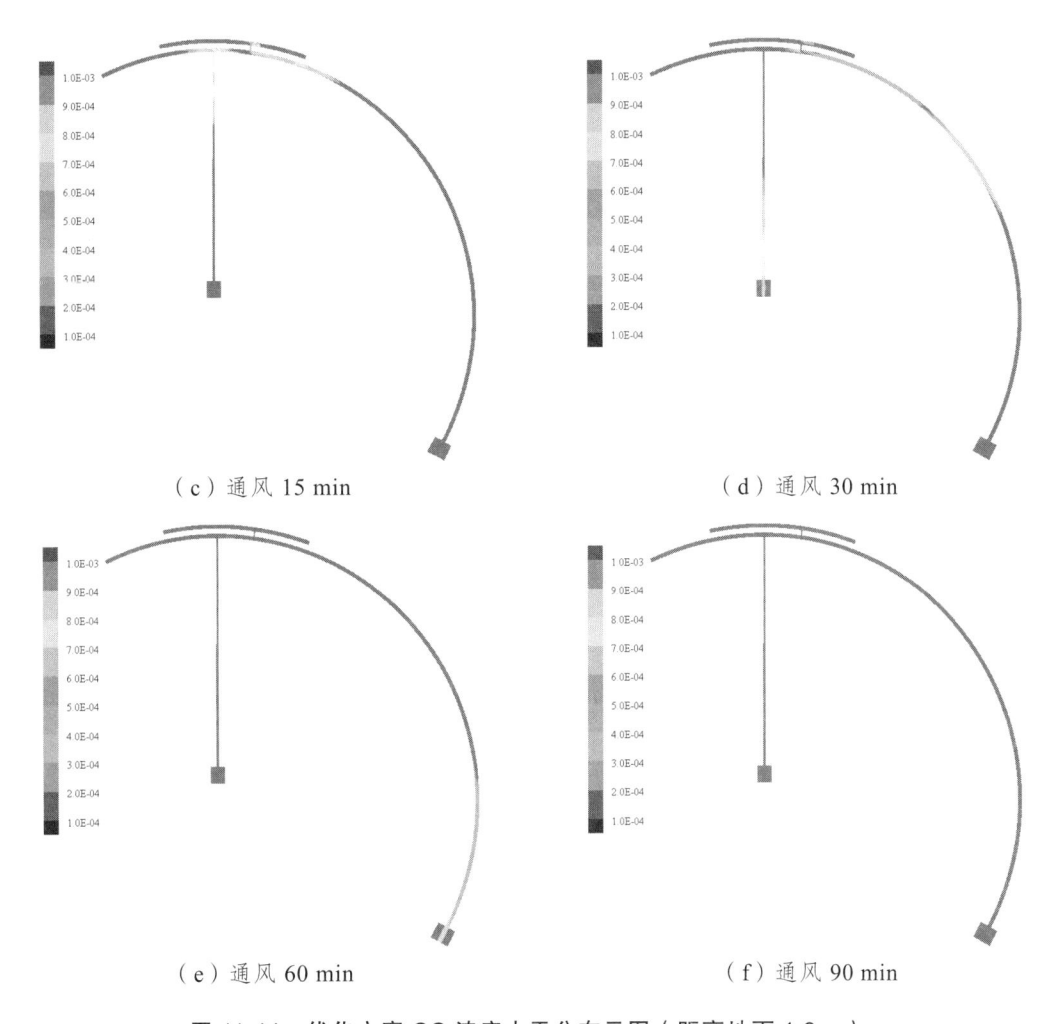

图 11-44　优化方案 CO 浓度水平分布云图（距离地面 1.6 m）

11.7　本章小结

本章结合金家庄特长隧道工程实际情况，分别对金家庄特长隧道进出口工区和斜井工区施工通风方案进行设计，并采用理论计算、现场实测、模型实验、数值模拟等技术手段对斜井工区施工通风方案进行优化，将施工通风的理论运用于实际工程之中。

（1）根据金家庄特长隧道实际情况，对各工区的施工通风方案进行设计。进出口工区、斜井工区第一阶段和第二阶段均采用压入式通风，待隧道右线出口方向贯通进入第三阶段后采用巷道式通风，斜井作为进风道，右线出口方向隧道作为出风道。将理论公式作为计算依据，通过对各工区各阶段风机供风量、系统风压和风机输入功率的计算，对风机与风管进行合理配备选型。但斜井工区第三阶段受斜井断面尺寸的限制，左线进出口方向工作面的供风量仍难满足理论需风量。

（2）针对斜井工区各工作面出现粉尘积聚难以排出的现象，通过现场实测得到风管出口风量远远小于理论需风量是导致该现象的主要原因，遂对原有施工通风方案进行优化。提出了斜井工区第二阶段采用"隔离风道+风箱+压入式"通风方案，斜井工区第三阶段采用"风箱+巷道式"通风方案。通过理论计算验证了上述方案的可行性，对比分析优化前后通风方案的优缺点，得出优化后的通风方案成本更低，通风效率更高，有助于提高施工效率。

（3）对金家庄螺旋隧道斜井工区的风仓风管不同设置方式对风量的影响进行了分析，计算结果显示：

① 风管设置于隧道内侧或外侧对风量的影响很小，可以根据需要选择设置位置。

② 对于左右两侧的通风情况下，"风仓+风管组合"的通风方式比仅设置风管的通风方式风量有所增加，但是增加的风量较小。

③ 在风仓内设置隔板比不设置隔板的情况下，风量有所降低，设置长隔板的总风量比设置短隔板的风量略大。

④ 在左右两侧的通风情况下，设置风管的通风方式左右两侧的风量比较均衡，而"风仓+风管组合"的通风方式由于两侧的隧道长度差异较大，左右两侧的风量分配也有较大差异。

⑤ 在"风仓+风管组合"的通风方式中，可以通过调节风仓中隔板的长度，合理分配风量。

⑥ 采用模型试验方法对风管通风与风管+风仓通风方式开展了模型试验，模型试验得到的两侧风量的比率与数值计算所得结果基本一致，实现了相互印证，说明所得到的风管、风仓的通风特性研究的结论是可信的。

（4）采用既有通风方案，风管送风距离长，风阻沿程损失较大，第一和第二阶段均不能满足供风量要求。采用优化方案后，可缩短风管压入距离，减小风阻，相同风机风压增量下，能大幅度提高风机风量，满足供风量要求，并且较既有方案大幅度降低风机总功率。

（5）第二阶段通风，采用既有方案，最多能同时向两个掌子面供风，采用优化方案，利用风仓储风-分风的优势，可在风仓中增加一台风机，最多同时向三个掌子面供风，加快施工进度。

（6）第三阶段通风，就风量和能耗方面而言，既有方案和优化方案差异性不大，均能满足供风量要求，且风机总功率相近，然而，既有方案在通风过程中出现回流，污染气体在隧道中长时间难以排出。采用优化方案，污染气体和新鲜风分道而行，避免回流问题，计算工况下，通风 90 min 可使隧道中 CO 浓度降至控制标准以下。

参考文献

[1] 蔡仲双. 浅谈螺旋隧道超欠挖控制爆破施工控制措施[J]. 智能城市，2020，6（3）：172-174.

[2] 杜宪. 不同净距双螺旋公路隧道衬砌动力响应分析[J]. 中国公路，2021，11：154-155.

[3] 龚建辉，张继春，肖清华. 爆破设计智能系统在武广线上连溪隧道的应用[J]. 路基工程，2008，2：36-37.

[4] 李钢. 小净距隧道后行洞爆破对先行洞的振动影响分析[J]. 工程爆破，2024，30（1）：126-132.

[5] 李锦航，宋战平，杨棚涛，等. 隧道光面爆破炮孔优化及控制技术研究进展与展望[J]. 现代隧道技术，2024，61（1）：36-47.

[6] 刘庆丰，肖清华，吴剑，等. 隧道光面爆破质量与智能化控制方法[J]. 铁路工程技术与经济，2023，38（6）：44-49.

[7] 蒙贤忠，周传波，蒋楠，等. 隧道表面爆破地震波的产生机制及传播特征[J]. 爆炸与冲击，2024，44（2）：177-194.

[8] 王建秀，邹宝平，胡力绳. 隧道及地下工程光面爆破技术研究现状与展望[J]. 地下空间与工程学报，2013，9（4）：800-807.

[9] 吴波，崔阿龙，徐世祥，等. 钻爆法施工小净距隧道的损伤与振动[J]. 福建工程学院学报，2023，21（4）：314-319.

[10] 许文祥，施建俊，周汉红，等. 爆破荷载作用下邻近深埋隧道衬砌动力响应数值模拟[J]. 工程爆破，2024，30（1）：119-125.

[11] 张国祥，肖清华，熊强，等. 双螺旋公路隧道爆破振动对初衬结构的影响[J]. 中国公路，2022，10：104-105.

[12] 张继春，肖清华，夏真荣. 隧道爆破设计智能系统的组成与结构研究[J]. 爆炸与冲击，2007，5：455-460.

[13] 董江桃. 螺旋隧道开挖方法及设计参数优化研究[D]. 重庆：重庆交通大学，2016.

[14] 肖勇刚. 厦门国际旅游码头小半径大断面隧道修建技术研究[D]. 成都：西南交通大学，2009.

[15] 齐甦. 双层衬砌在软岩隧道中支护应力分析[J]. 施工技术 2017，46(1)：94-98.

[16] 许金华. 震区软岩隧道施工新方法适宜性探讨[J]. 中外公路，2013，33（5）：213-217.

[17] 郑艾辰，黄锋，林志，等. 2008年至2016年我国隧道工程施工安全事故统计与分析[J]. 施工技术，2017，46（S1）：833-836.

[18] 张军伟，陈云尧，陈拓，等. 2006—2016年我国隧道施工事故发生规律与特征分析[J]. 现代隧道技术，2018，55（3）：10-17.

[19] 牛柏川. 公路长大山岭隧道施工安全风险评估与管理研究[D]. 成都：西南交通大学，2011.

[20] 丁敏. 基于贝叶斯网络法的厦门地铁 3 号线过海通道盾构法施工风险评价[D]. 厦门：厦门大学，2018.

[21] 马强. 公路山岭隧道模糊网络分析法风险分析与评价研究[D]. 北京：北京交通大学，2012.

[22] 刘挺. 公路隧道施工安全风险管理研究[D]. 杭州：浙江大学，2013.

[23] 桂志敬，吴忠广，严琼，等. 公路隧道施工安全风险评估方法优化研究[J]. 中国安全生产科学技术，2018，14（9）：136-143.

[24] 岳诚东. 基于径向基神经网络的特长公路隧道施工安全风险评估系统研究[D]. 昆明：昆明理工大学，2017.

[25] 王超. 山岭公路隧道施工安全风险评估与应用研究[D]. 武汉：武汉理工大学，2015.

[26] 刘辉，张智超，刘强. 基于 PHA-LEC-SCL 法公路隧道施工安全评价研究[J]. 现代隧道技术，2010，47（5）：32-36.

[27] 陈鑫. 基于模糊层次分析法的高速公路隧道施工风险评价研究[D]. 石家庄：石家庄铁道大学，2015.

[28] 李鹏. 基于模糊神经网络的公路隧道洞口段施工阶段风险评估[D]. 西安：西安工业大学，2017.

[29] 李想. 高海拔特长公路隧道施工风险评估研究[D]. 兰州：兰州交通大学，2019.

[30] 陈礼彪. 山岭隧道施工期安全风险评价方法研究[D]. 武汉：武汉大学，2014.

[31] 张庆峰. 基于模糊网络分析的隧道施工风险评价[D]. 重庆：重庆交通大学，2008.

[32] 王超. 山岭公路隧道施工安全风险评估与应用研究[D]. 武汉：武汉理工大学，2015.

[33] 李振霞. 公路工程项目风险动态管理方法与应用技术研究[D]. 郑州：郑州大学，2005.

[34] 阳逸勋. 黔江至恩施高速公路初步设计阶段仰头山隧道安全风险评估[D]. 西安：长安大学，2019.

[35] 代世光. 基于灰色—变权理论的铁路隧道施工安全风险识别与评价[D]. 成都：西南交通大学，2014.

[36] 交通运输部工程质量监督局. 公路桥梁和隧道工程施工安全风险评估制度及指南解析[M]. 北京：人民交通出版社，2011.

[37] 柳尚. 基于数据挖掘的隧道施工全过程安全风险动态评估方法及工程应用[D]. 济南：山东大学，2018.

[38] 周峰. 山岭隧道塌方风险模糊层次评估研究[D]. 长沙：中南大学，2008.

[39] 孙景来，刘保国，储昭飞，等. 隧道坍塌事故类型划分及其主要特征[J]. 中国铁道科学，2018，39（6）：44-51.

[40] 彭显刚，胡松峰，吕大勇. 基于 RBF 神经网络的短期负荷预测方法综述[J]. 电力系统保护与控制，2011，39（17）：144-148.

[41] 周政. BP 神经网络的发展现状综述[J]. 山西电子技术，2008（2）：90-92.

[42] 张凯，钱锋，刘漫丹. 模糊神经网络技术综述[J]. 信息与控制，2003（5）：431-435.

[43] 马运勇. 概率神经网络的结构优化研究及其应用[D]. 哈尔滨：哈尔滨工业大学，2008.

[44] MOJEDDIFAR S, HEMMATI C M, LASHKARI A M. Gas-bearing reservoir characterization using an adjusted parzen probabilistic network[J]. Journal of Petroleum Science& Engineering, 2018, 169: 445-453.

[45] 彭轩，叶双威，邵桢，等. 基于光谱及概率神经网络的空间碎片识别[J]. 长春工业大学学报（自然科学版），2015，36（4）：395-400.

[46] 刘景昭. 用层次分析法（AHP）分析编辑学论文选题[J]. 曲阜师范大学学报（自然科学版），2015，41（3）：15-18.

[47] 陈洁金，周峰，阳军生，等. 山岭隧道塌方风险模糊层次分析[J]. 岩土力学，2009，30（8）：2365-2370.

[48] 王莲芬，许树柏. 层次分析法引论[M]. 北京：中国人民大学出版社，1990.

[49] 田佳,李金鹏. 软弱围岩地层隧道大断面机械化施工工法应用[J]. 隧道建设（中英文），2018，38（8）：1350-1360.

[50] 林毅，王立军，姜军. 郑万高铁隧道施工大型机械化配套及信息化应用探索[J]. 隧道建设（中英文），2018，38（8）：1361-1370.

[51] 李洋，马留闯，王峰. 古夫隧道软弱围岩普通型机械化配套试验性施工技术[J]. 隧道建设（中英文），2018，38（8）：1371-1378.

[52] 杨光. 软弱围岩公路隧道机械化钻爆施工技术与装备应用研究[D]. 西安：长安大学，2019.

[53] 唐斌，徐文平. 瓦斯隧道施工机械车辆防爆改装形式探讨及建议[J]. 现代隧道技术，2019，56（5）：67-71+103.

[54] 刘飞香. SCDZ133 智能型隧道多功能作业台车及其施工技术[J]. 现代隧道技术，2019，56（4）：1-7.

[55] 刘鹏. 全电脑凿岩台车先进性和经济性浅析[J]. 公路交通技术，2012（1）：106-109.

[56] 杨秦森. 装载机与自卸汽车的最佳匹配[J]. 中国公路学报，1995（3）：80-88.

[57] 张志杰. 公路建设与养护中装载机和自卸汽车的合理配套[J]. 工程机械与维修，2004（3）：84-85.

[58] 郭小宏. 沥青混凝土路面机群施工配置[M]. 北京：人民交通出版社，2005：15-114.

[59] 郭小宏，曹源文，李红镝. 公路工程机械化施工与管理[M]. 北京：人民交通出版社，2009.

[60] 李朋伟. 基于多臂凿岩台车和湿喷机组的公路隧道施工机械化作业模式研究[D]. 重庆：重庆交通大学，2014.

[61] 李冰. 沥青混凝土路面施工工艺及机群协同作业[D]. 西安:长安大学，2004.

[62] 周小松. TBM 法与钻爆法技术经济对比分析[D]. 西安：西安理工大学，2010.

[63] 金强国.郑万高铁隧道大型机械化施工支护优化[J].隧道建设(中英文),2018,38(8):1324-1333.

[64] 王志坚.郑万高铁隧道大断面机械化施工关键技术研究[J].隧道建设(中英文),2018,38(8):1257-1270.

[65] 白浪峰.大跨度公路隧道机械化施工参数优化研究[J].水利与建筑工程学报,2019,17(5):199-202+208.

[66] 张旭东.川藏铁路隧道钻爆法施工机械化设备选型初探[J].隧道建设(中英文),2019,39(A1):1-13.

[67] 郑康成,丁文其,金威,等.特大断面隧道分步施工动态压力拱分析研究[J].岩土工程学报,2015,37(S1):72-77.

[68] 刘拓.高速公路小净距隧道设计和施工方法探讨[D].合肥:合肥工业大学,2007.

[69] 王梦恕.中国隧道及地下工程修建技术[M].北京:人民交通出版社,2010.

[70] 周玮民.随机服务系统的理论与实务[M].北京:科学出版社,2016.

[71] 杨嘉.空域灵活使用下的航路网容量评估[D].南京:南京航空航天大学,2016.

[72] 李莎.基于随机服务理论的智能交通应用研究[D].青岛:青岛科技大学,2018.

[73] 付延冰.基于随机需求的配送中心设备配置与库存控制问题研究[D].长沙:中南大学,2010.

[74] 王峰.曲线公路隧道营运通风关键参数研究[D].成都:西南交通大学,2010.

[75] 邱童春.螺旋隧道施工通风关键技术研究[D].成都:西南交通大学,2019.

[76] 高峰,张捷,连晓飞,等.螺旋隧道独头掘进压入式通风参数研究[J].重庆交通大学学报(自然科学版),2019,38(4):41-46.

[77] 张凯.高原螺旋隧道施工通风设计[J].山西交通科技,2015(6):86-88.

[78] 李治强,周建新,武旭升.干海子小半径螺旋隧道施工通风技术[J].西南公路,2009(4):139-141.

[79] 李洲.对螺旋曲线公路隧道施工通风的研究[J].建材世界,2014,35(4):79-81.

[80] 赖涤泉.隧道施工通风与防尘[M].北京:中国铁道出版社,1994.

[81] 刘钊春.独头掘进隧道施工通风数值模拟[D].西安:西安理工大学,2010.

[82] 郭磊.长距离独头隧洞施工通风数值模拟研究[D].兰州:兰州交通大学,2010.

[83] 方勇,彭佩,赵子成,等.风管出口位置对隧道施工通风效果影响的研究[J].地下空间与工程学报,2014,10(2):468-473.

[84] 邓祥辉,刘钊,刘钊春.两河口长隧道独头掘进压入式施工通风三维数值模拟[J].土木建筑与环境工程,2014,36(2):35-41.

[85] 龚剑,胡乃联,林荣汉,等.掘进巷道压入式通风粉尘运移规律数值模拟[J].有色金属(矿山部分),2015,67(1):65-68.

[86] 张玉伟,谢永利,赖金星,等.压入式通风模式下高原隧道有害气体分布特征研究[J].铁道科学与工程学报,2016,13(10):1994-2000.

- [87] 豆小天，陈庆怀. 大风室接力通风在长斜井隧道施工中的应用[J]. 隧道建设，2011，31（1）：104-109.
- [88] 陈海锋. 分隔巷道与风管联合式施工通风在特长隧道中的应用研究[D]. 成都：西南交通大学，2011.
- [89] 李秀春. 地下水力封洞库群施工通风技术研究[D]. 成都：西南交通大学，2013.
- [90] 周水强. 特长铁路隧道风仓式施工通风效果的数值分析[J]. 四川建筑，2018，38（4）：222-225.
- [91] 张恒，张俊儒，周水强，等. 特长隧道风仓接力通风关键参数及其效果研究[J]. 安全与环境学报，2019，19（9）：795-803.
- [92] 罗占夫，职常应，乐晟. 关角隧道施工通风斜井分隔技术研究[J]. 隧道建设，2009，29（4）：411-414.
- [93] 武金明. 关角隧道施工中隔板与压入式通风组合方案通风设计参数的确定[J]. 兰州交通大学学报，2013，32（3）：118-121.
- [94] 韩现民，孙明磊，朱永全. 隔板与风管联合通风技术在特长高原隧道施工中的应用[J]. 现代隧道技术，2016，53（5）：208-215.
- [95] 胡根友. 长大隧道施工通风技术应用研究[D]. 成都：西南交通大学，2008.
- [96] 林晓光. 隧道施工通风数值模拟与自动控制技术研究[D]. 长沙：中南大学，2014.
- [97] 袁帅. 特长铁路瓦斯隧道施工通风优化及安全控制技术研究[D]. 成都：西南交通大学，2017.
- [98] 金学易，陈文英. 隧道通风及隧道空气动力学[M]. 北京：中国铁道出版社，1983.
- [99] 杨立新，洪开荣，刘招伟，等. 现代隧道施工通风技术[M]. 北京：人民交通出版社，2012.
- [100] 陈卓如. 工程流体力学[M]. 北京：高等教育出版社，1992.
- [101] 毛新业，张晋宾，孙立军，等. 流量测量实用手册[M]. 北京：中国电力出版社，2017.
- [102] 续魁昌. 风机手册[M]. 北京：机械工业出版社，1999.
- [103] 陈寿根，张恒. 长大隧道施工通风技术研究与实践[M]. 成都：西南交通大学出版社，2014.
- [104] 吴瑾. 鹧鸪山高瓦斯隧道施工通风技术研究[D]. 成都：西南交通大学，2018.
- [105] 曹正卯. 长大隧道与复杂地下工程施工通风特性及关键技术研究[D]. 成都：西南交通大学，2016.
- [106] 巩启涛. 大管径三通局部阻力特性数值模拟及多热源集中供热运行分析[D]. 天津：天津大学，2016.
- [107] 陈仕扩. 通风空调管道分流T形三通变径消涡降阻方法[D]. 西安:西安建筑科技大学，2017.
- [108] 张恒,陈寿根,赵玉报. 长大隧道射流风机的布置对CO排除效果的影响[J]. 铁道建筑，2011，（9）：50-53.